ALSO SPRACH ZARATHUSTRA

查拉图斯特拉如是说

FRIEDRICH NIETZSCHE

［德］弗里德里希·威廉·尼采 —— 著
钱春绮 —— 译

ALSO SPRACH

ZARATHUSTRA

人是一条不洁的河。要能容纳不洁的河流而不致污浊,人必须是大海。

不能听命于自己者，就要受命于他人。

我又孤独了,
我愿意孤独。

高高兴兴去战斗,去赴宴,不做忧郁的人,不做梦想的人。

译者前言

弗里德里希·威廉·尼采（1844—1900）是德国伟大的思想家（哲学家）和诗人，是以宣讲"上帝死掉了""对一切价值重新评估""超人""永远回归"给世界思想界投下几枚原子弹、带来巨大冲击的德国怪杰。这里所译的《查拉图斯特拉如是说》是他的著作中最广为人爱读的一部跟歌德的《浮士德》齐名的世界文学巨著、一部富于哲理的思想诗，或者说是用箴言体写成的智慧书。说到智慧书（Liber Sapientiae），就不由令人想到《旧约》（包括次经部分）中以称颂并传扬智慧为主题的经书，如《箴言》、《传道书》、《雅歌》、《所罗门智训》（亦称《智慧篇》）、《便西拉智训》（亦称《德训篇》）等等。西语中的 philosophia（哲学、哲理），源于希腊语，本来就是"爱智慧"的意思。说到《旧约》，又不得不提到《新约》。《新约》开头的四卷《马太福音》《马可福音》《路加福音》《约翰福音》，一般称为"四福音书"或"四部福音"，而尼采则把他的《查拉图斯特拉如是说》称为"第五福音书"。

尼采的论著不仅对若干哲学家，特别是存在主义哲学家，如雅斯贝斯、海德格尔、萨特等产生重大的影响，而且在德国以及世界各国的文学大师那里也引起强烈的共鸣。格奥尔格在他的诗集《第七圈》中写过《尼采》颂歌。黑塞把尼采著作列为他的爱读之书，并

I

且写过一本《查拉图斯特拉的复返》。托马斯·曼说他的《浮士德博士》中的主人公莱弗金的思想、气质、经历和变成痴呆等的细节是取材于尼采的实事，他还写过一篇《根据我们的经验看尼采哲学》的评论。里尔克的《杜伊诺哀歌》，据海德格尔和瓜尔迪尼研究，指出应从尼采哲学中寻求它的思想基础。纪德特别推崇尼采热烈向往人生的学说，他的《人间食粮》从尼采著作中汲取了灵感。此外，萧伯纳、叶芝、斯特林堡，都曾受过尼采的影响。奥尼尔把《查拉图斯特拉如是说》当作《圣经》一样背诵。

然而，不幸的是，尼采的学说往往受到误解和歪曲。德国哲学史家阿尔弗雷德·鲍姆勒尔等人竟把尼采学说曲解为法西斯理论的支柱。德国纳粹分子更是厚颜无耻地把尼采的思想奉为圭臬。希特勒曾去魏玛参观尼采故居，跟尼采塑像合影留念，又去拜谒尼采之墓，并在墨索里尼生日时把尼采全集送去作为寿礼。在此之前，意大利作家邓南遮接受尼采的哲学思想，在作品中描写肩负"伟大使命"的超人，鼓吹民族沙文主义和扩张主义。这些都产生了很多极坏的负面影响。

在我国，早在1902年，梁启超就在《新民丛报》上提到尼至埃（即尼采）的名字："尼至埃谓今日社会之弊在少数之优者为多数之劣者所钳制。"其后，1904年，王国维发表《叔本华与尼采》，推崇他"以极强烈之意志，而辅以极伟大之知（智）力，其高掌远跖于精神界"。1907年，鲁迅在《文化偏至论》一文中赞扬尼采"向旧有之文明，而加之掊击扫荡焉"。1915年，陈独秀在《新青年》创刊号上发表《敬告青年》一文，介绍尼采创立的关于主人道德和奴隶道德的论说。随着1919年五四运动的爆发，由于尼采彻底否定一切旧传统、旧道德，重新估定一切价值的思想跟我国反帝反封建的历史要求相吻合，所以，尼采也曾起过积极的影响。在鼓吹者之中，可以举出一大串的名字，如徐志摩、方东美、李石岑、蔡元培、傅斯年、田汉、高长虹、向培良、茅盾、郭沫若、郁达夫、朱光潜等等。

然而，尽管有这么多受感染者，尼采著作的中译本却迟迟未能跟上。最初出现的翻译不过是些零星的片段摘译，例如鲁迅最早翻译的《察罗堵斯德罗绪言》，仅译了《查拉图斯特拉如是说》中第一部《查拉图斯特拉的前言》的三节，而且是用古奥的文言译的，后来用白话再译的《察拉图斯忒拉的序言》，也不过只译了《查拉图斯特拉的前言》的十节。该译文刊于1920年9月《新潮》杂志第2卷第5期，这也许是尼采著作最早的中译了。其后郭沫若译的《查拉图司屈拉钞》以及茅盾的译文，都是短短的节译。等到1936年（民国二十五年）才由生活书店出版了该书的全译本，即徐梵澄翻译的《苏鲁支语录》，并由郑振铎作序。到1940年（民国二十九年）又由中华书局出版了雷白韦的全译本《查拉杜斯屈拉如是说》。到1947年，更由文通书局出版了高寒（即楚图南）根据英译本翻译的《查拉斯图拉如是说》（民国三十六年三月贵阳初版）。可惜，到了20世纪50年代以后，尼采也变成像《启示录》中的古蛇那样，"扔在无底坑里，将无底坑关闭，用印封上，使它不得再迷惑列国"。因为，他已被定为反动哲学家，谁也不敢去碰他，尼采的介绍和研究成了禁区。那时，我们能看到的，也许只有勃伦蒂涅尔的《尼采哲学与法西斯主义》和奥杜也夫的《尼采学说的反动本质》两本译著了。幸而到了20世纪80年代以后，改革开放的春风像破冰船一样驶来，尼采也从冰封中被释放出来，出版界又掀起了一阵一阵的尼采热，尼采作品的新译和研究尼采的书一本一本地相继问世。就拿《查拉图斯特拉如是说》来说，除了重印两种旧译，也出版了黄明嘉教授的新译本，由漓江出版社于2000年1月推出。

现在，回到我的这个译本上面，做一些扼要的说明：

本书是尼采假借查拉图斯特拉之名说出他自己的哲学思想，也可以说是一本查拉图斯特拉的说教集或者说是查拉图斯特拉的行藏录，又有点像圣者传一类的书，但这位圣者并不是宗教的圣者，而且本书并不像一般宗教书那样枯燥乏味，却是具有极高文学价值的散文诗。

本书的主人公查拉图斯特拉（约前7—前6世纪）为波斯琐罗亚斯德教的创建人。在希腊语中称 Zoroaster，在《赠得亚吠陀》(《阿维斯陀注释》)中称 Zarathustra，意为"像老骆驼那样的男子"或"骆驼的驾驭者"。我国宋代姚宽的《西溪丛语》卷上和宋僧志磐的《佛祖统纪》中译作苏鲁支。他创立的教派主张善恶二元论，认为宇宙间有善与恶、光明与黑暗两种力量在斗争，即善神阿胡拉·玛兹达 [Ahura Mazda，希腊语作奥尔穆兹德（Ormuzd）] 和恶神安格拉·曼纽 [Angra Mainyu，希腊语作阿利曼（Ahriman）]。而火是善和光明的代表，故以礼拜"圣火"为主要仪式。公元前6世纪末大流士一世统治期间，该教被定为波斯帝国国教。7世纪阿拉伯人征服波斯后，随着伊斯兰教的传播，该教在波斯本土开始逐渐衰落。6世纪南北朝时，该教传入我国，北魏、北齐、北周的皇帝都曾带头奉祀。隋唐时东西两京都建立祆祠。北宋末南宋初，在汴梁、镇江、扬州等地还有祆祠。宋以后，我国史籍不再提及。该教在我国称为祆教、火祆教、火教、拜火教或波斯教，其宗教经典为《亚吠陀》(Avesta，又译《阿维斯陀》)。

尼采伪托查拉图斯特拉的大名写成本书，未免有侵犯他人姓名权之嫌，其实本书应称《尼采如是说》，因为他在本书中所说的大道理，跟查氏毫不搭界，乃尼采一家之言。他在《看这个人》中写道:"(《查拉图斯特拉如是说》)这部作品的基本构想是永远回归思想……是在1881年8月诞生的……那一天我在希尔瓦普拉纳湖畔的森林中散步;在距离苏莱村不远的一座像金字塔般耸立的巨大岩石旁边,我停了下来,那时我萌生这个思想。……如果我从那一天往下推算,算到……突然进入分娩期的1883年2月……那么,《查拉图斯特拉如是说》的妊娠期算出是十八个月。"

本书的第一部是在1883年2月3日至13日在意大利热那亚附近的拉帕洛一气呵成的,只花了十天时间。这第一部完成之日,正逢瓦格纳逝世于威尼斯之时。尼采接到噩耗,认为命运把"神圣的时刻"巧合在一起,在这个时刻,过去的老师死了,而尼采的"超人"诞生了。尼采晚年最具创造性的时刻就这样开始了,这是接在天才崇拜的时代和否认的时代之后,尼采的第三个时代——创造的时代。

第二部于1883年6月底至7月初完成于瑞士的希尔斯·马利亚,花了大约十天的工夫。第三部于1884年1月至2月完成于法国尼斯,也花了十天时间。第四部于1884年秋至1885年2月断断续续地在苏黎世、芒通和尼斯完成。前三部分别于1883年、1884年由克姆尼茨的施迈茨纳出版社出版。第四部没有出版社接收,只得自费交莱比锡瑙曼出版社于1885年出版,只印了四十册,送给七个知友。1886年,前三部由莱比锡弗里茨出版社合并出版。直到1891年才出了包括四部的完全版。

全书的内容,大致如下:

第一部:分为《查拉图斯特拉的前言》和《查拉图斯特拉的说教》两部分。查拉图斯特拉在山上过了十年孤独的隐居生活,至四十岁时,自觉很充实,于是作为施与者下山,要走向群众中去。先在森林中遇到一位年老的圣者,这位圣者劝他不要去爱世人,留在森林里赞美上帝，因为他不知道上帝已经死掉了。随后他来到森林外边的市镇，要向群众讲述超人，可是群众不理解他的话。这时，他看到一个走钢丝者，受到一个丑角的胁迫，摔下来死掉了。他把死尸带走，埋葬在一棵空心树里。在第一部的后半部，叙述查拉图斯特拉在花斑母牛镇对他的弟子们做的种种说教。最后，他要求他们各自去寻求自我而跟他分手。

第二部：重新回到山上处于孤独中的查拉图斯特拉梦见他的说教在山下人世间被人歪曲（《拿着镜子的小孩》），于是又下山去，要救救他的弟子们。他前往幸福岛（令人想到那不勒斯湾的伊斯基亚岛）上说教。对"同情者""教士们""有道德的人""学者""诗人""预言者"各种各样类型的现代人进行批判。他心中有一种渐趋成熟的思想（即永远回归的思想）。有无声的声音叫他说出来，但是他不愿意，他感到力有未逮。最后，无声的声音只好失望地对他说："哦，查拉图斯特拉，你的果实成熟了，但你自己还没有成熟得可以去摘果子！因此你必须再回到你的孤独中去：因为你应当成熟得更丰美一些。"于是他就忍痛离开他的朋友们，挥泪而去。

第三部：查拉图斯特拉离开幸福岛，登船走向归程。在船上，他对众人讲述他对永远回归的预感（《幻影和谜》）；他赞美日出前的清空之美（《日出之前》）；登上陆地之后，他痛斥现代世人的矮小化（《变小的道德》）；又借一个痴子之口攻击现代大城市文化（《走开》）；走到花斑母牛镇，他又对那些重新恢复基督教信仰者进行痛烈的讽刺（《背教者》）。随后，他回到山上，他在山洞里赞美孤独，痛骂山下的人类社会；在《三件恶行》中对世人所谓恶行做重新估价；在《古老的法版和新的法版》中批判旧道德、提示新道德……最后，永远回归的思想逐渐成熟，夜半钟声敲响十二次，唱出对生命的绝对肯定，也就是永远回归之歌，这也是第三部的主导旋律。事实上，本书写到此处，已经完成了，尼采原本也有这个想法。但是，他还是写了第四部续篇。

第四部：尼采把此部称为"最终部"，又称为《查拉图斯特拉的诱惑——中间剧》，因为他本想加以改写，或另作第五、第六部，但由于后来发狂而未实现，因此第四部成为一部"插话"。这一部跟前三部不同，其中有许多人物登场，具有戏剧的情节，而贯穿第四部全体的主题，乃是本部开头的引子中所说的"同情"。

某日，查拉图斯特拉坐在山洞前的石头上，来了一位预言者，他是个厌世主义者（影射叔本华），要来诱惑他走上最后的罪恶——同情。这时远远地传来求救的叫声，也就是陷于绝望的高人想来引起查拉图斯特拉的同情。他于是走出去寻找，先后遇到两位君王、研究蚂蟥的有良心的学究（指一般科学研究者，也可能暗指达尔文）、魔术师（暗指瓦格纳）、老教皇、极丑的人（无神论者）、自愿的乞丐（暗指舍弃王族生活、出家修道的佛陀和不愿过贵族生活而离家出走的托尔斯泰），还有最后一个自称为他的影子的追随者，他们在上帝死后的这个忧郁的近代，不知道如何生活下去，面临危机，陷于绝望，所以发出求救的叫声。他们比那些贪图安逸的民众要高出一等，故称为高人（原文 der höhere Mensch，即较高的人，高一等的人）。查拉图斯特拉跟他们分别交谈以后，都把他们请到他的山洞里去，举行晚餐。在《驴子节》一章中，他看到这八位高人对驴子祈祷、崇拜，感到恼火，也觉得高兴，因为他们玩这出闹剧，摆脱了忧郁和绝望，又获得欢快和康复。但他们毕竟不是他所等待的同道。最后他等待的预兆出现了，大群的鸽子和一头欢笑的狮子来到他的面前，他欢呼道："查拉图斯特拉变得成熟了，我的时辰到了：——"

高人们的诱惑过去了，他已克服了他的同情，于是离开他的山洞，准备下山，迎接"伟大的正午"，他所追求的，不是幸福，而是他的事业！全书就到此结束。

尼采的这部巨著，不仅闪耀着他的智慧的光芒，而且显示出抒情诗人的艺术魅力。他曾说："海涅和我绝对是一流的掌握德语的艺术家。"他又说："我想象，以这部《查拉图斯特拉如是说》使德语达到完善的地步。"例如第二部中的《夜歌》，具有无与伦比的语言之美，在用德语写的作品中被誉为最高之作，他也自称本歌为"旷古的最孤独之歌"。

尼采出生于虔诚的基督教家庭，自幼熟读路德翻译的德语《圣经》，这部《查拉图斯特拉如是说》也就处处显示出对《圣经》的模仿。《圣经》中的常用语，也频频出现在本书中，如"正如经上所记""有耳可听的，就应当听"等等。《圣经》中常用的一些表现手法如比喻、象征、寓言等，也是本书中常用的，例如，他把那些吹捧演员和伟大人物的愚民比喻为市场上的有毒的苍蝇，把那些冒牌社会主义者比喻为塔兰图拉毒蛛；他的宠物鹰象征高傲和独立自主，蛇象征智慧；在叙述他的教义被人歪曲时，就创造一个拿着镜子的小孩，让他看到他在镜子里的形象竟变成一个魔鬼。由于尼采是反对基督教者，为了批判，他在引用《圣经》语句时，常用"戏拟"（Parodie）和"反讽"（Ironie）手法，也就是反其意而用之。例如：《圣经》上说"因为一切事，在天主，没有做不到的"，尼采却说"因为一切事，在女人，没有做不到的"；《圣经》上说"施比受更为有福"，尼采却说"盗窃一定比受取还要幸福"。

最使翻译者感到伤脑筋的是，尼采最爱玩弄用同音异义词进行文字游戏（Wortspiel）。例如《有道德的人》篇中有这样的几句："当他们说'我主持正义（ich bin gerecht）'，听起来总像在说'我出了口气（ich bin gerächt）！'。"英译者也无从命笔，只好译成 I am just（我是正义的）和 I am revenged（我报了仇）。这样，原文中文字游戏的妙趣就丧失了。

还有另一种做文字游戏的方式，在《查拉图斯特拉的前言》第9节有一句："我要向单独隐修者和双双隐修者唱我的歌。"德文中 Einsiedler，意为隐修士，此字的字头 Ein 拆开来意为一，即单独一人，它是希腊语 μοναχός（单独，修士，隐修士）的德译，而 siedel 则来自古高地德语 sedal（座位，住处）。尼采由此造出一个新词 Zweisiedler（字头 Zwei 意为二）。英语中无相应的字，只好译成 the lone hermit（单独隐修者）和 the hermits in pairs（双双隐修者）。

尼采的这部著作，初看上去，似乎写得很简明，没有复杂的长句，但其中却有很多晦涩难解之处，不容易猜透其深层的内涵。他在《看这个人》中曾叙述："有一次，亨利希·封·施泰因博士老实地对我诉说：他对我的《查拉图斯特拉如是说》一句也不懂。"施泰因博士是德国哲学家，出版过很多著作，尼采看中的继承者，尚且有这种感觉，何况我辈中国读者。因此，我在译完本书后，尽量妄加些译注或抄译若干前辈研究家的诠释，以供参考。但鲁鱼亥豕之误，定当难免，尚希海内外研究尼采的专家学者指正。

2003 年 5 月底识于上海北郊

目录

第一部

查拉图斯特拉的前言 / 4

查拉图斯特拉的说教 / 24

三段变化 / 24　道德的讲座 / 27

背后世界论者 / 30

轻视肉体者 / 35

快乐的热情和痛苦的热情 / 37

苍白的犯罪者 / 40　读和写 / 43

山上的树 / 45　死亡的说教者 / 49

战斗与战士 / 52　新的偶像 / 54

市场的苍蝇 / 58　贞洁 / 62　朋友 / 64

一千个目标和一个目标 / 67

爱邻 / 70

创造者的道路 / 73

年老的和年轻的女人 / 76　毒蛇的咬伤 / 79

孩子和结婚 / 82　自愿的死 / 84

赠予的道德 / 88

1

第二部

拿着镜子的小孩 / 98　在幸福的岛屿上 / 101

同情者 / 105　教士们 / 109

有道德的人 / 113

贱民 / 117　塔兰图拉毒蛛 / 121

著名的哲人 / 125

夜歌 / 129

舞蹈之歌 / 132　坟墓之歌 / 136

超越自己 / 140　崇高的人们 / 145

文化之国 / 149

无玷的认识 / 152

学者 / 156　诗人 / 159　重大的事件 / 163

预言者 / 168

拯救 / 173　处世之道 / 180

最寂静的时刻 / 183

第三部

浪游者 / 190　幻影和谜 / 194

违背意愿的幸福 / 201　日出之前 / 206

变小的道德 / 210

在橄榄山上 / 218

走开 / 222　背教者 / 227

还乡 / 232

三件恶行 / 237　重压之魔 / 243

古老的法版和新的法版 / 249

康复者 / 279　伟大的渴望 / 287

另一曲舞蹈之歌 / 291

七个印 / 297

第四部

蜂蜜供品 / 306　求救的叫声 / 311

跟君王们对话 / 315

蚂蟥 / 321　魔术师 / 325　失业 / 335

极丑的人 / 341　自愿的乞丐 / 348

影子 / 353　正午 / 358

欢迎会 / 362

晚餐 / 369　高人 / 372

忧郁之歌 / 387

学问 / 394

在沙漠的女儿们中间 / 398

觉醒 / 408　驴子节 / 412

醉歌 / 418　预兆 / 429

译后记 / 433

查拉图斯特拉如是说

为一切人又不为任何人所作的书

1883—1885

第一部

ALSO SPRACH ZARATHUSTRA

人是一条不洁的河。要能容纳不洁的河流而不致污浊,人必须是大海。

查拉图斯特拉的前言

1[1]

查拉图斯特拉三十岁[2]时,离开他的家乡和他家乡的湖,到山里去。他在那里安享他的智慧和孤独,十年不倦。可是最后,他的心情变了,——某日清晨,他跟曙光一同起身,走到太阳面前,对它如是说道:

"你伟大的天体啊!如果没有你所照耀的人们,你有何幸福可言哩!

"十年来,你向我的山洞这里升起:如果没有我,没有我的鹰和我的蛇[3],你会对你的光和行程感到厌倦吧。

"可是,我们每天早晨恭候你,接受你的充沛的光,并为此向你感恩。

"瞧!我对我的智慧感到厌腻,就像蜜蜂采集了过多的蜜,我需

---

1. 查拉图斯特拉在长期孤独之后,精神充沛,想下山前往人世间,做个像太阳一样的施与者。
2. 《新约·路加福音》3:23:"耶稣开头传道,年纪约有三十岁。"
3. 鹰象征高傲,蛇象征智慧。

要有人伸手来接取智慧。

"我愿意赠送和分发,直到世人中的智者再度乐其愚,贫者再度乐其富。[1]

"因此我必须下山,深入人世:如同你每晚所行的,走下到海的那边,还把你的光带往那下面的世界,你这极度丰饶的天体啊!

"我必须,像你一样,下降[2],正如我要下去见他们的那些世人所称为的没落[3]。

"就请祝福我吧,你这宁静的眼睛[4],即使看到最大的幸福,你也不会嫉妒。

"祝福这个快要漫出来的杯子吧,让杯里的水变得金光灿烂地流出,把反映你的喜悦的光送往各处!

"瞧!这个杯子想要再成为空杯,查拉图斯特拉想要再成为凡人。"

——于是查拉图斯特拉开始下降。

2

查拉图斯特拉独自下山,没有碰到任何人。可是,当他走进森

---

1. 智者抛弃他的智者意识,自觉自己的无知,而成为受教者,故能乐其愚。贫者的心感到有受教的必要而豁然开朗,这就是他的富有。换言之,即智者和贫者都乐于接受查拉图斯特拉的教言。

2. "下降"原文 untergehen(名词形式:Untergang),此处指下山,但此字有多义,又指太阳的下落、下沉,暗指查拉图斯特拉迄今的生活告一结束而转变,超越他的故我,故亦含有越过去之意。此外,这个字在德语中还有没落、毁灭之意。

3. 从高处往低处下落,通常对此字认为含有贬义。世人把 untergehen 当作"没落",而查拉图斯特拉则否,他认为"下降"到人世间,是奉献自我,不考虑自我。

4. 指太阳。

林时，突然有一位白发老者出现在他的面前，那位老者是为了到林中寻觅草根而离开自己的圣庵的。老者对查拉图斯特拉如是说道：

"这位行人很面熟：好多年前，他经过此处。他叫查拉图斯特拉；可是他变了样子了。

"那时你把你的死灰[1]带进山里；今天你要把你的火[2]带往山谷中去吗？你不怕放火者受到的惩罚吗？

"是的，我认得查拉图斯特拉。他的眼睛是纯洁的，他的口角上不藏有一点厌恶。他不是像个舞蹈者一样走过来吗？

"查拉图斯特拉变了，查拉图斯特拉变成了孩子，查拉图斯特拉是个觉醒者[3]：现在你要到沉睡者那里去干什么呢？

"像在海中一样，你曾生活在孤独之中，海水负载过你。哎呀，你要上岸？哎呀，你又要拖曳你的身体行走吗？"

查拉图斯特拉回道："我爱世人。"

"可是，"那位圣人说道，"我为什么走进这片森林的偏僻地方？不是由于我爱世人爱得太过头了吗？

"现在我爱上帝：我不爱世人。我觉得世人是太不完美的东西。对世人的爱，会把我毁掉[4]。"

查拉图斯特拉回道："我怎么说起爱来！我是去给世人赠送礼物的！"

"什么也不要给他们，"圣人说道，"倒不如替他们拿掉些什么，

---

1. 对过去的生活感到失望而把它火葬后留下的死灰。
2. 指新燃的理想的烈火。把这种火带给世人，往往被视为危险人物而受惩罚。
3. 像佛陀一样。
4. 有被钉上十字架的危险（耶稣爱世人，反被钉上十字架）。

帮他们背着[1]——这将是你对他们做的极大的好事：只要你乐意！

"如果你要给予他们，那就不要超过一种施舍，并且还要让他们先向你乞求！"

"不，"查拉图斯特拉回道，"我不给什么施舍。我还没有贫到如此程度。"[2]

那位圣人听到查拉图斯特拉说的话，大笑一声，如是说道："那就看他们来接受你的宝物吧！他们不信任隐修者，不相信我们是去送宝的。

"我们走过街道的脚步声，他们听起来，觉得太孤寂了。就像他们在夜间躺在床上，听到有人行走，那时离日出还有很长时间，他们一定会问：这小偷要往哪里去？

"不要到世人那里去，留在森林里！倒不如走到动物那里去！你为什么不愿学我的样子——做熊群中的一只熊，鸟群中的一只鸟[3]？"

"圣人在森林中干什么呢？"查拉图斯特拉问道。

圣人回道："我作歌，并且唱它，我作歌时，又笑又哭，叽里咕噜：我就这样赞美上帝[4]。

"我以歌唱、哭笑、叽里咕噜赞美上帝，他是我的上帝。可是你给我们送什么礼物呢？"

查拉图斯特拉听罢此言，对圣人施了一礼，说道："但愿我

---

1. 分担世人的痛苦。
2. 如果我贫穷，那么给世人赠予的，只要达到一点"施舍"的程度，就可满足。但我要给世人更多的赠予。《新约·马太福音》5：3："虚心的人有福了，因为天国是他们的。"《新约·路加福音》6：20："你们贫穷的人有福了，因为神的国是你们的。"此处化用《圣经》语句。
3. 自然中的自由人。
4. 遁世者随心所欲的孤独生活。具有诗人的要素。但他是个人主义者，在这里跟查拉图斯特拉形成对照。他赞美的上帝，并非习俗的上帝。

有什么送给你们就好了！可是让我快点走开，免得拿走你们的什么[1]！"——于是那位老者和那位壮男，他们笑着分手了，他们笑起来就像两个孩童。

可是当查拉图斯特拉独自一人时，他对他的心如是说道："难道有这种可能！这位老圣人在森林中竟毫无所闻，不知道上帝死掉了[2]！"——[3]

3

当查拉图斯特拉走到森林外边最先到达的市镇时，看到许多人聚集在广场上：因为曾有预告，叫大家来看一个走钢丝者表演。查拉图斯特拉对群众如是说道：

我教你们何谓超人[4]：人是应被超越的某种东西。你们为了超越自己，干过什么呢？

直到现在，一切生物都创造过超越自身的某种东西：难道你们要做大潮的退潮，情愿倒退为动物而不愿超越人的本身吗？

猿猴在人的眼中是什么呢？乃是让我们感到好笑或是感到痛苦的耻辱的对象。在超人眼中，人也应当是这样：一种好笑的东西或

---

1. 与前文圣者所说"替他们拿掉些什么"相呼应。

2. 不仅是基督教的上帝、耶稣已经死掉，而且一切价值和真理的形而上学也完全不起作用。迄今起支配作用的超越的理念失去引导世人的能力。

3. 本译文力求忠实于原文，除译者所说的破折号、句号等用法，还有些标点符号的使用保留了原文的特殊用法，比如破折号与冒号、逗号、句号等连用，冒号，句末标点，等等。另，为了尊重译者的劳动成果，行文中的一些词语、名称（包括地名、人名、书名等）、注释以及晦涩难懂的句子等的译法与用法，皆按译者所译，不做改动。——编者注，其余皆为译者注

4. 本书中最初提起超人。

者是痛苦的耻辱。

你们走过了从虫到人的道路,你们内心中有许多还是虫。[1]从前你们是猿猴,就是现在,你们比任何猿猴还更加是猿猴。

你们当中的最聪明者,也不过是植物和鬼怪的分裂体和杂种。可是难道是我叫你们变成鬼怪或是植物的吗?

瞧,我是教你们做超人。

超人就是大地的意思。你们的意志要这样说:超人就是大地的意思吧!

我恳求你们,我的弟兄们,忠于大地吧[2],不要相信那些跟你们侈谈超脱尘世的希望的人!他们是调制毒药者[3],不管他们有意或无意。

他们是蔑视生命者,行将死灭者,毒害自己者,大地对他们感到厌烦:那就让他们离开人世吧!

从前亵渎上帝乃是最大的亵渎,可是上帝死掉了,因而这些亵渎上帝者也死掉了。现在最可怕者乃是亵渎大地,而且把不可探究者的脏腑[4]看得比大地的意义还高。

从前灵魂对肉体投以轻蔑的眼光:这种轻蔑在当时是最崇高的思想——灵魂要肉体消瘦、丑陋、饿死。这样灵魂就以为可以摆脱肉体和大地。

哦,这种灵魂本身却是更加消瘦、丑陋而且饿得要死:做残酷行为乃是这种灵魂的快乐。[5]

---

1. 一般人认为尼采的思想跟进化论有类缘关系,即在此句。但尼采的思想中心乃是向超人的目标不断向上奋进的意志,并非适者生存。
2. 大地与天上相对应,忠于大地,即拒绝天上。
3. 指宗教家的说教,他们麻醉人民,削弱人们求生的意志。
4. 被称为上帝(神)的绝对者的内面,此处为蔑称。
5. 像过修道者的生活一样残酷地虐待肉体。要肉体消瘦,被看成灵魂的报复心理。

可是，我的弟兄们，请你们也对我谈谈：你们的肉体在讲到你们的灵魂时说些什么呢？你们的灵魂不就是贫乏、不洁和可怜的安逸[1]吗？

确实，人是一条不洁的河。要能容纳不洁的河流而不致污浊，人必须是大海。

注意，我教你们做超人：他就是大海，你们的极大的轻蔑会沉没在这种大海里。

你们能体验到的最大的事物是什么呢？那就是极大轻蔑的时刻，在这个时刻，连你们的幸福也使你们感到恶心，你们的理智和道德也是如此。

在这个时刻，你们说："我们的幸福有什么重要呢！它是贫乏、不洁和可怜的安逸。可是，我的幸福应当是肯定生存本身！"

在这个时刻，你们说："我的理性有什么重要呢！它追求知识如同狮子追求食物吗？它是贫乏、不洁和可怜的安逸！"

在这个时刻，你们说："我的道德有什么重要呢！它还没有使我热狂过。我对我的善和我的恶是怎样感到厌烦啊！这一切都是贫乏、不洁和可怜的安逸！"

在这个时刻，你们说："我的正义有什么重要呢！我看不出我是火和煤。可是正义的人却是火和煤！"

在这个时刻，你们说："我的同情有什么重要呢！同情不就是那位爱世人者[2]被钉上去的十字架吗？可是我的同情并不是什么钉上十字架的死刑。"

你们已经这样说过吗？你们已经这样叫过吗？啊，但愿我曾听

---

1. 指自我满足。
2. 指耶稣。

到你们这样叫过!

向上天呼叫的,不是你们的罪,而是你们的自我满足,是你们罪恶中的贪心向上天呼叫!

可是,用火舌舔你们的闪电在哪里?你们必须让它灌输的疯狂在哪里?

注意,我教你们做超人:他就是这种闪电,他就是这种疯狂!——

查拉图斯特拉说完这些话,群众中有一人叫道:"关于走钢丝者的事,我们已经听够了,现在让我们瞧瞧他的真本领吧!"所有的群众都嘲笑查拉图斯特拉。而那个走钢丝者,他以为此话是指他而言,就开始表演起来。

4

查拉图斯特拉却望望那些群众而感到惊异[1]。随后,他如是说道:

人是联结在动物与超人之间的一根绳索——悬在深渊上的绳索。

走过去是危险的,在半当中是危险的,回头看是危险的,战栗而停步是危险的。

人之所以伟大,乃在于他是桥梁而不是目的;人之所以可爱,乃在于他是过渡和没落。

我爱那些不知道怎样生活的人,他们只知道做个没落的人,因为他们是向彼处过渡者[2]。

我爱那些大大的蔑视者,因为他们是大大的尊敬者[3],是向往彼岸

---

1. 群众不理解他的真意。
2. 不把自己当作目的,认为自己是在走向未来的更高的人类的阶段上。
3. 因为尊敬伟大,故蔑视渺小。

的憧憬之箭。

我爱那样一种人，他们不向星空的那边寻求没落和牺牲的理由[1]，他们只向大地献身，让大地将来属于超人。

我爱那样一种人，他为了求认识而生活，他想认识有一天超人会出现[2]。因此他情愿自己没落。

我爱那样一种人，他干活、动脑筋，是为了给超人建住房，为了给超人准备大地、动物和植物：因此他情愿自己没落。

我爱那样一种人，他爱自己的道德[3]：因为道德就是甘于没落的意志，一支憧憬之箭。

我爱那样一种人，他不为自己保留一滴精神，而想要完全成为自己的道德之精神[4]：因此他作为精神之灵走过桥去。

我爱那样一种人，他把自己的道德变为自己的偏爱和自己的宿命：因此他甘愿为自己的道德生存或死灭。

我爱那样一种人，他不愿具有太多的道德。一个道德胜于两个道德，因为一个道德是扣住命运的更牢固的结。

我爱那样一种人，他的灵魂很慷慨大方，他不要人感谢，也不给人报答：因为他总是赠予而不想为自己保留。

我爱那样一种人，他为掷色子赌赢而感到羞愧[5]，并且自问是不是作弊的赌徒，——因为他自甘灭亡。

我爱那样一种人，他在行动之前先抛出金言，他所履行的，总

---

1. 不迷信宗教，不向天界寻求依靠。
2. 认识大地和超人的意义以及超人的生成过程。
3. 从查拉图斯特拉的立场说，道德就是为将要来临的超人而没落的意志。
4. 不加保留，即全部奉献，亦即完全没落的意志。
5. 羞于侥幸的成功。

超过他所许诺的：因为他自愿没落。

我爱那样一种人，他肯定未来的人们，拯救过去的人们：因为他甘愿因现在的人们而灭亡[1]。

我爱那样一种人，他因为爱他的神而惩罚他的神[2]：因为他必须干神怒而灭亡。

我爱那样一种人，他的灵魂虽受伤而不失其深，他能因小小的体验而死灭[3]：因此他就乐愿过桥。

我爱那样一种人，他的灵魂过于充实，因此忘却自己，而且万物都备于他一身：因此一切事物都成为他的没落的机缘。

我爱那样一种人，他有自由的精神和自由的心情：因此他的头脑就不过是他的心情的脏腑[4]，而他的心情却驱使他没落。

我爱那样一种人，他们全像沉重的雨点，从高悬在世人上空的乌云里一滴一滴落下来：他们宣告闪电的到来，而作为宣告者灭亡。

瞧啊，我是闪电的宣告者，从云中落下的一滴沉重的雨点：而这个闪电就叫作超人。——

5

查拉图斯特拉说完这些话，他又望望群众而默然不语。"他们站在那里，"他对自己的心说道，"他们在笑；他们不理解我的话，我这

---

1. 把历史看作超人的生成过程，由这个观点来认识未来和过去的人的意义。他本人则不惜灭亡而跟现代战斗。

2. 以愈加严格的态度锤炼自己信奉的理想，使它逐渐提高。而他自己则因理想的重压而灭亡。此处反用《新约·希伯来书》12：6："因为上主惩戒他所爱的。"

3. 虽失败而不失灵魂的深度。对小小的体验也认真牢牢把握，以自觉自己的不成熟。

4. 心情（意志与感情）乃是中枢，而头脑（知性）乃其末梢器官。

张嘴跟他们的耳朵是对不上的[1]。

"难道先要扯碎他们的耳朵,使他们学会用眼睛来听吗?难道必须像敲铜鼓和劝人忏悔的布道者那样大声喧嚷吗?还是他们只相信口吃者的说话?

"他们有某种可以自豪的东西。那种使他们自豪的,他们把它叫作什么?他们称之为教养,这使他们显得比牧羊者优越。

"因此他们不爱听对他们'轻蔑'的话。因而我要就他们的自豪来谈谈。

"我要对他们讲述最该轻蔑的人:这就是末等人[2]。"

于是查拉图斯特拉对群众如是说道:

现在,世人给自己定下目标的时候到了。世人培植他们的最高希望之幼芽的时候到了。

他们的土壤,用以培植幼芽,还是够肥沃的。可是,这片土壤,有一天会变得贫瘠无力,再也长不出高树。

唉!这样的时辰到了,世人不再把他的憧憬之箭越过世人射出去,他的弓弦也忘记怎样发出响声。

我告诉你们:世人必须在自身中留有混沌,以便能生出舞蹈的星。我告诉你们:你们自身中还留有混沌。

唉!这样的时辰到了,世人再不会生出任何星。唉!这样的时辰到了,最该轻蔑的人不能再轻蔑自己。

瞧!我指给你们看末等人。

"爱是什么?创造是什么?渴望是什么?星是什么?"——末等

1.《新约·马太福音》13:13:"所以我用比喻对他讲,是因他们看也看不见,听也听不见,也不明白。"

2.与超人相对立者,如我国的"小人"之类。

人这样问着,眨眨眼睛。

这时,大地变小了,使一切变小的末等人在大地上跳着。他的种族像跳蚤一样消灭不了;末等人寿命最长。

"我们已发现幸福。"——那些末等人说着,眨眨眼睛。

他们离开了难以生存的地方:因为人需要温暖。人们还喜爱邻人,靠在邻人身上擦自己的身体:因为人需要温暖。

生病和不信任,在他们看来,乃是罪过:他们小心翼翼地走路。还要被石头和人绊倒,那就是笨货!

偶尔吸一点点毒[1]:可使人做舒服的梦。最后,吸大量的毒,可导致舒服的死亡。

他们还干活,因为干活就是消遣。可是他们很当心,不让消遣伤身体。

他们不再贫穷,也不再富有:贫和富都不好受。谁还想统治别人?谁还想服从他人?两者都不好受。

没有牧人的一群羊![2] 人人都想要平等,人人都平等:没有同感的人,自动进疯人院。

"从前全世界都疯狂。"——最精明的人说着,眨眨眼睛。

他们很聪明,所有发生过的事,他们都知道:所以他们嘲笑的对象没完没了。他们还互相争吵,但很快又和好——否则会影响他们的消化。

他们白天有白天的小乐味,夜晚有夜晚的小乐味:可是他们注重健康。

---

[1]. 尼古丁或其他。末等人是快乐主义者。
[2].《新约·约翰福音》10:16:"我另外有羊,不是这圈里的;我必须领它们来,它们也要听我的声音,并且要合成一群,归一个牧人了。"

"我们已发现幸福。"——那些末等人说着,眨眨眼睛。——

这里结束查拉图斯特拉的开头的发言,也叫"前言[1]":因为说到此处时,群众的叫喊和欢乐把他的话打断了。"给我们这种末等人,哦,查拉图斯特拉,"——他们叫道——"使我们成为末等人!我们就把超人送给你!"群众全都发出欢呼和咂舌头的声响。可是查拉图斯特拉却感到悲伤,他对自己的心说道:

"他们不理解我的话,我这张嘴跟他们的耳朵是对不上的。

"也许我在山上住得太久,溪流声和树声听得太多了:现在我对他们说话,就像对牧羊人说话一样了。

"我的灵魂宁静而清明,就像上午的群山。可是他们以为我冷酷,是个开可怕的玩笑的冷嘲者。

"现在他们望着我发笑:他们一面笑,一面还恨我。他们笑里藏冰。"

6

可是,使大家瞠目结舌的事情发生了。就在此时,走钢丝者开始他的表演:他从一扇小门里出来,在钢丝上走着,这根钢丝张在两塔之间,也就是悬在广场和群众的上空。当他走到半当中时,小门又打开了,一个像丑角似的穿彩衣的人跳了出来,快步跟上第一个表演者。"前进啊,跛子,"他发出可怕的叫声,"前进啊,懒虫,蹑手蹑脚的家伙,苍白的面孔!别让我用脚跟搔你!你在这两塔之

---

[1]. 文字游戏:发言原文为 Rede,前言原文为 Vorrede。

间干什么?你只合到塔里去,应当把你关进去[1],一个比你强的人,你在挡他的路!"——他每说一句,就越来越跟第一个靠近:在他跟前者只差一步时,使大家瞠目结舌的可怕的事发生了——他像魔鬼一样大叫一声,跳到挡路者的前头。第一个表演者看到自己的竞争者获胜,不由失去清醒的头脑,一脚踏了空;他丢掉撑杆,跌得比撑杆还快,手脚像一阵旋风似的团团转,笔直地跌落到地上。广场和群众,就像有狂风吹过来的大海:大家争先恐后、互相践踏着奔逃,特别是在走钢丝者的身体要坠落下来的地方,拥挤得尤为厉害。

可是查拉图斯特拉仍站着不动,走钢丝者的身体正好坠落在他的旁边,跌得皮开肉绽,可是还没死去。过了一会儿,那个跌伤者醒了过来,他看到查拉图斯特拉跪在他旁边。"你在这里干什么?"他终于开口说道,"我早已知道,魔鬼会伸腿把我绊倒。现在他把我拖往地狱:你想阻拦他?"

"凭我的名誉起誓,朋友,"查拉图斯特拉回答道,"你所说的一切都不存在:既没有什么魔鬼,也没有什么地狱。你的灵魂将比你的肉体死得更快:现在什么也别怕!"

那个男子不大相信地仰望着他。"如果你说的是真话,"他随即说道,"那么,我即使失去生命,也毫无损失。我跟一头野兽相差无几,我也不过是让人用鞭子和少量食物教它跳舞的动物。"

"并非如此,"查拉图斯特拉说道,"你把冒险当作你的职业,这一点无可轻视。现在你由于你的职业而毁灭,因此我要亲手埋葬你。"

当查拉图斯特拉说完这番话时,那个垂死的人不再作答;可是

---

[1] 牢狱之塔。

他动动手，好像想要去握握查拉图斯特拉的手以表示谢意。——

7

这时，夜晚来到了，广场笼罩在暮色里；群众散去了，因为，就是好奇心和惊恐也变得疲倦了。可是查拉图斯特拉却靠着死者坐在地上，陷于沉思之中：他就这样忘掉时间。最后，黑夜降临，一阵寒风吹过这位孤独的人。查拉图斯特拉于是站起来，对他的心说道：

"确实，查拉图斯特拉今天做了一次出色的捕鱼工作！他捉到的不是一个人，而是一具尸体。

"人的生存是阴森可怕的，而且总是毫无意义：一个丑角也可以成为人的不幸的命运。[1]

"我想给世人教以生存的意义：这就是超人，从人的乌云中发出的闪电。

"可是我跟他们还有很远的距离，我的心不能跟他们的心相通。对于世人，我仍是处于小丑和死尸的中间。

"夜色黑暗，查拉图斯特拉的道路也是黑暗的。来，冰冷而僵硬的旅伴！我要把你带往我亲手埋葬你的地方。"

8

当查拉图斯特拉对他的心说完这番话以后，他把死尸背在背上而上路了。他还没有走百步，就有一个男子悄悄地向他走来，对他

---

[1] 人生不可测，令人可怕。出一个小丑，就可以使世界历史改变，而使无数人为不幸哭泣。

耳语——瞧！这个跟他说话的人，就是那个塔里的丑角。"离开这个市镇吧，哦，查拉图斯特拉，"他说道，"这里有太多的人恨你。善人和义人们恨你，他们把你称为他们的敌人和蔑视者；正统信仰的信徒们恨你，他们把你称为群众的危险人物。他们笑你，那算是你的运气：确实，你说话就像小丑一样。你跟那死狗打交道，那是你的运气；你这样低三下四，今天你算是救了你自己了。可是，快离开这个市镇——否则，到明天，我将从你身上跳过去，一个活人从死人身上跳过去。"这人说完这番话，就不见了；而查拉图斯特拉却依旧在黑暗的街路上继续走去。

走到市门口，他遇到一些掘墓人：他们用火把照他的脸，认出是查拉图斯特拉，就对他大肆嘲笑。"查拉图斯特拉带走这条死狗：好极了，查拉图斯特拉变成掘墓人了！因为我们的手太干净了，谁高兴碰这块狗肉。查拉图斯特拉想要偷走魔鬼的食物吗？好吧！祝你饱餐一顿！但愿魔鬼不是比查拉图斯特拉更高明的窃贼！——他会把他们两个都偷走，他会把他们两个都吃掉！"他们互相大笑着把头靠在一起。

查拉图斯特拉一句话也不回答，继续走路。他走了两个小时，走过森林和沼泽，时时听到饿狼的嚎叫，他自己也觉得饿了。他就在一间孤独的屋子旁边停下，屋里点着一盏灯。

"饥饿袭击我，"查拉图斯特拉说道，"像一个强盗。在森林里和沼泽中，我的饥饿袭击我，而且在深夜里。

"我的饥饿有着奇怪的脾气，常常在饭后时间才来[1]，今天一整天都没来：它到哪里去了？"

---

1. 越吃越饿常见于精神要求的场合。此处暗示查拉图斯特拉的饥饿并非通常生理意义上的饥饿。

于是查拉图斯特拉去敲那家的门。一个老者走出来；他手拿着灯，问道："是谁来找我，我正睡不好，还来打扰我？"

"一个活人和一个死人，"查拉图斯特拉说，"请给我一些吃的和喝的东西，我在白天忘记饮食了。给饥饿者进食的人[1]，会使他自己的灵魂舒畅：先贤曾这样说过。"

老人走开了，随即转身回来，给查拉图斯特拉递上面包和葡萄酒。"对于饥饿者，这里是个坏地方，"他说道，"因此我住在这里。兽和人都来找我这个隐修者。叫你的旅伴也来吃点喝点吧，他比你更疲倦了。"查拉图斯特拉回道："我的旅伴已经死了，我难以劝他进食。""这不关我的事，"老者不高兴地说，"来叩我的门的人，都必须吃我所提供的东西。吃了好好走吧！"——

随后，查拉图斯特拉又继续走了两个小时，顺着道路，沐着星光：因为他习惯夜行，而且喜爱正眼观看沉睡的万物[2]。可是，到天色发亮时，查拉图斯特拉发现他自己走到了森林深处，再也无路可走了。于是他把死人放进他头顶上的一棵空心树里——因为他要守住死人，免得被狼拖去——他自己就在长满青苔的地面上躺下。他立即进入睡乡，身子很倦，可是灵魂很安宁。

9

查拉图斯特拉睡了很长时间，不仅是曙光拂过他的脸，而且上午也过去了。最后，他张开眼睛：查拉图斯特拉向寂静的林中惊奇

---

[1].《旧约·诗篇》146：6—7："耶和华……赐食物与饥饿的。"
[2]. 在沉睡时，万物显露出没有伪饰的真相。

地望望，又惊奇地静观自己的内心。然后，他急忙站起身来，好像一个突然看到陆地影子的水手，不由欢呼起来：因为他看到一个新的真理。于是他对他自己的心如是说道：

"我恍然大悟了：我需要伙伴，而且是活的——不是我随心所欲带往我要去的地方的死的伙伴和尸体。

"我需要的乃是活的伙伴，他们服从我，因为他们要服从他们自己——而且愿去我要去的地方。

"我恍然大悟了：查拉图斯特拉不再对群众说话，而只对伙伴说话！查拉图斯特拉不要再做羊群的牧人和牧犬！

"从羊群中骗走许多羊[1]——我就是为此而来。群众和羊群将会对我恼火：查拉图斯特拉将会被牧人们叫作强盗。

"我叫他们牧人，而他们却自称为善人和义人。我叫他们牧人，他们却自称为正统信仰的信徒。

"瞧这些善人和义人！他们最恨什么人？是把他们的价值之石版[2]打碎的人，那个破坏者，那个犯罪者——不过，他却是创造者。

"瞧这些一切信仰的信徒！他们最恨什么人？是把他们的价值之石版打碎的人，那个破坏者，那个犯罪者——不过，他却是创造者。

"创造者寻求的是伙伴，不是死尸——也不是羊群和信徒。创造者寻求的是把新的价值写在新的石版上的共同创造者。

"创造者寻求伙伴和共同收割者：因为在他的眼前，一切都已成

---

1. 面对理想而背叛畜群者。
2.《旧约·出埃及记》24：12："耶和华对摩西说：'你上山到我这里来，住在这里，我要将石版并我所写的律法和诫命赐给你，使你可以教训百姓。'"此处联想到刻十诫的石版，实指各个社会的固定的价值意识以及其体系。石版亦译法版。参看第三部《古老的法版和新的法版》。

熟，等待收割。可是他没有一百把镰刀[1]：因此他扯下麦穗，大为恼火。

"创造者寻求伙伴以及会磨他们自己的镰刀的那种人。他们会被人叫作善与恶的否定者和蔑视者：可是他们乃是收割者和庆丰收者。

"查拉图斯特拉寻求共同创造者，查拉图斯特拉寻求共同收割者和共同庆丰收者：他跟羊群、牧人和死尸有什么瓜葛呢！

"而你，我的第一个伙伴，再见了！我已将你好好地埋葬在你的空心树里，我已把你藏好，不会被狼拖去。

"可是，我要离开你了，时间到了。在曙光与曙光之间，一个新的真理来到我面前了。

"我不要做牧人，不要做掘墓者。我不想再跟群众谈话；我跟死人说过最后一次话。

"我要跟创造者、收割者、庆丰收者交往：我要指给他们看彩虹和超人的一切阶梯。

"我要向单独隐修者和双双隐修者[2]唱我的歌；对于从未听说过的事[3]还有耳朵倾听的人，我要用我的幸福使他的心感到沉重。

"我要朝着我的目标，我要走我的路；我要超越过那些迟疑者和拖拖拉拉的人。因此让我的行进成为他们的没落！"

10

查拉图斯特拉对他的心说完这番话，太阳已升到中午的天空：

1.《新约·马太福音》9：37："要收的庄稼多，作工的人少。"
2. 文字游戏：德文中隐修者为 Einsiedler，其中的 Ein 意为一个，即单独之意。尼采由此字造出新字 Zweisiedler，其中的 Zwei 意为两个。
3. 查拉图斯特拉创造的新的说教。

这时他仰望天上,若有所寻问——因为他听到头顶上传来一只鸟的尖叫声。瞧!一只大鹰在空中兜着大圈子盘旋,它身上吊着一条蛇,不像是猎获品,却像是一个女友[1]:因为它盘绕住大鹰的颈部。

"它们是我的宠物[2]!"查拉图斯特拉说着,感到由衷的高兴。

"太阳之下最高傲的动物和太阳之下最聪明的动物[3]——它们是出来打听消息。

"它们要探听,查拉图斯特拉是否还活着。真的,我还活着吗?

"我发现,在世人当中比在动物当中更危险,查拉图斯特拉走的是危险的道路。但愿我的宠物给我领路!"

查拉图斯特拉说完这番话,他想起林中圣人的话,长叹一声,对他的心如是说道:

"但愿我变得聪明些!但愿我像我的蛇一样彻底聪明!

"可是我要求的乃是不可能之事:因此我要求我的高傲永远跟我的聪明同行!

"如果有一天我的聪明离开我——唉,它真爱飞去!——那么,但愿我的高傲也跟我的愚蠢一起飞翔吧!"

——于是查拉图斯特拉开始下降。

---

1. 德文中蛇为阴性名词,故称女友。
2. 查拉图斯特拉住在山里时,鹰和蛇是他的伙伴。
3. 鹰象征高傲,蛇象征聪明。

查拉图斯特拉的说教

三段变化

我要向你们列举精神的三段变化：精神怎样变为骆驼，骆驼怎样变为狮子，最后狮子怎样变成孩子。

对于怀着敬畏之念的精神，强力的、负重的精神，有许多重负：精神的强力渴望重的、最重的负担。

什么是重负？负重的精神这样发问。于是它像骆驼一样跪下来，甘愿被装上很多的重负。

英雄们，什么是最重的负担？负重的精神这样发问。我会把它背在身上而为我的强力感到高兴。

最重的重负不就是：为了使自己的骄傲心感到痛苦[1]而自卑？为了嘲笑自己的智慧而显示自己的愚蠢？

或者是：当我们的事业获得成就而庆祝其胜利时，就离开它？[2]

---

1. 对自己的骄傲进行反省而打破之。德语 schwer 意为重，又意为困难。
2. 不以成功自满，还要面向新的困难继续奋斗。

为了试探试探者[1]而登上高山?

或者是:吃认识之草和橡子为生,为了真理而忍受灵魂的饥饿?

或者是:自己生病,却把来探望你的人打发回家,跟永远听不见你的要求的声子做朋友?

或者是:只要是真实之水,哪怕是污水,也跳进去,不管是冷的青蛙和热的蛤蟆,一概来者不拒。[2]

或者是:爱那些蔑视我们的人,跟想要吓唬我们的鬼怪握手?

这一切最重的重负,负重的精神都把它们背在自己的身上,就像背着重负趋向沙漠的骆驼,精神也如此急忙走进它的沙漠。

但在最荒凉的沙漠之中,发生了第二段变化:精神在这里变成狮子,它要攫取自由,在它自己的沙漠里称王。

它在这里寻找它的最后一个统治者:它要跟最后一个统治者、它最后的神为敌,它要跟巨龙搏斗以求胜利。

精神不想再称它为统治者和神的这条巨龙是什么呢?这条巨龙的名字叫作"你应当[3]"。可是狮子的精神却说"我要"。

"你应当"挡在精神的去路上,金光闪闪,是有鳞动物,每一片鳞甲上都闪着金光灿烂的"你应当"。

绵延千年的各种价值闪耀在这些鳞片上,一切龙中最强大的龙如是说:"事物的一切价值——闪耀在我的身上。"

"一切价值已被创造出,被创造出的一切价值——就是我。确实,

1.《新约·马太福音》4:1:"耶稣被圣灵引到旷野,受魔鬼的试探。"此处意为:不等魔鬼来找他,却去找魔鬼,击退诱惑。

2. 追求真,不顾污浊和丑恶。

3. 应当怎样做,这是精神原来信奉的教条,亦即道德的命令,由此更进而成为义务。次之为习俗的种种价值体系。

不应再有什么'我要'！"这条龙如是说。

我的弟兄们，在精神之中为什么需要狮子？有了放弃欲念、怀着敬畏之心的负重动物，为什么还不够呢？

创造新的价值——就是狮子也还不能胜任；可是为自己创造自由以便从事新的创造——这是狮子的大力能够做到的。

给自己创造自由，甚至对应当去做的义务说出神圣的"否"字，我的弟兄们，在这方面就需要狮子。

要获得建立新价值的权利——对于负重而怀有敬畏心的精神，乃是最可怕的行动。确实，对精神来说，这无异于劫掠，乃是进行劫掠的猛兽的行径。

精神也曾把"你应当"当作最神圣的事物去爱它：现在精神也不得不在这最神圣者里面看出妄想和专横，精神要从它所爱者手里劫掠自由：为了这种劫掠，所以需要狮子。

可是，我的弟兄们，请回答：连狮子都无能为力的，孩子又怎能办到呢？进行劫掠的狮子，为什么必须变为孩子呢？

孩子是纯洁，是遗忘，是一个新的开始，一个游戏，一个自转的车轮[1]，一个肇始的运动，一个神圣的肯定[2]。

是的，为了称作创造的这种游戏，我的弟兄们，需要一个神圣的肯定：这时，精神想要有它自己的意志，丧失世界者会获得它自己的世界[3]。

我给你们列举了精神的三段变化：精神怎样变成骆驼，骆驼怎

---

1. 德国诗人安格卢斯·西里西乌斯（1624—1677）警句诗："你自己就是轮子，自动地转动，没有休息。"
2. 对孩子来说，没有善恶正邪之区别，世界和生活中的一切，都照样加以肯定。此为自由创造的第一步。
3. 离开习俗的世界而面向自己固有的世界。

样变成狮子,最后狮子怎样变成孩子。——

查拉图斯特拉如是说,当时他停留在一个市镇上,那个市镇的名字叫作:花斑母牛。

道德的讲座

有人对查拉图斯特拉夸赞一位智者,这位智者能就睡眠[1]和道德做一番精彩的说教:他为此受到极大的尊敬和感谢,所有的年轻人都坐在他的讲台之前。查拉图斯特拉走到他那里,跟所有的年轻人一起坐到他的讲台面前。这位智者如是说:

"对睡眠要怀有敬意和羞耻心!这是头一件要事!对一切不能安眠、在夜间醒着的人,要避开他们!

"就是小偷也羞于惊醒入睡者:他在夜间也总是蹑手蹑脚地悄悄走路。可是,更夫没有羞耻心,他不知羞耻地携带着号角。

"睡眠绝不是容易的事:要睡好,需要你整天睁着眼睛。

"每天,你必须克制自己十次:这会给你带来充分的疲劳,这是灵魂的鸦片。

"你必须再跟自己和解十次;因为克制是苦事,不和解的人睡不好。

"每天你必须找到十条真理;否则你在夜间还要寻找真理,你的灵魂就会饿得慌。

"在白天你必须笑上十次,保持快活;否则你的胃将在夜间干扰

1.《旧约·诗篇》4:8:"我必安然躺下睡觉,因为独有你耶和华使我安然居住。"《旧约·箴言》3:24:"你躺卧,睡得香甜。"《旧约·传道书》5:12:"劳碌的人不拘吃多吃少,睡得香甜;富足人的丰满,却不容他睡觉。"

你，胃是忧愁之父。

"此事知之者甚少：可是要睡得好，必须具备一切道德。我会做伪证吗？我会去通奸吗？

"我会对邻家的婢女起淫心吗[1]？这一切都跟良好的睡眠水火不相容。

"此外，即使具备一切道德，还必须懂得一件事：甚至是这些道德，也要在恰当的时候送它们入睡[2]。

"这些美德小女子[3]，别让她们互相争吵！别让她们为你争吵，否则，你就倒霉了！

"跟上帝和邻人保持和睦：良好的睡眠要求你这样做。跟躲在邻人间的魔鬼也要相安无事！[4]否则，他会在夜间到你身边来作祟。

"对官府要尊敬，要服从，即使对于不正当的官府也要如此！良好的睡眠要求你这样做。当权者不愿走正路，我能有什么办法呢？

"把自己的羊群带往肥沃的草原上去的，我总要称他是最好的牧人[5]：他这样做，是符合良好睡眠的要求的。

"我不要很多荣誉，也不要大量财宝：这些会使脾脏发炎。可是没有一个好名声和一笔小小的财富，也睡不好。

"我情愿跟小范围的人交往，不愿跟坏朋友打交道：不过，朋友

1.《旧约·出埃及记》20：16—17："不可作假见证陷害人……也不可贪恋人的妻子、仆婢……"

2. 例如独立心和从顺这两种品德是水火不相容的，因此，要看情况而使其中之一的品德睡去。

3. 德语道德 die Tugend 是阴性名词，故称之为女子。

4. 跟潜伏在邻人内心里的恶以妥协为妙，以免招惹麻烦。

5. 让人民过好日子的政府。《旧约·诗篇》23：1—2："耶和华是我的牧者，我必不至缺乏。他使我躺卧在青草地上，领我在可安歇的水边。"《新约·约翰福音》10：11—13："我是好牧人，好牧人为羊舍命。若是雇工……并不顾念羊。"

28

交往,也要在恰当的时候。这样才符合良好睡眠的要求。

"精神贫穷的人也使我很喜欢;他们促进睡眠。他们是幸福的[1],特别是对他们的言行总是给予肯定的时候。

"对于有德之人,白天就这样过去。当夜晚降临,我就很小心,不召唤睡眠!它也不愿受召,睡眠乃是各种道德之主。

"我不召唤睡眠,却对我在白天所行的和所想的进行反思。我像母牛反刍一样颇有耐心地反思自问:你的十条克制是些什么呢?

"还有,十次和解、十条真理以及使我心平气和的十次大笑,又是些什么呢?

"经过如此思考,让四十种反思摇我入睡,不召而至的睡眠,这位各种道德之主,就突然光临了。

"睡眠拍拍我的眼皮:眼皮就变得沉重了。睡眠碰碰我的嘴:嘴就老张开了。

"确实,它是蹑手蹑脚地走过来的,这个小偷中最可爱的小偷,它偷走我的思想:我像那个讲台一样呆头呆脑地站在那里。

"但我没站立很久:我已经躺下了。"——

查拉图斯特拉听了智者如是说,他心里发笑;因为他恍然大悟。他对他的心如是说:

"这位有四十种反思的智者,我看他像是个呆子;可是我相信,他很懂得睡眠之道。

"谁要是住在这位智者的附近,他就幸福了!这种睡眠是有传染性的,哪怕隔一道厚墙,也会传染给你。

"甚至在他的讲座上也藏有魔力。青年们坐在这位道德的说教者

---

[1].《新约·马太福音》5:3:"精神贫穷的人是有福的。"精神贫穷的人亦译"神贫的人""虚心的人""谦虚的人"。

面前，不是白坐的。

"他的智慧就是：保持醒觉，是为了睡得好。确实，如果生存并无意义而我又必须选择无意义，那么，对我来说，这也是最值得选择的无意义[1]了。

"现在我明白，从前当人们寻找道德老师时，他们首先要找的是什么。他们寻找良好的睡眠，由此寻找罂粟花[2]似的道德！

"对于这些讲座的该赞美的一切智者，智慧就是不做梦的睡眠：他们不知道人生还有什么更大的意义。

"就是在今天，还有些人，像这种道德的说教者，但并不总是像他们这样正直：不过他们的时代过去了。他们不会再站得长久了：因为他们已经躺下了。

"这些嗜睡者是幸福的：因为他们会很快打瞌睡。"——
查拉图斯特拉如是说。[3]

背后世界论者[4]

从前查拉图斯特拉也曾像一切背后世界论者那样驰骋幻想于世人的彼岸。那时，我觉得世界是一个受尽痛苦和折磨的神的制作品。[5]

那时，我觉得世界是一位神的梦和诗；是在一位不满之神的眼

---

1. 对智慧的辛辣的讽刺。
2. 罂粟花外观很美，但有催眠、麻醉作用。
3. 每节结尾的这句惯用语乃是模仿梵文经书中的用语——Iti vutta kaṁ，意为圣者如是说。
4. 假定世界的背后有神和原理而逃避现实者，如宗教家和形而上学者。原文为 Hinterweltler，这是尼采的新造词，仿造德文中的另一个字 Hinterwäldler（林区那边的人，未开化地居民，乡巴佬）。
5. 现实世界是不完美的，因此认为创造这个世界的神是受苦的、不满的。把这个神解释为形而上学的意志，乃是叔本华哲学的立场。尼采也曾同意这种观点。

前飘荡的彩色的烟。

善与恶，乐与悲，我与你[1]——我觉得这些都是在创造主眼前飘荡的彩色的烟。创造主想把视线从他自己身上移开——于是他创造了世界。[2]

对于受苦者，把目光离开自己的苦恼，忘却自我，这是像陶醉一样的快乐。我从前曾认为：世界就是像陶醉一样的快乐和忘我。

这个世界，这个永远不完美的世界，一个永远矛盾的映象和不完美的映象——对于它的不完美的创造者，乃是一种陶醉似的快乐[3]——从前我对世界的看法就是这样。

从前我就是这样像一切背后世界论者，驰骋幻想于世人的彼岸。这就是世人的彼岸的真相吗？

啊，我的弟兄们，我以前创造的这个神，乃是人的制造物，人的幻想，像所有的神祇一样。

这个神是人，只不过是人和我的可怜的一段：这个幽灵，是从我的灰和烈火中出来的，确实如此！他不是从彼岸来的。

后来怎样，我的弟兄们？我，这个受苦者，克制了自己，我把我自己的灰带到山上[4]，我给自己烧起更亮的火。瞧！这个幽灵从我面前消失了。

现在要我这个康复者相信这种幽灵，那真会是烦恼和痛苦了：现在对于我，真会是烦恼和屈辱了。我要对一切背后世界论者如是说。

---

1. 充满矛盾的世界的形象。我与你指主观与客观的对立。
2. 烦恼的人为了转移自己的烦恼，在自身之外创造表象之物。在艺术创作的动机方面，这种情况甚多。
3. 从艺术品创作的场合类推，很容易明白。
4. 对受苦的自己进行自我克制，走强有力的创造的愿望之道路。

是烦恼和无能——创造了一切背后世界;只有极烦恼者经历到的那种短暂的幸福之幻想[1]才能创造背后世界。

想以一跳、决死的一跳[2]达到终极的疲劳感,绝不再想存有什么愿望的一种可怜的、无知的疲劳感:正是这种疲劳感创造了一切神和背后的世界。

相信我的话,我的弟兄们!对现世的我们的肉体感到绝望的是现世的我们的肉体——这个肉体用错乱的精神的手指摸索最后的墙。[3]

相信我的话,我的弟兄们!对大地感到绝望的也是现世的我们的肉体——它倾听存在的肚子[4]对它说话。

于是它想用头穿过最后的墙[5],而且不仅用头到达"彼世"。

可是"彼世"是人所看不见的隐蔽的世界,那个离开人的、非人间的世界,乃是天国的虚无;存在的肚子,除非以人的身份出现[6],绝不对人说话。

确实,一切存在,是难以证明的,难以使它说话的。告诉我,弟兄们,一切事物中最奇妙的,不是最易证明其存在的吗?

是的,这个自我,这个显得矛盾和混乱的自我,最坦率地谈说它自己的存在,这个创造的、愿望的、评价的自我,它是事物的标准和价值。

---

1. 例如宗教的陶醉。
2. 丹麦哲学家克尔恺郭尔主张用跳的方式皈依基督教,即从不信跳到信仰。本章有些地方可能是对克尔恺郭尔的驳斥。
3. 对现世的自己的肉体感到绝望的是肉体本身,并不是灵魂和精神的问题,但解决绝望仍只靠精神。
4. 存在的根本或本质。
5. 德文成语"想用头穿过墙",意为蛮干、试图干不可能的事。此处的头指精神。穿过最后的墙,即进入宗教的世界之意。
6. 有一种用腹语说话的表演者,即不动嘴唇说话,听起来声音像是从腹内发出。

这个最率直的存在，这个自我——它谈说肉体，它还是要它的肉体，哪怕它在作诗、梦想、鼓着折断的翅膀飞行[1]。

这个自我，越来越诚实地学习说话：它越是学习，越会赞美、尊敬肉体和大地。

我的自我，教给我一种新的自豪，我把它教给世人：别再把头插进天国事物的沙里[2]，而要自由地抬起头，这大地之头，给大地赋予意义的头！

我教给人一种新的意志：想要去走世人盲目地走过的路，并称之为善，加以肯定，不再悄悄地走别的歪路，像那些病人和濒死者那样。

是病人和濒死者，他们轻视肉体和大地，想出天国的事物和拯救的血滴[3]：可是就是这些甘美的阴森森的毒，他们也是从肉体和大地那里拿去的[4]。

他们想逃避他们的不幸，而星星又距离他们太远。于是他们叹道："要是有通往天国的道路就好了，可以悄悄进入另一种生存和幸福！"——于是他们想出一条近路和血的饮料[5]！

他们以为现在摆脱了他们的肉体和这个大地，这些忘恩负义的人。可是他们是靠谁才获得这种摆脱的痉挛和喜悦的呢？是靠他们的肉体和这个大地。

---

1. 不熟练的精神上的活动。
2. 鸵鸟常会把头插进沙里。
3.《新约·彼得前书》1：18—19："你们得赎……乃是凭着基督的宝血，如同无瑕疵、无玷污的羔羊之血。"
4. 产生这种鸦片似的宗教的拯救之毒的动机是由现实（肉体和大地）问题而来的。
5.《新约·马太福音》26：27—28："〔耶稣〕又拿起杯来，祝谢了，递给他们，说：'你们都喝这个，因为这是我立约的血，为多人流出来，使罪得赦……'"

查拉图斯特拉对病人是宽大的。确实，他对他们这种寻找安慰和忘恩负义的做法并不生气。但愿他们成为康复者和克制者，让自己获得更高级的肉体。

这种康复者，如果他恋恋不忘过去的幻想而在深夜悄悄走到他的神的墓畔徘徊，查拉图斯特拉也不对他生气：不过在我看来，他的眼泪依然是由于疾病和患病的肉体而制造出来的。

在那些梦想和渴望着神的人中间，总有许多患病的人；他们极其憎恨认识者以及在各种道德之中称为诚实的那种最年轻的道德。

他们总是回顾过去的蒙昧时代：因为在那个时代，幻想和信仰，跟现在的当然是另一回事；理性的狂乱跟神近似，怀疑就是犯罪。[1]

这些跟神类似者，我对他们非常了解：他们想要让人信仰他们，并认为怀疑是犯罪。他们自己最信仰的是什么，我也非常了解。

确实，他们信仰的并不是背后的世界和拯救的血滴：而是最信仰肉体，他们自己的肉体，对他们就是自在之物[2]。

但是他们的肉体，在他们看来，是有病的：他们想蜕掉一层皮。因此他们倾听死亡的说教者，自己也谈谈背后的世界。

我的弟兄们，宁可倾听健康的肉体的声音，那是更诚实、更纯粹的声音。

健康的肉体，完美的、正方的[3]肉体，说话更诚实、更纯粹：它谈谈大地的意义。

查拉图斯特拉如是说。

---

1. 古代希腊狄俄倪索斯（亦译"狄俄尼索斯"）崇拜者认为跟神近似的理性的狂乱充满强烈的活力，冷静的怀疑乃是犯罪，跟现在的含糊的宗教态度不同。

2. 自在之物（本体）为康德用语。

3. 亚里士多德《修辞术》1411b："善良的和正方二者都是完美的。"

轻视肉体者[1]

我要对轻视肉体者讲几句话。我并不要他们改变其学习与教导，只要他们跟他们自己的肉体告别[2]——就这样沉默不语。

"我是肉体和灵魂。[3]"——小孩子这样说。人们为何不像孩子们一样说呢？

可是觉醒者和有识之士说："我全是肉体，其他什么也不是；灵魂不过是指肉体方面的某物而言罢了。[4]"

肉体是一个大的理性，是具有一个意义的多元，一个战争和一个和平，一群家畜和一个牧人。[5]

我的弟兄，你称之为精神的你的小理性也是你的肉体的工具，你的大理性的小工具和玩具。

你说"我"[6]，并以此语自豪。但比这更伟大的，你所不愿相信的——乃是你的肉体，你的大理性：它不说"我"，而只是实现"我"[7]。

感觉所感到的，精神所认识的，其自体永无终止。可是感觉和精神，它们要说服你，要你相信它们乃是一切事物的止境：它们是

---

1. 只强调灵魂而轻视肉体，这是彼岸的、宗教的态度。本章谴责这种态度，阐明肉体的根本的意义，认为精神活动乃是肉体的派生物。
2. 按照他们的想法，不如死了倒好。
3. 肉体和灵魂，两者为一体，不能单有灵魂。
4. 认为肉体是根本，灵魂只是为肉体服务的一个机能。
5. 此处所说的理性是包括精神和肉体的各种活动的综合的活动。虽是具有"生的意志"的统一的东西，但内容却多种多样，含有种种的矛盾相克，在各种要素之间，有斗争、调和、支配和被支配等。末句见《新约·约翰福音》10：16："我另外有羊……我必须领它们来，它们也要听我的声音，并且要合成一群，归一个牧人了。"
6. 自觉的主体。
7. 与前注自觉的主体相比，此为在无意识、非自觉之中作为自我的活动。

如此虚妄。

感觉和精神乃是工具和玩具：在它们背后仍有其自己[1]。这个自己也用感觉之眼探视，也以精神之耳倾听。

这个自己永远在倾听和探视：它进行比较、压制、占领、破坏。它进行统治，而且是"我"的统治者。

我的弟兄，在你的思想和感觉的背后，有一个强有力的发号施令者，一个未识的智者——他名叫自己。他住在你的肉体里，他是你的肉体。

在你的肉体里，比在你最高的智慧里，有着更多的理性。可是谁知道，到底为什么你的肉体恰恰需要你的最高的智慧呢？

你的自己嘲笑你的我和你的"我"的得意的跳跃。"这种思想的跳跃和飞翔对我有什么意义？"你的自己在自言自语，"乃是达到我的目的地的弯路。我是'我'的襻带[2]，'我'的各种概念的指教者。"

你的自己对"我"说："在此感到痛苦吧！"于是"我"就忍受痛苦，并且考虑怎样不再受苦——他正应当为此着想的。

你的自己对"我"说："在此感到快乐吧！"于是"我"就快乐起来，并且考虑怎样更常常保持快乐——他正应当为此着想的。

我要对轻视肉体者说一句话。正由于他们重视，他们才轻视。[3] 是什么创造重视和轻视、价值和意志呢？

是创造的自己创造出重视和轻视，他为自己创造出快乐和苦痛。

---

1. 原文 das Selbst，跟前述的"我"对比，此乃是肉体和精神、本能和理智合为一体，进行各种活动的、无意识地综合的活生生的自我。尼采认为这是一切生存意志的根源，而强调其现实性和世间性。

2. 牵着孩子走路的带子。

3. 重视和轻视，原文为 achten 和 verachten。achten 有重视、尊重、尊敬、照顾、照管等意。由于对肉体重视和关心而致轻视。

创造的肉体为自己创造了精神，作为其意志的帮手。

你们这些轻视肉体者啊，即使由于你们的愚蠢和轻视，你们也为你们的自己效劳。我告诉你们：你们的自己本身想要死去，背离人生。

你们的自己不再能实现他最想做的事——超越自身而进行创造。这是他最想做的事，这是他的全部热忱。

可是现在要实现，是太迟了——因为你们的自己想要毁灭，你们这些轻视肉体者啊。

你们的自己想要毁灭，因此你们成为轻视肉体者！因为你们不再能超越自己去进行创造。

因此你们现在对人生和大地很恼火。一种无意识的嫉妒流露在你们轻视的睨视之中。

我不走你们的道路，你们这些轻视肉体者！对于我，你们不是通往超人的桥！——

查拉图斯特拉如是说。

快乐的热情和痛苦的热情[1]

我的弟兄，如果你有一种道德，而且是你自己的道德，那么，你就具有不与任何人共有的道德。

当然，你要给你的道德起个名字而且跟它亲热；你要拉它的耳朵跟它嬉戏。

---

1. 原文 Freuden-und Leidenschaften，即 Freudenschaften 和 Leidenschaften，指快乐和痛苦两方面。一般译为快乐和热狂或欢乐与情感。但 Leidenschaft，字典上虽只有激情、热情、激昂、情欲等意，而尼采在此乃玩弄文字游戏，利用 Leiden 的痛苦之意以与 Freuden 的快乐之意并比。

瞧啊！你给它起的名字，你就跟民众共有了，你有了这种道德，你就成了民众和畜群了。

你最好这样说："使我的灵魂尝受甘苦者，使我的脏腑挨饿者，是难以言传、无以名之的。"

让你的道德过于崇高，难以给它取个亲昵的名字：如果你不得不提到它，那么，不要因你结结巴巴而觉得难为情。

你就这样结结巴巴地说："这是我的善，我爱它，它是如此完全使我满意，我就是单独要这种善。

"我要它，并不想当它是一位神的律法；我要它，并不想当它是人间的规章、人间的必需品：对于我，我不要它成为指向超越大地之世界和天上乐园的路标。

"我爱它，它是世上的道德：在它里面没有多少聪明，更没有多少万人共通的理性。

"可是，这只鸟到我这里来做窠：因此我爱它，抱它，——现在它在我这里孵它的金蛋。"

你应当这样结结巴巴地赞美你的道德。

从前你有使你痛苦的各种热情，你把它们叫作恶。可是现在你只有你的各种道德：它们是从使你痛苦的各种热情中生出来的。

你把你的最高的目的植在这些热情的深心里：于是它们变成你的道德和快乐的热情。

尽管你是出身于容易恼火的种族，或者是好色之徒、狂信者、复仇者的后代：

结果，你的痛苦的热情全都变成各种道德，你的魔鬼全都变成天使。

从前你在你的地下室里饲养野狗：可是结果它们变形成为小鸟

和可爱的歌女。

你从你的毒液酿制你的香膏；你挤你的忧愁母牛的奶——现在你啜饮从它的乳房涌出的甜奶。

今后不再有什么恶从你身上生出，除非从你的道德之间的斗争中生出的恶。

我的弟兄，如果你要幸福，只要有一个道德就行，不需要更多：这样你就可以一身轻地过桥。

具有许多道德，这是很特殊的，可是这却是沉重的命运；有好些人为此走进沙漠自杀，因为他们倦于道德的斗争、倦于当道德的战场。

我的弟兄，战争和斗争是恶吗？可是这种恶是必然的，你的各种道德之间的嫉妒、不信和诽谤也是必然的。

瞧，你的任何一种道德都想占有最高的位置：都想要你的全部精神做它的传令使，要获得你的愤怒、仇恨和爱中的全部力量。

每一种道德都对他种道德怀着嫉妒，嫉妒是可怕的事。各种道德也会由于嫉妒而趋于毁灭。

被嫉妒之火包围着的人，最后会像蝎子一样，把毒刺转过来刺自己。[1]

啊，我的弟兄，你还从未见到过一种道德诽谤自己、刺杀自己吗？

人是必须要被克制的东西：因此你应当爱你的道德——因为你将因道德而毁灭。[2]——

查拉图斯特拉如是说。

---

1. 例如中世纪的骑士以勇武为美德，但过分执着，就引起过度的竞争心和对其他的憎恶，结果，勇武就变成有毒之德而造成自灭的结局。
2. 真正的德不是温暾的习俗的德，而是从热情中生出的，当然成为毁灭的根源。

苍白的犯罪者

你们法官和献牺牲的祭司,如果你们献祭的动物没有点头,你们是不愿宰杀的吧?[1]瞧,苍白的犯罪者已经点头了:从他的眼睛里说出极大的轻视[2]。

"我的自我是应当被克制的东西:我的自我,在我看来,乃是对人的极大的轻视。"从这种眼睛里说出这样的话。

他裁判自己,这就是他的最高的瞬间:别让这个崇高者再回到他的低贱状态。

对这种自愿受苦的人,没有任何拯救可言,除了赶快死亡。

你们法官,你们杀罪人,应该是出于同情[3],而不是报复。在你们杀人时,要注意,你们自己是在肯定人生[4]!

你们跟被处死的人进行和解[5]是不够的。让你们的悲伤成为对超人的爱:这样你们就肯定了你们的"再活下去"!

你们处死的人,你们应称之为"敌人",而不该称之为"坏人";你们应当称之为"病人",而不该称之为"流氓";你们应称之为"蠢人",而不应称之为"罪人"[6]。

你,红袍法官啊,如果你要把在你思想中已经制造的一切大声说出来,那么,人人都要叫嚷:"赶走这条不洁的毒虫!"

---

1. 把法官比作古代宰献牺牲的祭司,把犯罪者比作献祭的动物。犯罪者点头,表示他认罪。
2. 犯罪者的自我轻视。
3. 对犯罪者自我轻视的告白所表示的同情。顺从犯罪者之意而杀之。
4. 死刑旨在使生存向上。法官应自觉到他并非死亡的使徒,而是作为生存的使徒而生的。
5. 前述的同情即为和解之一种。
6. 不可用现存的善恶标准来评价犯罪者。要从生存的立场,作为斗争的对手,作为生活中的弱者来评价。

可是思想是一回事,行动是另一回事,行动的表象又是另一回事。这些并没有因果关系的联结。

表象使这个苍白的人变得苍白了。在他采取犯罪行动时,他跟他的行动是势均力敌的,可是在他采取犯罪行动之后,他却忍受不了行动的表象。

这时他总是把自己看成一桩犯罪行动的行动者。我称此为狂乱:他把这个例外行动误认为是他自己的本质。

在母鸡周围用粉笔画一条白线,母鸡就被禁锢在里面不能动。他进行的犯罪勾当[1],也把他的可怜的理性禁锢住了——我称此为行动后的狂乱。

听着,你们法官!还有另一种狂乱:这是行动之前的狂乱。啊,你们并没充分深入到具有这种狂乱的灵魂的深处!

红袍法官这样说:"这个罪犯为何要杀人?他想抢劫。"可是我告诉你们:他的灵魂要的是血,不是抢劫;他渴望刀所给予的快乐[2]!

可是他的可怜的理性不理解这种狂乱,却说服他:"血算得什么!"理性说,"你不想趁此至少抢他一票吗?不想报复一下吗?"

他听从他的可怜的理性,理性的话,像铅一样将他压住,——因此他在杀人时也进行抢劫。他不想要为他的狂乱害臊。[3]

现在他的犯罪感的铅块又把他压住,他的可怜的理性又如此僵硬,如此麻痹,如此沉重。

只要他能摇摇头,他的重荷就会滚落下来:可是谁来摇这

---

1. 原文白线为 Strich,勾当为 Streich。

2. 作为生存意志的一种发现的破坏欲和杀人欲。这跟生存之泉有关联。

3. 承认自己犯罪的动机是由于要进行破坏的破坏欲而并无其他动机,这样就显得过分狂乱(发狂)而可耻。为了害怕这点,犯罪者把他犯罪的动机归于抢劫和报复,这就回到常识的立场。

个头？

这种人是什么人？乃是一堆疾病，这种疾病通过精神向世界伸出他的手：要在世界上获取他的猎物。[1]

这种人是什么人？乃是一群猛蛇，互相争斗不休，——于是它们各自散开，到世界上去获取猎物。

瞧这可怜的肉体！它的病痛，它的渴望，都由这可怜的灵魂自己说出来了，——灵魂把这些解释为杀人的快感和贪图刀子给予的快乐。[2]

现在谁患了病，就有现在认为是恶的恶来袭击他：他要用那使他自己痛苦的东西来使别人痛苦。可是过去的时代跟现在的时代不同了，过去的善恶也跟现在的善恶不同了。

从前，怀疑是恶，要返回原来的自己的意志也是恶。那时，患病的人是异端者，是魔女：病人当自己是异端者和魔女而自己受苦，也要使他人受苦。[3]

可是说这种话，你们的耳朵听不进；你们要对我说：这会伤害你们的善人。可是你们的善人，对于我，又算得什么呢！

你们的善人有许多事使我作呕，确实，并非他们的恶。我倒愿意他们有一种狂乱，让他们因狂乱而毁灭，就像这苍白的犯罪者一样。

---

1. 犯罪者本来是从生存意志的立场而犯罪的，但他并非超人的强者，而是弱者和病人，这种病人要跟外面的世界打交道而犯罪，这是要克服痛苦和烦恼的，无论如何，他采取的犯罪行动也就属于精神上的问题。

2. 由肉体的痛苦，即跟生存愿望有关的不满，向破坏意志转化。在超人方面，这种痛苦和不满，则转化为人类努力向上。

3. 从前的犯罪者的状态。

确实，我愿他们的狂乱被称为真实、忠诚或是正义[1]：可是他们有他们的道德，为了让他们长生，过着可怜的舒适的生活。

我是奔流旁边的栏杆：能抓紧我的人，抓住我吧！可是我不是你们的拐杖。——

查拉图斯特拉如是说。

读和写

在一切写出的作品中，我只喜爱一个人用血写成的东西。用血写：你会体会到，血就是精神。

要理解别人的血，不是容易办到的：我憎恨懒洋洋地读书的人[2]。

谁要是了解读者，他就不会再为读者做什么。再过一世纪，还是这样的读者——精神本身就会发臭了。

如果人人能学会读书，长此下去，不仅破坏写作，也破坏思考。

从前精神是上帝，随后他变成人，现在他甚至沦为贱民。

用血写箴言的人，不愿被人读，而是要人背出来。

在山中，最近的路是从山顶到山顶：可是，要走这条路，你非有长腿不行。箴言应该是山顶：可对他说箴言的人，必须是长得高大的人。

山顶的空气稀薄而清新，危险近在咫尺，精神充满快活的恶意：它们都互相合得来。

我愿意有山精在我的周围，因为我有胆量。驱赶鬼怪的胆量，

---

1. 但愿他们口说的真实、忠诚和正义都是由他们的狂乱的热情引发的。

2. 外表似在读书，而精神却没有能动性。

为自己造出山精，——胆量想发笑。

我的感受，不再跟你们的一样了：我所看到的我脚下的云，我所嘲笑的这种黑暗和沉重——这正是你们的雷雨欲来的乌云。[1]

你们想升高时，就向上仰望。我向下俯视，因为我已升高。

你们当中，谁能同时又笑又高升呢？

登上最高的山顶的人，他嘲笑一切"扮演的悲剧"和"实际的悲剧"[2]。

大胆，不担心，嘲笑，刚强——智慧要求我们做到这几点：智慧是女性[3]，总是只喜爱一位战士。

你们对我说："人生的重荷难以承受。"可是你们为何在上午满怀傲气而在晚上就泄气呢？[4]

人生的重荷难以承受：可是不要对我装得如此柔弱！我们全都是相当不错的能负重的公驴和母驴[5]啊。

一滴露珠滴在身上的蔷薇花苞，我们跟它有什么共同之处呢？

确实，我们爱生活，并非由于我们习惯于生活，而是因为我们习惯于爱。

在爱里面总有些疯疯癫癫。[6]可是在疯癫之中也总有些理智。

---

1. 我已升高，我穿越过的云（生的苦恼和困难），对你们却是引起恐怖的雷云。
2. 文字游戏：德文中，悲剧为 Trauerspiel，尼采将它分写成 Trauer-Spiele，暗示世间所说的悲剧，在高人的目中不过是"戏""儿戏""演戏"而已（Spiele：儿戏、游戏、戏剧）。"实际的悲剧"原文为 Trauer-Ernste（悲之认真），这是尼采杜撰的词，即把演出的悲剧认真地当作真戏了。
3. 德语里智慧是阴性名词。
4. 上午和晚上可理解为人生的初期和晚年。
5.《新约·马太福音》21：5："你的君主……骑着母驴，带了小驴，母驴的小驴。"母驴的希腊文 upodzugion 原意为负重的牲口，犹太人以驴负重，故译称牲口即是驴子。
6. 参看莎剧《哈姆雷特》第二幕第二场。

在热爱生活的我看来，好像蝴蝶和肥皂泡以及跟它们类似的世人最懂得幸福。[1]

看到这些轻飘飘、傻乎乎、小巧活泼的小生灵在飞舞——引得查拉图斯特拉又哭又唱。

我只信仰一位会跳舞[2]的神。

我见到我的魔鬼时，发觉他认真、彻底、深沉、庄重；他是重压之魔[3]——万物都由于他而跌倒。

人们并非由于愤怒杀人，而是由于欢笑杀人。来，让我们杀死重压之魔！

我学会了走，然后让我奔跑。我学会了飞，然后我不想先让人推，才向前移动。

现在我一身轻了，现在我腾飞，现在我看到我在自己的支配之下，现在有一位神在我体内跳舞。

查拉图斯特拉如是说。

山上的树[4]

查拉图斯特拉的眼睛看到一个青年躲开他。某日傍晚，他在围抱着那个叫作"花斑母牛"的市镇的山中独自走过；瞧，他在路上看

---

1. 轻松地生活的人，最懂得生活的乐趣。
2. 跳舞是轻松的具体化。
3. 魔鬼不能给人带来轻松而带来沉重，妨碍一切生活的自由活动，故称他为重压之魔。
4.《新约·约翰福音》1：47—48："耶稣看见拿但业来，就指着他说……他心里是没有诡诈的……你在无花果树底下，我就看见你了。"《新约·马太福音》19：16—22，叙述一个少年人来见耶稣，耶稣劝他变卖他所有的产业分给穷人。少年忧愁地走开，因为他的产业很多。

到这个青年靠在一棵树旁坐着,露出疲倦的眼光眺望山谷。查拉图斯特拉走近这个青年坐着的地方,抓住那棵树,如是说道:

"如果我要用双手摇这棵树,我可能摇不动。

"可是我们看不见的风,折磨它,要把它弯到哪边,就把它弯向哪边。我们被看不见的手极其厉害地弄弯和折磨。"[1]

这个青年听到这番话,惊慌失措,站起身来,说道:"原来是查拉图斯特拉,我正在想到他哩。"查拉图斯特拉回道:

"你为什么对此大为震惊呢?——可是对人跟对树,道理却是一样的。

"它越是想往高处和亮处升上去,它的根就越发强有力地拼命伸往地里,伸向下面,伸进黑暗里,伸进深处——伸进罪恶。"

"是的,伸进罪恶!"青年叫道,"你发现我的灵魂,你是怎样办到的呢?"

查拉图斯特拉微笑着说道:"有许多灵魂是永远无法发现的,除非预先臆造。"[2]

"是的,伸进罪恶!"青年又叫了一遍。

"你说的是真话,查拉图斯特拉。自从我想升到高处以来,我不再相信自己,也没有人再相信我,——怎么会如此呢?

"我变得太快:我的今天否定我的昨天。我登高时,常常越过阶梯跳级,——任何阶梯都不原谅我。

"我到了上面,我总觉得我是孤独一人。没有人跟我说话,孤寂

---

1. 使人烦恼的与其说是可以看到的诸力,不如说是眼睛看不到的东西,如无意识的不满、欲望、嫉妒等。"看不见的风"是化用《圣经》语句。《新约·约翰福音》3:8:"风随着意思吹,你听见风的响声,却不晓得从哪里来,往哪里去。"
2. 洞察他人的心理,要预先在自己的心里形成对方的心象。

的寒气使我战栗。我去高处，要干什么呢？

"我的轻蔑和我的渴望一同增长；我登得越高，我越发轻视登高的人。他在高处到底要干什么呢？

"我对我的攀登和跌跌撞撞觉得多么惭愧啊！我多么嘲笑我的剧烈的喘息！我多么憎恨飞驰的人！我在高处是多么疲倦！"

说到这里，青年沉默了。查拉图斯特拉看看他们站立之处身边的那棵树，如是说道：

"这棵树孤单单地站在这里的山坡旁；它高高地向上生长，超过人和兽。

"即使它想说话，它也找不到理解它的人：它长得这样高。

"现在它等了又等——它到底在等待什么？它住得跟云的住处太靠近：它也许等待最初的闪电？"[1]

查拉图斯特拉说完这番话，青年做了一个强烈的手势，叫道："是的，查拉图斯特拉，你说的是实话。当我想登到高处时，我渴望我的毁灭[2]，你就是我所等待的闪电！确实，自从你在我们面前出现，我还算个什么？毁掉我的，乃是对你的嫉妒！"——青年这样说着，伤心地哭了起来。查拉图斯特拉把手搭在他的肩上，带他一同走去。

他们一同走了一会儿以后，查拉图斯特拉开始如是说道：

我的心碎了。你的眼睛，胜过你的话，对我说出你的一切危险。你还没有自由，你还在追求自由。你的追求使你通宵不寐，过

---

1. 尼采另有一首诗《伞松和闪电》："我在人与兽之上高高生长；我说话——无人跟我对讲。我生长得太高，也太寂寞——我在等待：可是我等待什么？云的席位就近在我的身边，——我等待第一次发出的闪电。"与此处的字句相似。

2. 青年决心登高时，就是决心走向危险，所以无意识地渴望没落或毁灭。也就是说，进入一个真刀真枪决一胜负的世界，必然会遇到超过自己的强手而被对方打败，这也是他本来的愿望。

于清醒。

你要到达自由的高处,你的灵魂渴慕星空。可是你不好的本性也渴望自由。

你的那些野狗想要自由;如果你的精神企图打开一切牢门,它们会在地牢里高兴地狂吠。

我看,你还是一个妄想自由的囚徒:唉,这种囚徒的灵魂变聪明了,但也变得狡猾和恶劣。

精神获得自由的人还必须净化自己。在他的身心里面还留有许多牢狱味和霉味:他的眼睛还必须保持纯洁。

是的,我知道你的危险。可是我凭着我的爱和希望恳求你:不要抛弃你的爱和希望!

你还觉得自己高贵,对你怀恨而投以恶意的眼光的其他人,也还觉得你高贵。要知道,一个高贵的人对任何人都是障碍。

一个高贵的人对于善人们也是障碍:即使他们把高贵的人称为善人,他们也是想借此把他撵走。

高贵的人想创造新事物和一种新的道德。善人想要旧事物,想让旧事物被永远保存。

但是高贵者的危险,并不在于他成为善人,而是在于他会成为厚颜无耻者、嘲笑者、否定者。[1]

唉,我曾认识那些失去自己的最高希望的高贵者。现在他们污蔑一切高尚的希望。

现在他们厚颜无耻地度日,追寻短暂的欢乐,几乎没有超过一天以上的目标。

1.高贵者不能遂其志时,虽不会沦于凡庸,却常成为嘲笑的倔强的人。

"精神也是一种情欲[1]。"——他们这样说。于是他们的精神的翅膀折断了：如今精神在爬来爬去，污染它所咬之处。

从前他们想成为英雄；现在他们是荒淫的人。对于他们，英雄乃是怨恨和害怕的对象。

可是我凭我的爱和希望恳求你：不要抛弃掉你的灵魂中的英雄！把你的最高希望当作神圣的事物保持着！——

查拉图斯特拉如是说。

死亡的说教者[2]

有着死亡的说教者：因为在世上充满了这样的人，应该对他们进行说教，教他们抛弃生存。

世上充满了多余的人，生命被这些过多的多数人糟蹋了。但愿用"永生"之说把他们从此生之中骗走。

死亡的说教者被称为"黄色的"或"黑色的"[3]，可是我要用别的颜色把他们指给你们看。

在死亡的说教者中间，有些人很可怕，在他们的身心里暗藏着猛兽，他们除了快乐和自我折磨，没有其他任何选择。甚至他们的快乐也就是自我折磨[4]。

这些可怕者，甚至还没有成为人：但愿他们进行劝人抛弃生存

---

1. 或译快乐。精神的快乐指嘲笑和怒骂。
2. 指轻视现世生活、宣讲死亡的宗教家和厌世主义者。
3. 黄色（苦胆汁之色）和黑色均为表示厌世之色。
4. 自我折磨原文为 Selbstzerfleischung，直译为"撕自己的肉"，可认为指天主教内的苦行派别，如鞭笞派，他们以皮鞭自笞，直至流血。

的说教，也愿他们自己死去[1]！

在死亡的说教者中间，有些是灵魂的痨病患者：他们刚刚诞生，就已经开始死亡，渴望倦怠和断念的教义。

他们乐愿死去，让我们尊重他们的意志吧！我们要当心，不要惊醒这些死者，不要损坏这些活棺材！

他们遇到一个病人、一个老人或者一具死尸，他们就立即说："这是对生存的驳斥！"

但是被驳倒的只是他们自己和他们的眼睛，因为他们的眼睛所看到的只是生存的一面。

被包裹在浓厚的忧伤之中，渴望带来死亡的小小的偶然事件：他们就这样等待着并咬紧牙关。

可是也有这种情况：他们伸手去抓糖果[2]，同时又嘲笑他们自己的幼稚：他们抓住人生的这根稻草，而又嘲笑他们自己还在抓住一根稻草。

他们的格言是这样的："在世上活下去的，是愚人，可是我们就是这种十足的愚人！这正是人生的最大的愚蠢！"——

"人生只是受苦！"——也有人这样说，这并非谎言：那就留心，让你们结束人生吧！那就留心，结束这种只是受苦的人生吧！

你们的道德的教训就是如此："你应当杀死你自己！你应当把你自己从这个世上偷走！"——

"肉欲是罪孽。"——一种进行死亡说教的人这样说——"让我

1.《旧约·圣咏集》（又称《诗篇》）90：10："我们的寿数，不外七十春秋，若是强壮，也不过八十寒暑；但多半还是充满劳苦与空虚，因转眼即逝，我们也如飞而去。"

2.一面等待死亡，一面又寻找人生的小小快乐。以下列举的教条令人想到上帝在西奈山降给以色列人的十诫。

们回避肉欲,不生孩子!"

"生孩子是辛苦的。"——另一种人这样说——"干吗还要生孩子?人生出的只有不幸的人类!"这种人也是死亡的说教者。

"同情是需要的。"——第三种人这样说。"把我所有的拿去!把我本身具备的[1]也拿去!这样我就更少受到人生的束缚!"

如果他们是彻底的同情者,他们会使他们的邻人厌恶人生。怀着恶意——这会是他们的真正的善意。

可是他们要脱离人生:那么,他们用锁链和赠物把别人捆缚得更紧,这跟他们又有什么关系呢!——

而你们,把人生看成不得安闲的苦工的你们,不也是对人生感到非常疲倦吗?你们不是已经非常成熟,有资格听死亡的说教了吗?

你们,爱好苦工、快速、新颖、异常的你们全体——你们坚持不了自己,你们的勤勉乃是逃避,乃是想忘却自我的意志。

如果你们更加相信人生,你们就更不会拜倒在瞬间之前。可是在你们的内心里没有足够的充实的内容去等待——甚至也无法偷懒[2]!

到处听到宣讲死亡的说教者的声音:大地上充满这些该向他们宣讲死亡的听众。

或者该向他们宣讲"永生":这对我都是一样,——只要他们赶快死去[3]!

查拉图斯特拉如是说。

---

1. 自己本身的本质的东西。
2. 真正能偷懒的人是有充实的生活的人。
3. 参看前页注《旧约·圣咏集》90:10。

战斗与战士[1]

我们不愿受到我们最好的敌手照顾，也不愿受到我们衷心喜爱的人照顾。因此，让我向你们说说真话!

我的战友们! 我衷心喜爱你们，现在和从前，我都是你们的同类。我现在也是你们最好的敌手。因此，让我向你们说说真话!

我知道你们心中的憎恨和嫉妒。你们还不够伟大得不知憎恨和嫉妒。因此，让你们足够伟大得不以憎恨和嫉妒为可耻吧!

如果你们不能做认识的圣者[2]，至少要做认识的战士。战士是这种圣者的伙伴和先驱。

我看到许多兵卒：可是我愿看到许多战士! 他们穿着的，称为"一律的制服"：但愿裹在一律的制服里的他们并不是一律的。

你们应当做这样的人，眼睛总是在搜寻一个敌手——搜寻你们的敌手。你们当中有些人，眼睛一看，就露出憎恨。[3]

你们应当搜寻你们的敌手，你们应当进行战斗，为你们的思想战斗! 如果你们的思想失败了，你们的思想的诚实[4]还应当高呼胜利!

你们应当爱好和平，把和平当作进行新的战斗的手段。你们应当爱好短期的和平，甚于爱好长期的和平。

我劝你们不要去工作，而去斗争。我劝你们别追求和平，而追求胜利。你们的工作就是斗争，你们的和平就是一种胜利。

---

1. 迈向超人的道路，参加克服（超越）自我的战斗的战士，乃是查拉图斯特拉的战友。
2. 达到最高的认识的人士。
3. 只要看一眼，就知道对方是自己的劲敌或好敌手。
4. 虽然失败，但获得教训，仍在思想的道路上继续前进。

一个人只有有了弓箭，才能默默地安坐；否则就会喋喋不休地争吵。让你们的和平是一种胜利的和平！

你们说，正当的理由甚至可使战斗神圣化？我告诉你们：是正当的战斗使任何理由神圣化。

战争和勇气比爱邻人做出更多的伟大的事业。拯救那些至今陷于不幸的人的，不是你们的同情，而是你们的勇敢。

你们问："善是什么？"勇敢就是善。让小姑娘们说："可爱而且同时令人感动的就是善。"

人们说你们是无情的：可是你们的心情是真诚的，我喜爱你们表示真心的羞耻感。你们对你们的涨潮感到羞耻，而别人则对他们的退潮感到羞耻。[1]

你们是丑陋的吗？很好，我的弟兄们！让这种崇高，丑陋者穿的外套裹住你们的身体吧！

当你们的灵魂变得伟大时，你们的灵魂就变得骄傲起来，而在你们的崇高之中就产生恶意。我了解你们。

骄傲者和弱者在恶意之中碰在一起。可是这两者互相误解。[2]我了解你们。

你们只可以有让你们憎恨的敌手，可是不可以有让你们蔑视的敌手。你们必须以有你们的敌手自豪：这样你们的敌手的成功也就是你们的成功。

反抗——这是在奴隶身上显示的高贵。让你们显示的高贵就是

---

1. 由于真心而不装假，所以被人看作无情。这种人由于自己的情爱过分洋溢（涨潮），往往有感到羞耻的倾向。而心情冷淡的人，由于对自己的冷酷感到羞耻，往往要伪装。

2. 心情高傲者嘲笑低等的弱者，这是骄傲者的恶意；弱者出于竞争心和嫉妒也会对别人怀有恶意。两者互相误解，但恶意的动机和本质则完全各异。

服从！让你们发出的命令本身就是服从[1]！

对于一个好战士，"你应当"比"我想要"更使他爱听。你们所喜爱的一切，你们应当首先把它们当作命令来接受。[2]

让你们对于人生之爱就是你们对于你们的最高希望之爱：让你们的最高希望就是人生的最高思想！

可是你们应当把你们的最高思想作为自我发出的命令来接受——这个命令就是：人是应当被克服的一种东西。

就这样，过你们的服从和战斗的生活吧！长生有什么意思！有哪个战士想要受到照顾！

我不照顾你们，我衷心喜爱你们，我的战友们！——

查拉图斯特拉如是说。

新的偶像

在任何地方现在还有各个民族和人群，可是我们这里却没有。我的弟兄们，这儿有各个国家[3]。

国家？它是什么？好吧！现在竖起耳朵听吧，因为现在我要对你们说的，是关于各个民族灭亡的话题。

国家乃是一切冷酷怪物中的最冷酷者。它也冷酷地说谎；这个谎言从它的嘴里爬出来："我，国家，就是民族。"

这是谎言！从前创造各个民族，在他们头上高悬一个信仰和一

---

1. 这种服从是对于高级的事物、最高的理想之类的服从。即使站在指导的立场对他人发号施令，也要从服从最高理想出发。
2. 这里的命令也就是由"你应当"的道德观和义务观发出的命令。
3. 不是建立在民族这个自然的基础之上，而是被组织起来的权力国家。

个爱的乃是那些创造者[1];他们就这样为生存服务。

现在为许多人设下圈套而称之为国家的,乃是那些破坏者[2],他们在圈套上面吊着一把剑和千百种欲望。

在还有民族存在的地方,民族不理解什么国家,恨之如恶毒的眼光及违背习俗和法规的罪恶。

我给你们说出民族的这个特征:每个民族,对善与恶,都有自己的说法[3]。毗邻的民族不能理解。他们在习俗和法规方面,为自己造出这种语言。

可是国家,对善与恶,使用所有的语言说谎;它所说的,全是谎言——它所拥有的,都是偷来的。

有关它的一切,都是假的;它用偷来的牙齿啃咬,这个咬人者。连它的内脏也是假的。

关于善与恶的说法混淆不清:我给你们说的这个特征,就是国家的特征。真的,这个特征意味求死的意志!真的,这个特征在向死亡的说教者招手!

很多人过多地出生:国家是为多余的人造出来的!

瞧,国家是怎样把那些过多的多数人吸引过来的!它是怎样将他们吞吃、咀嚼,反复咀嚼!

"在地球上没有什么比我更伟大:我是上帝整顿秩序的手指。"——这个怪兽如此咆哮着。于是不仅是长耳驴和近视之徒都对它跪拜[4]!

---

1. 例如像摩西那样的立法者、罗马的建国者。他们以信仰和爱作为纽带创造民族联合,而不是机械的联合。
2. 破坏民族的价值。
3. 善恶的标准,价值体系。
4. 不仅是愚蠢者,就是聪明人,有伟大的魂的人,也对国家低头。

啊，你们这些伟大的魂，国家也对你们轻声细说它的沉闷的谎言！唉，它看透了那些情愿消耗自己的丰满的心！

确实，国家也看透了你们，你们这些征服古代神的人！你们倦于战斗，现在你们的疲倦再崇拜新的偶像！

国家要把英雄和正派人罗列在它的周围，这个新的偶像！它爱在没有内疚的[1]阳光下晒太阳——这个冷血怪物！

它愿给你们一切，如果你们礼拜它[2]，这个新的偶像；它就这样收买你们美德的光辉和你们充满傲气的眼光。

它要用你们引诱过多的多数人！确实，一种极其恐怖的绝招被想出来了，披着神圣的荣光、发出锵鸣的死神之马[3]！

确实，为了造成多数人毁灭的死亡被想出来了，这种死亡把自己当成生命来赞美[4]：真的，这是对一切死亡说教者的衷心礼拜！

我把那叫作国家，那儿，不论善人和恶人，人人都是饮鸩者；那就是国家，那儿，不论善人和恶人，人人都失去自我；那就是国家，那儿，一切慢性自杀——都称为"生存"。

瞧这些多余的人吧！他们为自己盗窃发明者的成果和智者的财宝：他们把这种盗窃称为教养——一切都被他们变为疾病和灾难！

瞧这些多余的人吧！他们总是在生病，他们吐出他们的胆汁，却称之为新闻。他们互相吞吃，却怎么也消化不了。

---

1. 把该受尊敬的人罗列在周围，本来有内疚的良心就心安理得。

2. 《新约·马太福音》4：9："你若俯伏拜我，我就把这一切都赐给你。"（魔鬼对耶稣说的话）

3. 外表很好，内里却潜伏着死亡。若被它引诱而上当，就要遭殃。这里令人联想到特洛亚战争（特洛伊战争）中使用的木马计。

4. 为了维护国家的利益，进行战争，使多数人死亡，并给这种死亡美其名曰"生的成就""死的光荣"。

瞧这些多余的人吧！他们获得财富，却由此变得越来越穷。他们想获得权力，先想弄到权力的铁撬棒[1]，许多金钱——这些无能者！

瞧他们在往上爬，这些敏捷的猴子！他们互相抢先往上爬，却互相拖进深深的泥坑。

他们全都想登上宝座：这是他们发疯的妄想——好像幸福装在宝座上面！其实，装在宝座上的常常是烂泥——宝座也常常放在烂泥上面。

我看他们全都是疯子、往上爬的猴子和发烧友。他们的偶像，冷血怪物，我觉得臭气难闻：他们，崇拜这个偶像的人们，我觉得他们全都是臭气难闻。

我的弟兄们，难道你们要在从他们欲望的嘴里喷出的毒气之中窒息吗？倒不如打破窗子跳到户外去！

避开那种恶臭吧！摆脱多余的人的偶像崇拜吧！

避开那种恶臭吧！离开这用人做牺牲所冒出的烟气吧！

大地在如今还为伟大的魂开放。还有许多位置虚席以待单人孤独者和双人孤独者[2]，在这些席位的四周飘着宁静的大海的香气。

自由的生活还为伟大的魂开放。真的，占有得很少的人，就越不容易着迷：小小的贫困是值得赞美的[3]！

在国家不复存在的地方，那儿才开始有人，不是多余的人：那儿才开始有必不可少者的歌，唯一的无可替代的曲子。

在国家不复存在的地方——那就请看那边，我的弟兄们！你们

---

1. 犹言敲门砖。
2. 文字游戏：德文孤独者为 Einsame，第一音节 Ein 拆开来，意为一个人，由此创造出新词 Zweisame=Zwei Einsame。
3. 清贫没有利用价值，国家权力管不上它。

没看到那道彩虹和通往超人的桥[1]？——

查拉图斯特拉如是说。

市场的苍蝇

我的朋友，逃往你的孤独中去吧！我看到你被伟大人物所引起的鼓噪震聋，也被小人物的刺刺伤了。

森林和岩石懂得跟你一起保持高尚的沉默。你要再像你喜爱的、伸展出无数枝条的大树：它高耸在大海之上默默地静听。

在孤独的尽头，就是市场的开始；在市场开始之处，就是大演员们[2]造成的鼓噪和毒苍蝇嗡嗡乱叫的开始的地方。

世界上最好的事物，如果没有一个人首先把它演出来，这种事物也毫无作用：大众把这个演出者称为大人物。

伟大，就是创造之力，民众对此不大理解。可是民众对于伟大事物的演出者和演员却颇感兴趣。

世界围绕着新的价值的创造者们旋转——眼不见地旋转。可是大众和名声却围绕着演员们旋转：世界上的事情就是这样。

演员有才气，可是伴随才气的良心，却几乎没有。他总是相信那种他借以最有力地使人相信的手段——使人相信他自己的那种手段。

到明天，演员会有一种新的信仰，后天，又会有更新的信仰——他跟大众一样，他有灵活的感觉，像变化无常的天气一样的

---

1. 开始真正的自由人的生活。
2. 在社会大舞台上表演的名流。特别想到瓦格纳。

性情。

使震惊——对他来说，就是证明。使发狂——对他来说，就是说服。[1] 他把血认为是一切论据中最好的论据[2]。

只会钻进敏锐的耳朵里的真理，他称之为谎言和毫无意义。确实，他相信的只是在世间引起极大鼓噪的众神！

市场上充满一本正经的丑角——民众以他们的伟大人物自豪！这些伟大人物是民众的当代支配者。

可是当代逼迫这些支配者，而支配者也逼迫你：他们想要求你说出赞成和否定。可悲啊，你情愿处在赞与否的夹板之中吗[3]？

你，追求真理者，不要为了这些绝对者和逼迫者引起嫉妒心！真理从没有紧附在一个绝对者的手臂上。

离开这些性急的人，回到你的安全场所去：只有在市场上才会受到赞与否的袭击。

一切深井所体验的是缓慢，要知道落到它井底的是什么，深井必须等待很久。

一切伟大事物发生在远离市场和名声之处：新的价值的创造者向来是住在远离市场和名声的地方。

我的朋友，逃往你的孤独中去吧：我看到你被有毒的苍蝇刺伤了。逃往吹刮着强烈的暴风的地方去吧！

逃往你的孤独中去吧！你跟那些小人，那些可怜的人住得太近了。逃避他们的隐蔽的报复吧！他们对付你的，除了报复，没有别的。

---

1. 引起轰动，使人震惊，使人狂热，这是政治家常加以利用的手法。
2. 例如俾斯麦的"铁血政策"（武器与兵力）。
3. 强迫他们表态：对支配者是否支持。

不要再举起手臂反抗他们！他们人数很多，做苍蝇拍子，并不是你的命运。

这些小人和可怜的人，人数很多；雨点和荒草已给好些堂堂的建筑带来毁坏。

你不是石头，可是你已被许多雨点滴穿了。你还会被许多雨点滴得破裂。

我看到你被有毒的苍蝇折磨得精疲力竭，我看到你身上有百孔千疮在流血；而你的傲气甚至也不愿对此恼怒。

有毒的苍蝇单纯无知地要吸你的血，他们的没有血的灵魂要吸血——因此他们单纯无知地叮你。

可是，你这感情很深的人，哪怕是很小的创伤，你也会觉得受苦太深；在你的创伤愈合之前，同样的毒虫又会爬到你的手上。

要你杀灭这些偷吃者，你是太高傲了。可是你要当心，不要让你忍受他们的毒害罪行成为你的厄运！

他们也在你的周围嗡嗡地大唱赞歌：强求就是他们的赞美。他们要接近你的皮肤和你的血。

他们向你献媚，就像对一位神或是魔鬼献媚一样；他们在你面前哀泣，就像在一位神或是魔鬼面前哀泣一样。这是怎么回事！他们是献媚者和哀泣者，仅此而已。

他们也常常对你显示出他们是可爱的。可是这总是怯弱者的聪明。是，怯弱者是聪明的。

他们用狭隘的灵魂对你做种种猜测——他们常把你当作可疑的人！受到种种猜测的人，全都变成可疑的。

他们为了你的一切道德惩罚你。他们从心底里原谅你的只是——你的错误的做法。

因为你是宽大的，公正的，你说："他们虽是小小的存在，却是无罪的。"可是他们的狭隘的灵魂在想："一切伟大的存在都是罪过。"

即使你对他们宽大，他们还觉得受到你轻视；他们对你怀着暗害之心报答你的恩惠。

你无言的高傲总是不合他们的口味；如果你有一天谦虚得足以显示出你是微不足道的，他们就大大高兴。

我们在一个人的身上看出某一点，我们也就是对这一点加以煽风点火，因此你要当心小人！[1]

他们在你的面前觉得自己渺小，他们的卑贱就发展为对你进行暗中的报复而熊熊燃烧。

你没有注意到，当你走近他们时，他们是怎样常常变得哑口无言，他们的精力是怎样脱离他们而消逝[2]，就像余烟从熄灭的火中逝去一样？

是的，我的朋友，你对于你的邻人是没有良心的：因为他们对你是毫无价值的。因此他们恨你，要吸你的血。

你的邻人将永远是有毒的苍蝇；你具有的伟大——不得不使他们变得更有毒，更加像苍蝇一样。

我的朋友，逃往你的孤独里去，逃往吹刮着强烈的暴风的地方去吧。你的命运不是叫你做苍蝇拍子。——

查拉图斯特拉如是说。

---

1. 认识到对方的狡诈性格，把他当成狡诈者，这样就是给他的狡诈煽风点火，更加助长其狡诈。因为对方并不隐蔽他的本性。小人方面，潜藏着种种低劣的性格被你看出，会助长它，所以要对小人当心。

2. 得意扬扬地说人坏话，一旦本人出现，就垂头丧气，哑口无言。

贞洁[1]

我爱森林。城市不适宜居住：那里有太多的淫荡者。

落在一个凶手的手里，比落在一个淫妇的梦中，不是更好些吗？

瞧瞧这些男人：他们的眼睛在说——除了睡在女人的身边，他们不知道世上还有什么更好的事。

在他们的灵魂深处是烂泥；如果他们的烂泥里还有精神与智能，那真糟糕！

如果他们至少像动物一样完美，就好了！可是，要做动物，需要纯洁无邪。

我要奉劝你们消灭官能吗？我是劝你们保持官能的纯洁无邪。

我要奉劝你们保持贞洁吗？对一些人来说，贞洁是一种美德，可是对多数人来说，贞洁却几乎是一种罪恶[2]。

这些多数人确能抑制自己的欲望：可是从他们的一切作为中却有情欲的母狗满怀嫉妒地瞪着眼睛。

就是在他们的美德的顶峰，直到他们的冷酷的精神深处，都有这个母狗和它的不满紧跟着他们。

如果不给这个情欲的母狗一块肉，它也会很好地懂得乞讨精神补偿[3]。

你们喜爱悲剧和一切使人心碎的事吗？可是我对你们内心的母

---

1. 本章论性的纯洁（贞洁）。憎恶淫荡，但不劝人禁欲，而提倡官能的净化。
2. 勉强保守贞洁，就会陷入伪善和冷酷的罪恶。被抑制的性欲，就会变成对他人的憎恨和嫉妒。
3. 肉欲得不到满足，就想在精神上得到补偿，而引起扭曲的报复心。

狗抱着怀疑态度。

我觉得你们有着太残忍的眼睛,用淫荡的眼光观看受苦者。是不是你的淫欲只是进行伪装而自称是同情[1]?

我还要给你们打个比方:有不少人,要赶走他们心中的魔鬼,而他们自己却走进猪群里去。[2]

难以守贞洁的人,应劝他放弃贞洁的念头,免得贞洁成为走向地狱之路——也就是走向灵魂的泥途和淫欲之路。

我谈到肮脏的事吗?我看这不是最坏的事。

有认识之人不愿跳进真理的水中,并非在真理显得肮脏的时候,而是因为真理很浅[3]。

确实,也有彻底贞洁者,他们比你们宽容,比你们更喜欢笑,由衷地大笑。

他们也嘲笑贞洁而且问:"贞洁是什么?

"贞洁不就是愚蠢吗?可是是这种贞洁向我们靠近,而不是我们去靠近贞洁。

"我们向这位客人提供好心的住宿;现在它跟我们住在一起——它想住多久,就住多久!"

查拉图斯特拉如是说。

---

1. 自称同情,实际是对他人的受苦感到高兴。这是由于要满足由淫欲而生的报复心理。

2. 由禁欲的苦行,反而走向另一极端。这个比喻化用《圣经》语句。《新约·马太福音》8:31—32:"鬼就央求耶稣说:'若把我们赶出去,就打发我们进入猪群吧!'……鬼就出来,进入猪群。全群忽然闯下山崖,投在海里淹死了。"

3. 有志于追求认识的人,对于性欲等所谓肮脏的问题并不回避,只是不关心浅薄的问题。

朋友

"在我身边总有一个多余的人。"——隐修者这样想,"原先总是一个人——时间一长,就成了两个人!"[1]

本身的我和对手的我[2]总是过分热心地对话:如果没有一个朋友,那怎么受得了?

对于隐修者,朋友总是第三者:第三者总是阻止二人的对话沉坠入深底的软木。

唉,对于一切隐修者总有太多的深渊。因此隐修者渴望有一个朋友,渴望有个朋友站着的高处[3]。

我们相信他人,暴露出我们想在内心里有个什么可供我们相信的东西。我们渴望一个朋友,这种渴望就是我们的自我暴露。

我们对朋友之爱,常常不过是想借此转移对朋友的嫉妒。我们为了隐匿我们自己有易被攻击的弱点,常常进行攻击,制造敌人。[4]

"至少做我的敌人吧!"——这是想要友谊而却没有胆量去乞求的、真正的畏敬之言。

如果你想有个朋友,你也必须愿意为他进行战斗:为了进行战斗,你必须能够做他人的敌人。

你应当把你的朋友当作敌人尊敬。你能很靠近地走向你的敌人

---

[1] 一个人总是一个人,不会是两个人。但时间长了,自己就分成二人,在自己之间开始对话。

[2] 原文为 Ich("我"的主格)和 Mich("我"的受格),亦即分为主体的我和客体的我,自问自答地互相对话。

[3] 高处是与深渊相对而言。为了害怕有坠入深渊的危险,所以希望有个高处,由理想而引自己向上。

[4] 由于苦于对他人的嫉妒,因此把他人当作朋友来爱以扬弃嫉妒。把朋友化为敌人,是因为友与敌不可分的辩证关系。

而不转向着他吗？[1]

你应当在你的朋友身上发觉有你的最好的敌人。在你跟他敌对时，你的心要跟他保持最大的接近。

你想在你的朋友面前一丝不挂吗？你想让他看到你的真面目，这才算是对朋友的尊敬吗？可是这样一来，他倒希望你去见鬼了！[2]

谁要是毫不隐藏自己，会使人恼火：因此你们有充分的理由，对赤裸裸感到害怕！是的，如果你们是神，你们就可以以穿衣服为可耻！[3]

对于你的朋友，无论你能打扮得怎样美观，总是不够的：因为对于你的朋友，你应当是瞄向超人的箭并充满对超人的憧憬。[4]

你可曾观看你熟睡时的朋友——为了要看清他的真面貌？平常在没有入睡时你的朋友的面貌是怎样的？那是你自己的脸，映在一面粗而不完美的镜子里的你自己的脸。[5]

你可曾观看你熟睡时的朋友？看到你的朋友在睡觉时的面孔，你有没有感到吃惊？哦，我的朋友，人是必须要被超越的一种东西。[6]

做一个人的朋友，必须是善于推测和沉默的能手：你不应当想看到一切。你的朋友在没有睡觉时所做的一切，应当由你的梦告

---

1. 友与敌成为一体，此时，自己就需要有跟朋友相配的高贵的人格。
2. 赤裸裸地跟朋友交往，是想随随便便、不拘礼节，这是对朋友的不尊敬。
3. 人不能像希腊的群神那样以裸体为美。
4. 要把自己扮得更美，使你和朋友互相奋发向上，迈向成为超人的道路。
5. 睡时的朋友的脸是本来面目的脸，醒时的朋友的脸不外乎是你的投影。
6. 朋友的本来面目显示人的不完美，所以会使你吃惊。人也是这样不完美的东西，所以必须自我超越。

诉你。[1]

让推测成为你的同情吧：你要首先知道，你的朋友是否要人同情他。也许他对你感到喜爱的，是你的毫不动摇的眼睛和永远澄明的眼光。

让你对朋友的同情藏在一个坚硬的壳里，在你咬它时，要咬断掉你的一颗牙齿。这样，你的同情才具有微妙的甘美的味道。

对于你的朋友，你是新鲜的空气、孤独、面包和药物吗？好些人不能挣脱自己的枷锁，却能做他的朋友的解放者。

你是一个奴隶吗？那你就不能做朋友。你是一个专制者吗？那你就不能有朋友。

在女性的内心里，有一个奴隶和一个专制者藏身得太久。因此，女性还没有能力交友，她只知道爱情。

在女性的爱情里，对于她所不爱的一切，存有不公正和盲目性。即使在女性的有意识的爱情里，除了有光之外，还有突然袭击、闪电和黑夜。

女性还没有能力结交：女性至今还是猫咪、小鸟。或者，在最好的情况下，是母牛。

女性还没有能力结交。可是，告诉我，你们男人，在你们之中到底谁有能力结交呢？

唉，你们男人啊，你们的灵魂的贫乏，你们的灵魂的吝啬！我甚至愿意给我的敌人，像你们给你们的朋友那样多，而不愿因此变得更贫乏。

有同志关系：但愿有友谊！

---

1. 不完美的真相，只宜推测而保持沉默。重要的不是睡时的朋友，而是醒时的朋友的作为。要由你的梦（以理想为目标的幻想）向你的朋友投影。这是为了尊敬朋友。

查拉图斯特拉如是说。

一千个目标和一个目标

查拉图斯特拉见过许多国家和许多民族：因此他发现了许多民族的善和恶。查拉图斯特拉觉得，在世上再没有比善和恶更大的力量了。

任何民族，不首先对善恶做评价，就不能生存；可是，要想持续生存，这个民族就不应该按照邻族的评价去做评价。[1]

有许多事物，这个民族称为善的，却被另一个民族称为可嘲笑的和可耻的：这是我所发现的。有许多事物，我发觉在这里被称为恶的，而在别处却被饰以紫红色荣光。

邻邦的民族绝不了解对方：他们的灵魂常对邻邦民族的妄想和恶意感到惊奇。

在每个民族的头上，都吊着一块刻着善的标准的石版。瞧，这是这个民族克服困难的记录牌；瞧，这是这个民族追求强力的意志所发出的声音。

对这个民族，被认为是困难的，也就被认为是值得称赞的；不可缺少的，但要获得它却很困难的，就被称为善；把这个民族从最大的困境中解救出来的、罕有的、最难的[2]——他们就赞美它是神圣的。

能使这个民族获得统治权、取得胜利、增加光彩并赢得邻邦畏

---

1. 每个民族都应有独自的价值标准、道德观，也就是它的灵魂，否则，民族这个有机的共同体就难以维持生存。
2. 例如艰苦、刻苦、努力。

惧和嫉妒的：就被他们认为是至高、头等、衡量标准、一切事物的意义。

确实，我的弟兄，只要你首先知道一个民族的困难、风土、气候和邻国：你就可以推测出该民族努力克服的规律以及该民族为何借这个梯子爬上他们希望达到的目标。

"你应当永远做第一名，凌驾于他人之上：你的争强好胜的灵魂，除了爱你的朋友，不应爱其他任何人。"[1]——这句话使希腊人的灵魂战栗：因此，希腊人走上他们的伟大道路。

"说真话，跟弓箭好好打交道。"——这对由我的名字所产生的那个民族[2]，是被认为可喜爱的，同时又是困难的——我的名字[3]，对我也是可喜爱的，同时又是困难的。

"尊敬父母，从心底里遵从他们的意志。"有另一个民族把这块刻苦的牌子挂在他们的头上，他们由此强大而不朽。[4]

"恪尽忠诚，为了忠诚，哪怕是对付罪恶的和危险的事，也不惜以名誉和血做赌注。"又有另一个民族以此教诲自己、克制自己，由于这样克制自己，他们孕育着伟大的希望。[5]

确实，世人给自己定出一切善与恶。确实，他们不是从别处取来，也不是从别处觅来，也不是像天上的声音向他们降下来的。

世人首先把价值纳入事物之中，以维护自己，——他首先给事

---

1. 希腊人由互相竞争激起的向上心。

2. 古代波斯人。他们爱真实，而且尚武。

3. 查拉图斯特拉的名字意为金星。这是一个令人喜爱却是困难的理想。

4. 犹太人。

5. 古日耳曼人。

物赋予意义，人的意义！因此他称自己为"人"，也就是评价者[1]。

评价就是创造：你们创造者啊，请听！评价本身就是一切被评价的事物的无价之珍宝[2]。

由于评价才产生价值：没有评价，则存在之胡桃就是空心的。你们创造者啊，请听！

价值的变化——就是来自创造者的变化。必须做创造者的人，总得要破坏[3]。

最初做创造者的，是各个民族，后来才是个人；确实，个人这种东西，乃是最近的产物。[4]

从前，各个民族把一块刻着善的石版悬在自己的头上。在上者想统治的爱，在下者想顺从的爱，两者结合在一起，给自己创造出这样的石版。

对群居的喜爱比对个我的喜爱更为古老：在"问心无愧"跟"群居"具有相同意义时，"问心有愧"[5]就是个我的同义语。

确实，要在多数者的利益之中谋自己利益的这种狡猾的、没有爱的"个我"：不是群居生活的起源，而是使群居生活趋于没落的起因。

创造善与恶的，总是爱人者和创造者。爱火与怒火[6]在一切道德的名义中燃烧。

---

1. 德文中，"人"为 das Mensch，"评价者"为 der Messende。两个词有点近似，但并无语源的关联。
2. 文字游戏：德文中，"评价"为 Schätzen，"珍宝"为 Schatz。
3. 不破不立。
4. 个人意识的觉醒，是文艺复兴以后的近代之事。
5. 问心无愧原文直译为好良心，问心有愧原文直译为坏良心。在最古时代，只承认集体，因此良心很安闲。谈论个我，推出个我，是反伦理的，良心会受到责备。
6. 由于有善恶的标准，因此有爱，同时也有对背离者的愤怒。

69

查拉图斯特拉见过许多国家和许多民族；查拉图斯特拉在世上没发觉有任何更大的力量胜过爱人者的作业：这些作业的名字叫作"善"与"恶"。

确实，这种扬善与惩恶的力量是一个怪物[1]。告诉我，弟兄们，谁来给我制服这个怪物？告诉我，谁来把枷锁套在这个怪物的脖颈上？

向来就有一千个目标，因为有一千个民族。只是要套住这一千个脖颈的枷锁，现在还阙如，现在缺少一个目标。人类还没有目标。

可是，我的弟兄们，请告诉我：如果人类还欠缺目标，不是连人类本身也欠缺吗？[2]

查拉图斯特拉如是说。

爱邻[3]

你们聚在邻人的周围，还赋予一个美名。可是我告诉你们：你们对邻人的爱乃是你们对自己的薄爱。

你们避开自己，逃往邻人那里，想以此树立一种美德：可是我看穿你们的"无私"。

"你"比"我"更为古老；"你"被神圣化，说到"我"时，还没有

---

1. 为了维护生存，会产生多种多样的价值标准，如果把这些当作复合体来看，无异于一个怪物。
2. 人类是不可或缺的，因此不需要一千个目标，应建立一个统一的目标。这一个目标就是超人。
3. 批判基督教教义中对邻人的爱。《新约·马太福音》5：43："当爱你的邻舍。"

如此：所以世人都聚到邻人的周围。[1]

我劝你们爱邻人吗？我宁愿劝你们逃避邻人，而去爱最遥远的未来的人[2]！

爱最遥远的未来的人比爱邻人更崇高；比爱世人还要崇高的，乃是爱事业和幻影[3]。

我的弟兄，在你前面奔跑的幻影比你更美；为什么你不把你的肉和骨给它呢？可是你害怕，逃到你的邻人那里。

你们对你们自己感到受不了，对自己爱得不够：现在你们要诱惑邻人去爱，而以他们的迷误替你们自己装金。

我愿你们对各种各样的邻人和邻人的邻人感到受不了；这样，你们就必须从自己内心里创造你们的朋友和朋友的激动的心情[4]。

如果你们想要说自己的好话，你们就请来证人；如果你们成功地诱惑了证人，让他以为你们是好人，那么你们也就自以为是好人。

不仅是说出违背自己所知者的人在说谎，而且说出违背自己所不知者的人也更是如此。[5] 因此，在跟邻人交往谈论自己时，你们跟自己一同欺骗邻人。

小丑这样说："跟人交往会败坏品性，尤其是没有品性的人。"

有人往邻人那里去，是由于要寻找自己，另一种人，则是想丧

---

1. 古时以关心"他"（你）比关心"我"更重要。民族、集体、家族、同胞等均以这个"他"（你）为首要，属于神圣不可侵犯，个人只为他服务。因此，"我"的确立较迟，才想走到邻人那里去。
2. 远人与近邻人相对而言。原文 Nächsten 指近邻，Fernsten 指远人，最远的人，亦即最遥远的未来的人。
3. 看不见的幻影指难以实现的最高理想。事业指超人的理想和争取当超人的努力。
4. 把自己当作自己的朋友。做一个特立独行的人。
5. 以不知为知。确实不知自己是好人而说自己是好人。

失自己。你们对自己的薄爱使你们把你们的孤独变成牢狱。

为了你们对邻人的爱做出牺牲的,是不在场的远人;你们有五个人聚在一起时,那么第六个人总得要当牺牲品[1]。

我也不喜爱你们的节日[2]:在那里我看到太多的演员,而观众也常常像演员一样装模作样。

我不指教你们什么邻人,只教你们朋友。让朋友成为你们的大地之节日,成为超人之预感。

我教你们朋友和朋友的激动的心情。可是,要想被激动的心喜爱,必须懂得做一块海绵[3]。

我教你们朋友,在他的内心里有一个已经完备的世界,他是善的容器——这位创造的朋友,他总有一个完备的世界要送人。

就像世界曾由他打开,而又由他卷起,又像由恶而产生善,由偶然而产生目的。[4]

让最遥远的未来成为你的今日之"因":在你的朋友的内心里,你要把超人当作"因"来爱他[5]。

我的弟兄们,我不劝你们爱邻人:我要劝你们爱最遥远的未来的人。

查拉图斯特拉如是说。

---

1. 说坏话的人。

2.《旧约·阿摩司书》5:21:"我厌恶你们的节期,也不喜悦你们的严肃会。"(我痛恨厌恶你们的庆节,你们的盛会,我也不喜悦。)

3. 要有海绵一般极强的吸收力来接受朋友的心情和行为。

4. 由于朋友的引导,本来漫不经心地观看的广大世界,成为具有意义和统一性的世界。同时通过作为对既成价值的对抗的恶而树立新的善。偶然的无目的的这个世界也变成有目的的世界。一切都是从超人的理想方面着想而言的。

5. 作为你的一切行动和思考的动因的超人。

创造者的道路

我的弟兄，你要走进孤独之中去吗？你要寻找通往你自己的道路吗？请稍许迟疑一下，听我说。

"寻求的人，易于迷途。一切陷于孤独的人乃是罪过。"群众如是说。你长久以来就属于群众一分子。

群众的声音还在你内心里回响。即使你说"我跟你们不再有同一的良心[1]了"，那也将是一种叹息和痛苦的声音了。

瞧，这种痛苦还是由那同一的良心产生的：这种良心的最后的微光现在还在你的忧伤中闪烁。

可是，你想要走你的忧伤的道路吗？这条道路是通往你自己的道路。如果是这样，那就向我显示出你要走这条道路的权利和力量[2]吧！

你是一种新的力量、一种新的权利吗？是最初的运动吗？是自转的车轮吗？你也能强迫星辰绕着你运转吗？

唉，渴望向高处上升的欲望太多了！野心家们的痉挛太多了！向我显示出你不是这些欲望者和野心家之中的一分子吧！

唉，有许多伟大的思想，并不比一只风箱高明：越是充气，越显得空虚。

你自称是自由的吗？我要听听你的具有支配力的思想，不要听你说什么摆脱你的枷锁。

你是一个可以摆脱枷锁的这种人吗？有好多人，在他抛弃掉服

---

1. 离开群众的良心（意识和价值观），也还是痛苦和叹息的根源。
2. 权利等于资格。要走孤独的道路，必须有作为强者的力量。

从的义务时，抛弃掉他自己的最后的价值。[1]

摆脱掉什么而获得自由？这对查拉图斯特拉有什么重要？可是你的眼睛应当明白地告诉我：你要自由干什么？

你能把你自定的善与恶给予你自己，把你的意志像法律一样高悬在你的头上吗？你能做你自定的法律的法官和惩罚者吗？

作为你自定的法律的法官和惩罚者，单独索居，这是可怕的。这就像把一颗星投入荒凉的空间和冰块一样的孤独的气息里。

今天，你一个人，还因多数人受苦[2]：今天，你还完全有你的勇气和希望。

可是有一天，孤独会使你感到疲倦。有一天，你的高傲会弯腰，你的勇气会咬牙切齿。有一天，你会叫道："我是孤独的！"

有一天，你会再也看不到你的高傲，你的低贱将跟你贴得太近；你的崇高将像幽灵一样使你害怕。有一天，你会叫道："一切都是虚假！"[3]

有许多要杀死孤独者的感情[4]；如果做不到，感情本身就一定会死灭！可是你能做杀害感情的凶手吗？

我的弟兄，你了解"轻视"这个词吗？你知道对于轻视你的人做出公正评价的这种公正的痛苦吗？[5]

你强迫许多人改变对你的看法：他们为此对你大为不满。你走

---

1. 单单从束缚中摆脱自己，不能返回到真正的自我。
2. 孤独的初期阶段。离开多数人，还为多数人的事感到烦恼和担忧。在此还有希望和勇气。
3. 由虚无的感情发出的叫声：一切皆空。
4. 孤独者在自己内心里拥有的各种虚无的感情，是杀死对手，还是自己死掉，进行这种决死的战斗。
5. 群众轻视孤独者。受到这种不公正的轻视，而忘掉对于对手的公正，自己就成为跟群众同样的人。

近他们身边,却走了过去:他们为此决不饶恕你。

你超越过他们往前走:可是你升得越高,嫉妒的眼睛就把你看得越小。可是腾飞者最遭到他人的憎恨。

"你们要对我公正地评价,怎样才能办到呢!"——你们必须说——"我要选择你们的不公正的评价作为我该接受的一份。"

他们向孤独者投掷不公正和污物:可是,我的弟兄,如果你要做一颗星,你不应该为了这个而少用你的光去照耀他们。

当心那些善人和义人[1]!他们爱把那些创造自己的道德的人钉上十字架——他们憎恨孤独者。

也要当心那种"神圣的单纯"[2]!对他们来说,一切不单纯的,就不是神圣的;他们也爱玩火——火刑柴堆的火。

还要当心你的爱的心血来潮!孤独者对于他所遇到的人,往往太快地伸过手去跟他握手。

有好多人,你不可以向他们伸出你的手,只可以伸出前爪[3]:我希望你的前爪也有利钩。

可是你所能遇到的最坏的敌人总是你自己;你自己躲在山洞里和森林里等待着你。

孤独者,你走着通往你自己的道路!你的这条道路领你从你自己的身旁和你的七个魔鬼[4]的身旁走向前去。

---

1. 通常意义的善人和义人,专事议论他人。
2. 捷克的宗教改革者扬·胡斯于1415年7月6日被处火刑时,看到一个农民(一说是一位老妇人)虔诚地拿一块木柴添加到火刑柴堆上,他说出这句话:"神圣的单纯。"此语意为无知的人。
3. 德文的前爪(Tatze),又有打手心之意。
4. 在人的自身里面有许多危险的要素。七个只是修辞的说法。不仅要避开它,还应克服它。

你对于你自己,将是异端者、魔女、预言者、小丑、怀疑者、不净洁者和恶棍。

你必须想要把你自己在你自己的火里烧死:如果你不先烧成灰,你怎能希望成为新人!

孤独者,你走创造者的道路:你想要从你的七个魔鬼中为你自己创造一位神!

孤独者,你走热爱者的道路:你爱你自己,因此你轻视你自己,[1]正如只有热爱者才能轻视。

热爱者想要创造,因为他轻视!如果他必须轻视的,偏偏不是他所爱的,那他懂得什么爱呢?

我的弟兄,带着你的爱和你的创造力走进你的孤独里去吧;以后,公正才会一瘸一拐地跟着你。[2]

我的弟兄,带着我的眼泪走进你的孤独里去吧。我爱的是那种想超越自己去创造而由此毁灭的人。——

查拉图斯特拉如是说。

年老的和年轻的女人

"你为什么如此战战兢兢地在黄昏时悄悄走去,查拉图斯特拉?你小心翼翼地藏在你的大衣里面的是什么东西?

"是别人送给你的宝贝,还是给你生下的一个孩子?或者你自己现在也走上盗窃之路,你这恶人的同伙[3]?"——

---

1. 放任自己,不是爱自己之道。轻视现在的自己,是要创造更高的自己。
2. 后世对你的公正的评价。
3. 认为小善不如大恶好,故称为恶人的同伙。

确实，我的老兄！查拉图斯特拉说道，这是别人送给我的宝贝：是我带在身上的一个小小的真理。

可是它却像个婴儿一样难以管束；如果我不捂住它的嘴，它就会叫得太响。

当我今天，在太阳落山的时刻，独自走我的路时，我遇到一个年老的妇女，她对我的灵魂如是说道：

"查拉图斯特拉对我们妇女也说了很多，可是他从没有跟我们谈谈关于女人的问题。"

我回答她说："关于女人的问题，只应该说给男人听。"

"也对我谈谈女人吧，"她说，"我年纪够大了，很快又会忘掉的。"

我满足这位年老的妇女的意愿，对她如是说道：

关于女人的一切都是一个谜，关于女人的一切只有一个解答：它叫作怀孕。

对于女人，男人是一种手段：目的总是小孩。可是女人对男人却是什么呢？

真正的男人想要的有两样：危险和游戏。因此他想要女人，作为最危险的玩具。

男人，应当培养他去打仗；女人，应当培养她供战士娱乐。其余一切都是愚蠢。

太甜的果子——战士不喜欢。因此他喜欢女人；最甜的女人也还是苦的。

女人比男人更了解孩子，可是男人比女人更有孩子气。

在真正的男人的身心里藏着一个孩子：他想要游戏。来，你们妇女，去发现男人身心里的孩子吧！

让女人做个玩具吧，又纯洁，又精美，就像一颗闪烁着一个尚未存在的世界的道德之光芒的宝石。

让一颗星的光芒闪耀在你们的爱情之中！让你们的希望是："但愿我生出超人！"

让你们的爱情中有勇敢！你们应当用你们的爱去袭击使你们感到恐惧的男人。[1]

让你们的荣誉就在你们的爱情之中！女人一般不大懂得荣誉。可是让这点成为你们的荣誉：永远去爱，超过你们被爱的程度，决不居人之后。

当女人在爱时，让男人怕她：因为此时她献上一切牺牲，其他任何一切，她都觉得毫无价值。

当女人恨时，让男人怕她：因为在男人的灵魂深处只有罪恶，而女人的那里则是卑劣。

女人最恨的是什么人？——铁对磁石这样说："我最恨你，因为你吸引我，但是你的吸力不够强，吸不住我。"

男人的幸福是：我想要。女人的幸福是：他想要。

"瞧，现在世界简直变得完美了！"——当女人出于完全的爱心而听从时，任何一个都这样想。

女人必须听从，为她的表面寻求深度。女人的感情是表面的，是浅水上面易变的波动的一层薄膜。

男人的感情却是深刻的，他的奔流在地下洞穴中哗哗作响：女人隐约感到他的力量，但并不理解它。——

那位年老的妇女于是回答我说："查拉图斯特拉说了许多恭维话，特别对那些非常年轻的女人是中听的。

---

[1] 此处毫无轻视女人的意思。

"真奇怪,查拉图斯特拉不大了解女人,可是他谈起女人却颇有道理!其所以能如此,是不是因为一切事,在女人,没有做不到的?[1]

"现在我献上一个小小的真理作为回报!我可是年纪已老,足以说出这个道理!

"把它裹住,捂住它的嘴:否则它会叫得太响,这个小小的真理。"

"女人啊,把你的小小的真理送给我吧!"我说。这位年老的妇女于是说道:

"你到女人那里去?别忘带你的鞭子!"[2]——

查拉图斯特拉如是说。

毒蛇的咬伤

有一天,查拉图斯特拉在一棵无花果树下睡去,天气很热,他把手臂遮在脸上。这时,一条毒蛇爬过来咬他的脖颈,查拉图斯特拉不由痛得叫了起来。当他把手臂从脸上移开时,他向毒蛇看看:毒蛇认出了查拉图斯特拉的眼睛,就笨拙地转身想逃。"不要逃,"查拉图斯特拉说,"你还没有接受我的感谢哩!你及时唤醒了我,我的道路还很长哩。""你的路很短了,"毒蛇忧伤地说,"我的毒是致命的。"查拉图斯特拉微微一笑。"什么时候有过一条龙被蛇毒毒死的呢?"——他说,"可是收回你的毒吧!你还没有富到

---

1. 跟女人打交道,什么事都可以发生。此句化用《圣经》语句,《新约·路加福音》1:37:"因为一切事,在天主,没有做不到的。"
2. 这句常被人引用的名言,使尼采蒙受不白之冤。人们没有考虑到:这句话是老女人说的,并不是尼采说的,而老女人对年轻的女人是常常心存妒忌,同性相斥的。

那种程度，足以给我赠礼。"于是毒蛇重新爬到他的脖颈旁边给他舔伤。

有一次，查拉图斯特拉跟他的弟子们谈起此事，他们问道："哦，查拉图斯特拉，你这段故事的道德教训是什么呢？"查拉图斯特拉于是如此回答道：

善人和义人们称我是道德的破坏者：我说的这段故事是不道德的。

可是，我要说的是，如果你们有个敌人，你们不要对他以德报怨：因为这样，会使你的敌人感到羞耻。[1] 你不如表示出，他对你们做的是好事。

与其让敌人感到羞耻，不如发怒！如果你们受到咒骂，我不喜欢你们反想去为对方祝福[2]。宁可稍许以咒骂回敬。

如果你们身受到一个大大的不公正，那就赶快回报以五个小小的不公正[3]！单独受对方不公正的压迫，看上去是令人厌恶的。

这一点你们已经懂得吗？以不公正报复不公正，跟对方平分秋色，这就是一半公正。能忍受不公正的人，他应当自己去承担不公正。

一个小小的报复比完全不报复更合乎人性。如果惩罚对于违法者并不是一种正义和一种名誉[4]，我就不喜爱你们的惩罚。

以自己为不正确，比坚持自己为正确者更为高贵，特别是你颇为正确的场合。你必须十分丰富，才能做到这点。

---

1. 以德报怨（原文：以善报恶）是因为这是装作德的一种报复，反而可以说是卑劣。
2. 《新约·马太福音》5：44："要爱你们的仇敌，为那逼迫你们的祷告。"
3. 把敌人和自己置于对等的地位进行报复。
4. 惩罚应将违法者作为人格对待。被惩罚时，他就获得成为法与正义的世界的一分子的名誉。

我不喜欢你们的冷淡的公正,从你们的法官的眼睛里,总看出刽子手的目光和他的冷酷的钢刀。

告诉我,拥有炯炯眼光之爱的公正,在哪里可以发现?

不仅承担一切惩罚,而且也承担一切罪过的爱,[1]请你们给我创造出来吧!

除了法官以外,能给人人宣告无罪的公正[2],请你们给我创造出来吧!

你们还想听我说此事吗?在想要彻底公正的人的方面,即使是谎言,也会成为对世人的友爱。[3]

可是我怎样能希望我做到彻底公正呢!我怎能把各人应有的,给予各人呢?我把我自己的给予各人,这样我就满足了。[4]

最后我要说,我的弟兄们,当心不要对一切隐修者干不公正的事!隐修者怎么会忘掉哩!他怎能进行报复哩!

一个隐修者就像一口深井。丢进一块石头是容易的,可是石头沉到井底,谁愿再把它取出来呢?[5]

当心不要去伤害隐修者!如果这样做了,那就不如进而把他杀死吧!

查拉图斯特拉如是说。

---

1. 不仅是甘受惩罚的这种被动的态度,而且认识到对世上一切弊害自己也有责任,这是一种积极的进行创造活动的爱。

2. 由于自己承担责任,就不说别人有罪。可是安于因袭的裁判官,却不能谅解。

3. 如果能彻底公正,不评论他人,容忍他人各行其是,那么即使说谎,也能对他人起鼓舞作用。

4. 彻底公正不易做到,但自己至少要贯彻自己的立场(以超人为目标要求超越自我)以对人。

5. 隐修者把他人加在他自己身上的一切,在深心里化为他人看不出的深深的体验。他不进行报复,但在隐修者心中却成为难以消除的体验。

孩子和结婚[1]

我有一个单为你提出的问题,我的弟兄:我把这个问题像测锤一样投进你的灵魂里,让我知道它的深度。

你年轻,想要生孩子和结婚。可是我问你:你是一个可以允许你想生个孩子的人吗?

你是常胜者、自我克制者、感官的命令者、自己的各种道德的支配者吗?我如此问你。

或者从你的愿望之中有动物和需求在说话吗?或者有孤单?或者有对你自己的不满?

我愿,你的胜利和你的自由渴望生一个孩子。[2] 你应当为你的胜利和你的解放建立活的纪念碑。

你应当超越自己进行建树。可是你必须首先把你自己建树好,肉体和灵魂都要方正。

你不应当单单把你的种传下去,而要让你传的种高于你!在这一方面,结婚的花园对你大有裨益!

你应当创造一个更高的肉体,一级运动,自转之轮——你应当创造一个创造者。

结婚,我指的是:两个人的意志,就是要创造一个胜于他们自己的后代。作为这种意志的愿望者,彼此互相尊敬,我称之为结婚。

让这点成为你的结婚的意义和真理吧。可是,那些过多的多数人,那些多余的人所讲的结婚——唉,我叫它什么呢?

---

1. 尼采在这里谈论结婚,有些是针对《新约·哥林多前书》7《论嫁娶的事》而发的。
2. 作为一个解放自己的强者,生一个孩子,把这种强者的优势传下去,应有这样的结婚意志。尼采在这里谈的,颇有优生学的见地。

唉，一对灵魂的这种贫乏！唉，一对灵魂的这种肮脏！唉，一对配偶的这种可怜的舒适！

他们把这一切称为结婚；他们说，他们的结婚是天作之合。[1]

嗯，我不喜爱它，这些多余的人的天国！不，我不喜爱他们，这些被网进天国之网[2]里的动物！

一瘸一拐地[3]走来，要为不是他所配合的对象祝福的上帝，让他远远离开我吧！

别笑这样的结婚！哪个孩子没有哭他的父母的理由呢？

我觉得这个丈夫已经成熟，有资格理解大地的意义：可是，当我看到他的妻子时，我觉得，似乎大地变成了一座疯人院。

确实，当一个圣人和一只雌鹅互相配对时，我愿大地震得抽搐。

有一个男人，他像英雄一样出去追求真理，最后却获得一个小小的化装的假象。他称之为他的结婚。

另一个男人，对交际很冷淡，选择对象很挑剔。可是一下子就永远破坏掉他的交友关系：他把这叫作他的结婚。

第三个男人找了一个具有各种天使美德的婢女。可是他一下子变成一个妻子的婢女，而现在，他需要让他自己也成为天使[4]。

我发现现在所有的买主都谨慎小心，他们全都有狡诈的眼睛。可是哪怕是最狡诈者在买进妻子时也是盲目瞎买。

1.《新约·马太福音》19：6："夫妻……乃是一体的了。所以，上帝配合的，人不可分开。"天主教认为婚姻是天主的一种特别恩赐，并且婚姻也是不可拆散的，因为这是主的命令。

2. 因袭的教会所说的上帝和天国。

3. 此处联想到希腊神话中的锻冶神赫淮斯托斯（亦译"赫菲斯托斯"），他是个跛子。他的妻子是爱与美的女神阿佛洛狄忒（亦译"阿芙洛狄忒"），当这位不忠的妻子跟战神阿瑞斯寻欢作乐时，他把他们捉住，罩进网里。

4. 像天使一样有耐心侍候妻子。

短期间的许多傻事——在你们中间被称为恋爱。而你们的结婚则是以一件长期的蠢举结束许多短期的傻事。

你们对女性的爱以及女性对男性的爱：唉，但愿那是对充满苦情、蒙着面纱的神祇们[1]的同情！不过，大多数乃是两个动物互相猜测对方的心情。

可是，即使你们的至高无上的爱，也不过是一种陶醉的比喻，一种痛苦的热情。[2] 它是应当照耀你们走上更高的道路的火炬。

有一天你们应当超越自我去爱！因此先学学爱吧！为此你们必须饮下你们的爱的苦酒[3]。

哪怕是至高无上的爱的杯子里也有苦酒：这样它才使人憧憬超人，这样它才使你这个创造者产生渴望！

创造者的渴望，赶上超人的箭和憧憬：请问，我的弟兄，这是你想要结婚的意志吗？

这样的意志和这样的结婚，我称它是神圣的。——

查拉图斯特拉如是说。

自愿的死

好多人死得太晚，而有些人死得太早。"在恰当的时候死亡！"这句教言听起来还有点奇怪。

在恰当的时候死亡：查拉图斯特拉如此教导人。

---

1. 潜藏在人内部的向上的意志和愿望。因为不易实现而生出烦恼。
2. 男女进入有真正意义的结婚生活，但这不应是终点站，而是走向更高的道路的一个阶段，应自觉这不过是一种影像，一个比喻。
3. 真正的爱应是男女双方超越现在的自己，共同迈向更高的目标。通常的爱与结婚，应视为只是一种前阶段。

当然，并未在恰当的时候诞生的人，怎能叫他在恰当的时候死亡？他没有被生出来就好了！——我这样劝告多余的人。

可是，即使是多余的人也很重视死亡，即使是最空心的胡桃也想被敲碎。

人人都把死亡当一件大事：可是死亡并不是庆祝活动。人们还没学会怎样举行最美好的庆祝活动[1]。

我要指点你们圆满地死亡，它对于活人会是一个刺痛、一个许愿。

圆满完成者在希望者和许愿者的围绕之下得意扬扬地达成他的死亡。

你们应当学好这样的死亡；在这样的濒死者没有把活人的发愿还愿之处，不该举行庆祝！

这样的死亡是至高无上的死亡；而仅次于此的是：在战斗中死亡而慷慨献出一个伟大的灵魂。

但是对于战斗者和胜利者同样感到可恨的乃是你们的狞笑的死亡，它像个小偷蹑手蹑脚地走来——可是却像主子一样光临。

我对你们赞美我的死亡，自由的死亡，它向我走来，因为我愿意它来。

我什么时候愿意死呢？——有一个目标和一个继承者的人，他愿意为了目标和继承人在恰当的时候死亡。

出于对目标和继承人的尊敬，他不会再把萎谢的花环挂在生命的圣殿里。[2]

确实，我不愿像那些搓绳子的人：他们把绳子搓长，而他们自

---

1. 完成生存的使命而死，把使命留给下一代去继续完成；这样的死值得最美的庆祝。
2. 不贪求空虚的荣誉。

己却越来越往后退。

有好些人，即使要获得他们的真理和胜利，也显得太老了；没有牙齿的嘴，对任何真理都不再有什么权利。

要获得光荣的人，必须及时跟荣誉告别，而且练习这种难度大的本领：在恰当的时候——离去。

在吃得最津津有味时，必须停止进食：想要被人爱得长久的人都知道这点。

当然，也有酸的苹果，它们的命运乃是要等待秋天的最后的日子：它们成熟了，变黄了，同时皮也起皱了。

有的人心态先老，有的人精神先老。还有些人年轻时就像个老人：可是迟获青春者却长久保持年轻。

好些人度过失败的一生：有毒虫咬他们的心。但愿他们看到，他们越能成功地死亡。

好些人永不会变甜，在夏天已经烂掉。使他们留在枝头没掉下的，乃是由于他们的怯懦。

有许多人活得太长，在枝头悬挂得太久。我希望有一阵狂风吹来，把这些烂掉的、被虫子蛀掉的果子全部从树上摇落下来！

我希望有宣传速死的说教者来临！我看这些说教者就是正好的狂风，生命树的摇撼者！可是我听到的却是宣讲慢死，宣讲对"世俗"一切的忍耐。[1]

唉，你们的说教是要人们忍受世俗的一切吗？正是这世俗的一切对你们过分忍耐了[2]，你们这些诽谤者！

确实，那些宣讲慢死的说教者所尊敬的那个希伯来人死得太早

---

1. 基督教牧师的说教。
2. 大地竟容许这种说教者的存在。

了:他死得太早,从那以后,对许多人成了一种灾难。[1]

正由于他只知道希伯来人的眼泪和忧伤[2],以及善人和义人[3]的憎恨——那个希伯来人耶稣:因此使他突然感到对死亡的憧憬。

如果他留在旷野里,远离善人和义人,那就好了!也许他会学会生存,学会爱大地——还能学会笑[4]!

相信我说的话,我的弟兄们!他死得太早;如果他活到我的年纪,他自己可能会收回他的教导!他是太高贵了,要他收回是困难的。

可是他还没有成熟。这个青年没有成熟,就去爱,也没有成熟,就去仇恨人和大地。他的心情和精神的翅膀还被捆紧,还很沉重。

可是在成人方面,比青年有更多的孩子气,忧伤较少:他对生和死理解得较多。

自愿去死而且死得自愿,如果不再有时间说"愿意"[5],那就做个神圣的说"不愿"者:他就这样理解生和死。

但愿你们的死不是对人和大地的亵渎,我的朋友们:这就是我要求于你们的灵魂之蜜的。

在你们死时,你们的精神和你们的美德还应当发出灿烂的光辉,像围绕着地球的夕晖:否则,你们的死就是失败。

因此我愿自己死去,让你们这些朋友为了我的缘故而更爱大地;

---

1. 耶稣死得太早,还没知道爱大地和生存,以致后世的生死观被搞得混乱。
2. 在罗马人统治下的犹太人的苦难。
3. 法利赛人,即伪善者。
4. 《新约·路加福音》6:25:"你们喜笑的人有祸了,因为你们将要哀恸哭泣。"
5. 对大地和生存的肯定。

我愿再化为大地，让我在生我的大地中得到安息。

确实，查拉图斯特拉有一个目标，他抛掷他的球：现在你们这些朋友做我的目标的后继者吧，我把金球[1]抛给你们。

我的朋友们，我最高兴的是看到你们抛金球！因此我还要在大地上稍事勾留：请原谅我！

查拉图斯特拉如是说。

赠予的道德[2]

1

查拉图斯特拉告别那座市镇，那是他喜爱的一个市镇，名叫花斑母牛镇。这时，有许多自称是他的弟子的人跟在他后面，为他送行。就这样，他们走到一处十字路口：于是查拉图斯特拉对他们说，现在他要一个人独行了；因为他是喜欢单独走路的。可是他的弟子们在临别时，送他一根手杖，手杖的金柄上刻着一条蛇盘住太阳。查拉图斯特拉对这根手杖很喜欢，他拄着它，随即对他的弟子们如是说：

可是请告诉我：金子怎么会有最高的价值呢？因为它是不寻常的，没有实用性的，它闪闪发光，而它的光辉是柔和的，它总是奉献自己。

只是由于作为最高美德的写照，金子才会具有最高的价值。赠

---

1. 超人的理想。
2. 不受施于人，而将自己赠予，这是最高的道德。而且这就是忠于大地、为了实现伟大的正午的美德。

予者的眼光也像金子一样闪光。金子的光辉给月亮和太阳之间缔结和平。[1]

最高的道德是不寻常的，没有实用性的，它闪闪发光，而它的光辉是柔和的：赠予的道德就是最高的道德。

确实，我的弟子们，我猜得出你们的心意，你们像我一样努力追求赠予的道德。你们跟猫和狼，会有什么共通之处呢？

想让自己成为牺牲品和赠品，这是你们的渴望：因此，你们渴望把一切财富积聚在你们的心灵里。

你们的心灵贪而无厌地努力追求珍宝，因为你们的道德，在赠予的意志方面，也是贪而无厌的。

你们强迫万类趋向你们，进入你们的身心之中，让这些万类作为你们的爱之赠品再从你们的泉源里还流出去。

确实，这种赠予之爱必将成为攫取一切价值的劫夺者；可是我把这种利己主义称为健全的和神圣的。——

另外有一种利己主义，一种太贫乏的，一种饥饿的，它总是想盗窃，就是那种病人的利己主义，病态的利己主义。

那种利己主义用贼眼看着一切闪闪发光者；它用饥饿的贪欲打量大吃大喝的人；它总是在赠予者的食桌四周悄悄地走来走去。

从这种欲望之中，听到疾病和看不见的退化的声音；这种利己主义的盗窃的贪欲乃是虚弱的身体的说明。

我的弟兄们，告诉我：对我们来说，恶劣的和最恶劣的是什么？那不是退化吗？——在缺少赠予的心灵之处，我们总是猜测那儿存在着退化。

---

1. 太阳发出光辉，月亮接受光辉。太阳的金色的光辉使太阳和月亮和平共处。

我们的道路是向上走的，从品种升到超品种[1]。可是，说"一切为我"[2]的那种退化的心情，对我们乃是一种恐怖。

我们的心情是向上飞翔的：所以，这种心情乃是我们的肉体的比喻，向上的比喻。这种向上的比喻就是各种道德的名称。

肉体就如此贯穿历史前进，作为生长者和战斗者。而精神——它对于肉体算是什么？精神是给肉体报告战斗和胜利的传达者，是肉体的战友和反响。

善与恶的所有的名称，都是比喻：它们不明言，它们只暗示。想要知道这些名称的底细的人，乃是愚夫。

我的弟兄们，请注意你们的精神想用比喻说明的任何时刻[3]吧：那时就是你们的道德的起点。

那时你们的肉体就高举而复活；肉体用它本身的喜悦使精神感到陶醉，使精神成为创造者、评价者、奉献爱者、万物的恩公[4]。

当你们的心情像大河一样扬波泛滥，对于住在岸边的人带来祝福，也带来危险：那时就是你们的道德的起点[5]。

当你们超越毁誉褒贬而高举，当你们的意志作为奉献爱者之意志而要对万物发号施令[6]：那时就是你们的道德的起点。

当你们轻视舒适的生活和柔软的床，而不能让你床距柔弱者

---

1. 超品种乃是品种超越自己而向上升的阶段。
2. 不是赠予，而是要把一切占为己有的利己的态度。
3. 当你们的精神觉醒，要走对善恶做出独自的判定之道路时，也就是精神要获得自主性而进行活动的时刻。
4. 这时你们的精神就成为世界万物的中心，判定万物的价值，使万物各得其所。
5. 心情不怕浪费自己，在向外推动时，即使给他人带来危险，但它的认真还成为道德的根源。
6. 判定万物之价值。

太远:那时就是你们的道德的起点。

当你们只是一个单独意志的意欲者,而把这一切的困难的转折称为对你们是必然的[1]:这时就是你们的道德的起点。

确实,这时你们的道德乃是一种新的善与恶[2]!确实,乃是一种新的深处的哗哗响,一种新的泉水的声音!

这种新的道德乃是力量,乃是具有支配力的思想,围绕着它的乃是一个聪明的灵魂:一个金色的太阳,盘住这个太阳的是认识之蛇[3]。

2

说到这里,查拉图斯特拉沉默了一会儿,慈爱地望望他的弟子们。随后他又继续发言——他的声音有些变化了。

我的弟兄们,尽你们的道德的力量忠于大地吧!让你们的赠予之爱和你们的认识有助于大地的意义吧!我如此恳求你们。

不要让你们的爱与认识从地上飞去,用翅膀拍击永恒之墙[4]!唉,总是有那么多的飞去的道德!

像我一样,把飞去的道德带回大地吧——是的,带回给肉体和生命吧:让道德给大地赋予意义,人的意义[5]!

---

1. 抱着确立的意志生存,把一切困苦转变为有意义的、有价值的事物。
2. 自主的新的价值观。
3. 这个太阳是发现自主的生存、精神觉醒的太阳。根据这个太阳而进行确立新的独自的价值观的认识活动。"认识之蛇"参看《旧约·创世记》3:4—5:"蛇对女人说:'你们不一定死,因为上帝知道,你们吃的日子眼睛就明亮了,你们便如上帝能知道善恶。'"
4. 永恒之墙:观念的天上世界。
5. 人的精神成为世界万物的主宰,故云"人的意义",即以人为中心、为标准的意义。

直到现在，精神和道德已有千百次飞错方向而失误了。唉，在我们的肉体里，现在还寄居着一切这样的迷妄和失误：它们化为肉体和意志。

直到现在，精神和道德已有千百次尝试过、迷途过。是的，人就是试探。唉，有许多无知和错误化成我们的肉体！

不仅是几千年来的理性——而且连同它的狂妄从我们内部爆发出来。做后继者是危险的。[1]

我们还在跟偶然这个巨人一步一步地战斗，直到现在，统治全人类的，还是胡闹和无意义。[2]

我的弟兄们，让你们的精神和你们的道德有助于大地的意义吧：让一切事物的价值重新由你们来定！因此你们应当做战斗者！因此你们应当做创造者！

肉体由知晓而净化自己：肉体用知晓试探而以此提高自己；对于认识者，一切冲动都化为神圣；在提高者方面，他的灵魂是快活的。[3]

医生啊，医治你自己吧[4]：这样，你才能也去医治你的病人。病人亲眼看到自己把自己治好的人，让此事成为对病人的最好的医治吧。

有几千条小路还没有被人走过，有几千种健康和几千个不为人

---

1. 我们是经过几千年以后的后继者，继承了光明面和种种黑暗面，不知道它们何时露出真面目。

2. 光明面和黑暗面掺在一起，也就是所谓混沌的状态。这就是称为"偶然"的巨人。由于这个巨人，愚昧和无意义在进行无统治的支配。对此，人的意志必须成为支配者。

3. 知晓与认识相同，乃是基于超人理想的自觉以及基于这种自觉的知晓活动。肉体跟这种自觉携手并进，就能实现真正的向上。此时，由于经过肉体、冲动、自觉，而臻于净化和神圣化。这是肉体和精神高度结合的向上的超人的面貌。

4.《新约·路加福音》4：23："医生，你医治自己吧！"

知的生命之岛。人和人的大地还没有被完全利用,没有被发现。

孤独者啊,清醒着听吧!有风从未来吹来,发出暗暗振翅的声音;灵敏的耳朵将听到好消息。

你们,今天的孤独者,你们,离开群众者,你们有一天会成为一种人民:从你们自己选出的你们当中,应当产生一种选民[1]——从这种选民中产生超人。

确实,大地还应当成为康复的场所!在大地的四周已经散发一种新的清香,带来拯救——和新的希望的清香!

3

查拉图斯特拉说完这番话,沉默一下,就像一个还没有把最后的话说尽的人;他迟疑不定,把手中的手杖摆弄了很久。最后如是说道:——他的声音变了。

现在我独自走了,我的弟子们!你们现在各归各独自走吧!这是我的愿望。

确实,我奉劝你们:离开我,对查拉图斯特拉进行抵制吧!最好是:为他感到惭愧!也许他骗了你们。

有认识的人必须不仅爱他的敌人,而且能恨他的朋友。[2]

如果永远做个弟子,这是对老师的不好的报答。你们为什么不想扯掉我的花冠呢?

---

1. 离开多数人告别自己,进而脱离多数人。"选民"参看《新约·彼得前书》2:9:"惟有你们是被拣选的族类。"(或译作:"至于你们,你们却是特选的种族。")
2.《新约·马太福音》5:43—44:"你们听见有话说:'当爱你的邻舍,恨你的仇敌。'只是我告诉你们:要爱你们的仇敌,为那逼迫你们的祷告。"

你们尊敬我；如果有一天你们的崇拜垮掉了，那会怎么样？当心，别让一尊倒下的雕像把你们砸死[1]！

你们说，你们信仰查拉图斯特拉？可是查拉图斯特拉算什么呢？你们是我的信徒：可是一切信徒又算什么呢！

你们还没有寻求过你们自己：那时你们找到我。一切信徒都是如此；因此一切信仰都没有什么意义。

现在我要求你们，丢开我，寻求你们自己吧；等你们全都不认我，我才愿意再回到你们身边来[2]。

真的，我的弟兄们，到那时我要用另一种眼光寻找我所失去的人；那时我要用另一种爱来爱你们[3]。

有一天，你们还会成为我的朋友和同样一个希望的孩子：那时我要第三次来到你们身边[4]，跟你们一同庆祝伟大的正午。

伟大的正午就是：人站在从动物到超人之间的道路的中间点，把他走向黄昏的道路当作他自己的最高希望来庆祝：因为这是迈向新的黎明的道路。[5]

那时，走向没落的人将把他自己看成一个走向彼方的过渡者而为他自己祝福；那时，他的认识之太阳[6]将高悬在正午的天空。

---

1. 亚里士多德《论诗》1452a："例如阿耳戈斯的弥堤斯雕像倒下来砸死了那个正在观赏雕像的、杀害弥堤斯的凶手。"
2. 《新约·马太福音》10：33："凡在人面前不认我的，我在我天上的父面前也必不认他。"此处反其意而用之。
3. 把弟子作为独立的人格承认。
4. 弟子作为独立的人格而成为同志，故第三次回到他们身边。
5. 太阳在正午时居于顶点，到黄昏时即趋于没落。可是前面还有早晨。也就是说，我们的没落，对超人的出现是必需的。
6. 对于自己现在状况的意义的自觉，对于人类向上的展望等的综合的认识。

"所有的神全都死了：现在我们祝愿超人长存。"——让这个愿望，在有一天伟大的正午时刻成为我们的遗愿！——

查拉图斯特拉如是说。

第二部

ALSO SPRACH ZARATHUSTRA

不能听命于自己者,就要受命于他人。

——等你们全都不认我,我才愿意再回到你们身边来。

真的,我的弟兄们,到那时我要用另一种眼光寻找我所失去的人;那时我要用另一种爱来爱你们。

《查拉图斯特拉如是说》第一部《赠予的道德》

拿着镜子的小孩

于是查拉图斯特拉又回到山里,回到他的山洞的孤独之中,远离世人:像一个撒完了种子的人[1]在等着。可是他的心充满烦躁,怀念着他曾爱过的人们:因为他还有许多赠予要送给他们。因为,要把出于爱心打开的手合起来,作为赠予者而要不失其羞愧之心[2],这确是至难之事。

就这样,岁月在这位孤独者面前流逝;可是他的智慧增多了,由于充实而使他感到痛苦。

有一天早晨,他在黎明前就已醒来,躺在床上沉思了很久,最后对他的心说道:

"我为什么在梦中如此害怕,竟把我惊醒呢?不是有个手拿镜子的小孩走到我面前吗?

"'哦,查拉图斯特拉,'——这个小孩对我说——'对着镜子看

1.《新约·马太福音》13:3:"有一个撒种的出去撒种。"
2.《查拉图斯特拉如是说》第二部《夜歌》:"不断赠予的人,他的危险就在于他会丧失羞恶之心。"

看你自己吧!'

"可是当我向镜子里一看,不由叫出声来,我的心大为震惊:因为我在镜子里看到的,不是我自己,而是一个魔鬼的鬼脸和嘲笑。

"真的,这个梦的预兆和警告,我是太了解了:我的教义正处于危险之中,稗子要冒充麦子[1]了!

"我的敌人势力强大,歪曲了我的教义的真面目,因此,我所钟爱的人们不得不以接受我的赠予而感到羞愧。

"我的朋友们丢失了;寻找我所失去的人们的时刻到了[2]!"——

说完这番话,查拉图斯特拉就跳起身来,可是他的样子不像一个吓得想透透新鲜空气的人,而是像受到精灵威胁的预言者和歌手。他的鹰和蛇惊奇地望着他:因为有即将降临的幸福像曙光一样反映在他的脸上。

我发生什么事了,我的动物?——查拉图斯特拉说。我不是变了吗?幸福不是像狂风一样向我吹过来吗?

我的幸福是愚蠢的,它会说些蠢话[3]:它还太年轻——那就对它宽容一些吧!

我由于我的幸福受了伤[4]:一切受苦者都该当我的医生[5]!

我可以再下山到我的朋友那里去,也可以去会会我的敌人!查拉图斯特拉可以再去讲话、赠予、对他钟爱的人表示他的爱!

1.《新约·马太福音》13:25—26:"有仇敌来,将稗子(稗子又译作莠子)撒在麦子里就走了。到长苗吐穗的时候,稗子也显出来。"

2.《新约·路加福音》15:4:"你们中间,谁有一百只羊失去一只,不……去找那失去的羊,直到找着呢?"

3. 像青年一样沉溺于自己的生命感,如痴如醉,没有节度,多嘴多舌。

4. 瓦格纳歌剧《西格弗里德》第三幕第三场:"唤醒我的人刺伤了我。"

5. 受苦者收受我的充实。

我的性急的爱泛滥成许多河流倾泻而下，流向东，流向西[1]。我的灵魂离开沉默的群山和孕育着痛苦的雷雨哗啦啦地注入谷中。

我以憧憬的眼光眺望远处已经太久了。我皈依孤独已经太久了：因此我忘掉了缄默。

我已完全变成一张嘴，变成从高岩上奔腾而下的溪流：我要把我的讲话倾泻到山谷中去。

哪怕我的爱之奔流冲向没有通路之处也行！哪有一道奔流最后不会找到归海之路哩！

确实在我的内部有一片湖，像隐修者一样的、自我满足的湖；可是我的爱之奔流把湖水拖着一起流——流往大海！

我走着新的道路，新的语言向我涌来；我像一切创造者一样对陈旧的语言感到厌倦。我的精神不愿再拖着穿破的鞋底走路。

一切讲话，对我都是太缓慢——暴风啊，我要跳进你的马车里！我也想用我的愤怒的鞭子鞭打你！

我想要像一声大吼和一阵欢呼一样越过辽阔的大海驶去，直到我找到我的朋友们居住的幸福之岛：——

我的敌人也住在他们中间！现在我多么喜爱只要能让我跟他交谈的任何人啊！我的敌人也属于我的幸福的一部分。

当我想跨上我的最烈性的马时，最能帮我骑上去的乃是我的枪：它是随时供我的脚使唤的忠仆：——

向我的敌人投掷过去的这支枪！为了我终于能把我的枪投掷出去，我多么感谢我的敌人啊[2]！

---

1. 原文为"流向日出之地和日落之处"。《旧约·诗篇》50：1："大能者上帝耶和华，已经发言招呼天下，从日出之地到日落之处。"
2. 有敌人就能发挥自己的力量，而且得到走向世人那边去的动机。

我的云是多么极度紧张地孕育着雷电：在闪电爆发的笑声之中，我要把一阵阵冰雹撒向深处的下界。

那时我的胸部将会猛烈地挺起，它会把它的狂风吹越过群山：这样，它就会觉得轻松。

确实，我的幸福和我的自由像狂风一样来临！可是我的敌人们将会以为是恶魔在他们的头顶上撒野。

是的，我的朋友们，你们也会对我的粗野的智慧感到吃惊；也许你们会跟我的敌人们一起逃跑。

啊，但愿我能吹起牧笛把你们吸引回来！啊，但愿我的智慧之母狮[1]学会温柔地叫喊！我们已经在一起学会很多东西了。

我的粗野的智慧在偏僻的山上怀孕；它在粗石上面产下它的幼狮和最小的崽子。

如今它在严酷的沙漠里疯疯癫癫地乱跑，寻找、寻找柔和的草地[2]——我这位老伴粗野的智慧！

我的朋友们，它想在你们内心的柔和的草地上——在你们的友爱上面安顿它的最钟爱的小狮子！

查拉图斯特拉如是说。

在幸福的岛屿上[3]

无花果从树上落下来，它们又好又甜；在它们落下时，红色的

---

1. 德文中智慧为阴性名词，故称它为母狮。
2. 在荒山里生出的崽子指智慧的成果。柔和的草地指那些能好好地接受这些成果的人。
3. 这里的岛令人想到那不勒斯湾的伊斯基亚岛。

果皮开裂了。我是把成熟的无花果吹落的北风[1]。

我的朋友们,这些教言,就像无花果一样向你们落下来;现在吸啜它们的果汁和它们的甜美的果肉吧!四周围是一片秋色、澄明的天空和午后。

瞧,我们的四周围是多么丰饶!从这一片丰饶之中向远处的大海眺望真令人心旷神怡。

从前,人们眺望远处的大海,就口称上帝;可是现在我要教你们口称:超人。

上帝是一个臆测:可是我希望你们的臆测不要比你们创造的意志走得更远。

你们能创造一位上帝吗?——不能。那就别跟我谈什么一切的神吧!可是你们确实能创造超人。

我的弟兄们,能创造超人的,也许不是你们自己!可是你们能把你们自己改造成超人的父辈或祖辈:让这点成为你们的至高无上的创造吧!——

上帝是一个臆测:可是我希望你们的臆测仅限于思考力所能及的范围以内[2]。

你们能思考出一位上帝吗?——不能。可是你们有追求真理的意志,让这种意志意味着能让一切变为人能想到者、人能看到者、人能摸到者!你们应当思考你们所感觉到的,一直贯彻到底!

你们称为世界的这个东西,应当先由你们创造:你们的理性,你们的心象,你们的意志,你们的爱,这一切本身应当成为世界!真的,这应当成为你们的幸福,你们,有认识的人们!

---

1. 从阿尔卑斯吹到南国来的爽快的风,把成熟的思想作为语言来表现。
2. 在人的认识能力的范围以内进行思考。

如果没有这个希望，你们怎能消受人生，你们，有认识的人们！你们不可能掉在不可理解者和悖理者之中。

可是，我的朋友们，让我对你们开诚布公：如果有好多神，我怎能甘于不做一位神哩！因此，什么神都是不存在的。

确实，牵引出这个结论的是我；可是现在我却被这个结论牵引着走了。

神是一个臆测：可是由这个臆测产生的一切痛苦，有谁能吞下去而不死的呢[1]？难道应当对创造者剥夺他的信仰，对鹰剥夺它在遥天鹰飞的范围里的翱翔吗？

神是一种思想，使一切直者变曲，使一切立者旋转的思想。怎么？时间是要流逝的，而一切无常的都只是谎言[2]？

想到这点，就使人全身旋转眩晕，使胃部作呕：确实，臆测这种事情，我称之为晕头转向病。

谈论唯一者、完全者、不动者、充足者、不灭者，这一切教义，我都称之为邪恶的，仇视人类的。

一切不灭者——不过是比喻[3]！诗人们[4]说谎说得过分了。

可是最高明的比喻应当是谈论时间和生成：这种比喻应该是对一切无常者的赞美和肯定！

创造——这是摆脱痛苦的大力拯救，使生活趋于轻松。可是为

---

1. 如果神（上帝）是实在的，人就失去自主性和创造的愿望而陷于绝望。

2. 如果神是实在的，而且是不灭的、完美的，那么生成和发展，也就是说，时间和在时间中变化推移的事象也就可以成为完全没有的东西，成为假象了。

3. 反用歌德《浮士德》第二部结尾的《神秘的合唱》的诗句"一切无常者，不过是比喻（比喻又译虚幻）"。

4. 包括歌德，但亦可上溯到柏拉图和梭伦。

了生出创造者，痛苦和多种变化是必要的[1]。

是啊，你们，创造者们，在你们一生中，必须有许多辛酸的死[2]！因此，你们是一切无常者的辩护者和肯定者。

创造者自己，为了要做个新生的婴儿，他必须甘愿做产妇，忍受产妇的阵痛。

确实，我有一百个灵魂、一百条道路、一百个摇篮和阵痛的经历。我已告别过许多次，我深知使人心碎的最后的时刻。

可是，我的创造的意志，我的命运，希望这样。或者，我更加坦率地对你们说：正是这样的命运——是我的意志所要的[3]。

我的一切感受，总是处于痛苦和牢狱之中；可是我的愿望总是以我的解放者、给我带来喜悦者的姿态光临。

愿望使人获得解放：这就是关于意志和自由的真正的教义——查拉图斯特拉教导你们的正是如此。

不再有意志，不再做出评价，不再进行创造！啊，让这种大大的倦怠永远离开我吧！

即使在认识过程中，我所感到的也只是我的意志的生殖欲和生成欲[4]；如果在我的认识中还有什么纯洁无邪，那是因为在其中有着要求生殖的意志。

这种意志引诱我离开神和群神；还有什么可创造的哩，如果有群神——存在！

---

1. 向上和超越自我，往往伴有痛苦和变化，不经过这种阶段，就不能生出富有创造力者。痛苦是创造的关键，创造和痛苦有不可分割的关系。

2. 超越陈旧者而向上，就是陈旧者的死去。

3. 我的命运就是要进行创造的意志，因此，要创造，就要求有烦恼和痛苦。

4. 认识，这种客观性的多种活动，根本上是从追求向上和创造的生存愿望而来，也就是它的生殖欲的体现。

可是我的热烈的创造意志,它总是把我驱往世人那里去;就跟它把艺术家的锤子驱向石材的情况相似。

啊,你们世人,我觉得在石头里沉睡着一个形象,我所想象的许多形象中的一个形象[1]!啊,它一定沉睡在最坚硬、最丑陋的石头里[2]!

现在,我的锤子对着这个形象的牢墙残酷地乱敲。碎石从石头上向四面飞散:我对此何须介意?

我要完成这项工作:因为我曾看到一个影子向我走来——万物之中最宁静的、最轻松的,曾走向我的面前!

超人之美曾以影子的姿态向我走来。啊,我的弟兄们!我还关心什么——群神哩!——

查拉图斯特拉如是说。

同情者[3]

我的朋友们,在你们的朋友的我的耳朵里听到一句嘲笑的话:"瞧瞧查拉图斯特拉吧!他走在我们中间,不就像走在动物中间一样吗?"

可是,这句话最好应当这样说:"认识者把世人当作动物一样而走在他们中间。"

可是对认识者来说,人这个东西,乃是红面颊的动物。

---

1. 理想的形象,即超人。把石头内部的人发掘出来,乃是自己的雕刻。此语出自米开朗琪罗。
2. 最丑陋的石头指现实的人。素材不佳,却更能逼出创造欲。
3. 同情他人是把他人当作弱者而使他人感到羞愧。对所爱的人,应锻炼他,使他提高,这才是真正的爱。

人怎么会是红面颊的呢？不是由于人必须太经常地自感羞愧吗？

哦，我的朋友们！认识者如是说：羞愧，羞愧，羞愧——这就是人类的历史！

因此，高贵者要求自己不要让他人感到羞愧：他要求自己看到一切受苦者而自感羞愧。

确实，我不喜欢那些慈悲的人，他们以同情他人而感到幸福[1]：他们太缺少羞愧之心了。

如果我必须同情他人，我不愿被人称为同情者；如果我要同情，那也要在隔得远远的地方。

在我被人看出以前，我就要蒙住脸离开：我要求你们这样做，我的朋友们！

但愿我的命运让我永远带领像你们一样没有痛苦的人上路，还有那些能跟我共享希望、饮食和蜂蜜的人！

确实，我给受苦的人做了种种事情：可是我觉得常常做得更好的，乃在于我学会了怎样使我感到更高兴。

自有人类以来，人们自寻欢乐的事太少了：单单这一点，我的弟兄们，就是我们的原罪[2]！

如果我们学会了更好地自寻欢乐，就最能使我们忘掉使他人受苦和想出折磨他人的诡计[3]。

1.《新约·马太福音》5：7："怜恤人的人有福了，因为他们必蒙怜恤。"这句话被称为"山中圣训"的"真福八端"之五。

2. 亚当和夏娃违背上帝命令，吃了禁果，这一罪过成为整个人类的原始罪过。此罪一直传至亚当的所有后代，成为人类一切罪恶和灾祸的根由。尼采在此处故意使用基督教教义的用语，以与基督教对现世的欢乐采取否定的态度相对比。

3. 对于禁欲的宗教家，此种倾向很强。

因此我洗净帮助过受苦者的我自己的手，因此我也洗净我自己的灵魂。

因为，看到受苦者受苦，我就为他的知耻而感到羞愧；当我帮助他时，我就残酷地伤害了他的高傲。

大恩大德，不要使人家感谢你，而要使对方产生报复心；小小的恩惠如果被人铭记在心，就会变成对方心中的蛀虫。[1]

"以冷淡的态度接受赠予吧！以表扬对方的态度接受赠予吧！"——我如此奉劝那些无可赠予的人。

可是，我是一个赠予者：我愿意以朋友的身份给朋友赠予。不过，不认识的人和穷苦的人，可以让他们自己亲手来摘我的树上的果子：这样可使他们不大会感到羞愧。

可是，乞丐们，应被完全清除！确实，给乞丐施舍会使人生气，不给他们施舍，也同样使人生气。

罪人和坏良心的人，也应同样对付他们！我的朋友们，相信我的话：坏心眼的人有破坏他人的习惯。

可是最恶劣的乃是小心眼的思想。真的，做坏事比存着小心眼的思想还要好些。

尽管你们说"爱干小坏事可以省掉干许多大坏事"，可是我们不应当谈什么省不省的问题。

坏事像个疮疖：它发痒，要人搔，而且溃烂——它说的是老实话。

"瞧，我是病。"——坏事这样说；这是它的老实之处。

可是小心眼的思想却像真菌：它爬行着，潜伏着，不想在任何

---

[1] 不管恩惠大小，给他人施恩，是把他人当作弱者，反会引起对方的报复心。

地方让人看见——直到最后让我们全身由于这种小小的真菌变得烂开而干瘪。

可是，对那种有魔鬼附身的人，我要对他的耳朵边说这句话："最好把你的魔鬼培养大！就是对你自己，也有一条通往伟大的道路！"——

唉，我的弟兄们！我们对每个人知道得有点太多了！其中有好些人看上去是透明的，可是，我们看了很久，还是不能看透他们。

跟世人生活在一起是困难的，因为沉默是如此困难。

我们对他人采取最不公正态度的，并不是对那种为我们讨厌的人，而是对那种跟我们毫不相干的人。

可是如果你有一个受苦的朋友，那么你就做他摆脱痛苦的休养所，可是要像一张硬板床，一张行军床：这样你会对他最有用处。

如果有一个朋友对你做了失当之事，那就说："你对我所做的，我原谅你，可是，你对你自己做出这种事——我怎能原谅哩！"

一切伟大的爱如是说：这种爱甚至超越了原谅和同情。

人应当牢牢控制住自己的心情；因为对它放任，他的头脑也会很快失去控制了。

唉，世界上哪里还有比同情者所做的蠢事更蠢的呢？世界上还有什么比同情者的蠢事为害更大呢？

一切有爱心者，如果没有达到超过同情的高度，那真是不幸！

魔鬼曾对我说："上帝也有他的地狱：就是对世人的爱。"

最近我听到魔鬼说这句话："上帝死掉了；上帝死于他对世人的同情。"——

因此，对同情要有警惕性：还会有沉重的乌云从同情那儿降临到世人的头上！真的，我熟悉天气变化的信号！

可是也要把这句话铭记在心：一切伟大的爱超过同情，因为伟大的爱还要创造它所爱的对象！

"我把我自己献给我的爱，对我的邻人，也像对我自己一样，我也要献上我的爱。"——一切创造者都这样说。

可是一切创造者都是严酷的。

查拉图斯特拉如是说。

教士们 [1]

有一次，查拉图斯特拉给他的弟子们做一个手势，对他们说出这番话：

"这里有些教士：虽然他们是我的仇敌，悄悄地从他们身边走过吧，不要拔出剑来！[2]

"在他们当中也有英雄；他们当中的许多人受过太多的痛苦——：所以他们也想让别人受苦。

"他们是凶恶的仇敌：再没有什么比他们的谦逊更存有报复心的了。跟他们接触，很容易受到污染。

"可是我的血跟他们的血有亲属关系[3]；我愿我的血也会在他们的血里受到尊敬。"——

当他们走过去时，查拉图斯特拉突然感到痛苦；他跟痛苦进行了为时不久的斗争，就开始如是说道：

---

1. 本章攻击教士和教会。教士们虽也具有一种英雄气质，但他们背弃生命，谋求到达彼岸的拯救。
2. 教士们跟自己也有些共通之处（对最终目的的探究意志、忍受苦难的意志、为道而战、勇气、英雄的气质等），所以查拉图斯特拉对教士们也怀有一种敬意。
3. 指前注所说的内容。

我觉得这些教士很可怜。他们跟我的趣味相反；可是自从我来到世人中以来，这种事算不了什么。

可是，我跟他们有过同样的痛苦，现在也是[1]：在我看来，他们像是囚犯，像是被打过烙印的人。他们称作拯救者的人，给他们戴上枷锁：——

戴上虚假的价值和虚妄的语言之枷锁！唉，但愿有人把他们从拯救者手里再拯救出来！

他们在海上漂来漂去，有一次，他们以为登到一个岛上；可是，瞧，那个岛却是一个沉睡的怪物[2]！

虚假的价值和虚妄的语言：对于凡人乃是最凶恶的怪物，——在它的内部有灾难在长期沉睡着，等候着。

可是最后灾难降临了，怪物醒来，把在它身上建造小屋者吃掉，吞下。

哦，瞧瞧这些教士所建的小屋吧[3]！他们把他们的清香的洞穴称为教会。

哦，这种伪造的光，这种沉闷的空气！在这里，灵魂不许向它们的高处——飞上去！

而它们的信仰却如此命令着："在台阶上跪下来膝行上去吧[4]，你们这些罪人！"

真的，我情愿看无耻之徒，也不愿看他们洋溢着羞愧和虔诚的

---

1. 双方都感到人生的痛苦，都想从痛苦中获得解放和拯救。但解放的方法各不相同。一个是要在现世中进行创造，而另一方则是向彼岸的皈依。

2. 中世纪童话中所述。

3.《新约·马太福音》17：4："彼得对耶稣说：'……你若愿意，我就在这里搭三座棚：一座为你，一座为摩西，一座为以利亚。'"

4. 罗马的斯卡拉圣母堂的台阶很有名。信徒们一面念经，一面沿台阶膝行而上。

歪斜的眼睛!

是谁创造这种洞穴和赎罪台阶?不是那种想避开世人而对着纯洁的上天自感羞愧的人吗?

只有当这种建筑物倒塌,纯洁的苍天再透过崩坏的屋顶往下瞧,望着断壁残垣边的草和红罂粟花——那时,我才想把我的心再转向到这种上帝的圣堂[1]。

他们把跟他们敌对而给予他们痛苦的,称为上帝[2]:真的,在他们的崇拜里面也有不少英雄气概!

他们不知道爱他们的上帝的其他方法,除了把人钉上十字架[3]!

他们想要像死尸一样活着,他们用黑袍裹住他们的活尸;从他们的说教中我也闻到陈尸室的令人恶心的气味。

谁住在他们的近处,就像住在黑水池旁边,从池子里听到铃蟾唱着悦耳的忧郁之歌。

他们应当唱更好听的歌,为了让我学会信仰他们的拯救者:拯救者的弟子们看上去更应当像是被拯救的人!

我喜欢看他们赤身裸体:因为只有美才有劝人忏悔的资格[4]。可是这种蒙面的忧伤能说服什么人哩!

确实,他们的拯救者们[5]并不是来自自由之国,来自自由的第七重天国[6]!确实,他们的拯救者们,自己也从未在认识的地毯[7]上

---

1. 等教堂成为废墟,失去支配力,人们在自然之中能看到这种人类心情的出现,才会对它注意。
2. 不避开苦痛,而把它作为上帝的意思接受。
3. 把否定人的生存发挥作为对上帝的爱。
4. 看到原形的美姿,自己也想仿效而改变生活方式。
5. 这里"拯救者们"为复数,指一般各种宗教的教祖。
6. 七重天国指最高天国,并非真有七重。
7. 认识原来是没有偏见的。但他们并不进行这样的精神活动。

走过!

这些拯救者的精神充满漏洞;可是他们在每个漏洞里塞进自己的妄想,他们把这种填塞物称为上帝。

他们的精神溺死在他们的同情之中,当同情之水涨得越来越满溢时,浮到水面上来的总是极大的愚蠢。

他们大声喊叫,热心地驱赶他们的畜群走过他们的小桥:好像只有一座通往未来的小桥!真的,这些牧人也是他们的羊群的成员!

这些牧人拥有的精神很狭小,而同情的灵魂很广大[1]:可是,我的弟兄们,就是他们拥有的,直至如今最广大的灵魂,也是多么狭小的地盘啊!

他们在他们走过的路上留下血印,他们的愚蠢教导我们,真理可用血来证明。

可是血是真理的最恶劣的证人;血会毒化最纯粹的教义,把教义变成妄想和内心的憎恶[2]。

即使有人为了他自己的教义钻过烈火,——这又证明什么哩!从自己本身发出的火焰中产生出自己的教义,确实这倒是更有意义!

不安的心和冷静的头脑:两者碰在一起[3],就产生叫作"拯救者"的狂风。

确实,比民众所称为拯救者的这种压倒一切的狂风更伟大的人,

---

1. 包涵他人的心情(灵魂)很广大,自觉是一个人的知性和意力(精神)就变得狭小。

2. 如有殉教等血的要素加入,真理就不是作为真理来信奉,而是把盲信和对迫害者的憎恶作为动机来信奉。

3. 心里烦闷不安,进行处理的认识力(头脑)就不足。

出身更高贵的人有的是[1]！

我的弟兄们，如果你们要找到通往自由之路，你们必须由这种比一切拯救者更伟大的人来拯救你们！

可是，还没有出现过一个超人。我见过赤裸裸的最伟大的人和最渺小的人：——

这两种人互相太近似了。确实，我看到就是最伟大的人也是——太人性[2]了！

查拉图斯特拉如是说。

有道德的人

对于慵懒而贪眠的心，必须用雷霆和闪电跟他说话。

可是美所发出的声音很轻：她只是蹑手蹑脚地走进清醒的灵魂。

今天我的盾牌向我轻轻地颤动而发笑；就是美所发出的神圣的笑和震颤。

你们有道德的人啊，今天我的美在笑你们。她的声音如是传到我的耳中："他们也想获得——酬报！"

你们也想获得酬报，你们有道德的人！为道德索取酬报、为尘世索取天国、为你们的今天索取永恒吗？

我教导，世上没有什么酬报主管和支付主管，现在你们就为此而对我生气吗？确实，我甚至也没有教导，说什么道德本身就是酬报。

---

1. 探究不是狂信的真理的人们，即高等哲人和艺术家。
2. 太人性意为低级的人性。

唉，这是我的悲伤：人们把酬报与惩罚的谎言塞进了事物的根底里面——现在甚至也塞进你们的灵魂深处，你们有道德的人！

可是我的话语将像野猪的嘴掘开你们的灵魂深处；我愿你们叫我犁头。

你们灵魂深处的一切秘密应该见见阳光；如果你们被掘开，被打破，晒在阳光里面，你们的谎言就会从你们的真心话里被分离出来。

因为这是你们的内心的真实：你们太纯洁，受不了这些龌龊的字眼：报复、惩罚、酬报、报答。

你们爱你们的道德，犹如母亲爱她的孩子；可是你们曾听说一个母亲想要为她的爱而获得报偿吗？

你们的道德就是你们最爱的自己[1]。在你们的内部拥有圆圈的渴望；一切圆圈都要再回到自己的原处，因此在画圈儿、圈圈子。

你们的道德的一切行为，就像消隐的星：它的光总是在进行的路上——它什么时候才会不再进行呢？

因此，即使你们的道德行为已经完毕，你们的道德的光也仍在进行。即使道德的行为已经被遗忘而消逝：它的光芒也仍然存在而进行[2]。

你们的道德就是你们的本身，不是什么身外之物，不是皮肤，不是外套：这就是来自你们灵魂深处的真实，你们有道德的人！——

可是却有这种人，认为道德乃是在鞭笞之下发出的痉挛[3]：这种人的叫声，你们已经听得太多了。

也有另一种人，他们把懒于作恶称为道德；只要他们的憎恶和

---

1. 道德的目标就是体现人的"本来的自己"。参看《轻视肉体者》章注。
2. 道德的行为虽然终止，它的力量仍继续存在。
3. 出于强制的道德行为。

嫉妒伸直四肢躺下，他们的"正义"就醒来，擦擦惺忪的睡眼。

还有另一种人，他们被往下面拖去：他们的魔鬼拖住他们。可是他们越是下坠，他们的眼睛越是炯炯发光，越是渴望他们的上帝。

唉，这些人的叫声也钻进你们的耳朵里来了，你们有道德的人："我不是这样，这，这对于我，就是上帝和道德！"

又有另一种人，他们沉重地嘎吱嘎吱地走来，就像装着石头下山的车子：他们大谈特谈尊严和道德——他们把刹车称为道德！

也有另一种人，他们像上好发条的挂钟[1]：他们嘀嗒嘀嗒走着，想要人们把嘀嗒嘀嗒——称为道德。

确实，我对这种人颇感兴趣：我看到这种钟，就用我的嘲笑给他们上发条，要他们发出嗡嗡的声音。

还有一些人以他们的一把正义自豪，为了这种正义，对一切事物大干其罪恶勾当：使世界溺死在他们的不义之中。

唉，"道德"这个字眼从他们嘴里说出来，多么令人感到恶心啊！当他们说"我主持正义"，听起来总像在说"我出了口气！"[2]。

他们想用他们的道德把他们的敌人的眼睛挖出来；他们抬高自己，只是为了压低别人[3]。

又有这样一种人，坐在他们的泥沼里，从芦苇丛中说出这样的话："道德——就是坐在泥沼中不动。

"我们不咬任何人，避开想要咬人的人；不论何事，我们总同意

---

1. 由习惯和惰性而致的德行。
2. 文字游戏。原文 ich bin gerecht（我是正义的）和 ich bin gerächt（我报了仇）二句发音相同。
3. 反用《圣经》语句。《新约·马太福音》23：12："凡自高的，必降为卑；自卑的，必升为高。"（又译"凡高举自己的，必被贬抑；凡贬抑自己的，必被高举"或"凡高举自己的，将被抑下；凡抑下自己的，将被高举"。）

115

别人给我们提供的意见[1]。"

又有这样一种人，他们喜爱摆出姿势，而认为：道德就是一种姿势。

他们的双膝总是对道德跪拜，他们的双手总是拱着赞美道德，可是他们的心对道德却一无所知。

又有这样一种人，他们以为只要口称"道德是必要的"就是道德；可是他们实际上只相信警察是必要的[2]。

有好些人不能看到人的高贵之处，却能过分近视地看到人的卑劣，他们就将这点称为道德：就这样，他们把他们的恶意的眼光叫作道德[3]。

有些人想受到鼓舞而振作起来，他们称此为道德；另有一些人想被搞垮——他们也称此为道德。

就这样，差不多所有的人都自认在道德方面有他的份儿；至少人人都想自居为辨别"善"与"恶"的行家。

可是查拉图斯特拉此行，并非要对这一切说谎者和小丑说："你们懂得什么道德！你们对道德能有所懂得吗！"——

而是要你们，我的朋友们，对你们从那些小丑和说谎者学来的陈词滥调感到厌腻。

厌听那些字眼："酬报""报答""惩罚""出于正义的报复"。

厌说什么："不是为自己的行为是好的。"

啊，我的朋友们，把你们的自己放在行为里，像母亲在孩子里

---

1. 即使在污浊之处也安然居住，采取多一事不如少一事的消极主义。
2. 认为道德是管制他人以保社会治安的手段。
3. 以检察官的样子吹毛求疵。

一样[1]：让这成为你们谈论道德的话吧！

确实，我已从你们那里抢走千言万语和你们的道德最喜爱的玩具；现在你们像孩子一样对我生气。

孩子们在海边玩耍——海浪奔来，把他们的玩具卷进海底：现在他们哭了。

可是这个海浪会给他们送来新的玩具，而且把新的五彩贝壳倒在他们的面前！

于是孩子们会得到安慰；我的朋友们，你们也会像孩子们一样获得你们的安慰——和新的五彩贝壳！——

查拉图斯特拉如是说。

贱民

生命是快乐的泉水；可是任何泉水，有贱民来共饮，就受到污染而毒化了。

一切清洁的，我都喜爱；可是我不爱看到不洁者的冷笑的嘴和焦渴。

他们把他们的视线投到泉水里：现在他们的讨厌的微笑从泉水里反映到我的眼睛里。

他们用他们的淫欲毒化了圣水；当他们把他们的淫秽的梦[2]称为快乐时，他们也毒化了语言。

当他们把他们的潮湿的心靠近火时，火也觉得生气；当贱民走

---

1. 在孩子的内部有思念母亲之心。就像这样想到"本来的自己"而应用于行动。
2. 这里的梦指妄想和欲念。

近火边时，火精也激愤而冒烟。

果实到了他们手里，就会甜得令人恶心而熟透腐烂：果树碰到他们的视线，树梢就会枯萎，果子就会像被风吹落。

好多背离人生的人，只是在背离贱民：他们不愿跟贱民共同享用泉水、火和果实。

好多人走到沙漠里跟猛兽一起忍受焦渴，只是不愿跟肮脏的赶骆驼者一同坐在蓄水池周围。

好多人，像破坏者，又像打在一切谷物田里的冰雹一样赶来，只是要把脚伸进贱民的嘴里，塞住贱民的喉咙。

生命本身需要敌意、死亡和受难的十字架[1]，这种认识并不是最容易使我哽住的食物。

而是，有一次我提出个问题，我却被我自己的问题问得差不多透不过气来了，这个问题就是：怎么？生命也需要有贱民吗[2]？

毒化的泉水、发出臭味的火、肮脏的梦、生命的面包里的蛆子，这些都是必需的吗？

饿狼似的吞噬我的生命力的，不是我的憎恨，而是我的恶心感！唉，当我发现贱民也颇有精神方面的才智[3]，我对精神就常常感到厌倦！

当我看到统治者们现在所说的统治是什么时，我就背离他们：他们的统治是以权力为目的，跟贱民做肮脏的交易和讨价还价。

我住在各种国民之中，跟他们语言不通，闭目塞听：让我听不懂他们为权力而做的肮脏交易和讨价还价。

---

1. 生存的发展需要各种苦难，尤其是战斗和死亡（自我超越）。
2. 觉得贱民讨厌，如果把此点也当作苦难，那么贱民对于我们的生命是否也有必要呢？
3. 德文的 Geist（精神）有多种意义，此处是才智、智慧之意。

我捏紧鼻子，愤懑地通过昨天和今天的一切事件：昨天和今天的一切事件都发出摇笔杆的贱民的恶臭[1]。

我像又聋又哑又瞎的残疾人一样：就这样活了很久，以便不跟那些权力贱民、摇笔杆贱民和快乐贱民[2]厮混在一起。

我的精神吃力地、小心翼翼地爬上台阶；快乐的施舍是它的清凉剂；过着像盲人拄着手杖悄悄行走的生活[3]。

可是我的情况怎样呢？我怎样从恶心感中解救我自己呢？谁使我的眼睛变得年轻呢？我怎样飞上不再有任何贱民坐在泉边的高处呢？

我的恶心本身为我创造了翅膀和预感到泉水的力量吗？确实，我必须飞上最高处，让我再找到快乐之泉！

哦，我找到它了，我的弟兄们！在这儿的最高处涌出快乐之泉！这里有着没有任何贱民参加共饮的生命！

快乐之泉啊，你为我差不多涌出得太猛了！你为了想让我的杯子盛满，你常常又把杯子倒空！

我还必须学会更谦虚地走近你：我的心仍然过于猛烈地向你涌流[4]——

我的心，在它上面燃烧着我的夏天，短暂的、炎热的、忧郁的、极乐的夏天：我的炎夏之心是怎样渴望你的清凉[5]！

迟迟不肯离去的我的春天的哀愁过去了！像六月雪一样意外的

---

1. 每天发生的事件全都由从事记者生涯的耍笔杆贱民渲染传播。
2. 把淫秽的梦称为快乐的贱民。
3. 苦于贱民，而一步一步走着，迈向生活向上的目标。要体尝真正的快乐是很少的。
4. 并非以自己发现生命之泉自豪而猛烈地去靠近它，而是平静地体尝该泉所赐予的高度喜悦。
5. 把智慧的成熟比作夏天，但伴随着夏天的幸福感，也难免有感到良时易逝的空虚感，以及到达繁茂绝顶时所产生的忧郁感。因此渴望高处泉水的清凉。

我的恶意过去了！我完全变成夏天和夏天的中午！

有着清凉的泉水和至福的宁静的最高处的夏天：哦，来吧，我的朋友们，让这种宁静更充满至福！

因为这是我们的高处和我们的家乡：我们住在这里，对于一切不洁者和他们的焦渴，是太高而陡峭了[1]。

尽管把你们的纯洁的眼光投向我的快乐之泉吧，众位朋友！泉水怎会因此变得混浊哩！它将以它的纯洁对你们笑脸相迎。

我们在未来之树上筑我们的巢；大鹰将把食物衔在嘴里给我们这些孤独者送来！[2]

确实，这不是不洁者可以参加共食的食物！他们会误认为是吞了火而烧伤了他们的嘴！

确实，这里没有我们为不洁者准备的住处！我们的快乐，对于他们的肉体和精神，将被称为冰窟！

我们要像强烈的风高踞于他们之上，与大鹰为伍，与雪为伍，与太阳为伍：强烈的风就是如此生活着。

有一天，我还要像一阵风吹到他们当中，用我的精神夺去他们的精神的呼吸：这是我的未来所愿望的。

确实，查拉图斯特拉对于一切低地，乃是一阵强烈的风；他对他的敌人和一切吐唾沫的人做如是的忠告："当心不要对风吐唾沫！"

查拉图斯特拉如是说。

---

1. 这里字面上的意思是住在高而陡峭的山顶，比喻过着高贵勇敢的生活。
2. 犹如《圣经》中所说，《旧约·列王纪上》17：5—6："以利亚照着耶和华的话，去住在约旦河东的基立溪旁。乌鸦早晚给他叼饼和肉来……"又如《旧约·出埃及记》16：13：以色列全会众在旷野里，"到了晚上，有鹌鹑飞来，遮满了营"。

塔兰图拉毒蛛[1]

瞧,这是塔兰图拉毒蛛的洞穴!你想看看它的本体吗?这儿挂着它的网:去碰一下,让它颤动吧。

它兴冲冲地出来了:欢迎你,塔兰图拉毒蛛!你的三角形标志黑黑地盘踞在你的背上;我也知道,有什么盘踞在你的灵魂里。

在你的灵魂里盘踞着复仇:被你咬中的地方,就生出黑色的疮痂;你的毒把复仇的念头灌了进去,使人的灵魂团团转。

我用比喻跟你们这样讲,使人的灵魂团团转的你们,宣传平等的说教者!你们就是塔兰图拉毒蛛,暗藏的有强烈复仇欲者!

可是我一定要把你们的藏匿处暴露在光天化日之下:因此我当面对你们发出我的来自高处的大笑。

因此我来扯你们的网,让你们的愤怒把你们从你们的谎言洞穴里引出来,让你们的复仇心从你们的口头禅"正义"的后面跳出来。

因为使人从复仇心中解放出来:这对于我,乃是通往最高希望的桥,乃是长期雷雨后的彩虹。[2]

可是塔兰图拉毒蛛的愿望当然不同。"让世上充满我们的复仇心的恶劣气候,正是我们所说的正义。"——他们互相如是说。

"我们要向跟我们不同等的所有的人进行复仇和诽谤。"——塔兰图拉毒蛛的心发出这样的誓愿。

"而且'争取平等的意志'——这个意志本身今后应成为道德的

---

1. 塔兰图拉毒蛛是南欧的一种多毛毒蜘蛛,以意大利东南部城市塔兰托而得名。古时传说被它咬过,须长时期狂舞始能消除蛛毒。此处用以比喻倡导平等论的社会主义者(假冒社会主义者)。因为一般人受到这种思想感染就手舞足蹈起来。
2. 对于具有很高价值的人,不去嫉妒,不想把他拉下来进行报复,而承认他的高尚,这乃是使人类向上的大前提。

名称；我们要大喊大叫：反对一切有权力的人！"

你们，平等的说教者，得不到权力的独裁狂就这样从你们心里发出争取"平等"的叫喊：你们最隐秘的独裁欲就这样以道德这个字眼进行伪装。

恼羞成怒的自高自大，受到抑压的嫉妒，也许就是你们祖传的自高自大和嫉妒：从你们内心里爆发出来，像是复仇的火焰和疯狂。

父亲沉默不言的，从儿子的嘴里说了出来；我常常看出儿子就是父亲的秘密的赤裸裸的大暴露。

他们颇像受激动的人：可是使他们激动的，并不是他们的心——而是复仇的念头。如果他们变得细致而冷静，那并不是精神，而是嫉妒，使他们变得细致和冷静。

他们的妒忌心理也引导他们走思想家之路；这是他们的妒忌心的标志——他们总是走得太远：结果，他们由于疲劳，不得不躺在雪地上睡去[1]。

在他们的每句埋怨声中都听到复仇的声音，在他们的每句赞词中都有伤害人的意图；当裁判者像是他们的无上幸福。

可是我要这样奉劝你们，我的朋友们：对一切具有很强的惩罚冲动的人，不要相信他们！

他们是有着不好的素质和出身的人；从他们的脸上露出刽子手和密探的眼光。

不要相信那些大谈特谈自己的正义的人！确实，他们的灵魂所缺少的不仅是蜜[2]。

---

1. 由于好胜心太强，思想脱离现实，而这种思想家也就由于过劳而倒下。
2. 不仅缺少心的温柔，也缺少作为一切人的善良。

如果他们自称为"善人和义人",那么请不要忘记,他们做法利赛人唯一不足的,只是缺少——权力[1]!

我的朋友们,我不愿跟别人混淆,被人错认。

有这样一种人,他们宣讲我的关于生存的教义:同时又是平等的说教者和塔兰图拉毒蛛[2]。

这些有毒的蜘蛛,尽管置身在他们的洞穴里,背弃人生,但仍在大谈什么生存意志:无非想借此伤害他人。

他们想借此伤害的人,乃是那种现在掌握权力的人:因为,在这种人当中,死亡的说教还是最有势力的[3]。

如果不是这样,塔兰图拉毒蛛将会换另一种说教:从前,正是他们充当最得力的诽谤世界者和烧死异端者[4]。

我不愿有人把我跟这些平等的说教者混为一谈,混淆不清。因为正义对我说:"人类是不平等的。"

而且人类也不应该平等!如果我不这样说,那么我对超人的爱又算是什么呢?

人类应当从千百座大桥小桥上挤过去,走向未来,而且要有越来越多的战斗和不平等在他们当中发生:我的伟大的爱让我这样说!

人类在互相敌视之中,应成为种种影像和幻影[5]的发明者,他们应当用他们的影像和幻影互相进行最高的斗争。

---

1. 如果他们有了权力,就会成为像法利赛人(伪善者)一样的令人讨厌的特权阶级。
2. 排斥宗教的彼岸性、重视现实生活、强调平等的唯物论的社会主义者。
3. 在现在的统治阶层中,进行死亡说教的基督教最有势力,因此要发表反对的言论。
4. 从前,他们曾倚仗基督教的权势,对倡导生命和现世意义的近代先驱思想家进行迫害。
5. 各种理想。

善与恶，富与贫，贵与贱，一切价值的名称：应当是斗争的武器，应当是表示生命必须不断超越本身而向上的响亮的标志。

生命本身想要建立柱子和阶梯而让它自己升到高处：它要向极远处眺望，观看至福之美——因此它需要高处。

由于它需要高处，所以它需要阶梯，需要阶梯和登阶梯者的矛盾！生命要登高，而在登高时要超越自己。

请看，我的朋友们！在这塔兰图拉毒蛛的洞穴之处，升起一座古代庙宇的遗址——用恍然大悟的眼睛看吧！

确实，从前有人在这里用石块高高堆起他的思想，为了要像大智者一样了解一切生命的秘密！

即使在美的领域之中，也有斗争和不平等，也有追求权力和优势的战斗：那位像大智者的人在这里用最明显的比喻教导我们。

这里的穹顶和圆拱是怎样神圣地进行角力：它们是怎样用光与影互相对抗，这些神圣的努力向上者！

我的朋友们，让我们也如此确实而出色地对敌吧！我们要神圣地互相对着干！——

唉！痛啊！我的宿敌塔兰图拉毒蛛咬了我了！它神圣地、确实地、出色地咬了我的手指！

"必须有惩罚和正义[1]，"——它这样想，"不能让他在这里白白地唱歌赞美敌意！"

是的，毒蛛报了仇了！唉！现在它也要用复仇使我的灵魂团团转！

可是，我的朋友们，把我紧紧地捆在这里的柱子上吧[2]，为了不让

---

1. 平等论者原来是重视宽容的，但出于报仇的本性，从所谓"正义"的立场而要进行惩罚。
2. 奥德修斯经过塞壬鸟妖所住的海岛，叫部下将他捆绑在支柱上，再把绳子缚在桅杆上，以免被鸟妖的歌声迷惑而致毁灭。参看荷马《奥德赛》第12歌。

我团团转地乱跳舞!我情愿做柱顶圣者[1],也不愿做复仇欲的旋风!

确实,查拉图斯特拉不是转向风和旋风,即使他是一个舞蹈者[2],却永远不是塔兰图拉毒蛛病的舞蹈者。

查拉图斯特拉如是说。

著名的哲人[3]

你们一切著名的哲人啊,你们为民众和民众的迷信效命!——而不为真理效命!正由于如此,人们对你们尊敬。

因此你们不信教,人们也会容忍,因为不信教乃是一种机智,走向民众的兜圈子的路[4]。就像主人让他的奴隶们随意自便,哪怕他们过分放纵,主人也觉得高兴[5]。

可是被民众痛恨,犹如狼被狗痛恨的,乃是:自由的精神、枷锁之敌、拒绝崇拜的人、住在森林中的人。

把这种人从他的栖身处赶跑——总是被民众称为"正义感":民众总是在嗾使牙齿最锐利的狗追踪他们。

"因为有民众的地方,就有真理!探求者们有祸了,有祸了!"

---

1. 古代叙利亚、巴勒斯坦一带住在柱顶上的苦修者。创建者为柱顶苦修者西美翁(约390—459),他曾在叙利亚旧都安提阿附近的特拉尼撒竖一约十六米高的柱子,居柱顶苦修三十余年。其遗址后来成为朝圣之地。
2. 查拉图斯特拉常想摆脱沉重的束缚,做一个轻松的舞蹈者。
3. 著名的思想家、文化人是民众的奴仆,不懂得精神的真髓。
4. 说些脱离基督教的巧言,其实只是讨好大众,并非真心反抗因袭。结果跟大众妥协,为大众服务。从事记者生涯的文笔家颇多有这种倾向。伏尔泰就有这种迹象。
5. 古代希腊有这种风俗,在某种节日时主人允许奴隶无拘无束地狂欢纵饮,主人高兴地望着,称之为驴子的自由。

自古以来就是这样说的[1]。

你们著名的哲人啊，你们崇拜民众，肯定他们所认为的正义而为他们辩护，你们称之为"求真理的意志"。

你们的心总是对你们自己说："我从民众中来：上帝的声音也是从民众那里向我传来的。[2]"

你们总是充当民众的代言人，像驴子一样固执而聪明。

好多有权力的人，要博得民众的好感，就在他们马车的马的前面，再驾上———匹驴子，一位著名的哲人[3]。

你们著名的哲人啊，现在我愿你们终于从你们的身上完全剥掉你们所披着的狮子皮！

这花斑的猛兽皮，以及研究者、探求者、征服者的毛！

啊，要让我能相信你们的"诚实"，你们先要打破你们的崇拜意志[4]。

诚实的——只有走进无神的沙漠，打破自己的崇拜心情的人，我才这样称呼他。

在黄沙地里，受烈日烧灼，他一定会焦渴地斜着眼睛窥望充满泉水之岛[5]，那儿生物在树木的浓荫下休憩。

可是他的焦渴并没有说服他变成像那些苟安者一样：因为有绿洲的地方，也有偶像[6]。

---

1. 从民族的共同体拥有绝对支配权力的时代以来，就有这种想法（参看《一千个目标和一个目标》章）。到了近代尊重作为多数者的民众，这思想增强了。
2. 西谚有云："民众的声音就是上帝的声音（民意即天意）。"
3. 利用御用思想家。
4. 对民众及其习俗的价值的崇拜和从属的意志。在这种情况下，就没有真正的自由精神。
5. 即沙漠中的绿洲。
6. 有群居，就有群众奉守的固定的、束缚的价值观。

挨饿，凶猛，孤独，不信神：这是狮子意志对自己的愿望。

摆脱奴隶的幸福，从神道和崇拜中解脱，大无畏而令人畏惧，伟大而孤独：这是诚实者的意志。

从古以来，住在沙漠中的，就是那些诚实者，具有自由思想的人，他们是沙漠的主人；可是在城市里居住的，乃是养得胖胖的、著名的哲人——拉车的动物。

因为他们总是像驴子一样拉着——民众的大车！

我并不为此而对他们生气：可是他们永远当跟班，被套上挽具者，即使他们套上金光灿烂的挽具。

他们常常是值得称赞的很好的跟班。因为他们的道德教条是这样说的："如果你们必须做跟班，那就去找那种人，你们的跟随对他最有利用价值的主人！

"你的主人的精神和道德该由你做他的跟班而茁壮成长；这样你自己也随着他的精神和他的道德一同茁壮成长！"

确实，你们这些著名的哲人，你们，民众的跟班！你们自己跟民众的精神和道德一同茁壮成长——而民众也靠你们茁壮成长！我为了对你们表示敬意而说这番话！

可是依我看，即使凭你们的道德，你们依然是民众，短视的民众，——不懂得精神为何物的民众！

精神就是杀进自己生命中的生命：它通过自己的痛苦增加自己的知晓[1]，——你们是否已经懂得？

精神的幸福乃是：涂上圣油，用眼泪净化，当献祭的牺牲动

---

1. 知晓即认识，亦即知道生命的真相和真正的生活方法。

物[1],——你们是否已经懂得？

盲人的瞎眼以及他的探求和摸索正该证明他看望过的太阳的威力[2],——你们是否已经懂得？

认识者应当学会用山来建造！光是移山[3],对于精神还嫌不足,——你们是否已经懂得？

你们认识到的,只是精神发散出的火花；可是你们没看到精神的本体,那块敲出火花的铁砧,没看到精神的铁锤的残酷![4]

确实,你们不认识精神的高傲！可是精神的谦虚如果一旦要开口说话,你们对精神的谦虚更加不能容忍![5]

你们还从未能把你们的精神抛进雪坑里：你们还没有热到那种程度！所以你们也不知道雪的冰冷所给人的陶醉感[6]。

可是在一切方面,我觉得你们跟精神过于亲昵了；你们常常把精神办成给蹩脚诗人栖息的贫民院和医院[7]。

---

1. 为了认识生命,精神竭力刻苦,终于为之被搞垮,但为了对生命的认识,也就是为了生命的进展而当了富有意义的牺牲,其中也就有一种幸福感。

2. 举盲人为例,叙述竭尽疲乏之力的精神的姿态。盲人目虽不见,但仍保留曾见到过的太阳的印象,知道太阳的存在。精神也该如此预感到生命的伟大真理的存在。

3. 光靠信仰能移山的毅力是不够的,精神必须积极地面对困难的事业。移山为《圣经》用语。《新约·哥林多前书》13：2："我若有全备的信心,甚至能移山；但我若没有爱,我什么也不算。"

4. 构成精神活动的中核,就像铁锤和铁砧的敲击。火花（富于机智的表现）不过是附随的现象。

5. "你们是否已经懂得"的各种问题全是精神的高傲。可是精神是为生命服务的,并非生命的支配者,当然,它的力量有局限。当它自觉时,精神就悟到自己的本分而谦虚起来,超越自己,舍弃自己,说出要归入大生命的决心。对于自己精神力量过分自信的哲人们,不知道这种悲痛的讯息。

6. 雪的冰冷乃是冷酷严峻的生命的实相。燃烧的精神抛弃自己,投入其中,反会有清凉感而觉得陶醉。

7. 哲人和思想家的立说,成为二流诗人的思想的依据。

你们不是鹰:因此你们不知道精神在惊恐[1]中体会的幸福。不是鹰的人,不能在深渊之上做窠栖息。

我看你们是温暾水[2]:可是任何深刻的认识都是很冷地流动的。精神的最深处的泉是冰冷的:它对于热的手和热的着手行动者[3]乃是一帖清凉剂。

我看你们正经地、拘板地、挺直着背站在那里,你们这些著名的哲人!——没有强烈的风和意志撼动你们。

你们从未见过一片征帆漂过海上,被猛烈的风吹得胖胖地、鼓鼓地颤抖?

我的智慧——我的粗野的智慧,像征帆一样,被猛烈的精神狂风吹得颤抖地漂过海上!

可是你们,民众的跟班,你们,著名的哲人——你们怎能跟我同行!——

查拉图斯特拉如是说。

夜歌[4]

夜来了:现在一切跳跃的喷泉都更加高声地说话。而我的灵魂也是一注跳跃的喷泉。

---

1. 精神在窥视生命的深渊时的惊恐战栗,对自己无力的自觉,但也伴有能窥视到生命实相的喜悦。
2. 《新约·启示录》3:16:"你既如温水,也不冷也不热,所以我必从我口中把你吐出去。"
3. 文字游戏。原文为 heißen Händen und Handelnden。
4. 本歌是尼采在罗马时住在面向巴尔贝尼广场的家里,眺望罗马夜景,听特里托尼喷泉的泉声而作。具有无与伦比的语言之美,在用德语写的作品中被誉为最高之作。尼采自称本歌为"旷古的最孤独之歌"。

夜来了：现在一切热爱者之歌才苏醒过来。而我的灵魂也是一个热爱者之歌。

在我心中有一种不平静、无法平静之感；它要公开出来。在我心中有一种爱的渴望，它自己说着爱的语言。

我是光：唉，但愿我是夜！可是，我被光围裹着，这乃是我的孤独。

唉，但愿我像夜一样黑暗！我多么想吮吸光的乳房！

我甚至也想祝福你们，你们，闪烁的星星，天上的萤火虫！——你们的光之赠礼使我感到快乐。

可是我生活在我自己的光里，我把我自己发出的火焰又吸回我的身体里。

我不知道受取者的幸福；我常常梦想着，盗窃一定比受取还要幸福[1]。

我的手总是不停地赠予，这就是我的贫穷；我看着期待的眼睛和充满渴望的明亮的夜，这就是我的嫉妒。

哦，一切赠予者的不幸啊！哦，我的太阳的日食啊！哦，有所渴望的欲望啊！哦，吃饱了还要吃的馋痨啊！

他们从我手里受取；可是我还会触到他们的灵魂吗？在施与和受取之间有一道鸿沟[2]；而最小的鸿沟乃是最不容易逾越的。

从我的美中生出饥饿：我要让那些被我照耀的人感到痛苦，我要让受我施与的人们再被我夺取——我就这样渴望作恶。

---

1. 反用《圣经》语句。《新约·使徒行传》20：35："施比受更为有福。"（又译"施予比领受更为有福"。）盗窃乃是更加缺乏的状态。

2. 施与乃是积极的行为，受取乃是受身，所以受取要跟施与的行为紧密配合，共同成就高度的意义乃是难事。往往以施与者的唱独角戏告终。

当他们的手已经向我伸出时，我缩回我的手；我迟疑不决，就像在落下时还迟疑不决的瀑布一样——我就这样渴望作恶。

我的充实图谋这样的报复：从我的孤独中涌出这样的诡计。

我的赠予的幸福消逝于赠予之中，我的道德由于它的充实而厌倦它自己。

不断赠予的人，他的危险就在于他会丧失羞恶之心；不断分配的人，他的手和心会由于纯粹分配而起老茧。

我的眼睛，看到乞求者的羞耻，不再溢出眼泪；我的手，感到获取得满满的手的颤抖，变得硬邦邦。

我眼睛里的眼泪，我心脏上的软毛，都到哪里去了？哦，一切赠予者的孤独！哦，一切光照者的沉默！

许多太阳在荒寂的空间里旋转：它们用它们的光向一切黑暗的万物说话——它们对我却默默无言。

哦，这是光对光照者包藏的敌意，它无情地继续走它的行程。

在深心中对光照者的不公平，对许多太阳的冷酷——每个太阳就这样运行[1]。

许多太阳像一阵暴风，在它们的轨道上飞行，这就是它们的运行。它们遵循它们无情的意志，这就是它们的冷酷。

哦，你们黑暗的，你们夜晚的，只有你们才是从光照者摄取温暖！哦，只有你们才从光的乳房上吸啜奶汁和活力！

唉，我的周围全是冰，我的手在冰冷上面发烫了！唉，我心中有一种焦渴，它渴望你们的焦渴！

夜来了：唉，我竟不得不做光！渴望夜晚的一切！而且孤独！

---

[1] 在施与者之间，不会产生结合。各成其伟大，各安于孤独。

夜来了：现在，像泉水一样从我心里涌出了热望——我渴望说话。

夜来了：现在一切跳跃的喷泉都更加高声地说话。而我的灵魂也是一注跳跃的喷泉。

夜来了：现在一切热爱者之歌苏醒过来。而我的灵魂也是一个热爱者之歌。

查拉图斯特拉如是歌唱。

舞蹈之歌

有一天傍晚，查拉图斯特拉跟他的弟子们走过森林；当他在寻找泉水时，瞧，他来到一处碧绿的草地，四周有许多树木和灌木丛静静地环绕着：在草地上有一些少女相聚在一起舞蹈。少女们一看是查拉图斯特拉，立即停止舞蹈；可是查拉图斯特拉却露出亲切的态度走近她们，说出这番话：

"你们这些可爱的姑娘，不要停止舞蹈！来到你们面前的，并不是露出恶意眼光的扫兴者，也不是姑娘们的敌人。

"对魔鬼那一方面，我是上帝的代言人：可是我说的魔鬼，乃是重压之魔[1]。你们这些轻捷的姑娘，我怎会敌视神圣的舞蹈？或者敌视具有美丽踝骨的姑娘们的脚呢？

"我确是有着幽深树木的黑暗的森林：可是不畏惧我的黑暗的人，也会在我的柏树[2]下面看到玫瑰花的斜坡。

---

1. 在物理方面为重力、惰性等，在精神方面为物欲、野心等，对于人都是一种束缚，妨碍人的自由活动。查拉图斯特拉作为超越课题的最重大者之一（参看《读和写》章注）。
2. 柏树是悲哀的象征。此处犹言自己不仅是忧郁和悲哀的同伙。

"他也会看到最受姑娘们喜爱的小爱神[1]：他躺在泉边，静静地，闭着眼睛。

"确实，他在大白天睡去了，这个懒骨头！他一定是扑蝴蝶扑得太累了吧？

"美丽的舞蹈姑娘们，如果我稍微惩罚一下这个小爱神[2]，请不要对我生气！他也许会叫、会哭——可是，他哭起来，也是惹人发笑的！

"他会眼里噙着泪水要求你们跳舞的；而我本人，很想和着他的舞蹈唱一首歌：

"我的歌是嘲笑重压之魔的舞蹈之歌，这个重压之魔，对我来说，乃是至高无上的最强有力的恶魔，人们称他为'世界之主'[3]。"——

当丘比特和姑娘们一起跳舞时，查拉图斯特拉所唱的就是如下的歌：

哦，生命啊，我最近向你的眼睛里面观看！我好像掉进了不可测知的深处[4]。

可是你用黄金钓钩[5]把我拉上来；当我称你是深不可测时，你嘲讽似的笑出来。

"这是一切鱼类所说的话，"你说，"它们探不到底的，就说是深不可测。

---

1. 即丘比特（丘必德）。此处犹言在自己的生命中也有爱的要素。
2. 责怪他不可过度扑蝴蝶，但并非要压制他。
3. 重压之魔束缚人，有其必然性，他用因果法则的网眼支配世界的运行。《新约·约翰福音》12：31："现在这世界受审判，这世界的王（'这世界的王'又译为'这世界的元首'或'世界的首领'）要被赶出去。"
4. 难以穷究的生命之谜。
5. 生命的活生生的魅惑。

"可是我只是变化无常的[1]，野性的，总的来说，是一个女人，绝不是有道德的女人；

"尽管你们男人把我称为'深奥者''忠实者''永恒者''神秘者'。

"可是你们男人常把你们自己的道德赠送给我们[2]——唉，你们这些有道德的人！"

她说罢，笑了，这个不可置信者；可是当她说自己的坏话时，我从不相信她和她的笑。

当我跟我的粗野的智慧单独谈话时，我的智慧愤怒地对我说："你愿望，你渴望，你喜爱，你单单为了这个理由才赞美生命！"[3]

我差不多要恶狠狠地回答她，对这个愤怒者说出真话；再没有比跟自己的智慧"说真话"[4]时使人能更加恶狠狠地回答了。

我们三者之间的关系[5]就是这样。我从心底里喜爱的只有生命——确实，即使在我恨生命时，我也最爱生命！[6]

可是我喜欢智慧，常常过分喜欢：这是由于，智慧非常强烈地使我想到生命！

智慧也具有跟生命同样的眼睛，同样的笑，甚至也有同样的黄金钓竿：她们俩如此相似，我能有什么办法？

有一次，生命问我：智慧到底是谁？——我热心地说："啊，是这样的！智慧！

---

1. 生命的本质，即流动和变化。
2. 男人总是用自己的眼光把女人看成好的。
3. 智慧作为女性，对作为女性的生命有吃醋心理。
4. 自己爱的只有生命。智慧（认识）不过是求生的手段，并非特别爱智慧。
5. 犹如男女间的三角关系。
6. 饱尝生的痛苦时，反而加强对生命的执着的爱。心理方面往往如此，对爱人憎恨时，却越是爱得强烈。

"人们渴望智慧,不感到厌烦,人们隔着面纱看她,人们用网捕捉她。[1]

"她美丽吗?我不知道!可是最老练的鲤鱼也可以用智慧做鱼饵去钓它上钩。

"她是变化无常而倔强的;我常看到她咬自己的嘴唇,反顺毛方向梳她的头发。

"也许她是凶恶的、虚伪的,总的来说,是一个妇女;可是当她说自己的坏话时,反而最具有诱惑力。"

当我对生命说这番话时,她露出恶意地笑了,闭起眼睛。"你到底在说谁?"她问道,"也许是我吧?

"即使你说得对——竟当着我的面说这些吗!可是现在你也谈谈你自己的智慧吧!"

啊,现在你又张开你的眼睛,哦,亲爱的生命!我好像又掉进不可测知的深处。——

查拉图斯特拉如是歌唱。可是当舞蹈结束,少女们全走开时,他不由悲伤起来。

"太阳早已落下去了,"最后他说道,"草地很湿,从森林各处吹来凉风。

"一个不知为何物的东西在我四周沉思地望着我。怎么?你还活着,查拉图斯特拉?

"何故?为何?因何?何往?何处?如何?仍然活下去,不是愚蠢吗?——

"啊,我的朋友们,从我内部提出这些问题的,是夜晚。请原谅

---

[1] 不直接用手抓住她,而是用头脑。

我的悲伤!

"夜晚到来了:原谅我,夜晚到来了!"

查拉图斯特拉如是说。

坟墓之歌[1]

"那里是坟墓之岛,沉默之岛;那里也有埋葬我的青春的坟墓。我要把生命的常青花圈带往那里去。"

心中做出如此的决定,我就乘船渡海而去。——

哦,你们,我的青春的幻象和幻影!哦,你们,所有的爱的眼光,你们,神圣的一眨眼时光[2]!你们怎会那样匆匆地早死!今天我像怀念我死去的亲人一样怀念你们。

我最亲爱的死者[3],从你们那里向我飘来一阵甘美的清香,使我宽心止泪的清香。确实,它使孤独的航海者的心觉得感动而舒畅。

我这个孤独者!我依旧是最富有的、最被人嫉妒的人。因为我过去拥有过你们,现在你们还拥有我[4]:说吧,有谁比得上我,有这么多的红苹果从树上给我落下来呢?

哦,你们,我最亲爱的死者,我依旧是你们的爱的继承者,你们的爱的王国,为了缅怀你们盛开着各色各样野生道德[5]的鲜花。

---

1. 本章是一首美丽的抒情歌。哀叹青春时代的各种理想,由于敌人们的恶意而致夭折。可是坚强的意志能从坟墓中破土而出,复活起来。
2. 文字游戏。眼光原文为 Augen,一眨眼时光原文为 Augenblick。
3. 即上文青春的幻象和幻影,亦即年轻时的梦与理想。
4. 我过去有过这样多的各种理想,现在这些理想还占有我的心。
5. 红苹果落下来,不能再栽培出美丽的树木。可是对你们念念不忘的这种野生道德(比理想更具体的东西,如勇气、斗志、忍耐等)如今还在我的内部开花。

啊，我们生来是要永远和睦相处的，你们，可爱的异域的奇迹[1]；你们走近我，走近我的渴望，并不像胆怯的小鸟那样——不，却像信任者走近信任者！

是的，你们像我一样，是为了保持忠实、保持永恒之爱而生的：现在我不得不称呼你们为不忠实者，你们，神圣的眼光和一眨眼时光啊[2]：我不知道还有什么别的称呼。

确实，你们是太匆匆地早死了，你们这些逃亡者。可是你们并没有从我心中逃去，我也没有逃离开你们：我们互相不忠实，并不能归咎于我们。

为了杀害我，人们扼死了你们，你们，我的希望之鸣禽啊！是的，我最亲爱的你们，恶意总是把箭头瞄准你们射去——为了射中我的心！

箭射中了！可是你们总是我最心爱的，是我的所有，又是占有我者：因此你们不得不夭折而过早地死去！

人们对准我所占有的，对我最易受伤的东西射出他们的箭：就是射向你们，你们的外皮像柔毛，更像被人看一眼就要死掉的微笑。

可是我要对我的敌人说这句话：比起你们对我所行的，任何杀人之事又算得了什么哩！

你们对我所行的，比任何杀人案子还要凶恶；你们夺去我的无可挽回者——我对你们如是说，我的敌人们！

你们是杀害了我的青春的幻象和最可爱的奇迹！你们夺去了我的游伴，那些极乐之灵！为了缅怀他们，我在这里献上这个花圈，留下这个诅咒。

---

1. 即前文青春的幻象和幻影（理想）。
2. 因为很早地离去，所以说不忠实。神圣的眼光和一眨眼时光指青春的理想之来到。

这是给你们的诅咒，我的敌人们！你们使我的永恒者缩短了生命，就像夜寒袭来，使乐音成为绝响！它是那样短暂地跟我照面，还不及神圣的眼光那样闪烁，只有——一眨眼时光！

从前，在幸福的良时，我的纯洁曾对我如是说："一切存在，对于我，都应当是神圣的。"[1]

那时，你们这些敌人，就领着肮脏的幽灵向我袭来；唉，那个幸福的良时，如今逃往哪里去了？

"每一天，对于我，都应当是神圣的。"——从前，我的青春的智慧曾对我这样讲：确实，这是可喜的智慧的谈话！

可是那时，你们这些敌人，就把我的无数夜间偷走，卖给不眠的苦恼：唉，那些可喜的智慧如今逃往哪里去了？

从前，我渴望看到飞鸟带来吉祥的预兆[2]：那时，你们就带来一只讨厌的怪鸟猫头鹰[3]在我的路上出现。唉，我那时的可爱的渴望如今逃往哪里去了？

从前我发誓抛弃一切厌恶：那时你们就把我周围的人和近邻变成流脓的疖子[4]。唉，我那时的最高尚的誓言如今逃往哪里去了？

从前我做个盲人走我幸福的道路[5]：那时你们就把垃圾倒在盲人的路上：如今盲人走惯的老路使盲人觉得厌恶了。

当我做完我最困难的工作而庆祝我克服难关的胜利时：那时你

---

1. 青年时代的干劲，要把世上的一切都变成理想的事物。
2. 古代希腊人根据在路上遇到的飞鸟的种类及其飞行方向以定吉凶。
3. 猫头鹰为不祥之鸟，作为黑夜的、地狱的象征，它报告不幸和死亡。此处可能指尼采的同学维拉莫维茨·缪伦多尔夫，他曾攻击尼采的《悲剧的诞生》为治学的邪道。
4. 对于任何一切讨厌的令人痛苦的事物，都曾发誓要放弃憎恶的念头。可是被最亲近者背叛时，誓言也被破弃了。
5. 年轻时，没有足够的批判力，盲目醉心，如今始悟其非。此处令人想到尼采对瓦格纳的态度。

们就叫爱我的人们大嚷，说我给他们造成最大的苦痛[1]。

确实，你们的所作所为总是如此：你们使我的最好的蜜变质，使我的最好的蜜蜂白白浪费它们的辛勤劳动。

你们总是派最不要脸的乞丐来接受我的慈悲；你们总是叫那些不可救药的无耻之徒聚集在我的同情心四周。就这样，你们使我的道德失去自信。

当我把我最神圣的供物献上祭台时：你们的"虔诚"立即把它的最油腻的供品也放在近旁[2]：这样使我最神圣的供物被你们的供品的油腻气熏得透不过气来。

有一次，我想跳一个我从未跳过的舞蹈：我想跳个超越诸天之外的舞。那时你们就哄骗我最喜爱的歌手。

于是我的歌手就唱起一支令人汗毛直竖的沉闷的曲子[3]；唉，就像他对着我的耳朵吹起阴沉的号角！

行凶的歌手，恶意的工具，最天真的人！我已经站起来准备跳最好的舞蹈：这时你就用你的歌声破坏我的狂喜！

只有在跳舞时我才能说出最高事物的比喻——如今我的最高的比喻却留在我的肢体里没说出来！

我的最高的希望没有被说出，没有被实现！我的青春时代的幻象和安慰全都死灭了！

我怎样受得了？我怎样经受住而且战胜这样的创伤？我的灵魂怎样从这种坟墓中复活？

是的，在我的内部有一个不会负伤、不会被掩埋、能爆破岩石

---

1. 朋友们对他的功绩也进行非难。
2. 我要赞美任何事物，你们也出于不纯的动机，来掺一脚。
3. 瓦格纳写歌剧《帕尔齐法尔》(又译作《帕西法尔》)，显示出他的基督教倾向。

的东西：它名叫我的意志。它默默地跨越过悠久的岁月，永远不变。

我的老搭档，我的意志，它要借我的脚走它的前进道路；它的性情是硬心肠的，不会受伤的。

我的身上，只有我的脚踵是不会受伤的[1]。最有忍耐力的我的意志啊，你依然存在于我的脚踵上，老样子不变！你依然会从一切坟墓里破土而出！

我青春时代没有实现的一切也还存在于你的内部；现在你还保持青春的活力，怀着希望，在这里坐在崩坏的黄色墓石上。

是的，你对于我，依然是一切坟墓的破坏者：万岁，我的意志！只有在有着坟墓的地方，才有复活。——

查拉图斯特拉如是歌唱。

超越自己[2]

智慧最高者，你们把那种推动你们、使你们热衷的意志称为"求真理的意志"吗？

使一切存在者能被思考的意志[3]：我如此称呼你们的意志！

你们首先想使一切存在者成为可能被思考的对象：因为你们抱着相当的不信任，怀疑这种存在者是否已能被思考。

---

1. 希腊神话中大英雄阿喀琉斯在孩童时由他母亲把他浸到斯堤克斯河水里，所以周身刀枪不入，只有他的踵部，因被母亲捏住，没有沾到河水，成为他的致命的弱点。此处说作者的脚踵不会受伤，是由于有坚强的意志附着在那里。

2. 本章强调一切生命都是由追求强力的意志，超越自己，克服自己而完成的。认识与评价并非客观的真理。

3. 把世上一切事物现象放在头脑里使其观念化，这样进行思考，乃是哲学家和思想家的态度。

可是一切存在者应当对你们顺从屈服[1]！你们的意志要它们如此。它们应当变得圆滑，臣服于精神，成为精神的镜子和映象。

智慧最高者，这就是你们的整个意志，可称为追求强力的意志[2]；即使在你们谈论善与恶，谈论各种价值评价时也是如此。

你们还想创造个世界[3]，让你们能跪拜的世界：这就是你们最终的希望和陶醉。

当然，那些智慧不高者，也就是民众——他们就像一条河，河上有一只小船漂浮着驶去：船上坐着一本正经的蒙面的价值评价[4]。

你们把你们的意志和你们所定的价值放在生成的河上漂流；从民众认为的善与恶之中，透露出自古以来就有的追求强力的意志。

智慧最高者，就是你们，请这些宾客坐在船上，给予他们华丽的包装和夸耀的名称——你们和你们的支配意志！

现在河水载着你们的小船前进：河水必须载着它前进。尽管破碎的水波飞溅着浪花，愤怒地抗拒龙骨，这也不足挂齿！

智慧最高者，你们的危险，你们对善与恶的评价的终止，并非来自河流：而是由于那种意志本身，追求强力的意志——无穷无尽地产生出来的求生的意志[5]。

可是为了让你们理解我所说的关于善与恶的见解：我还要对你们讲说关于生命以及一切有生命者的本质方面的我的意见。

---

1. 你们所要的并非真理，而是要让一切事物现象顺应你们这些精神行使者，化为观念，而且化为跟你们的精神相似的观念。

2. 在探究真理的名义之下，要使世界万象跟自己的精神同化。

3. 由你们的精神创造的世界。

4. 站在立法家立场的人们的价值观。蒙着真理的假面。

5. 民众总是被领导者，从他们那里不会发生价值变革的危险。由求生的意志（追求强力的意志）而产生的价值观，由于这种意志本身的超越自己，有被变革的危险。

我紧追着有生命者，我走过最大的和最小的路，以便认识有生命者的本质。

如果有生命者把嘴闭上，我就用百面镜子拦截它的视线：让它的眼睛说出。于是它的眼睛就对我说话。

可是，只要在我发现有生命者的地方，我也听到有关服从的说话。一切有生命者就是服从者[1]。

我听到的第二句乃是：不能听命于自己者，就要受命于他人。这就是有生命者的本质。

而我听到的第三句乃是：命令比服从更难。不仅由于命令者要负起服从者的一切重荷，而且这种重荷会把他压垮：——

我看，在一切命令之中含有尝试与冒险；有生命者在命令时，它常常拿它自己做赌注。

是的，即使在它命令自己时：它也必须为它自己的命令付出代价。它必须为它自定的法规当裁判者、惩罚者和牺牲品[2]。

怎么会这样的呢？我们这样反躬自问。是什么在说服有生命者去服从、去命令，而且既命令又要服从？

智慧最高者，现在听我的意见！要认真检查，我是否钻进生命本身的心脏，一直钻进它的心脏的深根之处！

在我看到有生命者的地方，我就发现有追求强力的意志；就是在奴仆的意志之中，我也发现有要当主人的意志。

弱者之所以服侍强者，这是由于他要当比他更弱者的主人的这

---

[1]. 从强弱和价值高低的关系方面看，服从一定是很显眼的。最强者，强者，总要服从想逞强的心。

[2]. 命令自己时当然要依照自定的法规。因此，这个法规的正当与否，当事者对此负有责任。结果，他要对法规的不正当进行裁判，或者付出代价，做法规的牺牲品，甚至完全转向反对的法规，对以前的法规重新改定。

种弱者的意志说服他的：只是由于要当主人的这种快乐，他不愿加以放弃。

正如较小者之所以献身于较大者，是由于他有对最小者进行支配的快乐和强力：因此最大者也有献身的对象[1]，为了获得强力——他以生命做赌注。

最大者的献身，就是冒险、危险、进行死亡的赌博。

在有牺牲、服劳、爱之眼光的地方：那里也就有要当主人的意志。这时，弱者通过隐蔽的小道偷偷进入强者的城堡，一直钻进强者的心脏——在那里盗取强力。

这个秘密是生命本身告诉我的。"瞧，"它说，"自己必须不断超越自己者，就是我。

"当然，你们把这个称为追求产生的意志，或者称为面向目标的冲动，面向更高者、更远者、更复杂者的冲动：可是这一切只是同一个东西，同一的秘密。

"我情愿没落，也不愿放弃这一个东西；确实，在有没落和落叶的地方，瞧，那里就有生命在牺牲自己——为了追求强力[2]！

"我必须是斗争、生成、目标及各种目标之间的矛盾[3]：啊，猜测出我的意志的人，他也一定会猜测出，意志必须要走怎样一种弯弯曲曲的道路！

"不管我创造什么，不管我怎样爱它，——顷刻之间，我就必须成为它的敌对者，成为我的爱的敌对者：我的意志要我这样。

---

1. 这个对象是什么，故意不明言，留下广大的想象余地。
2. 即使是选择没落，这也不是死心的败北，而是要让自己更高地生存下去的积极的行为。"让自己更高地生存"就是这里所说的"力"（强力）。
3. 生命以强力为目标，不断发展向上，因此，后来的目标会否定以前的目标。

"认识者[1]啊,你也不过是我的意志所走的一条道路和脚印:确实,我的追求强力的意志,也是用你的追求真理的意志的脚在走路!

"用'追求生存的意志'[2]这句话的箭向真理射去的人,他当然射不中:这个意志——并不存在!

"因为,既然是不存在者,就不能有意志;可是,既已生存,怎能还想要追求生存哩!

"只有在有生命的地方,那里也才有意志:可是这并非追求生存的意志,而是——如我所教——追求强力的意志!

"对于生活着的人,有许多东西比生活本身还具有更高的评价;可是从这种评价本身的嘴里说出的却是——追求强力的意志!"——

生命曾如此教导我:由此我猜出你们的内心之谜,你们这些智慧最高者。

确实,我告诉你们:说什么永恒不变的善与恶——这是不存在的!善与恶也必须由自己不断地再超越自己。

你们这些进行价值评价者,你们用你们订立的关于善与恶的评价和见解行使你们的权力;其实这就是你们隐藏的爱,你们灵魂的闪光、战栗和洋溢[3]。

可是从你们订立的价值内部孕育出一种更强大的力量和一种新的超越:由此使蛋和蛋壳破碎。

在善与恶方面必须做个创造者的人:确实,他首先必须做个破坏者,打破各种价值。

因此,最高的恶属于最高的善:而这最高的善乃是创造性的。——

---

1. "认识者"即"作为认识者的我",亦即我的认识作业。
2. 叔本华把世界的根源处的东西看成盲目的"追求生存的意志"。
3. 由于发现生命的"追求强力的意志"。

你们这些智慧最高者,让我们只谈这些,尽管这样是不好的[1]。而沉默却更加不好;一切保密的真理是有毒的[2]。

碰上我们的真理就会破坏一切,让它们全都破坏吧!要建造的房屋还多着哩!

查拉图斯特拉如是说。

崇高的人们[3]

我的海底是平静的,谁能想象到它藏有诙谐的怪物!

我的深部是不动摇的:可是在那里有种种漂浮的谜和大笑在闪闪发光。

今天我看到一个崇高的人,一个一本正经的人,一个精神的苦行僧[4]:哦,我的灵魂是怎样笑他的丑陋啊!

他挺起胸膛,像进行深呼吸的人:他就这样站在那里,这个崇高的人,默然不语。

他身上挂着好多丑陋的真理,他的猎获物,穿着好几件破衣;也挂着很多的荆棘——可是看不见一朵蔷薇花。

他还没有学会笑,也没有学到美。这个猎人露出阴郁的脸色,从认识之森林中回来。

他是跟野兽进行搏斗[5]后回家的:可是从他那种严肃的样子里,

---

1. 轻率地说出深藏的秘密是不应该的。
2. 秘密藏于内心里不说出来,会使认识者发病。
3. 强者由于刻苦奋斗,不管显得怎样崇高,但若不进入优游和美的境界,还不能算达到真正的高处。
4. 在精神世界里苦行修炼的人。
5. 跟本能、官能等一切非精神的对象搏斗。

还露出一头野兽的目光———一头驯服不了的野兽[1]！

他依然像一只要跳跃的老虎站在那里；可是我不喜欢这种紧张的灵魂，所有这种向后退缩者不合我的趣味。

朋友们，你们会对我说，别去争论什么趣味和口味？可是一切生命就是围绕着趣味和口味的争论！

趣味：这就是砝码，同时又是秤盘和验秤者；一切有生命者，如果不懂围绕着砝码、秤盘和验秤者的争论而想要生存下去，那就要吃苦头了[2]！

这个崇高的人，如果他对他的崇高感到厌倦，那时，他的美才会开始——那时，我才会对他进行玩味而发觉他颇有味道。

只有在他背弃自己时，他才能跳出他自己的影子——确实！他才能跳进他的太阳光里[3]。

他在他的影子里坐得太久了，这个精神的苦行僧，面颊苍白；他等待得几乎快要饿死了。

他的眼睛里还有轻蔑的神色；他的口角边还隐藏着厌恶之情[4]。他现在虽然在休息，可是他还没有躺在阳光中休息。

他的样子应当像公牛；他的幸福应当发出大地的气味，而不是发出轻蔑大地的气味。

我愿看到他像白色的公牛[5]，喷着鼻息，哞哞吼叫，拉着犁头前进：他的叫声应当是在赞美地上的一切事物！

---

1. 不屈不挠，没有反省，所谓认真的热忱。
2. 为了生存而必不可少的价值评价（价值的标准、评价者本身的态度），能得到最好的反映，乃在于趣味。
3. 粘住自己而离不了的小小的我欲的影子。太阳乃是自由的理想的境界。
4. 单单战斗、单单压制的这种态度，把敌人看作眼中钉。
5. 力与美的化身。但也可能暗指琐罗亚斯德教，牛的形象在该教中起很大作用。

他的脸色还很阴暗；手的影子映在脸上。他的眼睛的神色还笼罩着阴影。

他的行为本身还是笼罩住他的阴影：他的手荫蔽住这个着手行动者。他还没有克服他的行动。

我确实喜欢他的公牛的脖颈[1]；可是现在我也想看到他有天使的眼睛。

他也必须忘掉他的英雄意志：他应当做个高升的人，不仅做个崇高的人——天空的灵气本身应当把他高高举起，他这个忘掉意志的人[2]！

他征服了怪兽，解答了谜语[3]；可是他也应当解救他自己的怪兽和谜语[4]，他还应当把它们变成天上的孩子。

他的认识还没有学会微笑，还没有丢掉嫉妒；他的奔放的热情还没有在美的境界中变得宁静。

确实，他的欲望不应当在满足之中，而应当在美的境界里沉默而隐匿！高迈者的宽宏大量不可缺少优雅[5]。

把手臂放在头上：英雄应当如此休息，他也应当如此超越他的休息[6]。

可是恰恰对于英雄，美乃是万事中的最难者。对于一切激烈的意志，美是不可获得的。

---

1. 顽强和坚韧。
2. 摆脱意志，就能升到高高的优游自在的境界。
3. 希腊神话中的英雄俄狄浦斯在前往忒拜城的路上遇见狮身人面怪物斯芬克斯，猜出她的谜语，使怪物跳下深渊，为地方除了害。
4. 他做出精神上的难事，可与俄狄浦斯的事迹相比，他还应把潜伏在他自身的内部、使他阴郁的东西向外解放出来。
5. 美作为优雅而出现者最多。
6. 不是存心去休息，而是优哉游哉地休息，这就超越了休息的观念。

稍许多些，稍许少些：这正是在美的方面的大问题，最大的问题。

放松肌肉，卸下意志的套具：崇高的人们，这对于你们大家乃是最难的事！

当力量变得谦和，向可视的世界下降时：我把这种下降称为美。[1]

强力者啊，我对你要求这种美，超过对其他任何人的要求：让你达到的慈爱，作为你最终的自己征服吧。

我相信你能作一切的恶：因此我希望你为善。

确实，我常嘲笑软弱者，他们自以为善良，因为他们的手脚不灵活！

你应当努力学习柱子的美德：柱子越是上升得高，越加美丽而柔和，可是它的内部却更加强劲，更有负重力。

是的，你，崇高的人，有一天你也应当变得美丽，拿起镜子照看你自己的美。

那时，你的灵魂将由于神圣的欲望而战栗；在你炫耀美的心中也会涌出对更高者的崇拜[2]！

这就是灵魂的秘密：只有在英雄离开灵魂时，才有超英雄[3]在梦中走近灵魂。

查拉图斯特拉如是说。

---

1. 强者摆出高高的架势，不把他人放在眼中。但如能采取谦和的态度，这才是美。具有力的要素的美，可称高级的美。
2. 对自己的美感到喜悦，但也预感到更高的美而加以崇拜。由这个意义祝愿人类的向上。
3. 超越有意识的英雄性，亦即自由的高级的英雄。

文化之国

我向未来的空间里飞得太远了:恐怖袭击着我。

我环顾四周,瞧! 时间是我的唯一的同行者[1]。

我于是飞回头,飞向故国——越飞越快:飞到你们这里,你们这些现代人啊,我来到文化之国。

我第一次带着要观察你们的眼睛来看你们,怀着善意的热望,确实,我是心里怀着憧憬而来的。

可是情况如何? 尽管我是如此害怕——我不由发笑! 我的眼睛从来没见过如此色彩斑驳的东西[2]!

尽管我的脚和我的心还在颤抖,我却笑了又笑。"这里真是一切油漆罐的产地啊!"——我说。

脸上和肢体上涂上五十块斑点:你们就这样坐在这里,使我惊讶不已,你们这些现代人!

你们的四周有五十面镜子,对你们的色彩变化进行奉承和模拟。

确实,你们不会戴上比你们自己的面孔更好的面具了,你们这些现代人! 谁能把你们——认出来!

涂满了过去的文字记号,又在旧的上面涂上新的文字记号:你们如此巧妙地掩饰自己,使解读者辨认不出来!

即使有高明的肾脏检查者[3]来到:有谁能确信你们有肾脏! 你们

---

1. 只有时间(未来)做自己的伙伴,不跟任何世人做伴。

2. 尼采在早期的文化批判作品中已怪怨德国缺少精神上的统一,跟德国刚获得的政治上的统一不相称。

3. 在中世纪时认为肾脏为发出情欲、思念之处,后来一般用以表示内部、内心。德文成语"检查某人的心与肾"即全面彻底地考察某人之意。《旧约·诗篇》7:9:"因为公义的上帝察验人的心肠肺腑。"

好像是涂上涂料的纸糊的人。

一切时代和民族杂七杂八地从你们的面罩里面窥视；一切风俗和信仰杂七杂八地从你们的手势里表现出来。

谁要是剥去你们的面罩、外套、涂料和手势：剩下的正好像那种用来吓鸟的稻草人。

确实，我就是被吓走的鸟儿，曾见过你们没有涂上色彩的裸体；当那副骨架向我传送秋波时，我飞逃了。

我情愿在冥府里当个临时工，跟过去的亡灵们在一起！[1]——跟你们相比，冥府的亡灵们却更有肉性、更丰实。

是的，这对于我的五脏六腑，乃是一种苦楚，我不能忍受你们，不管你们裸体还是穿衣服，你们这些现代人！

在未来之中的一切不愉快，在过去之中吓走飞鸟的一切恐怖，确实比你们的"实际"还要更加可亲可近。

因为你们这样说，"我们是完全实际的，没有信仰和迷信"：你们这样自鸣得意地拍拍胸膛——唉，偏偏没有胸膛！

是的，你们怎能信仰哩，你们这些色彩斑驳的人！——你们是一切曾被信仰过的事物的绘画！

你们是信仰本身的活体否定，一切思想的脱臼。不配有信仰者：我这样称呼你们，你们这些实际的人！

一切时代在你们的头脑里互相矛盾地乱讲一通；一切时代的梦和乱谈比你们的清醒状态还要实际些！

你们不生育什么：因此你们缺少信仰。可是必须创造的人，他总有预言的梦和占星的预兆——而相信信仰之力！——

---

1. 荷马《奥德赛》第11歌第489—491行：阿喀琉斯说他情愿在世上当雇工，也不愿在冥府当亡灵们的主子。此处化用其意。

你们是半开的门，门口有掘墓人在等着。你们的实际就是："一切都值得毁灭。"[1]

啊，瞧你们是什么样子，你们这些无生育力者，怎么瘦得露出一根根肋骨！你们当中一定也有好多自己认得清自己的人。

他说："在我睡着时，也许有一位神来偷偷地拿掉我的什么？确实，足以用它来为自己造一个女人！"[2]

"我的肋骨的瘦弱真奇特！"已有好多现代人如是说。

是啊，你们真使我发笑，你们这些现代人！特别是当你们自己对自己感到惊讶的时候！

如果我不能对你们那种惊讶的样子发笑，而且不得不从你们的盆子里把一切令人厌恶的东西喝下去，那我真要倒霉了！

可是我要轻松地承受你们，因为我有重荷要承担；就是有甲壳虫和小飞虫停在我背的东西上面，又算得了什么哩！

确实，我不会因此觉得更重！你们这些现代人，我的莫大的疲劳并不是由你们而来的。——

唉，现在我怀着我的憧憬应当攀登到哪里去哩！我从每一座山头眺望父母之邦[3]。

可是哪儿也看不到故乡；在所有的城市里我都安定不下来，我从每一座城门口启程。

我的心最近把我推向他们那里去的那些现代人，对于我成了陌生人和笑柄；我被逐出了父母之邦。

---

1. 不断地追求文化教养，没有固定不动的东西，所以在意识深处有这种心情。歌德《浮士德》第一部第三场第1339—1340行："生成的一切总应当要归于毁灭。"
2.《旧约·创世记》2：22：亚当睡着时，上帝取下他的一条肋骨，用肋骨造成一个女人。
3. 过去各个时代的文明之源。

因此我只爱我的孩子们的国土，在遥远的海上，尚未被发现之国：我叫我的帆去把它找寻、找寻。

我要借助我的孩子们进行补救，恢复我是我父辈的孩子[1]：借助一切未来挽回——这个现在！

查拉图斯特拉如是说。

无玷的认识

昨天月亮升起时，我以为，他要生出一个太阳：他是那样鼓鼓的，像怀孕一样躺在地平线上。

可是，他怀孕是骗人的；我倒是情愿相信月亮是男性[2]而不是女性。

当然，他也不大像男性，这个腼腆的夜游神。确实，他怀有内疚地在屋顶上走过。

因为他好色而且好嫉妒，这个月亮教士，他对大地和爱侣们的一切欢乐大起淫心。

不，我不喜欢他，这个屋顶上的雄猫！一切绕着半掩的窗户悄悄行走的家伙，都令我讨厌！

他在星毯上面虔诚而默默地走去——可是我不喜欢一切轻轻行走的男子的脚，在他的脚上连踢马刺的叮当声也听不到。

任何正派男人的脚步都发出声音；而雄猫却在地上偷偷地蹑足走去。瞧，月亮像雄猫一样不正经地走来了。

---

1. 汲取过去的文明之源泉。
2. 月亮在德文中为阳性名词。在其他语言中，月亮为阴性名词。

这个比喻，我是对你们这些神经质的伪善者说的，你们，"追求纯粹的认识者[1]"！我称你们为——好色者！

你们也爱大地和地上的一切：我看穿了你们！——可是在你们的爱中有羞耻感和内疚感[2]——你们像月亮一样！

你们的精神听信劝说去蔑视地上的一切，但你们的内脏却不听信：这个内脏乃是你们的最强的部分。

现在你们的精神以听从你们的内脏为可耻，而走小路和谎言之路以掩盖自己的羞耻。

"我的最高尚的行事，"——你们的说谎的精神对自己这样说——"乃在于抛弃欲念去静观人生而不像一只狗伸出滴下馋涎的舌头：

"在静观中获得快乐，熄灭意志，没有自私自利的执着和贪求——全身冰凉而带灰色，但却露出迷醉的月亮似的眼睛。"

"我最喜爱的，"——受骗的精神这样欺骗自己——"乃是爱大地，像月亮爱大地那样，只用眼睛感受大地的美。

"我把这点称为对一切事物的无玷的认识，就是我对事物无任何要求：除了让我躺在一切事物的面前，像一面有一百只眼睛的镜子一样。"——

哦，你们这些神经质的伪善者，你们这些好色者！你们的欲望之中缺少纯洁[3]：现在你们为了这点而诋毁欲望！

真的，你们爱大地，并不像个创造者、生育者、乐于成长者那样爱它！

---

1. 离开欲念和主我的态度，要对现象进行如实的观照的人们。在哲人和学者中此类人甚多。叔本华把离开意志的观照看作美的母胎。

2. 认识者往往说他们自己不为爱所俘。

3. 不是由洋溢的创造欲而来的欲念。

纯洁在哪里？就在有意志求生育之处。想超越自己而创造的人，我认为他有最纯粹的意志。

美在什么地方？就在我必须以一切意志追求之处；就在我想要爱和毁灭，不让一个形象[1]仅仅停留在形象上面之处。

爱和毁灭：从永恒的太古时就互相伴随。追求爱的意志：意味着也想死亡。我对你们这些懦弱者这样说！

可是现在，你们的无男子气的睨视想要被称为"静观"！让怯懦的眼光抚爱的，要把它命名为"美"！哦，你们这些玷污高贵的名称的人！

可是，这应当是对你们的诅咒，你们这些无玷的人，你们这些追求纯粹的认识的人，你们永不会生育：哪怕你们也鼓着肚子像怀孕一样躺在地平线上！

确实，你们满嘴高贵的言辞：你们要叫我们相信你们的心是很充实的，你们这些骗人的家伙？

可是我的话是微不足道的、受蔑视的、卑屈的话[2]：我乐愿拾起你们在吃饭时掉在桌子底下的零碎[3]。

可是，我还是总能用这些话——对伪善者们大谈真理！是的，我的鱼骨、贝壳和有刺的叶子应当——去搔那些伪善者的鼻孔！

在你们和你们的餐桌周围总充满污浊的空气：你们的好色者的思想，你们的谎言和阴谋总是弥漫在空气之中！

首先要大胆相信你们自己——你们自己和你们的内脏！不相信

---

1. 形象跟具体的行为相对照，可解为心象、理想。此处的意思为不满足于思索和艺术创作，而要大胆流血从事创造的行动。

2. 充满生气，但不假装高尚。

3. 《新约·路加福音》16：21：有一个讨饭的"要得财主桌子上掉下来的零碎充饥"。

自己的人，总要说谎。

你们给自己戴上一个上帝的面具，你们这些"纯粹的"人：在这个上帝的面具里，爬着你们的丑陋的坏虫。

确实，你们在欺骗，你们这些"静观者"！从前查拉图斯特拉也曾是被你们的神圣外表迷惑住的受骗者[1]；他没有看出塞在面具里的盘蛇。

从前我认为看到有一个上帝的灵魂在你们的游戏中游戏，你们这些追求纯粹的认识的人！我以为任何技艺都没有你们的技艺高明！

我在远处看，没有发现蛇的粪便和恶臭：不知道有诡计多端的蜥蜴在这里淫荡地爬来爬去。

现在我走近你们：白天向我降临——现在白天也向你们降临，——月亮的爱情把戏结束了。

瞧那边！月亮被抓来，苍白地站在那里——当着曙光的面前！

因为她已经来了，那个如火的太阳——她对大地的爱降临了！太阳之爱全是纯洁，全是创造者的欲望！

瞧那边，太阳是怎样急不可耐地越过大海而来！你们没感到太阳之爱的焦渴和呼吸的热气吗？

太阳要在海上狂吸，把深海的水吸到她自己的高空：这时，海的欲望竖起成千的乳房。

大海情愿让太阳的焦渴吻它、吸它；它情愿化为大气、高空、光的道路和光的本身！

确实，我像太阳一样爱人生和一切深海。

---

1. 尼采年轻时曾被叔本华的世界吸引，他自己也曾从事精密的文献学研究。

这就是我所谓的认识:一切深者都应上升——到我的高处[1]!

查拉图斯特拉如是说。

学者[2]

当我躺下来睡去时,一只羊来吃我头上的常春藤花冠[3]——它吃着,并且说:"查拉图斯特拉不再是什么学者了。"

它说罢,就倔强而傲慢地走开了。一个孩子告诉我这个情况。

我喜欢躺在孩子们来游戏的这个地方,靠在崩塌的破墙旁边,在蓟草和罂粟花丛中。

对于孩子们,我还是一个学者[4],对于蓟草和红罂粟花也是如此。他们是天真的,即使在他们怀着恶意之时。

但是对羊来说,我不再是学者:这是我的命运所希冀的——我要赞美我的命运!

因为这是实话:我离开了学者们的家,而且还砰地关上我身后的门。

我的灵魂在学者们的食桌旁坐得太久,它饿坏了;我不像他们那样受过这种训练,像敲破胡桃壳那样敲开认识的门[5]。

我爱自由和清新的大地上面的空气;我情愿睡在牛皮上面,也

---

1. 这虽是由太阳和大海的比喻而来的表现,但不是单单的观照的认识,而是由高度创造的行为使湛深者生动起来而赋予它我所教导的意义。

2. 本章攻击凡庸的学者。

3. 常春藤花冠是酒神狄俄倪索斯和他的随从们所戴的花冠,象征长青的生命。令人联想到《悲剧的诞生》主题的狄俄倪索斯精神。

4. 在天真的人们的天真纯朴的眼中,他是思想家、学者之一。

5. 在学问方面,不在于做考证的、文献学的钻研,而更着重于研究充满生命的学问。

不愿躺在学者们的地位和威严上面。

我太热,被我自己的思想灼伤:我常常透不过气来。于是我不得不走向户外,离开一切充满尘埃的房间。

可是他们却冷冷地坐在冷冷的背阴处:对一切事物,他们只想当个旁观者,避免坐在太阳灼热地照着台阶的地方。

就像那种站在大街上张口呆看过往行人的人:他们也是这样守候着张口呆看别人想过的思想。

谁要是揪住他们,他们就在自己四周扬起粉尘,像面粉袋一样,并非出于他们的自愿;可是谁猜得出,这种粉尘是从麦粒、夏季田野里的金色欢乐所生出的呢?[1]

当他们摆出贤智者的样子时,他们的小小的箴言和真理使我不寒而栗:他们的智慧常带有像是从沼地中发出的气味:确实,我已听到从那里传来呱呱的蛙声了。

他们是能干的,手指很巧:跟他们的复杂相比,我的单纯能有什么作为哩!他们的手指对于穿线、结编、编织都很精明;因此他们在织着精神的袜子!

他们是上等的钟表机构:只要当心给他们正确地上紧发条!他们就会正确无误地报告时刻而发出谦虚的响声。

他们像磨粉机和杵一样地工作着:把麦粒放进去吧!——他们会把麦粒磨碎,会制成面粉。

他们互相监视,互相不十分信任。他们善于玩弄小小的诡计,守候着那种脚力软弱的知识人——他们像蜘蛛一样在守候着。

我常看到他们小心翼翼地调制毒药;在调制时,他们总是在手

---

[1] 跟他们打交道,他们就搬出古人的引用句,像粉尘一样来应对。这些引用句,本来也是从强烈的生命中所生出的,但在他们那里,却像粉尘一样失去本来的生气。

指上戴着透明的防护手套。

他们也会掷铅心色子[1];我看到他们掷得如此热衷,弄得满头大汗。

我们互不相识,他们的道德比他们的虚伪和铅心色子更使我倒胃口。

当我跟他们住在一起时,我住在他们的上面[2]。因此他们怨恨我。

他们不愿听到有人在他们的头顶上面行走;因此他们在我和他们的头顶之间放置了木材、泥土和垃圾[3]。

他们如此降低了我的脚步声;因此直到现在,最博学的学者也最难得听我的声音。

他们在他们自己和我之间放置了人的一切缺点和弱点[4]——他们把这叫作他们家里的隔音板。

可是,尽管如此,我依然怀着我的思想在他们头顶上面行走;即使我要在我自己的缺点上面行走,我仍然在他们和他们的头顶上面。[5]

因为世人是不平等的:这是公正的话。[6]我所意欲的,他们没有意欲的资格!

查拉图斯特拉如是说。

---

1. 为了在论争上取胜,不择手段地进行诡辩,弄虚作假。
2. 尼采比职业学者们站得更高地进行思索。
3. 把尼采的业绩骂为非学问的工作,转移人们的注意力。
4. 把人的缺点和弱点,作为对学问的业绩进行吹毛求疵的材料。
5. 即使我所说的,有时也有错误,但我是站在比他们更高的立场上进行思索的事实是不可撼动的。
6. 公正地察看事实,人是不平等的,这无法否定。

诗人

"自从我对肉体有了进一步的认识以来,"——查拉图斯特拉对他的一个弟子说道——"在我看来,精神不过是称为精神的一种比喻而已[1];而一切'不朽的'——也仅仅是个比喻[2]。"

"这话我从前已听你说过,"弟子回道,"当时你还加上一句:'可是诗人们说谎太多。'[3]你为什么讲诗人们说谎太多呢?"

"为什么?"查拉图斯特拉说,"你问为什么?我不是那种可以质问为什么的人。

"难道这是我以前的体会吗?我的这种意见的根据,我已在很久以前体会到了。

"如果我也要把我的许多根据随身带着,我不是必须成为一个记忆桶吗?

"即使要把我的意见保存下来,也已经是吃不消了;有好些鸟儿会从中飞掉的[4]。

"有时我也发现有一只我没见过的禽鸟飞到我的鸽棚里来,我把手放在它身上时,它发抖了[5]。

"可是从前查拉图斯特拉对你讲过什么?讲诗人说谎太多?——然而,查拉图斯特拉也是一个诗人[6]啊。

---

1. 精神不是绝对的东西,而是包含肉体的"本来的我"的一种体现。
2. "无常的"反对乃是"不变的",亦即不朽的。歌德《浮士德》第二部结尾《神秘的合唱》:"一切无常者,不过是比喻。"
3. 歌德。这句责难可追溯至中世纪直至柏拉图及梭伦。
4. 忘记的意见也很多。
5. 也有他人的思想和意见混进来。
6. 尼采也是诗人。

"现在你相信他当时说的是真话吗[1]？你为什么信他的话？"

弟子回道："我相信查拉图斯特拉。"可是查拉图斯特拉摇摇头微笑。

信仰并不使我幸福[2]，他说，特别是相信我。

可是，假定有人极其认真地讲过诗人说谎太多：那么，他是对的，——我们说谎太多了[3]。

我们知道的也太少[4]，学得不够：所以我们必须说谎。

在我们诗人当中，有谁没给他的葡萄酒掺假？

在我们的地窖里制造了好多有毒的混杂物，在那里干了好多难以名状的事[5]。

因为我们知道的很少，所以我们衷心喜欢精神贫乏的人，特别是年轻的妇女。

我们甚至想要倾听那些年老的妇女在晚间互相讲述的事情。在我们中间称之为"永恒的女性"[6]。

好像有一条通往知识的特殊的秘密通道，但对于学会了一点点的人，这条通道是阻塞住了：因此我们相信群众和他们的"智慧"[7]。

但是，一切诗人都相信：谁要是躺在草地里或是偏僻的山坡旁

---

1. 以上的话也许是诗人的谎言。
2.《新约·马可福音》16：16："信而受洗的必然得救。"
3. 包括诗人之一的查拉图斯特拉。
4.《新约·哥林多前书》13：9："我们现在所知道的有限。"
5. 歌德《浮士德》第二部结尾《神秘的合唱》："难以名状者，在此处完成。"
6. 歌德《浮士德》第二部结尾《神秘的合唱》："永恒的女性，领我们飞升。"年老的妇女交谈的敬神和道德观。诗人也想把这些收入自己的作品里。
7. 群众跟上述年老的妇女类似。学问的通道被阻塞，可借群众的情感的直观的、神秘的感觉方法去把握。

竖起耳朵倾听,他就会听到天地之间的一些事情[1]。

如果他们碰上温馨的感情冲动,他们就老是认为,大自然本身爱上他们了:

大自然悄悄偎近他们的耳边,向他们讲些秘密的事情和情意绵绵的恭维话,他们就以此向一切凡人自鸣得意,自吹自擂!

唉,天地之间有许多事情,只有诗人们才梦想到的啊![2]

尤其是在天上[3]:因为一切神都是诗人的比喻,诗人的骗局!

确实,我们总是被接引上升——也就是说,升上白云之国:我们在白云上面安置我们的形形色色的玩偶,随后把他们称为神和超人。

他们确是够轻的,正好适合坐在这些云椅上面!——所有这些神和超人。

唉,我是多么厌倦这一切必须完全要成为事实的力不可及者[4]!唉,我是多么厌倦诗人!

当查拉图斯特拉如是说罢,他的弟子觉得很生气[5],却默不作声。查拉图斯特拉也一声不吭;他的眼睛转向内心,好像望着迢迢的远方。最后,他喟然长叹,深深地吸了一口气。

随后,他说道:我是属于今天和以前的;可是,我的内心里有些是属于明天、后天和将来的。

---

1. 此处令人想到歌德《浮士德》第二部第一幕第一场《幽雅的境地》。
2. 莎剧《哈姆雷特》第一幕第五场:"天地之间有许多事情,是你们的哲学里所没有梦想到的呢。"
3. 歌德《浮士德》第二部结尾《神秘的合唱》:"永恒的女性,领我们飞升。"
4. 歌德《浮士德》第二部结尾《神秘的合唱》:"力不可及者,在此处实现。"力不可及者原意为不足的,有欠缺的。
5. 反讽很多,觉得受戏弄。

我厌倦了诗人,包括老的诗人和新的诗人:在我看来,他们全都是肤浅的,全是浅海。

他们所想的不够深:因此,他们的感情没有沉到底[1]。

一点点情欲,一点点无聊:这就是他们力所能及的深思熟虑。

他们弹奏出的竖琴声音,在我听来,全都是幽灵的气息和喊喊喳喳;迄今为止,他们懂得什么音的热情!——

在我看来,他们也不够干净:他们把他们的水全都搅浑,让它看起来好像很深。

他们就这样爱把自己装成调停者[2]:可是在我看来,他们始终是中间人和搅和者,半吊子和不洁者!——

唉,我确实曾把我的网投进他们的海里,要捉些好鱼;可是我拉上来的总是一个古老的神的头[3]。

因此,大海给予饥饿者的是一块石头[4]。诗人自己也许是从大海里出生的。

确实,人们在诗人身上找到珍珠;这样,诗人自己也就更像是坚硬的甲壳类了。我常在他们身体里发现含盐的黏液而没有灵魂。

他们也从大海那里学到虚荣心:大海不是孔雀中的孔雀吗?

大海甚至会对最丑的水牛开屏,它张开银丝和丝线织成的透孔扇子,从不知道疲倦[5]。

水牛却对它傲然看着,它的心灵跟沙子亲近,跟灌木丛更亲,

---

1. 痛苦也很浅。
2. 理想与现实、精神与肉体等等的,可能暗讽歌德的"妥协性"。
3. 陈腐过时的理想与信仰的碎片。
4. 《新约·马太福音》7:9:"你们中间谁有儿子求饼,反给他石头呢?"
5. 海的浪花飞溅的景观。

可是跟泥坑最亲。

美、大海、孔雀的装饰,对于水牛,算是什么呢!我对诗人们讲这个比喻。

确实,诗人的精神本身就是孔雀中的孔雀和虚荣的大海!

诗人的精神想要有观众:哪怕观众是水牛也行[1]!——

可是我厌倦这种精神:我看到,精神厌倦它自己的日子来到了。

我已经看到诗人们在改变,他们把眼光转向自己。

我看到精神的苦行僧来了[2]:从诗人中成长起来的精神的苦行僧。

查拉图斯特拉如是说。

重大的事件[3]

海中有一个岛——距离查拉图斯特拉的幸福岛不远——岛上有一座火山不断地喷烟;关于这个岛,根据民众,特别是民众中的老太婆们的说法,它就像是放在冥府门前的岩石块:可是,在火山内部有一条狭路通往下方,沿狭路而下,就抵达冥府之门。

当查拉图斯特拉停留在幸福岛上的时候,有一只船在那个有一座活火山的岛屿旁边抛锚;船员们上岸去猎取野兔。可是在中午时刻左右,当船长和船员们再聚在一起时,他们突然看到有个男子从空中向他们飞来,而且听到那个飞人清晰的叫声:"是时候了!是最要紧的时候了!"可是当那个人影逼近他们时,——却像影子一样很快掠过,朝着火山的方向飞去——他们认出那是查拉图斯特拉,都

---

1. 哪怕像水牛那样迟钝而不感兴趣的观众也行。
2. 诗人尼采的愿望的反映,总之,诗人应向着更高的层次前进。
3. 指永远回归的思想趋于成熟。

大吃一惊；因为除了船长本人，船员们以前都见过他，他们爱他，像民众爱他一样：也就是爱与敬畏互相参半。

"瞧啊！"老舵手说道，"查拉图斯特拉往地狱里去了！"——

当这些船员在火山岛上岸的同时，流传开这样的谣言，说查拉图斯特拉失踪了；人们向他的朋友们打听，他们说，他在夜间乘船走了，没说要到哪里去。

因此造成了不安；三天后，听到那些船员传来的消息，就更加使人不安了——这时，民众都说魔鬼把查拉图斯特拉抓走了。他的弟子们对这种说法当然一笑置之，其中有一个甚至说："我宁愿相信是查拉图斯特拉把魔鬼抓走了。"可是他们的心底里全都充满担忧和想念；因此，到了第五天，当查拉图斯特拉在他们中间出现时，他们都非常喜乐了[1]。

以下就是查拉图斯特拉所讲的他跟火狗的对话：

大地，他说，有一层皮；这层皮有好些病。例如，其中有一种病，叫作"人"。

另有一种病，叫作"火狗"[2]：关于这种火狗，人们说了许多自欺欺人的谎话。

为了探究这种秘密，我渡海而去：我看到了赤裸裸的真相，真的！从头到脚的真相。

火狗到底是怎样的东西，现在我弄清楚了；同时，对于这个爆发与颠覆之魔鬼的一切情况，我也知道了，害怕这种魔鬼的并非仅限于老太婆。

1.《新约·约翰福音》20：19—20："耶稣来站在当中……门徒看见主，就喜乐了。"

2.指把守冥国出口的三个头的恶狗刻耳柏洛斯，象征暴力的革命家。亦说这个主题来自波斯神话。

"火狗啊,从你的深洞里出来吧!"我叫着,"给我坦白说出,这个深洞有多深!你喷出的气是从哪里来的?

"你大口大口地喝下海水:从你那充满盐碱味的口才里显露出来!确实,作为一个住在深处的狗,你从表面摄取你的养分未免过多了[1]!

"我最多不过是把你当作大地的腹语表演者[2]:每当我听到爆发与颠覆之魔鬼在大发议论时,我总是觉得他们跟你一样:苦咸、骗人、浅薄。

"你们善于狂吠,善于用灰把四面遮暗!你们是吹牛大王,精通把烂泥煮滚的技术[3]。

"你们所在之处,附近总一定有烂泥,有许多海绵状的东西,空心的东西,被压紧的东西[4]:它们要获得自由。

"'自由',是你们最爱狂吠的:可是,在重大事件的四周,我一听到有许多狂吠,一看到喷许多黑烟,我就对这种重大事件觉得可疑了。

"相信我的话,大声叫嚣的朋友!最重大的事件——不是我们叫得最凶的时刻,而是我们最沉静的时刻。

"世界不是绕着新的叫嚣的发明者旋转,而是绕着新的价值的发明者旋转;世界无声无息地旋转。

"你承认吧!当你的叫嚣和烟雾消散时,就不会有什么事件发生了。一座城市变成木乃伊,一尊柱像倒在泥中,那又算得什么哩!

---

1. 从海的表面摄取养分,亦即追寻小小的日常现象作为革命热情的养分,而缺少思想的深度。
2. 模仿大地的声音。所讲的只是革命为地球的历史必然那种话。
3. 煽动愚民的技术。
4. 愚民。把人的思想囫囵吞下者,空虚者,硬塞在一起、遭受压迫者。

"我也要对推翻柱像者说这句话。把盐倒进海里,把柱像推倒在泥中,也许是最大的傻事。

"柱像倒在你们的轻蔑之泥中:这正是它们的规律,它们将从轻蔑之中新生,恢复生命和生气蓬勃的美![1]

"柱像现在以更神圣的面貌站起来,由于那种痛苦更加显得迷人;真的!你们这些推翻者,你们把它们推翻,它们还会对你们说声多谢哩!

"可是我要对国王和教会以及一切在年龄和道德方面老衰的人做如此的劝告——让你们被打倒吧!这样你们会重新获得生命,你们的道德——也会复归于你们!——"

我对火狗如是说。它气呼呼地打断我的话,问道:"教会?教会到底是什么?"

"教会?"我回道,"它是一种国家,而且是最会骗人的国家。可是,住口吧,你这伪善的狗!你对你的同类一定是最清楚不过的!

"像你一样,国家乃是伪善的狗;像你一样,国家爱用烟雾和狂吠说话——它像你一样,要人相信它是从事物的肚子里把话说出来的。[2]

"因为国家,它要彻头彻尾做地上最重要的动物;人们也对它信以为真。"——

我说完这番话,火狗妒忌得做出像发狂的样子。"怎么?"它叫道,"地上最重要的动物?人们也对它信以为真吗?"从它的喉咙里冒出那么多的烟气和可怕的声音,竟使我认为它会由于愤怒和嫉妒

---

1. 柱像是像传统一样的东西。要毁掉它,反使它获得新生。
2. 国家想把战争等作为表示意志的手段。而且,国家要让世人相信,它的所说所为,是事情的本质上迫不得已的,而且是适切的。

而致窒息了。

最后，它逐渐平静下来，它的喘气也停止了；可是一等它恢复平静，我就笑着说道：

"你发火了，火狗：看来，我说的没错！

"我说的没错，为了坚持这一点，请听我再说说另一只火狗：那只狗是真正从大地的心里说话的。[1]

"它的呼吸吐出的是黄金和黄金雨[2]；它的本心要它这样。灰、烟和灼热的岩浆[3]，对它算得什么哩！

"大笑像彩云一样从它嘴里飞出；它厌恶你的喉咙里的咯咯声、呕吐和内脏的绞痛。

"可是黄金和大笑——是它从大地的心里取来的：因为你要知道——大地的心是用黄金做的。"

火狗听完这番话，它再也受不了，不能听我再说下去。它难为情地夹住尾巴，轻轻叫了几声——汪！汪！钻到它的洞里去了。

查拉图斯特拉如是叙述。可是他的弟子们几乎没在倾听：他们极其想要他谈谈有关船员、兔子和飞人的消息。

"这些事我该怎样想哩！"查拉图斯特拉说，"难道我是一个幽灵吗？

"可是那应当是我的影子。关于流浪人和他的影子[4]，你们肯定听

---

1. 真正适应大地的要求，谋求重新评价人生中各种价值的人物。具有真正的意义的革命家。查拉图斯特拉即为其中之一。
2. 黄金是最高价值的象征。第一部《赠予的道德》中说金子具有最高的价值，它是最高美德的写照，而赠予的道德就是最高的道德。
3. 指火山爆发，亦即暴力革命。
4. 孤独的流浪人常以他自己的影子做伴侣。查拉图斯特拉就是这样的孤独的流浪人。《流浪人和他的影子》是尼采一部著作中的一个题名（《人性的，太人性的》第二卷第二章，初版1880年，再版1886年）。

到过一些了吧?

"可是这是确实的:我必须更加严密地控制它——否则它会破坏我的名声[1]。"

查拉图斯特拉再次摇摇头,感到惊异。"这些事我该怎样想哩!"他又说了一遍。

"幽灵到底为什么要叫:'是时候了!是最要紧的时候了!'

"到底要干什么——最要紧的时候?"

查拉图斯特拉如是说。

预言者[2]

"——而且我看到[3]莫大的悲哀降临到世人的头上。最优秀的人们也对他们的工作感到厌倦。

"一个教条出现了[4],一个信仰随之流行:'一切都是虚空,一切都相同,一切都曾有过!'[5]

"从所有的山上传来回响[6]:'一切都是虚空,一切都相同,一切都曾有过!'

"我们确已收获过:可是为什么一切果实都腐烂了,变成褐色?

---

1. 查拉图斯特拉的内部有伟大的思想在产生,但在没有完全成熟时不能信口外传,应当自重,否则,他自己和这种学说会被评为没有实体的幽灵而损坏名声。

2. 对于强力的生命说教者,最大的敌人乃是认为一切皆空的虚无感。在为此所苦之后,获得新的打开的预感,即永远回归。

3.《圣经》笔法。《新约·启示录》某些章首句:"我看到(见)……"

4. 厌世观。

5.《旧约·传道书》1:2以下:"凡事都是虚空……已有的事,后必再有;已行的事,后必再行……一件事……在我们以前的世代,早已有了。"

6.《旧约·智慧篇》17:18:"或是山谷间的响彻回声。"

昨夜从邪恶的月亮上面落下什么[1]?

"一切劳动都是徒然,我们的葡萄酒变成毒酒,邪恶的眼光把我们的田和心烤焦。

"我们全都干瘪了;如果有火落在我们身上,我们就会像灰一样扬起灰尘[2]——是的,就是火本身,我们也弄得它疲倦了。

"泉水全都干涸,海水也退走。所有的土地全都裂开,可是深深的裂沟并不想吞掉我们[3]。

"'唉,哪里还有我们能在其中溺死的大海?'我们的悲叹之声就这样——飘过浅浅的泥沼。

"确实,我们对死亡也已感到太厌倦了;我们现在还醒着而且活下去——在墓穴之中!"——

查拉图斯特拉听到一个预言者[4]如是说;他的预言钻进他心里,使他变成另外一个人。他悲伤而疲倦地走来走去;他变成像那个预言者所说的人们一样。

确实,他对他的弟子们如是说,还有不多的时候[5],这个长时期的昏暗就要来到了。唉,我怎样才能把我的光安全保存下来哩!

但愿我的光不会在这种悲哀之中闷死!它应当是照亮更远的世界的光,还要照亮最远的黑夜!

查拉图斯特拉就这样忧心忡忡地走来走去;有三天之久,他不吃不喝,不睡觉也不说话。最后他终于陷入深深的酣睡。可是他的

---

1. 从月亮上也有有害的露降落。
2. 因为干透了,碰到火就变成灰,烧不起来。
3. 只是冷淡地裂开大口,对人不造成危险。人对此也失去积极的关注。
4. 指叔本华。
5.《新约·约翰福音》14:19:"还有不多的时候,世人不再看见我。"

弟子们坐在他的四周长久地守夜，惶恐地守候着，看他会不会醒来，再说话，从忧伤中复原。

这就是查拉图斯特拉醒过来后说的话；可是他的声音，在他的弟子们听来，却像来自迢迢的远方。

"朋友们，听我说我做的梦，帮我解释其中的意思！

"这个梦，对我还是一个谜；它的意思还隐藏在梦里，被关在里面，还不能张开自由的翅膀飞出来。

"我否定了一切生存的意义，这就是我做的梦。在那边孤寂的山上的死亡城堡里，我当了守夜人和守墓人。

"在那边山上我守卫死亡的棺材：那些阴森的墓窖堆满了这种死亡的胜利标志。被征服的生命从玻璃棺材里向我注视。

"我嗅到尘封的永恒者[1]的气味；我的尘封的灵魂闷热地躺在那里。谁能做到让他的灵魂在那里通风哩！

"午夜的亮光[2]总映照在我的周围，孤独蹲在它的旁边；还有第三位，呼噜呼噜地喘鸣的死的寂静，我的女友[3]中最坏的一个。

"我带着钥匙，一切钥匙中最会生锈的钥匙；我懂得用它打开一切门中最会嘎吱作响的门[4]。

"当门扇启动时，它的声音就像狂怒的鸦噪声响遍长廊：这个鸟儿恶意地叫着，它不愿被吵醒。

"可是当响声停止，四周又恢复沉寂，我独自坐在这种阴险的寂静中时，却觉得更加可怕而揪心。

---

1. 生前被歌颂为"永恒的人物、存在"，在这里尽是尘土。
2. 在脚边能见到的亮光。星光的程度。
3. "死的寂静"在德文中是阴性名词，故称女友。
4. 用不能随便乱说的重要的思想（没有使用而生锈的钥匙）打开（认识）人力难以打开的生死秘密之门。

"时间就是这样从我身边偷偷地溜走,如果还有时间存在的话:这我怎么知道!可是最后发生了一件事,把我惊醒了。

"听到三次敲门的声音,像打雷一样,墓窖传来三次回响和吼叫:我于是走近门口。

"阿尔巴[1]!我叫道,谁把他自己的灰送到山上来[2]?阿尔巴!阿尔巴!谁把他自己的灰送到山上来?

"我插进钥匙,拼命推门。可是连一指宽都没推开。

"这时,吹来一阵呼啸的风把门扇推开:它飕飕地、飒飒地、呼呼地吹着,把一具黑棺材扔到我的面前。

"随着呼呼的、飕飕的、飒飒的风声,棺材裂开了,吐出千声大笑。

"从千姿百态的孩子、天使、猫头鹰、小丑,还有像孩子一般大的蝴蝶[3]的面孔上向我发出大笑、嘲讽和吼叫。

"我吓得毛骨悚然:我被掼倒了。我吓得大叫,以前从没有这样大叫过。

"可是我自己的叫声把我惊醒了——我清醒过来。——"

查拉图斯特拉如是叙述了他的梦,随即沉默不语:因为他还知道他的梦应如何解释。可是他最钟爱的一个弟子急忙站起身来,握紧查拉图斯特拉的手,说道:

"你的生活本身给我们解释了这个梦,哦,查拉图斯特拉!

"你本身不就是推开死亡城堡之门的飕飕呼啸的风吗?

---

1. 令人联想到希腊字母阿尔法,做惊叹词使用,以模拟严肃的音的效果。亦有解作梦像者,可能用作梦魇(Alptraum)的比喻。
2. 参看第一部《查拉图斯特拉的前言》第2节:"那时你把你的死灰带进山里。"死人不会敲门,只有活着的人把埋葬过去生活的死灰带上山的人才会敲门。
3. 永远回归的思想的形象化。

"你本身不就是那充满生活的种种恶意和天使怪脸的棺材吗？

"确实，查拉图斯特拉就像各种各样的孩子哄笑一样进入所有的墓窖，嘲笑这些守夜者和守墓者以及其他拿着阴森的钥匙、弄得丁零当啷作响的人。

"你将用你的大笑把他们吓坏和打倒；使他们昏厥和醒来，证明你具有超过他们的力量。

"即使长久的昏暗和死亡的倦怠到来，你也不会从我们的天空里消逝，你这位生命的代言人！

"你使我们看到新的星辰和新的夜之壮观；确实，你把生命[1]本身张开在我们的头上，像张开着五彩的天幕。

"如今将有孩子的笑声不断地从棺材里迸发出来，如今将有强烈的风不断地以胜利的姿态向一切死亡的倦怠吹来：你本身就是此事的保证人和预言者！

"真的，你梦见了他们本人，你的敌人：这是你的最可怕的噩梦！

"可是正像你摆脱他们醒过来，恢复你的知觉，他们自己也会如此摆脱自己醒过来——而来就你！"——

那个弟子如是说；这时其他弟子也都拥到查拉图斯特拉的周围，握住他的手，想说服他离开他的卧床和悲哀而回到他们身边。可是查拉图斯特拉却挺直身体坐在床上，露出异样的眼光。就像一个久客他乡重回故土的人，他看看他的弟子们，仔细打量他们的面孔；但他还不能把他们辨认出来。可是当他们扶着他，让他站起来时，瞧，他的眼光突然变样了；他弄清了所发生的一切，他抹抹胡子，

---

1. 亦作大笑。

用洪亮的声音说道：

"好吧！这桩事现在结束了；可是我的弟子们，我们来享用一顿美餐吧，准备起来，立刻就办！我打算为噩梦做些补偿！

"可是我要请预言者[1]坐在我身旁一起吃喝：真的，我还要让他看看他可以在其中溺死的大海[2]！"

查拉图斯特拉如是说。随后对那个担当详梦者的弟子的面孔凝望了良久，并且摇摇头[3]。

拯救

有一天，查拉图斯特拉走过一座大桥，一些残疾人[4]和乞丐将他围住，一个驼子对他如是说道：

"瞧，查拉图斯特拉！连民众也向你学习而信仰你的教言：可是，为了要让民众完全信仰你，还有一件大事要做到——你必须首先使我们残疾人信服！现在这里有个很好的机会，确实，比抓住一把头发[5]还好的机会！你能把盲人医好，使跛子奔跑；对于那背后多出许多的人，你也能替他割去一些[6]——我认为，这才是使残疾人信

---

1. 本章开头说那一番话的厌世的预言者。

2. 作为对世人的危险的、具有能动的意义的海。

3. 详梦的弟子所说"生命对死的嘲笑"，这一点说得很对，所以恢复知觉的查拉图斯特拉叫人准备一顿美餐。但是这还没有能对在他内部趋于成熟的永远回归的思想全部掌握。查拉图斯特拉本人对这种思想也未充分自觉。他想这个梦还有些什么意义，不能同意，故而摇头。

4.《新约·马太福音》15：30：耶稣来到海边，"有许多人到他那里，带着瘸子、瞎子、哑巴、有残疾的和好些别的病人……他就治好了他们"。

5. 德文成语 die Gelegenheit beim Schopfe fassen（抓住机会女神的一绺头发），即抓住机会之意。

6. 耶稣治好残疾人，扩大信仰影响。

仰查拉图斯特拉的好法子！"

可是，查拉图斯特拉对那个说这番话的人如是回道："如果替驼得最厉害的人割去他的隆起部分，那就割掉他的才智——民众如此教导我们[1]。如果让盲人恢复视力，他就会看到世上太多的坏事：这样他就要诅咒治好他的人。而那使跛子奔跑的人，他就给跛子造成最大的灾难：因为一等他能够奔跑，他的恶习就跟他一起通行——这也是民众谈到残疾人时教导我们的。既然民众向查拉图斯特拉学习，为什么查拉图斯特拉不该也向民众学习呢？

"自从我来到世人中间以来，我看到：'这个人缺一只眼睛，那个人缺一只耳朵，第三个人缺一条腿，还有些失去舌头或是鼻子或是头脑。'这对于我已是无足轻重的了。

"我过去见过，现在也看到一些更糟的事情，还有各种丑恶的事情，我不愿一一说出来，但有些事我也不想保持沉默：也就是说，那种只有一样过度发达而其他一切都缺少的人——这种人什么也没有，只有一只大眼睛或者一张大嘴或者一个大肚子或者其他什么巨大的东西——我称这种人为颠倒的残疾人[2]。

"当我走出孤独的山中第一次走过这座桥时：我真不相信我的眼睛，我看了又看，最后说道：'这是一只耳朵，像一个人一样大的耳朵！'我再仔细看：实际上，在这个耳朵下面还有个什么东西在动，又小又可怜又瘦弱，真叫人怜悯。真的，这只巨大的耳朵放在一根又小又细的杆子上面——而这根杆子却是一个人！如果戴上眼镜细

---

1. 残疾人的残疾实为其生存与精神活动的中核，由此点使他在求生中自强不息。如果除去这个中核，他就变成窝囊废。民众凭其直观，感到人还是有这些中核为妙，对残疾人不多管闲事。

2. 偏才。

看，还可以看出一张小小的嫉妒的脸；又看到一个浮肿的小灵魂在杆子上摆动。而民众却对我说，这个大耳朵不仅是一个人，而且是一个伟大的人，一个天才。可是，当民众跟我谈什么伟大时，我从不相信他们的说话——我坚持我的信念，认为他是一个颠倒的残疾人，他有一样过度发达，而其他一切却又太少。"

当查拉图斯特拉对驼子以及以驼子充当辩护者和代言者的那些残疾人说完这番话时，他转过身去，极其不满地对他的弟子们说道：

"确实，我的朋友们，我行走在世人中间，就像是在人的碎块和断手断脚之间！

"我看到世人被割成碎块零落分散，像在战场上和屠宰场上一样，这对于我的眼睛真是一大恐怖。

"当我的眼睛从现在逃往过去时，看到的也总是同样情况：碎块和断手断脚和残酷的偶然——却没有任何人！

"地上的现在和过去——唉！我的朋友们——这是我最难忍受的；如果我不是对必将来到的事物能预见的先知，我真不知道怎样活下去。

"一个先知，一个有意志的人，一个创造者，一个未来之本身，一座通往未来的桥——唉，还像这座桥头的残疾人[1]：查拉图斯特拉就是这一切。

"你们也常常自问：'对我们来说，查拉图斯特拉是什么人？我们应该怎样称呼他？'像我自己一样，你们也给自己提出要回答的问题。

"他是一个许愿者？或者是一个实践诺言者？一个征服者？或者

---

1. 因为他还有许多缺点。

是一个继承者？一个秋实？或者是一只犁头？一个医生？或者是一个康复者？

"他是一个诗人？或者是一个说真话的人？一个解放者？或者是一个受压制者？一个善人？或者是一个恶人？

"我行走在未来的残缺不全的世人中间：我预见的那个未来的残缺不全的世人中间。

"把这些残缺不全、哑谜和可怕的偶然收集起来，合成一体，这就是我努力要做的一切。

"如果人不是创作者，也不是猜谜语者和偶然之拯救者[1]，那么，要我做人，我怎么受得了呢？

"拯救过去，把一切'过去是如此'变为'我要它如此的！'——这个我才称之为拯救[2]！

"意志——这是对解放者和带来欢乐者的称呼：我曾这样教导你们，我的朋友们！现在我还要加上这一条：意志本身还是一个囚徒。

"意志就是要解放：可是还把这种意志锁住的，那是什么呢？

"'过去是'：这就是意志的切齿痛恨和最寂寞的悲哀。对已经做成的事无能为力——对一切过去的事，意志是一个发怒的旁观者。

"意志不能回头想；它不能打断时间和时间的欲望[3]——这就是意志的最孤寂的悲哀。

"意志想要解放：它自己想出什么办法来让它摆脱它的悲哀、嘲笑它的牢狱呢？

---

1. 偶然事件只是被动地发生，没有任何主体的权威。此处指要给偶然事件赋予积极的意义的人。
2. 本章的中心命题。让意志积极地肯定过去的偶然，把它化为意志的必然。
3. 一切都受时间之潮的冲洗。把时间作为主体来看，可想象为时间的欲望。

"唉，所有的囚徒都变成愚夫！被囚禁的意志也愚蠢地拯救它自己。

"时间不能逆转，这是意志压抑的愤怒；'过去是如此'——这就是意志不能推动的石头。

"意志就这样由于愤怒和不满而推动各种石头而对那种不像它一样觉得愤怒和不满的人进行报复。

"就这样，意志，这个解放者，就成为制造痛苦者：对一切能忍受痛苦者进行报复，以发泄它自己不能逆转之恨。

"这一点，仅仅这一点，就是报复本身：就是意志对时间和时间的'过去是如此'所抱的反感。

"真的，在我们的意志中住着很大的愚蠢，这个愚蠢获得智能，就成为对一切人性的诅咒。

"报复的智能：我的朋友们，直到现在都是世人最考虑的一点；在有痛苦之处，总该有惩罚。

"'惩罚'就是报复的自称：它说假话[1]把自己伪装成问心无愧。

"由于意欲者不能有逆转的意志，因此在他自身中存在着痛苦——就这样，意志本身和一切生存都该是——惩罚[2]！

"现在在精神上面笼罩着层层的云；直到最后，疯狂就来说教：'一切都在消逝，因此，一切都应该消逝！'

"'时间必须吞吃他自己的孩子[3]，时间的这条规律，本身就是正当的。'疯狂这样说教。

---

1. 法律和宗教教义的假话。这是包藏报复心的假面具。
2. 佛教将意欲称为业，将生称为苦。基督教所说的原罪，亦属于此。
3. 希腊神话中时间之神克洛诺斯为了防止被儿子推翻，把自己的子女都吞进肚里，因此，时间把时间所生的现象逐个毁去，这是正当的。

"'一切事物都按照公理和惩罚有其道德的秩序。哦,哪里有摆脱万物之流转和"生存"之惩罚的拯救[1]?'疯狂这样说教。

"'如果有永久的公理,还能有拯救吗?唉,"过去是如此"的石头是搬不开的:因此,一切惩罚也必须永远存在[2]!'疯狂这样说教。

"'任何行动都无法取消:怎能由惩罚使行动停止!生存必然是行动和负罪的永远反复,这,这就是生存之惩罚的永恒性!

"'除非意志到后来拯救自己,意欲变成无意欲[3]——':可是,我的弟兄们,你们知道这乃是疯狂者的虚构之歌。

"当我教导你们'意志是一个创造者'时,我曾带你们远离这虚构之歌。

"一切'过去是如此'都是碎块、谜语和残酷的偶然——直到创造的意志对它说:'可是,是我愿意它如此![4]

"——直到创造的意志对它说:'可是,是我愿意它如此!我将愿意它如此!'

"可是,意志却曾如此说过吗?此事发生在何时?意志已经脱卸掉它自己的愚蠢吗?

"意志已成为它自己的拯救者和带来欢乐者吗?它忘记了报复之智能和一切切齿痛恨吗?

"谁教意志跟时间和解以及比一切和解更高的东西?[5]

"意志乃是追求强力的意志,它必然想要比一切和解更高的东

---

1. 宗教方面颇多有此发想。犯了道德方面的罪恶,要受神的惩罚,生时死时,都没有逃避神怒之处。对此应有所恐惧。

2. 如果公理(正义)是永远的,惩罚也应是永远的。

3. 叔本华的哲学有此说法。

4. 由意志,进而肯定过去。

5. 跟时间和解即不恨过去。进而积极地意欲它如此,而且爱它,这就是高于和解的东西。

西——：可是它怎会如此？又是谁教它逆转想望？"

——但说到这里时，查拉图斯特拉突然停住，看上去完全像个极度受惊吓的人。他露出充满恐怖的眼光注视他的弟子们；他的眼光像箭一样射穿他们的思想和内心之底蕴。[1]可是不多一会儿，他又笑着，用安慰的口吻说道：

"跟人相处是困难的，因为沉默是如此困难。尤其是一个好饶舌的人[2]。"——

查拉图斯特拉如是说。而驼子却一面听他说话，一面捂住自己的脸[3]；可是当他听到查拉图斯特拉在大笑时，他好奇地仰望着他，慢慢说道：

"可是为什么查拉图斯特拉对我们说的话跟他对他的弟子们说的话不一样呢？"[4]

查拉图斯特拉回道："这有什么奇怪的，跟背上长疙瘩的驼子说话可以说得疙里疙瘩些！"[5]

"很好，"驼子说道，"跟'弟子'说话可以把'底子'都捅出来。[6]

"但是，查拉图斯特拉跟弟子们说的话，为什么跟他——对他自己说的话又不一样呢？"——

---

1. 以上的教言必然归结到永远回归的思想。对于这种可怕的思想的预感，查拉图斯特拉还感到惊愕，不能将这不成熟的思想传给弟子，故用锐利的眼光看看他们。
2. 开玩笑地自责把重大的事随便乱说。
3. 查拉图斯特拉关于报复的说法，使对人世怀恨的驼子的心被打动。
4. 对驼子说不要割掉背上的隆起部分，对弟子们却教他们意欲过去。前者只是嘲笑，后者却是热心的说教，有点责问的口气。但驼子感到查拉图斯特拉的话打动心坎，指摘他还有心中重大的想法似乎没说尽。
5. 文字游戏：原文 Mit Bucklichten darf man schon bucklicht reden，Bucklichte 意为驼子，bucklicht reden 意为说话别扭。
6. 文字游戏：mit Schülern（弟子），darf man schon aus der Schule（学校），schwätzen 意为把不该对外人讲的事情捅出去，泄露秘密。译文用"弟子"与"底子"二字的谐音。

处世之道

不是山顶：斜坡才是可怕的！

在斜坡上，眼睛要向下看，而手却往上抓。这时，心为了这种双重的意志感到眩晕。

啊，朋友们，你们也能推察出我心里的双重意志吗？

我的眼光冲向山顶，我的手要向深处寻求支撑，这，这就是我的斜坡和我的危险！

我的意志依附于人，我用链子把我跟人缚在一起，因为要把我拉往上面超人所在之处：因为我的另一个意志要我去那里。

为此我像盲人一样生活在世人中间；就像我对他们一无所知：让我的手不致完全丧失这种信念，认为它抓住了坚实的东西。

我对你们世人一无所知：这种愚昧无知和安慰常常散布在我的周围。

我坐在一切无赖来往走过的门口发问：有谁要来骗我？

我的第一种处世之道是：我让自己受骗，为了不对骗人者存戒心。[1]

啊，如果我对世人存戒心，世人怎能做拉住我的气球的桩哩！那就太容易把我拖上去、拖走了。[2]

我必须放弃警戒心，这是支配我的命运的天意。

在世人中间不愿渴死的人，必须学会从一切杯子里痛饮；在世

---

[1]. 虽嘲骂世人，但离开世人就没有完成自己事业的场所。因此要讲对付世人的处世之道。在嘲笑之中含有爱。

[2]. 只顾走理想之路就会脱离现实的世界。

人中间要保持清洁的人,必须懂得用脏水也可以洗身[1]。

我常常如是安慰自己说:"好吧!行啊!我亲爱的心!你遭到不幸:把这种不幸当作幸福尝尝吧[2]!"

我的另一种处世之道是:我对虚荣心强的人比对骄傲的人更加宽容。

受伤害的虚荣心不是一切悲剧之母吗?可是在骄傲受伤害之处,那就会生出更超过骄傲的东西。[3]

为了让人生使我们好好欣赏,人生之戏必须演得好:可是这就需要好的演员。

我发现一切虚荣心强的人都是好演员:他们表演而且希望人们爱看他们——他们的全部精神都贯注在这种意志上面。

他们登台表演,他们想法表现自己的演技;我喜爱在他们近旁观赏人生之戏——它治好我的忧伤。

因此我对虚荣心强的人宽容,因为他们是医治我的忧伤病的医生,他们使我紧贴着世人,如同迷恋戏剧一样。

还有:虚荣心强者具有的谦逊,谁能测出其深度哩!我喜爱他们,对他们的谦逊寄予同情。

他要从你们这里获得他的自信;他从你们的眼光里摄取养分,他从你们的手里贪吃赞赏。

当你们对他说出奉承的谎话,他也相信你们的谎话:因为他的深心里这样叹息:"我算什么!"

如果不意识到自己,乃是真正的美德:那么,虚荣心强者就是

---

1. 不可太谨慎小心。过于神经质,反会使污垢积存。
2. 不可成为不幸之俘虏,要把不幸看成大幸。
3. 骄傲是男性的,不愿受到怜恤,若遭伤害,反以此为契机而向上发展。虚荣心则否。

不意识到自己的谦逊的人!——

可是我的第三种处世之道乃是:我不因你们对恶人所抱的恐惧心理,破坏我对恶人观赏的兴趣。

我爱观看灼热的太阳孵出的奇迹:老虎、棕榈和响尾蛇。

在世人中间也有灼热的太阳孵出的美丽的种族和许多令人惊叹的恶人[1]。

确实,正如你们的最聪明的人在我看来并不怎么聪明那样,我发现世人的邪恶也不像他们的名声那样坏。

我常常摇摇头问道:你们这些响尾蛇,为什么老是响个不停呢?

真的,即使是恶,也有其未来[2]!最炎热的南方,在人间尚未被发现。

身围只有十二英尺,生后才有三个月,在这种情况之下,现在有多少就被称为极恶啊!可是有一天将有更大的龙出世。

因为超人也少不了要有他的龙,跟他相匹配的超龙:为此还必须有好多灼热的太阳照着卑湿的原始森林!

你们的山猫必须先变为老虎,你们的毒蛤蟆必须先变为鳄鱼:因为好猎人应当有好猎物。

确实,你们这些善人和义人啊!你们有许多可笑之处,特别是你们对于至今被称为"魔鬼"者的惧怕!

你们的灵魂对于伟大的东西是如此陌生,因此你们对于超人的善,会觉得可怕!

你们这些智者和有识之士,你们会逃避智慧之烈日,而超人却

---

1. 恶人也有超乎凡庸人之处。
2. 恶乃是世人的强烈的能量的发挥,将来还有更强烈的可能性。

爱在烈日之下进行赤身裸体的日光浴！

我的眼睛所碰到的至高的人啊！我对你们的怀疑和窃笑就是：我猜测，你们会把我的超人——称为魔鬼！

啊，我对这些至高的人和至善的人感到厌倦了：我要从他们的"高处"离开，超出他们之上，超出他们之外，一直抵达超人。

我看到这些至善者的裸体，不由感到战栗：这时我就生出飞向遥远的未来的翅膀。

飞向比任何梦想家所曾梦想过的更远的未来，更南的南方：飞向神道们都以一切衣着为可耻的地方。

可是邻人们，同胞们，我愿看到你们装扮起来，好好打扮，显得爱虚荣的样子，像"善人和义人"一样的尊严，——

我自己也要装扮起来，坐在你们中间——使我看不出你们和我自己的本来面目[1]：这就是我的最后的处世之道。

查拉图斯特拉如是说。

最寂静的时刻[2]

我出了什么事，我的朋友们？你们瞧我心烦意乱，慌慌张张，被迫服从，准备走人——唉，要离开你们！

是的，查拉图斯特拉必须再一次回到他的孤独之中：可是这次，他这头熊，是不乐意地回他的洞里去！

我出了什么事？这是谁的命令？——唉，是我的发怒的女主人

---

1. 不愿感到你们和我之间的距离和本质的相异。
2. 最寂静的时刻来到，命令他宣告永远回归的真理，但他想到自己还不够成熟而回到孤独中去。

要我这样做,是她对我说的;我可曾对你们提到过她的名字?

昨天傍晚时分,是我的最寂静的时刻对我说的,这就是我的可怕的女主人[1]的名字。

事情的发生就是这样——因为我必须把一切告诉你们,使你们的心不致对我这突然离去的人变得冷酷无情!

你们可知道向沉睡者侵袭来的恐惧?——

他全身战栗,因为足下的大地远离开他,梦幻开始。

我用比喻对你们说这件事。昨天,在最宁静的时刻,大地从我足下远离:梦幻开始。

指针在动,我生命的时钟在透气[2]——,我从没听到过我的周围有这样的寂静:因此我的心大为恐惧。

于是有无声的声音对我说:"你是知道它的吧[3],查拉图斯特拉?"——

听到这声低语,我吓得叫了出来,我的脸上毫无血色:可是我沉默不语。

无声的声音又对我说道:"你是知道的,查拉图斯特拉,可是你不说出来!"——

最后我像一个反抗者回答说:"是的,我知道,但我不愿说!"

这时无声的声音又对我说道:"你不愿吗,查拉图斯特拉?这是真的吗?不要装出反抗的样子!"——

我像孩子似的哭着,战栗着,说道:"唉,我确实是愿意的,可

---

1. "时刻"的德文是阴性名词,故称为女主人。面对最寂静的时刻,听从她的命令,对内省之人是非常可怕的事。

2. 在非常寂静之中,决定的时间迫近的情况。

3. 它指永远回归的真理。你既知道,为何不说?

是我怎能办到哩！免了吧！这是我力所不及的！"

无声的声音又对我说道："对你有什么关系哩，查拉图斯特拉！把你的话说出来，打破一切吧！"——

我回答说："啊，这是我该说的话吗？我是何人？我等待更合适的人[1]；我根本没有资格在他的面前打破一切。"

无声的声音又对我说道："对你有什么关系呢？我看你还不够谦虚。谦虚的皮是最厚的。[2]"——

我回答说："我的谦虚之皮有什么没承受过！我住在高山的山脚下：我的山顶有多高？还没有人对我说过。可是我的山谷有多低，我知道得很清楚。"[3]

无声的声音又对我说道："哦，查拉图斯特拉，要移山的人，也会移动山谷和低地。"[4]——

我回答说："我的话还没有移过任何山，我所说过的还没有传到世人那里。我确是在走向世人，可是我还没有走到世人那里。"

无声的声音又对我说道："你对此知道什么！露水是在夜间最沉默的时刻降落在草上的。"[5]——

我回答说："当我找到我自己的路而行走时，他们嘲笑我；真的，那时我的脚在发抖。

"他们对我如是说：你已忘记正路了，现在你也要忘记怎样行

---

1. 超人。
2. 像驴子一样默然承受困难乃是真正的谦虚。
3. 目标是理想的高山，但仅仅住在山脚下。高山是怎样地高而难攀登，我还不知道。我只知道低低的人世间。此乃自谦能力微薄。
4. 不能说你的山谷和低地。以高山为目标而干大事业的人当然可以移动山谷。
5. 你有没有堪当重任的资格，你自己是不知道的。滋润草木的露水是在深夜自己也不自觉到的那样寂静的深夜中降落的。

走了！"

无声的声音又对我说道："他们的嘲笑有什么关系哩！你是一个已忘掉服从的人[1]：现在你应当发号施令！

"你可知道，对万人最需要的是什么人？是号召伟大事业的人。

"完成伟大的事业是困难的；可是更困难的是号召伟大的事业。

"你有力量，你却不愿支配，这是你的最不可饶恕的一点。"——
我回答说："要发号施令，我缺少狮子的声音。"

又有像私语一样的声音对我说："带来狂风暴雨的是最寂静的话语。用鸽子的脚行走的思想会控制全世界。

"哦，查拉图斯特拉，你应当做那必定来到者的影子[2]行走：这样你就会命令，一面命令一面当先驱。"——

我回答说："我害臊。"

无声的声音又对我说道："你必须还做个孩子，不要害臊。

"你还没脱离青年期的骄傲[3]，你最近变得年轻了：可是要变成孩子的人，也必须超越他的青年期。"——

我沉思了很久，而且战栗。最后我说出我最初说过的话："我不愿意。"

这时在我周围发出一阵大笑。唉，这一阵大笑是怎样使我肝肠寸断、心脏碎裂啊！

无声的声音最后一次对我说道："哦，查拉图斯特拉，你的果实成熟了，但你自己还没有成熟得可以去摘果子！

"因此你必须再回到你的孤独中去：因为你应当成熟得更丰美

---

1. 违背老一套的价值体系，抛弃对它服从的人。
2. 虽不能说是真正的超人本身，却是传导超人的影子的人。
3. 外表还是青年的样子。

一些。"——

又听到一阵笑声,而且笑声渐渐远去了:随后在我四周恢复一片寂静,双倍的寂静。可是我倒在地上,四肢流出大汗。

——现在你们听到这一切了,知道我为什么必须回到我的孤独中去。我毫无隐瞒,我的朋友们。

可是你们也听到我说了,谁是世人中最守口如瓶的人——而且要永远守口如瓶[1]!

唉,我的朋友们,我本来还有些话要对你们说[2],我本来还有些东西要送给你们[3]!为什么我不给呢?难道是我吝啬吗?——

可是当查拉图斯特拉说完这番话,剧烈的痛苦向他袭来,跟他的朋友们分别的时间已经迫近,使他受不了,他不由放声大哭;谁也无法安慰他。可是当夜他就独自离去,丢下他的朋友们。

---

1. 内部包含最重大的思想的人。思想越重大,越保持沉默。
2. 《新约·约翰福音》16:12:"我还有好些事要告诉你们,但你们现在担当不了。"
3. 指永远回归的思想。本来要给你们,但考虑自己还不够成熟,所以心烦意乱。

第三部

ALSO SPRACH ZARATHUSTRA

我又孤独了,
我愿意孤独。

你们想升高时,就向上仰望。我向下俯视,因为我已升高。

你们当中,谁能同时又笑又高升呢?

登上最高的山顶的人,他嘲笑一切"扮演的悲剧"和"实际的悲剧"。

《查拉图斯特拉如是说》第一部《读和写》

浪游者[1]

午夜时分,查拉图斯特拉取道越过岛上的山脊,想在第二天一大早到达对面的海岸:因为他要在那里乘船。那里有个良好的停泊场,外国船也爱在那儿抛锚,它们把好多想从幸福岛前往海外的旅客运走。当查拉图斯特拉这样登上山路时,他在途中想到他从少年时走过的许多孤独的旅程,想到他已经攀登过多少群山、山脊和峰顶。

我是个浪游者和登山者,他对自己的心说道,我不爱平地,好像我不能长时期静坐。

今后,不管碰到什么命运和体验——其中总会有浪游和登山:我们到头来总是体验自己[2]。

还会让我碰到偶然的时期已经过去了;现在我所能碰到的,还

---

[1] 本章描写回归山洞的旅途中的感慨,迈向伟大的高处而做最后的孤独的浪游。但在登高之前,必先走下到寂寞的悲哀的大海,亦即升向最高处要从最深处开始。

[2] 经过种种体验,到头来还是要往上攀登,以实现自己本来的更高的理想,再确认本来的自我。

有什么不是已属于我自己的事哩!

只有回来,终于回到老家——我自己的自我,长久漂泊在异乡、分散在一切事物和偶然之间的自我终于回头了。

我还知道另一点:我现在面对着我的最后的峰顶,给我保留到最后的峰顶。唉,我必须登上我的最艰险的道路!唉,我开始了我的最孤独的浪游!

可是,跟我属于一类的人,他逃避不了这样的时刻:这个时刻对他说:"现在你才走上你的伟大之路!峰顶和深渊——现在包含为一体了[1]!

"你走上你的伟大之路:它向来被称为你的最后的危险,现在却成了你最后的避难所[2]!

"你走上你的伟大之路:在你的背后已不再有退路,必须以此鼓起你最大的勇气!

"你走上你的伟大之路:这里不许有任何人尾随着你!你的脚本身擦去了你身后的路,在路上写下大字:不可能[3]。

"如果从现在起你不再有任何梯子,那么你必须懂得,爬到你自己的头上:你怎能想用别的办法向上爬呢?

"爬到你自己的头上,越过你自己的心吧[4]!现在你所具有的最柔和的一切,必须成为最严酷的。

"对自己过分爱护的人,最后会因过分爱护而生病。使人变得严

---

1. 向伟大攀登,要登上的不仅是山顶,而且是包括深谷的全山。理想之高,跟低的现实乃是一体。
2. 讲述深奥的睿智,要回到真正的自我,是艰险的,但伟大就存在于危险之中,因此你也由此而获救。
3. 你走的道路,跟随者无法跟着你走。
4. 超越自己,克服理智而飞跃。

酷的，该受赞美！我不赞美那种地方，那儿有奶油和蜜——流着[1]！

"为了看得多，学会不注视自己[2]是必要的——这种严酷对每个登山者是必需的。

"可是，作为认识者而过于张目逼视的人，他对一切事物，除了看到其前景[3]，怎么能看得更多哩！

"而你，哦，查拉图斯特拉，你是想看到一切事物的根底和背景[4]的：因此你必须越过你自己攀登——向上，登上去，直到你甚至看到你的星[5]在你的下方！

"是的！俯视我自己，还有我的星：这才能称为我的峰顶，给我保留下的我的最后的峰顶！——"

查拉图斯特拉在登山时如是对自己说着，用严酷的箴言安慰他的心：因为他的心从未有过如此的伤痛。当他登上山脊的高处时，瞧，另一边的大海浩浩地展现在他的面前：他停下来，沉默良久。可是在这高处的夜晚，非常寒冷，天空清明，充满星光。

我认识我的命运，他终于忧伤地说道。好吧！我已准备好。我的最后的孤独刚刚开始。

唉，我下面的这片黑沉沉的忧伤海！唉，这个充满厌恶的黑暗！唉，命运和海！现在我必须向你们那里走下去[6]！

---

1. 《旧约·出埃及记》3：8："领他们……到美好宽阔流奶与蜜之地。"

2. 向上攀登，开阔视野，把自己的安危置之度外。

3. 近视者只看到事物的表层，不能看透其核心。

4. 根底（Grund）和背景（Hintergrund）指事物的本质，深层的核心。背景跟前文的"前景"（Vordere Gründe）相对而言，"前景"指表层的现象、表面的事理。

5. 你的理想。理想过的各种价值。

6. 为了攀登上生之绝顶，先要下降到大海去。海作为人类的比喻（人海）。叔本华认为生是苦恼的，令人厌恶的，但又是逃避不了的。只有决心深入到它的黑潮里去。克服这一关，就能治愈生之病痛。

我面对着我的最高的山和我的最长久的浪游：因此我首先必须比以前任何时候更深地走下去：

——比以前任何时候更深地走下到苦痛之中，一直下降到它的最黑的黑潮里去！这是我的命运所想望的：好吧！我已准备好。

那些最高的山从何处而来？我曾经这样问过。现在我知道，它们是从海中升上来的。

这个证据写明在它们的岩石上，它们的峰顶的岩壁上[1]。最高者必须从最深处升起，才能成其高。——

查拉图斯特拉在寒冷的山顶上如是说着；而当他走到大海近旁，最后独自站在危岩之间时，他一路上走得累了，比以往任何时候更充满了憧憬之情。

现在一切都还睡着，他说道；大海也在沉睡。大海的眼睛睡意沉沉而奇妙地望着我。

可是它温馨地呼吸着，我感觉到。我也感觉到，它在做梦。它在硬垫子[2]上面梦沉沉地辗转反侧。

听啊！听啊！它是怎样在做着不愉快的回忆而呻吟！或者怀着不愉快的预期[3]？

唉，我跟你一同忧伤了，你这黑沉沉的怪物，而且为了你，还怨恨我自己。

唉，我真恨我的手没有足够的力量！说真的，我真乐愿把你从噩梦中解救出来！——

查拉图斯特拉如是说时，他怀着忧郁和愁苦嘲笑他自己。"怎

---

1. 由山上的贝壳的化石和沉积岩而知之。
2. 海底粗糙而坚硬。
3. 海产生出粗恶的人类。今后还要产生出来（海的预期或预感）。

么!查拉图斯特拉!"他说道,"你还要对大海唱安慰之歌吗[1]?

"唉,你这充满爱的傻瓜查拉图斯特拉,你这轻信的乐天派!不过你一向如此:你一向非常相信地走近一切可怕者[2]。

"任何怪物,你都想去抚摩一下。一接触它温暖的呼吸的一口气,一看到它前爪上的几根鬏毛——:你就准备去喜爱它、引诱它。

"对于最孤独者,危险的是他的爱,对一切只要是有生命者的爱!确实,在我的热爱之中的愚蠢和谦虚[3]是可笑的!"——

查拉图斯特拉如是说罢,又一次笑了出来:可是在此时,他想起了他丢下的那些友人——,他又对这种怀想感到生气,就像他这样怀想有点对不起他的友人[4]。随即,这位嘲笑者哭了起来——查拉图斯特拉在愤怒和憧憬之余伤心痛哭起来[5]。

幻影和谜[6]

1

在船员们中间传开这个消息,说查拉图斯特拉在船上——因为有个来自幸福岛的人跟他同时上船——,就引起了极大的好奇和期望。可是查拉图斯特拉有两天都默不作声,陷于哀伤之中,神色冷

---

1. 警戒自己的廉价的同情,又嘲笑自己的老脾气复发。
2. 查拉图斯特拉心里充满爱,对应予克服的人性也充满信任。容易受同情诱惑,这是他最大的危险。
3. 给人以低级的爱就是爱之中的谦虚。高级的爱,由于其严格,对方不得不向上。
4. 以温馨的心情怀念朋友,乃是低级的爱,犹如对朋友轻视,故觉得好像是对不起朋友。
5. 《圣经》用语。《新约·马太福音》26:75:"伯多禄(彼得)……就伤心痛哭起来。"
6. 幻影指永远回归的预感。

淡，充耳不闻，人们看他、问他，他都不加理会。可是到第二天傍晚，他又打开耳朵，尽管他还是一声不吭：因为在这从远处开来又要开往远处去的船上，可以听到好多奇闻和惊险的事情。可是查拉图斯特拉乃是一切爱好远游、没有冒险就无法活下去的人的朋友。瞧！在他听人讲时，他自己的舌头也放松了，他的心头的冰也解冻了：——于是他开始作如是说：

你们这些大胆的探求者[1]、尝试者，巧妙地扬帆而在可怕的大海上驾船的人，——

你们这些陶醉于哑谜的人，爱好朦胧之光的人[2]，听到笛声就让你们的灵魂被勾引到任何魔法深渊的人[3]：

——因为你们不想用胆怯的手顺着一根线[4]摸索前进，你们能猜得出的，你们就讨厌去推断[5]——

我只对你们讲我见到过的这个谜，——最孤独者所见的幻影。——

最近我黯然走过死尸色的晦暗之中，黯然忧伤而冷酷，闭紧嘴唇。在我眼前沉落的不仅是一个太阳[6]。

一条在碎石当中昂然上升的山路，一条充满恶意而孤僻的，连草和灌木也不再爱在那里生长的山路[7]：这一条山路在我的昂然阔步的脚下发出轧轧的声响。

---

1. 把船员比作进行大胆的冒险而去探求真理的人。

2. 喜爱追求未知的真理，在不可解的境地里巡游。

3. 令人联想到半人半鸟的海妖塞壬，她们要用歌声迷惑住奥德修斯和他的部下（荷马《奥德赛》第12歌）。

4. 希腊神话中阿里阿德涅给忒修斯一个线团，让他把线的一端拴在迷宫门口，进去又能出来。

5. 不愿做论理（逻辑）的思考而爱用直觉进行猜测的冒险方法。

6. 所有的光明都从我眼前消失（克服了许多的理想）。

7. 我的人生的道路是险峻的，孤独的，到处充满敌意的。

默默地踏过发出嘲笑的轧轧之声的小石子，踩住使我脚下打滑的石头：我的脚就如此强行向上。

向上——不管那拖我后腿、把我的脚拖往下边、拖往深谷的魔神，那个重压之魔[1]，我的魔鬼和大敌。

向上——不管他骑在我肩上，那个半侏儒，半鼹鼠；那个跛子；还要叫人变跛的跛子；那个给我的耳朵里塞铅、给我的脑子里注入铅滴的思想的家伙。

"哦，查拉图斯特拉，"他低声吐出一个个嘲笑的字眼，"你这智慧的石头！你把你自己抛得很高，可是每一块被抛上去的石头都得——掉下来[2]！

"哦，查拉图斯特拉，你这智慧的石头，你这石弩[3]之石，你，星[4]的破坏者！你把你自己抛得这样高，——可是每一块被抛上去的石头——都得掉下来！

"你自作自受，注定要用石头砸你自己：哦，查拉图斯特拉，你把石头确实抛得远，——可是它会回过来掉在你自己的头上！"

侏儒说罢，就默不作声；他的沉默持续很久。这种沉默使我苦恼；虽然是如此有两人在一起，但确实比单独一人还要孤独！

我攀登，我攀登，我梦想，我思考——可是一切都压迫着我，使我苦恼。我像一个病人，被他的严重的痛苦搞得疲惫，又被噩梦纠缠得从沉睡中惊醒。——

可是我的身体里有某种东西，我称它为勇气：它直到现在，把

---

1. 妨碍上升之力。在物理上是重力，在精神上是厌世、虚无感、褊狭的现实精神。

2. 你高举的思想，将像投出的石头一样掉在你身上打伤你。在你克服自己的每一步，你都要苦于自己的矛盾。隐藏在你心中的重压之魔会使你的努力落空。

3. 石弩即古代的投石器。

4. 各种理想。

我的一切沮丧诛除。这种勇气最后命我停下来，说："侏儒！有你就没有我！"——

因为勇气乃是无上的诛戮者——勇气，它进行攻击：因为在一切攻击之中有军乐之声。

而人乃是最勇敢的动物：他由此征服了一切动物。他还用军乐之声征服了一切痛苦；可是人类的痛苦乃是最深的痛苦。

勇气也诛灭了面临深渊时的眩晕：人在哪里不会如临深渊！观察本身——不就是观察深渊吗？

勇气乃是无上的诛戮者：勇气也诛灭同情。而同情乃是最深的深渊：人们对人生观察得越深，对痛苦也就观察得更深。

可是勇气乃是无上的诛戮者，勇气，它进行攻击：它还把死亡诛灭，因为它说："这就是以前的生存吗？好吧！再来一次[1]！"

在这些谈话之中却有很多的军乐[2]之声。有耳可听的，就应当听[3]。——

2

"站住！侏儒！"我说道，"有我就没有你！可是我是两人中的较强者——：你不懂得我的深渊似的思想！这个思想——你承受不了[4]！"——

---

1. 对生存感到绝望而想求死之心也可以被勇气诛灭。虽然人生是痛苦的，但还决心想再生存下去。这是永远回归的思想之中最重要的实践的态度。
2. 军乐代表战斗性，是从高处对生存所持的达观的智慧和态度。
3. 《圣经》用语。《新约·马太福音》11：15："有耳可听的，就应当听。"
4. 我预感到而且藏有永远回归的真理，故比你强。像你那样表面钝重的玄学的精神，对生命的无限深刻的思想承受不了。

这时，我突然觉得身体轻松了一点：因为这个侏儒从我的肩头跳下去了，这个好奇者！他蹲坐到我面前的一块石头上去。在我们站住的地方，正好有一条门道。

"瞧这条门道！侏儒！"我接着说，"它有两面。有两条道路在这里会合：还没有任何人走到过它们的尽头。

"身后的这条长路：它通向永恒。向前去的那条长路——它是另一个永恒[1]。

"这两条路背道而驰；它们正好碰头在一起——在门道这里，就是它们的相会之处。门道的名字写在上方：'瞬间'。

"可是如果有谁选择二者之一继续前行——越走越远，那么，侏儒，你以为这两条路会永远背道而驰吗？"——

"一切成直线的都是骗人的，"侏儒轻蔑地叽咕着，"一切真理都是曲线的，时间本身就是个圆周[2]。"

"你这重压之魔啊！"我大怒地说道，"别这样轻易地说话！否则，我要让你老蹲在你蹲着的地方，跛子，——我把你背得太高了！"

"你瞧这个瞬间！"我继续说下去，"从这个瞬间之门道，有一条漫长的永恒的路向后伸去：在我们背后有个永恒。

"一切能走的，不是都该在这条路上已经走过一次了吗？一切能发生的，不是都该已有一次发生过、完成过、曾在这条路上走过去了吗[3]？

"如果一切已经存在过，你这个侏儒对这个瞬间有什么看法呢？

---

1. 身后的路是过去，向前的路是未来。

2. 过去决定未来，影响未来，残留在未来之中，两者形成圆环的关系。表面上看来，颇似永远回归的思想，但本质上却有歧异，因为缺少坚忍和向上的要素，所以查拉图斯特拉说他说得太轻松而感到愤怒。

3. 在未来所能发生的一切现象，已在过去发生过。亦即现在的事物现象都是过去的事物现象的回归。

这个门道不也应该已经——存在过了吗?

"一切事物不都是如此紧密结合着,为此,这个瞬间不也要把一切要来的事物向自己身边拉过来吗?因此——也把它自己拉住?

"因为,一切能走者,也得在这条长长地伸出去的路上——必须再走一次!——

"这个在月光下慢慢爬行的蜘蛛,这个月光本身,还有在门道上一同窃窃私语、谈说永恒事物的我和你——我们不是全应当已经存在过了吗?

"——而且再回来,走那条在我们面前伸出去的另一条路,在这条漫长的可怕的路上——我们不是必须永远回来吗?——"

我这样说着,声音越说越轻:因为我害怕我自己的思想和私下的想法。这时,突然间,我听到一只狗在附近叫着。

我曾听到过一只狗如此叫过吗?我的思想追忆起过去。是的!当我还是个孩子时,在遥远的儿童时代:

——当时我听到过一只狗这样叫[1]。我也看到它,竖起全身的毛,仰起头,战战兢兢,在最沉寂的午夜,在狗也相信有鬼的午夜时分。

——于是唤起我的怜悯。正在那时,圆圆的月亮,死寂地,在屋子上空升起,它正好停在那里,一只圆圆的火球,——静静地停在平坦的屋顶上,好像停在别人家的私有地上。

当时,狗也为此感到害怕:因为狗也相信有小偷和鬼。当我又听到它如此叫时,又一次唤起我的怜悯[2]。

---

1. 狗感到害怕而叫,这也是过去的回归。尼采在童年时,当他父亲因跌倒而死时,曾听到一阵惊人的狗叫,结果发现他父亲躺在地上不省人事了。尼采也曾被这个思想困扰过,想到他自己也会像他父亲一样遭到同样的死亡。

2. 现在听到的这阵狗叫,跟上述听到狗叫的那一瞬间,唤起同样的心情。

现在侏儒到哪里去了？那个门道呢？那只蜘蛛呢？那一切窃窃私语呢？难道那是我的梦？我做梦做醒了没有？突然间我站在荒凉的悬崖之间，独自一人，凄凉地站在最凄凉的月光之下。

可是这儿躺着一个人！这儿！这只狗，跳着，竖起全身的毛，哀叫着——现在它看到我走来——于是它又叫起来，它大声叫着——我可曾见过一只狗如此大声呼救？

确实，我所见到的，这种样子是我从未见过的。我看到一个年轻的牧人，蜷缩着，哽咽着，颤抖着，面孔扭歪着，他的嘴里悬吊着一条粗大的黑蛇。

我曾见过在一张面孔上现出如此厉害的令人厌恶和苍白的恐怖吗？也许他曾经睡熟？于是这条蛇爬进他的喉咙里——它就在那里紧紧咬住。

我用手把那条蛇拖了又拖——徒然！我的手没有把喉咙里的蛇拖出来。这时从我内心里发出叫声："咬吧！咬吧！"

"咬下它的头！咬吧！"——从我内心里发出如此的叫声，我的恐怖，我的憎恨，我的厌恶，我的怜悯，我的全部善意和恶意都从我的内心里以同一个叫声叫出来。——

你们，我周围的勇敢的人们！你们这些探求者、尝试者，你们当中巧妙地扬帆在未被探测的海上航行的人！你们，谜的爱好者！

就来解解我当时所见的谜吧，就来给我解释最孤独者所见的幻影吧！

因为那也是一个幻影，一个预见：——我当时所看到的是什么比喻呢？将来有一天必将来到的是谁呢？

那样有蛇爬进他喉咙里的那个牧人是谁呢？将有一切最重最黑

的东西像那样爬进他喉咙里的那个人是谁呢[1]?

可是这个牧人按照我叫出的劝告去咬了;他使劲地咬!他把蛇头吐出来,吐得很远——:并且跳起来[2]。——

不再是个牧人,不再是个人——而是一个变容者,一个被光裹住的大笑者!世界上从没有过一个人像他那样大笑似的大笑过[3]!

哦,我的弟兄们,我听到一阵大笑,这不是人的大笑,——这时,有一种渴望,一种永不熄灭的憧憬,在侵蚀我[4]。

我对这种大笑的憧憬在侵蚀我:哦,要我还活下去,我怎样受得了!但现在就死,我又怎会受得了[5]!——

查拉图斯特拉如是说。

违背意愿的幸福[6]

心里藏着如此的谜和酸辛,查拉图斯特拉渡海而去。可是当他离开幸福岛和他的朋友们远航了四天之后,他把一切痛苦全都克服了——:他胜利地、脚步坚定地稳站在他的命运之上。于是查拉图斯特拉对他的欢欣雀跃的良心如是说道:

---

1. 像查拉图斯特拉那样的人,是有决心求生的人。他要把生存的大敌(虚无、否定、厌世等思想)用自己的力量咬掉,转变成求生的意志。
2. 这就是幻影之谜的答案。这个牧人就是查拉图斯特拉自己。蛇就是侵袭他而使他烦恼的可怕的思想。他鼓起勇气把藏有很多危险和矛盾的思想加以克服。
3. 具有超人的气概。
4. 但这个牧人并非现在阶段的查拉图斯特拉本身。他是怀着要达到如此阶段的憧憬的希望者。
5. 死掉,就不能那样大笑了。
6. 查拉图斯特拉为了要完成永远回归的思想,回到孤寂之中,献身于一切不幸以锻炼自己,但常有违背意愿的幸福感侵袭着他。

我又孤独了，我愿意孤独，跟纯洁的天空和辽阔的大海孤独地在一起；我的周围又是下午。

过去，我第一次找到我的朋友们，是在下午，我第二次找到我的朋友们，也是在下午——在一切的光都变得更加寂静的时刻。

因为，还在天地之间飘荡的幸福的太阳，她现在还在寻找一个光明的灵魂做她的宿泊的场所：现在，一切的光都由于幸福而变得更加寂静了。

哦，我的生命之下午！我的幸福也曾降到谷中去寻找宿泊之处：它在那儿找到这些开朗好客的灵魂。

哦，我的生命之下午！我什么也没有放弃，以便获得一样东西：我的思想的这种活的移植[1]，我的最高希望的这种曙光！

从前，我这个创造者也曾寻找过伙伴和我的希望的孩子们：瞧，后来才知道，他不能找到他们，除非，他自己先把他们创造出来。

因此，我正埋头于这个事业之中，向我的孩子们走去，又离开他们回来：为了我的孩子们，查拉图斯特拉必须完成自己。

因为，人衷心所爱的，只是他的孩子和事业；如果对自己有莫大的爱，这就是妊娠的征兆[2]：这是我的发现。

我的孩子们刚在他们的初春时期萌芽发青，紧紧地挨在一起，共同在风中摇曳，他们是我的园中和最优质的土壤中的树木。

确实，有这些树木互相生长在一起的地方，那里就是幸福的岛屿！

可是，有一天，我要把它们连根挖出，把每一棵单独分栽，让

---

1. 传授思想的人，也就是下述的伙伴和孩子。希望的曙光，换言之，也就是孩子们，遵奉他的教言的新的一代。
2. 怀孕的女性爱她自己。爱自己，是因为对自己的孩子（和事业）的真正的爱是在自己的内部产生的。

它们学会孤独、反抗和小心谨慎。

我要让它们长出节疤,弯弯曲曲,具有柔韧的坚硬性,矗立在大海边,成为不屈不挠的生命的活灯塔。

在暴风冲下大海的地方,在群山的岩鼻饮水的地方,将来,它们每一棵树都要在那里日夜守望,对它自己进行考验和认识。

它要经受考验,被认清,是不是我的同类和同族——是不是一种长久意志的所有者,在它说话时也是沉默寡言,而且是那样落落大方,在施与时也会夺取:——

——让他将来会成为我的伙伴,成为查拉图斯特拉的共同创造者和共同庆祝者——:成为这样的人,就是把我的意志写在我的石版上:使一切事物达到更完美的完成。

为了这些树木和它们的同类,我必须完成我自己:因此我现在避开我的幸福,献身于一切不幸——为了对我进行最后的考验和认识。

确实,现在是我离去的时候了;流浪人的影子、最长久的无聊和最寂静的时刻——全都对我说:"现在是紧急的时候了[1]!"

风从钥匙孔里吹进来,说"来吧!",门不错过时机打开,说"去吧!"。

可是我躺着,摆脱不了对我的孩子们的爱:渴望,对爱的渴望给我设下这个圈套,我变成我的孩子们的俘虏,为了他们而失去自我[2]。

渴望——对我而言,就是失去了自我。我拥有你们,我的孩子们!在这种拥有中,一切都该很确实,没有任何渴望的余地[3]。

---

1. 命他完成永远回归的思想。也就是应当回到山洞的孤独之中,献身于艰难的事业。
2. 由于太爱惜弟子们,不容易离开他们独上山去。
3. 如果是真正拥有,即使离开对方,也非常放心(确实),现在也就没有渴望的必要。如果并非完全拥有,才会渴望对方。

我的爱之太阳，像孵卵一样，蒸晒在我的身上[1]，查拉图斯特拉泡在自己的热气之中，——于是影子和怀疑都从我头上飞离而去[2]。

我已经在向往严冬的寒气[3]："哦，但愿严冬的寒气再来让我瑟瑟发抖吧！"我叹息着：——这时，冰一样的雾气从我内心里升涌出来。

我的过去冲破了坟墓而出，好多被活埋的痛苦醒过来了——：它们只是被裹在殓尸布里大睡了一场而已[4]。

就这样，一切都以征兆的口气对我说："时候到了！"可是我，没有听到：要一直等到最后，我的深渊动摇起来，我的思想咬啮着我[5]。

唉，深渊的思想啊，你就是我的思想！什么时候我才会获得这种强力，听到你的挖掘的声音而不再发抖呢？

当我听到你的挖掘声音时，我的心会一直跳到喉咙口！你的沉默会勒紧我的脖子，你这深渊似的沉默者！

我还从来不敢把你叫上来：我把你的思想——怀抱在心里，已经够我受的了！我还没有足够的强力能达到最后的狮子的目空一切和奔放。

只要一想到你的重压，我总是感到恐怖万分：可是总有一天我会发现我有这样的强力，能发出狮子吼的声音把你叫上来！

等我在这方面一克服了我自己，我还要在更伟大的另一方面克服我自己；胜利将会成为我的完成的印记！——

---

1. 被对于孩子们的爱温暖地拴住，就不能面向应该真正完成自己的孤独的寒气出发。
2. 影子即流浪人的影子（孤独的流浪人常以他的影子做伙伴），跟怀疑为同一物。怀疑就是说"老是处于这样的状态行吗"。
3. 拥有弟子，因对他们的爱而感到满足。此时，想要回到创造的孤独之中的欲望苏醒过来了。
4. 由于对弟子们的爱而暂时忘却的过去的不安和痛苦苏醒了过来，使自己无法静止。
5. 我还在磨磨蹭蹭，而在我内心中的东西（深渊）已急于跃动出来，永远回归的思想激烈地向我袭来。

但此刻我还在不安定的海上漂流；说奉承话的偶然在谄媚我[1]；我瞻前顾后——我还看不到终极的目标。

我进行最后斗争的时刻还没有到来——或许它正在到来？确实，充满欺骗之美的人生之海[2]正在我四周注望着我！

哦，我的生命的下午！哦，黄昏前的幸福！哦，大海上的港口[3]！哦，不安定中的和平！我是多么不信任你们！

确实，我不信任你们的欺骗之美！我就像那种情郎，不相信过分柔媚的微笑。

就像嫉妒心重的情郎推开他最爱的女性，尽管他在严酷之中还怀着柔情——，我就这样推开了我面前的幸福的时刻。

去吧，幸福的时刻！你给我带来的是违背意愿的[4]幸福！我站在这里，乐愿迎接我的最深的痛苦——你来得不是时候！

去吧，你这幸福的时刻！你还是留宿在那里——在我的孩子们那里！快去吧！趁黄昏到来之前，以我的幸福祝福那些孩子[5]！

黄昏已经逼近了：太阳坠落了。离开吧——我的幸福！——

查拉图斯特拉如是说。他通宵等待他的不幸[6]；可是他徒然等待。夜色依旧明亮而宁静，幸福本身越来越靠拢他。可是到天亮时，查拉图斯特拉却对他的心大笑着而嘲讽地说道："幸福跟着我。这是由

---

1. 现实的眼前的幸福感。这只是偶然的现象，何时消失，不可预测，就像波平浪静的海面。
2. 诱惑我，叫我安居的人生诸现象。
3. 在大海上的一时的安全感。
4. 歌德在《诗与真》第16章谈到他的诗才时，说它最欢畅、最丰富地表现出来，是不自觉的，甚至是违背意愿的。
5. 流露出对弟子们的温情。
6. 暗指《新约·马太福音》8：23—27所讲的故事："耶稣上了船，门徒跟着他。海里忽然起了暴风，……门徒来叫醒了他……耶稣……于是起来，斥责风和海，风和海就大大地平静了。"

于我不跟女人走。而幸福乃是一位女性。"

日出之前[1]

哦，我头上的天空，你，纯净的天空！深深的天空！你，光的深渊！我望着你，由于神圣的欲望而战栗。

把我自己投入你的高空之中——这就是我的深湛！把我自己藏进你的纯净之中——这就是我的清白！

神被他的美裹住：天空啊，你也如此隐藏着你的星辰。你不开口：你却如此向我宣示你的大智。

默默地在澎湃的大海上空，今天，你高悬在我的面前，你的爱和你的害羞[2]对我澎湃的心灵说出启示。

你裹在你的美之中，美丽地走向我，你在你的大智之中显现，无声地跟我说话。

哦，我怎会猜不出你的心灵的一切害羞！在日出之前，你走向我，这个最孤独的人。

我们从一开始就是朋友：我们有共同的痛苦、恐怖和后土；还有，太阳也是我们共有的。[3]

我们互不交谈，因为我们知道得太多了——：我们默默相对，

---

1. 查拉图斯特拉在船上仰看日出前的清空，赞颂它的美。拂晓的世界还没有被所谓道德的世界秩序的那种合理的解释所玷污。本文为对于宇宙秩序的合理性、道德性的否定，对于妥协的排除。

2. 不做明白的外在的表示，而是内藏的思想。

3. 我这方面的太阳，就是我的最高的希望和理想。拂晓时的海上的天空跟我有同样的性质。此句原文中的 gemeinsam（共同）、Gram（痛苦、怨恨）、Grauen（恐怖）、Grund（后土，即大地）诸字，音头均为 G 或 Gr，犹如我国音韵学中双声叠韵的文字游戏。在译成他国语时，难以依样画葫芦。

我们互笑我们的知识。

你跟我不是如同光之于火吗?你之于我的洞察力,不是如同姐妹之魂吗?

我们共同学习一切;我们共同学习超越自我而向自我攀登,拨开浮云地微笑:——

用明亮的眼睛,从迢迢的远处,拨开浮云往下瞧,当我们下方有强制、目的和罪过像蒙蒙细雨一样弥漫之时[1]。

我独自彷徨:在夜色笼罩的迷路上,我的心灵为谁忍受饥渴?我登到山上,如果不是找你,我在山上还会找谁呢?

我的一切彷徨和登山:只是迫不得已,无可奈何的权宜之计——我的全部意志只是想飞,飞进你的里面!

还有什么比浮云和玷污你的一切更使我憎恨的呢?我也恨我自己的憎恨,因为它玷污了你!

我讨厌浮云,这种走路没声音的贼猫:它们抢走你和我,我们共有的一切——巨大无垠的肯定和祝福[2]。

我们讨厌这种中介者和混合者,这些浮云:这些半吊子,它们既不懂得祝福,也不懂得全心诅咒。

我情愿在阴霾密布的天空之下坐在木桶里[3],情愿坐在不见天日的深渊里,也不愿看到你,光天啊,被浮云玷污!

我常常渴望用锯齿形的闪电金丝将行云缚紧,让我像雷鞭一样,在它们的鼓起的肚皮上敲鼓:——

---

1. 不管下界的任何情况(由法律和权力所造成的强制、目的即功利主义,罪过即宗教的罪责观)而采取笑看的高超的自由态度。
2. 对生存的肯定。其全部内容包含永远回归的思想。
3. 古希腊的犬儒学者坐在木桶里冷眼观察人生和世界。

——一个愤怒的击鼓者,因为它们从我这里抢去了你的[1]肯定和祝福,你,我头上的天空,你,纯净的天空!光明的天空!你,光的深渊!——因为它们从你那里抢去了我的肯定和祝福。

因为我宁愿喜爱喧嚣、雷鸣和暴风雨的诅咒,也不爱这种从容的、不确实的如猫咪般的平静;在世人之中我也最恨一切胆小怕事者、半吊子和多疑而犹豫的浮云派。

"不会祝福的人,应当学会诅咒[2]!"——这句明晰的教言从明朗的天空里向我垂降,这颗星,即使在黑夜之中,也闪耀在我的天上。

你,纯净的天空!光明的天空!你,光的深渊!只要你环绕着我,我就是祝福者和肯定者——不管在任何深渊之中,我也要把我的祝福的肯定言辞带去。

我成了祝福者和肯定者:我已为此拼搏了很久而成为拼搏者,总有一天我可以放手去祝福。

这就是我的祝福:高悬在万物之上,犹如它自己的天空,犹如它的圆屋顶,它的天蓝色钟形罩和永久的安定[3]:如此祝福的人,他就幸福了!

因为,万物在善恶的彼岸,在永恒的泉边接受洗礼;而善与恶本身,不过是中间的影子、被泪水沾湿的忧伤、浮云[4]。

确实,这乃是祝福而不是亵渎,如果我教导:"在万物之上高悬着偶然之天空、清白之天空、意外之天空、骄纵之天空[5]。"

---

1. 你的也是我的。你和我是不可分割的一体。
2. 不妥协的态度。它和真正的生产性、创造性相结合。
3. 对一切事物,就其原本的姿态加以肯定。
4. 善与恶是相对的,因为人各自从不同的立场进行评价。
5. 这里列举了"偶然"等等的说法,总而言之,就是自由的意思,不受狭隘的善恶的立场限制,事物本身是自由的。亦即事物的活动是偶然的、非合理的。所谓合理的道德的宇宙秩序是不存在的。

"冯·意外[1]"——乃是世上最古老的贵族,我把它交还给万物,我把万物从受制于目的的奴隶状态中解放出来[2]。

当我教导,没有"永恒的意志[3]"作用于万物之上、贯穿于万物之中,我就把这种自由和天空的晴朗,像天蓝色钟罩一样罩在万物之上。

当我教导,"不管任何事物,有一桩是不可能的[4],此即合理性!",我就把这种骄纵,这种愚蠢放在那个意志的位置上以代替它。

确实,一点点的理性,播撒在一颗颗星辰上的智慧之种子——这种酵母混合进万物之中:智慧混合进万物之中乃是为了愚蠢之故[5]。

一点点智慧确实是可能的;可是,我在万物方面所看到的这种确实的幸福,乃是:它们宁愿以偶然之脚——跳舞[6]。

哦,我头上的天空,你,纯净的天空!高高的天空!没有永恒的理性蜘蛛和蜘蛛网[7],这就是我现在所说的你的纯净——

——在我眼中,你是供神圣的偶然所使用的舞厅,你是供神的骰子和掷骰子赌徒使用的神桌[8]!这就是你的纯净。

可是,你脸红了?是我说了不该说的吗?我本想祝福你,却反而亵渎了你吗?

---

1. 德语中 von Ohngefähr=ungefähr 原为偶然(意外)之意。尼采在这里把它当作固有名词看待。德国人在贵族姓氏之前加"冯"(von)字以表示。《旧约·智慧篇》2:2:"我们原是偶然而生。"
2. 把万物从机械的目的论中解放出来。
3. 永恒的意志的代表如上帝的安排、黑格尔的世界精神。
4. 《圣经》用语。《新约·马太福音》19:26:"在人这是不能的,在上帝凡事都能。"(或译"为人这是不可能的;但为天主,一切都是可能的"。)
5. 理性在各个事物中虽有部分的存在,但并非统一世界的原理,而只是为非合理的生命服务。
6. 万物并不顺从理性的法则,毋宁是从事非合理的活动,进行生命的飞跃。
7. 陷害人的迷妄。
8. 世界的现象都是非合理的,换言之,都是偶然的,不啻是上帝的戏耍。

或者，使你脸红的，乃是我们两者的羞惭[1]？——你是叫我走，叫我沉默，因为现在——白天来了[2]？

世界是高深的——：比白天曾经想到过的更高深[3]。不是任何事物可当着白天说的[4]。可是，白天来到了：那么，我们现在分手吧！

哦，我头上的天空，你，害羞的天空！脸红的天空！哦，你，日出之前的我的幸福！白天来到了：那么，我们现在分手吧！——

查拉图斯特拉如是说。

变小的道德[5]

1

当查拉图斯特拉再踏上陆地时，他并没有直接走向他的山上的山洞，而是兜了许多路，打听了许多问题，问这问那，因此，他针对着自己开玩笑地说道："瞧这一条河流，兜了许多曲曲折折的路，又流回到源头来了！"因为，他想知道，在他出外期间，世人发生了什么情况：他们变得伟大了，还是变得渺小了[6]。当他一看到一排新房子时，他惊奇地说道：

"这些房子意味着什么呢？真的，没有任何伟大的灵魂会把它造

---

1. 因为大胆说出太深奥的思想。
2. 因为白天使一切合理地呆板化。
3. 世界比合理的思考所想到的更深刻。
4. 经得起合理的判断的，只是世界的事物现象的一部分。
5. 攻击现代人的精神的渺小。第一部《市场的苍蝇》："你要当心小人！他们在你的面前觉得自己渺小……"
6. 世人是向超人靠拢，还是远离超人，向末等人（小人）靠拢呢？

在这里作为他自己的比喻[1]!

"也许是愚昧的孩子从玩具箱里拿出来的吧？但愿有个其他的孩子把它再放到玩具箱里去。

"这些房间和卧室：能有大人们进进出出吗？我看它们好像是为丝绸玩偶造的；或者是为那些也愿与他人共享的美食家[2]造的。"

查拉图斯特拉站立着沉思。最后，悲伤地说道："一切都变得渺小了！

"到处我都看到比较低矮的门：像我一样的人还可以走得进去，可是——他必须弯下腰来！

"哦，什么时候我再回到我的故乡，在那里我不再需要弯腰——不再需要在矮小人面前弯腰！"——查拉图斯特拉叹息着眺望远方。——

可是就在这一天，他讲了一番关于使人变小的品德谈话。

2

我走在这些民众中间，眼睛张开：我不羡慕他们的品德，他们由此不原谅我。

他们讽刺我，因为我对他们说：对于小小的人们，小小的品德是必要的——因为我难以理解，为什么小小的人们是必要的！

我仍然像一只置身在陌生的农家的公鸡，连那些母鸡也来啄它；可是我并不因此对那些母鸡不友善。

我对她们很客气，就像对待一切小小的不愉快的事一样；对小人也锋芒毕露地发火，我认为是刺猬的见识。

---

1. 不管是建筑物还是事业，都是建立者的象征和比喻。
2. 由于奢侈而变得虚弱的人们，或是聚在一起，大吃大喝，过着安逸生活的人们。

当他们在晚上围坐在炉火旁时,大家都谈起我——他们谈到我,但没有人为我——着想[1]!

这是我体会到的新的寂静:他们在我周围的喧嚷,给我的思想披上了一件外衣[2]。

他们互相喧嚷:"这片乌云要对我们干什么?我们要留神,别让它给我们带来瘟疫[3]!"

就在最近,一个妇女把她那个要向我走来的孩子[4]拉回到她自己身边。"把孩子们拉开去!"她叫道,"此人的眼光会灼伤孩子们的灵魂。"

我说话时,他们就咳嗽[5]:他们认为,咳嗽就是对付强风的抗议——他们一点也推测不出我的幸福之咆哮!

"我们还没有跟查拉图斯特拉打交道的时间。"——这是他们的辩解[6];可是,"没有时间"跟查拉图斯特拉打交道的时间有什么价值呢?

如果他们真会称赞我:我怎能在他们的称赞上面安睡?他们的颂扬对于我乃是一条有刺的带子[7]:即使我把它解掉,还会感到伤痛。

我在他们中间也体会到这点:颂扬者假装还报,实际上却是想要更多的赠送。

---

1. 尼采是现代的流行。可是他是否真被人理解?其实,只不过是借尼采之名卫护自己的主张而已。
2. 周围无意义的喧嚷反使我陷于孤独,使我的思想呈现出被歪曲的外观。
3. 被恶意的眼光看上一眼会带来灾祸,这是南欧的迷信。
4. 《新约·马太福音》19:13:"那时,有人带着小孩子来见耶稣,要耶稣给他们按手祷告。门徒就责备那些人。"此处反用《圣经》典故。
5. 咳嗽乃是无力的警告抗辩。
6. 现在时机尚未成熟,人类向上的思想还有点过激。
7. 从前基督教的苦行僧为了折磨自己系在身上的有刺的带子。

问问我的脚,它是否对他们的颂扬和诱骗的调子感到中意!真的,它既不愿跟着这样的拍子和板眼跳舞,也不愿停下。

他们想颂扬我,诱骗我去迁就小小的品德;他们想说服我的脚跟着小小的幸福之板眼。

我走在这些民众中间,眼睛张开:他们变小了,变得越来越小——可是,这是由于他们的幸福和道德教条所造成的。

就是说,他们在道德方面也是取中庸的态度的——因为他们想要安逸。可是,跟安逸相容的,只有中庸的道德。

他们在走路和前进时肯定也会按照他们自己的方式:我称之为他们的一瘸一拐——。因此,他们会成为每个快步行走者的障碍。

他们中的有些人在向前走时会转动僵硬的头颈往后瞧[1]:我爱跑过去撞着这种人的身体。

脚和眼睛不该互相欺骗,也不该互相指责欺骗[2]。可是在小人之中骗人者很多。

他们有些人有自己的意志,但大多数人只是听凭他人的意志。他们有些人是真正的演员,但大多数人都是拙劣的演员。

在他们中间有不自觉的演员,也有违背自己意志的演员——,真正的总是很少,尤其是真正的演员。

这里缺少男性:因此女性都变得男性化。因此只有十足的男性才能把女性中的女性——解救[3]。

在他们中间我看到最恶劣的这种伪善:就是发号施令者也伪装

---

1. 向后回顾者,保守者。

2. 行动与认识(思想、意识)应当一致。

3. 现代女性之男性化乃是由于没有十足男子汉的男子。真正的女性味是由真正的男性味引起的。

出服从者的道德[1]。

"我服务，你服务，我们服务。"——这就是统治者们的伪善在此发出的祈求——唉，要是头等的统治者只是头等的公仆就好了[2]！

啊，我的眼睛的好奇心甚至也堕入他们的伪善中去了；我看清他们所有的苍蝇之幸福和它们在阳光照耀下的玻璃窗四周发出的嗡嗡之声[3]。

我看到这么多的善意，也有这么多的弱点。这么多的公正和同情，也看到同样多的弱点。

他们相互之间处得很坦率、真诚、亲切，就像沙粒和沙粒之间相处得那样坦率、真诚和亲切。

谦虚地怀抱着一种小小的幸福——他们称之为"顺从"！而同时他们又已经谦虚地在偷看一种新的小小的幸福。

他们其实最最希望的，单单是一件事：就是没有人来伤害他们。这样他们就可以抢先使任何人感到愉快。

这可是怯懦：尽管它被称为"道德"。——

这些小人，如果他们有时粗声粗气地说话：我只听到他们的沙哑声音——就是说，每一次气流通过，就使他们的声音沙哑。

他们很机灵，他们的道德有机灵的手指。可是他们缺少拳头，他们的手指不会钻进拳头里去。

对他们来说，美德就是变得谦虚和温顺：因此他们把狼变成狗，把人本身变成人们的最善良的家畜。

---

1. 处于统治地位者大多自称为民众和国家服务者。
2. 弗里德里希大王说过："君主乃是第一流的公仆和第一流的国家执政官。"而在现代，统治者也伪装基督教的道德。
3. 执着于温暾的、凡庸的幸福的现代人。

"我们把我们的座椅放在正当中。"——他们的怡然自得的微笑对我这样说——"以同样的距离远离殊死的斗剑者和满足的母猪。"

这可是——凡庸：尽管被称为适中。——

3

我走在这些民众中间，散布许多话语：可是他们既不知道拾取，也不知道保存。

他们奇怪，我来，不是[1]要责骂情欲和罪恶；真的，我来，也不是要提醒他们当心扒手[2]！

他们奇怪，我不是准备来使他们的机灵更加提高和敏锐：好像他们的机灵还不够，他们的声音就像石笔一样发出嚓嚓的声响。

当我大声叫喊："诅咒你们心中的一切怯懦的恶魔，那些喜爱哀泣、合掌、祈祷的恶魔。"——他们随即大叫："查拉图斯特拉是无神论者。"

尤其是教他们顺从的那些教师也如此大叫——；我偏偏喜爱对这些教师的耳朵大叫：是呀！我是查拉图斯特拉，无神论者[3]！

这些教人顺从的教师！到处，只要是小小的、有人患病的、生疥疮的地方，他们就会像虱子一样爬过去；只是由于我的恶心才不让我去掐死他们。

好吧！这就是我向他们的耳朵灌进去的说教：我是查拉图斯特

---

1. 模仿《圣经》笔法。如《新约·马太福音》9：13："我来本不是召义人，乃是召罪人。"又10：34："我来并不是叫地上太平，乃是叫地上动刀兵。"

2. 过于卑小的善恶观。

3. 我自己是反基督的。

拉，无神论者，他在这里说"谁比我更不信上帝？如有，我爱听他的指教"。

我是查拉图斯特拉，无神论者：我在哪里能找到同道？凡是能听从自己的意志而放弃一切顺从的人都是我的同道。

我是查拉图斯特拉，无神论者：我在我的锅子里烹煮一切偶然。一等它在锅子里煮得熟透，我才对它说欢迎，把它看作我的饭菜[1]。

确实，有些偶然以傲慢的姿态向我走来；可是我的意志却更加傲慢地对他说话，——于是他就跪下来乞怜——

——请求我好心留他过宿，并且奉承地劝说："哦，查拉图斯特拉，看看我这个朋友来拜访朋友了！"——

可是，既然没有人具有我的耳朵，我干吗还要说话！我情愿出去对四面八方的风大叫：

你们这些小人，你们将变得越来越小！你们这些舒适的人，你们将化为齑粉！你们还会灭亡——

——由于你们许多小小的美德，由于你们许多小小的放弃，由于你们许多小小的顺从！

你们的土壤，过于爱护了，过于让步了！可是，一棵树要长得高大，它就想要向坚固的岩石四周伸出坚固的根！

你们甚至也放弃，在一切人类未来的织物上纺织；甚至你们的无为也是一张蜘蛛网，一只靠吸食未来之血的蜘蛛[2]。

你们这些小小的有德之人，当你们获取时，就像是偷窃；可是，

---

[1] 并不受偶然支配，而是由我的意志，肯定它，意欲它，化为我的意志的产物。亦即以我的精神支配偶然，渗透偶然，我才加以容纳和摄取。查拉图斯特拉在客观的世界认识上，承认偶然的支配作用，但在主观的伦理意欲上，不容许任何偶然、他律的服从。

[2] 你们的消极的否定的态度，对可以创造出人类未来之精神起了腐蚀作用。

就是在流氓中间，自尊心也说："只有在不能劫夺时，才应该偷窃[1]。"

"是被授予的[2]！"——这也是顺从的教条。可是，你们舒适的人啊，我对你们说：是被夺取的，而且从你们那里将会被夺取得越来越多！

唉，但愿你们抛弃一切半心半意的意志，就像决心行动一样，决心慵懒无为！

唉，但愿你们理解我说的话："常做你们想做的事——可是首先要做能有意志的人！"

"常爱你们的邻人，就像爱你们自己[3]一样，——可是首先要做爱自己的人——

"——要做怀着大大的爱去爱、怀着大大的藐视[4]去爱的人！"这就是无神论者查拉图斯特拉所说的话。——

可是我干吗说这番话，这里没有人具有我的耳朵！在这里，对于我，还是说得太早了一个小时。

在这些民众中间，我是我自己的先驱[5]，冲破黑暗小路的我自己的报晓鸡鸣。

可是他们的时间到了！我的时间也到了！他们时时刻刻在变得更小，更贫乏，更加不会繁殖——可怜的杂草啊！可怜的土壤啊！

---

1. 劫夺是男性的战斗和冒险，偷窃是卑小的勾当。
2. 只要信仰上帝，任什么必要的东西，都自然而然地由上天授予，这是宗教的态度。可是，这样从容的态度，会使你的自我被劫夺而丧失了自我。
3. 《新约·马太福音》22：39："要爱人如己。"（或译"你应当爱近人，如自己"。）
4. 爱自己，要使自己向上，就得藐视现在的自己。
5. 《新约·马太福音》11：10："看，我派遣我的使者在你面前，他要在你前面预备你的道路。"

在我的面前，不久他们就会变得像枯草和荒原[1]，真的！厌倦他们自己——渴望火烧，更甚于渴望喝水！

哦，该祝福的闪电时刻！哦，正午前的神秘[2]！——有一天我要使他们化为流火，吐火舌的宣告者：——

——有一天，他们要吐着火舌宣告：它来了，它临近了，伟大的正午！

查拉图斯特拉如是说。

在橄榄山上[3]

冬天，一位不好对付的宾客[4]来到我家里坐下；由于他友好的握手，我的手变得发青。

我尊敬他，这位不好对付的宾客，可是我爱让他一个人坐着。我想从他的身边走开；如果跑得掉，那就摆脱了他！

我以温暖的脚和温暖的思想跑到没有风的地方，跑到我的橄榄山上向阳之处。

我在那里嘲笑我的严厉的宾客，但还是对他抱有好感[5]，因为他在

1.《旧约·那鸿书》1：10："你们像丛杂的荆棘，像喝醉了的人，又如枯干的碎秸全然烧灭。"不久，他们将陷于枯干状态，连求水的气力都没有，情愿被野火和闪电烧毁，从凡庸的幸福中渴望强烈燃烧的生命力。

2. 正午前的神秘：跟闪电时刻同义。由闪电扩大火势，让伟大的正午来到。

3.《圣经》上的橄榄山在耶路撒冷东面，耶稣在受难前，曾在该山上坐着，参看《新约·马太福音》24：3。但此处的橄榄山乃是意大利热那亚附近里维埃拉海岸的橄榄山。尼采曾在热那亚附近的一处公寓里居住，度过没有火炉的冬天，进行沉思和散步。他在本文中赞美严冬的日子，把他的秘密（永远回归的思想）比作冬天的太阳，明朗辉煌。为了避免受到嫉妒者的伤害，故意把自己的智慧秘而不宣。

4. 宾客即冬天。

5. 我虽然爱好南国的风土和轻快的思想，但仍然爱好严酷的冬天，因为冬天远离一切的柔弱和淫靡。

我家里把苍蝇赶走,平息了许多小小的喧闹声。

因为,如果有一只蚊子,或是两只蚊子在嗡嗡叫,他都受不了;他还使小路变得寂静,让夜间的月光也觉得害怕。

他是一位严厉的宾客——可是我尊敬他,我不像那些柔弱的人对大肚子的火的偶像[1]祈祷。

情愿让牙齿有点打战,也不愿崇拜偶像!——这是我的生性。我尤其痛恨一切处于发情期、热气腾腾、气喘吁吁的火的偶像。

我喜爱的人,我在冬天比在夏天更喜爱他;我现在更厉害、更有劲地嘲笑我的敌人,自从冬天来坐在我家里以后。

真的很有劲,甚至当我爬到床上去时——:我的暗藏的幸福也还在嘲笑、任性嘲笑;我的骗人的梦也还在嘲笑。

我是一个——爬行者[2]吗?在我一生中,我从未在有权势者的面前爬行过;如果我曾骗过人,那也是由于爱而骗人的。因此我躺在冬天的床上也觉得快活。

一张蹩脚的床比一张富丽的床更使我感到温暖,因为我珍惜我的贫困。在冬天,贫困对我最忠实可靠。

我每天以一桩恶作剧开始,我实施冷水浴嘲笑冬天;因此我的严厉的家客叽里咕噜起来了。

我也爱用一支蜡烛[3]逗它发痒,使它终于让天空从灰蒙蒙的曙色中显露出来。

因为我特别是在早晨做恶作剧的事:在清晨时,吊桶在井边发

---

1. 指火炉。它象征使人迷糊欲睡的确信之暖意,可是查拉图斯特拉却宁愿偏爱彻底存疑的保持清醒的严寒。
2. 由前之"爬到床上去"的爬,转到另一种意义的"爬行"(卑躬屈节、阿谀逢迎)。
3. 在冬夜里天未发亮时就起身,点一支蜡烛催促天亮。

出咯咯的声响，马匹在灰暗的小路上兴奋地嘶叫：——

这时，我不耐烦地等待，等待终于出现明亮的天空，胡须雪白的冬季天空，白发的老翁——

——沉默寡言，常常也使它的太阳不作声的冬季天空！

是我跟它学习这长久明朗的沉默吗？还是它跟我学习的？或者是我们各自发明出来的[1]？

一切好事的起源是千差万别的——一切任性的好事由于快乐而飞进存在之中：它们怎么会仅仅——干一次哩！

长久的沉默也是一件任性的好事，它像冬季的天空一样，从具有明亮的圆眼睛的面孔上眺望：——

——就像冬季的天空使它的太阳和它的不屈的太阳意志默不作声，这种本领和这种冬季的任性，我已学得很精了！

我的沉默学会了不因沉默而暴露我的内心，这就是我最喜爱的恶作剧的本领。

我用喋喋不休的话语和咯咯作响的掷骰子声响瞒过了庄严的监视者们：我的意志和目的必须不被这一切严厉的看管者识破。

为了不让任何人看透我的内心深处和最终的意志——为此我发明了这种长久、爽朗的沉默。

我见到过许多聪明人，他们蒙住面孔，搅浑他们的水，使任何人看不透他们，看不穿他们。

可是更加聪明的怀疑者和胡桃夹子[2]偏偏找上他们的门来：偏偏

---

1. 冬季的天空，太阳虽然明朗辉煌，但并不明白地显示出它所在的位置。我也对我的明白的思想（永远回归）保持沉默。

2. 壳子坚硬的胡桃比喻不易解决的难题。胡桃夹子即指要解决难题者。

从他们那里钓出藏得最深的鱼[1]!

而明眼的人,果敢的人,洞察一切的人——在我看来,乃是最聪明的沉默者:他们的城府是如此之深,哪怕是最清澄的水也不会把他的内心——显露出来。——

你这位胡须雪白、沉默寡言的冬季天空,你这位高高在上的睁着圆眼睛的白发老翁:哦,我的灵魂及其任性放纵的苍天之比喻啊!

我必须像一个吞下金子的人[2]不要隐瞒——免得让人剖开我的灵魂吗?

我必须不踩高跷走路,免得他们——在我周围的所有那些爱好嫉妒和中伤的家伙注意我的长腿[3]吗?

这些充满烟熏气、关在温暖的房间里、筋疲力尽、霉得发绿、愁眉苦脸的灵魂——他们的嫉妒怎能受得了我的幸福!

因此,我指给他们看的只是我的山顶上的冰和冬天的景色——而不是还被一切太阳光带裹住的我的山[4]!

他们只听到我的冬季暴风的呼啸:而听不到我也会像充满憧憬的、重重的、暖热的南风飘过温暖的大海。

他们还怜悯我的偶然的事故——可是我要说的是:"让偶然到我这里来,它是像小孩子一样天真无邪的!"

他们怎能受得了我的幸福,如果我不给我的幸福裹上事故、冬

---

1. 藏得最深的鱼比喻藏在内心中的秘密。第二部《舞蹈之歌》:"最老练的鲤鱼也可以用智慧做鱼饵去钓它上钩。"
2. 查拉图斯特拉的秘密必须对充满嫉妒心的同时代人隐瞒,就像矿夫吞下金块不得不隐瞒那样。
3. 古代希腊悲剧演员为了增加身材的高度,脚穿一种厚木底长靴。查拉图斯特拉的思想大大地成长,为了掩人耳目,不得不加以外表的粉饰。
4. 我让世人看到的,只是我被苛酷的认识所苦的悲痛的外表,而不让人看到我的温暖的南国式的心情。

天的困苦、北极熊皮帽子和大雪天空的外套[1]！

——如果我不怜悯他们的同情：这些爱好嫉妒和中伤的家伙的同情！

——如果我不在他们的面前长吁短叹，冷得发抖，耐心忍受地让我被包裹在他们的同情之中！

这就是我的灵魂的聪明的任意放纵和好意，它不隐瞒它的冬天和它的严寒的暴风；它也不隐瞒它的冻疮。

对于某一种人，孤独乃是患病者的逃离人群；对于另一种人，孤独乃是从患病者面前避开[2]。

让他们听到我被冬天的严寒冻得牙齿咯咯地打战和叹气吧，我身边所有这些可怜的、用妒忌的眼光看人的坏蛋！带着这种叹气和牙齿咯咯打战，我逃出他们的暖烘烘的房间。

让他们为我的冻伤寄予同情而跟我一同叹气吧："他还会被认识之冰冻死哩！"——他们如是悲叹。

在这个当儿，我用我温暖的脚在我的橄榄山上纵横交错地跑来跑去：在我的橄榄山上照着阳光的一边歌唱着而且嘲笑一切的同情。——

查拉图斯特拉如是说。

走开[3]

就这样，不慌不忙地穿过许多民众中间，穿过各种各样的城市，查拉图斯特拉绕道向他的山上和山洞走回去。在途中，瞧啊，他在不

---

1. 帽子、外套都是把幸福包裹起来的伪装。
2. 查拉图斯特拉即属于这另一种人，在他的眼中，世俗人都是患病者。
3. 查拉图斯特拉在回乡的路上，碰到自己的追随者，对现代大都市的文化进行批判。

知不觉之间来到那座大城市[1]的城门边；可是，在这里，却碰到一个满嘴涎沫的痴子，张开双手，快步奔跑过来，挡住他的去路。这就是人称"查拉图斯特拉的猴子[2]"的那个痴子：因为他学会了他的一些讲话的语气，而且喜欢借用他的智慧之宝。痴子对查拉斯特拉如是说道：

"哦，查拉图斯特拉，这里是大城市：这里没有任何你要寻找的东西，你却会失去一切。

"你为什么要远涉这片泥淖？可怜可怜你的脚吧！倒不如向城门啐一口唾沫而——向后转吧！

"这里是隐修士思想的地狱：伟大的思想在这里会被活活地烹煮，切小了做菜。

"一切伟大的感情都在这里烂掉：只有瘦骨嶙峋的小感情可以在这里咯咯作响。

"你不是已经闻到精神的屠宰场和小饭馆的味道吗？这座城市不是弥漫着被屠杀的精神的气味吗？

"你没有看到那些灵魂像拖拖沓沓的龌龊的破布挂在那里？——他们还用这些破布制造新闻！

"你没有听到，精神是怎样在这里变成语言游戏？它吐出令人厌恶的语言脏水！——他们还用这些语言脏水制造新闻。

"他们互相追逐而不知道，往何处去？他们互相激怒而不知道，为什么？他们把假硬币弄得叮当响，他们把金币弄得丁零丁零响[3]。

"他们觉得冷，就借酒精以取暖；他们觉得热，就靠冷冰冰的精

---

1. 暗指柏林。
2. 查拉图斯特拉的追随者和模仿者。
3. 进行卑劣的宣传，撒金钱以达其目的。

神以求清凉[1]；他们染上舆论瘾，病体虚弱。

"一切淫逸和罪恶都在这里做窠；可是这里也有有道德的人，有很多适用的、被雇用的道德之士：——

"许多机灵的道德之士，具有善写的手指和耐坐耐等的肌肉，他们有幸获得小小的星形胸章和加上衬垫的瘦屁股女儿[2]。

"这里也有许多笃信者和许多虔诚的舐口水者、吹牛拍马者拜倒在万军之主的上帝[3]面前。

"确实，星和恩赐的口水是'从上头'滴落下来的；任何没有星形勋章的胸脯都向往上头。

"月亮有月晕宫廷[4]，宫廷有愚人小丑：可是只要是从宫廷里来的所有的人，乞讨的民众和一切机灵的叫花子道德之士都向他们祷告。

"'我来干，你来干，我们来干'——所有机灵的道德之士都仰面向王公祈求：让功勋星章最后别紧在他的瘦瘦的胸脯上！

"可是，月亮依然围绕着尘世的一切旋转[5]；而王侯也照样围绕着最属于世俗的一切旋转——：而这，就是小商人的金钱。

"万军之主不是金条之神；谋事在王侯，可是成事在商人[6]！

"凭着你心中所有的光明、坚强、善良的一切，哦，查拉图斯特拉！向这座小商人的城市啐一口唾沫而向后转吧！

---

1. 此处指精神食粮。有时寻找狂热的思想和文学，有时寻求极其冷酷的东西。

2. 主要指官吏和事务家，他们的子女瘦弱而无生气。

3. 万军之主的上帝，此处指最高权力者，当时的德意志皇帝。

4. 文字游戏：由星形勋章的星想到月亮。月亮指王侯，被拥有星形勋章的高位者围绕着。月亮有 Hof，此词有月晕和宫廷二义。宫廷里有 Mondkälber，此词原指受月亮位置的影响生下的怪胎小牛（或不足月的怪胎），一般意义为愚人、笨蛋（Narr，此词又有宫廷小丑之义）。从宫廷来的人，哪怕是愚人或小丑，卑屈的小市民都拜倒在他们面前。

5. 像月亮绕着地球旋转。

6. 谚语：谋事在人，成事在天（上帝）。政治家受资本家控制。

"这里,在所有的血管里流着一切腐败的、温暾的、起泡沫的血:向这座大城市啐一口唾沫吧,它是巨大的垃圾堆,一切渣滓堆积在一起冒着泡沫。

"向这座城市啐一口唾沫吧,这是压瘪的灵魂、瘦小的胸脯、尖锐的眼睛、黏糊糊的手指的城市——

"——纠缠不休者、厚颜无耻者、舞文弄墨者、大吵大闹者、狂热的野心家的城市:——

"——这里,一切腐朽的、下流的、淫荡的、阴暗的、熟透的、溃烂的、搞阴谋的都聚在一起烂开来流脓:——

"——向这座大城市啐一口唾沫而向后转吧!"——

这时,查拉图斯特拉却打断了满口涎沫的痴子的话,不让他说下去。

"你该停了吧!"查拉图斯特拉说道,"我早已讨厌你的说话和你这种样子了!

"你为什么在泥坑边住得这样久,一定要让你自己变成青蛙和癞蛤蟆呢?

"现在,不是有腐败的、起泡的泥坑之血在你自己的血管里流动,才使你学会这样咯咯地鸣叫和诟骂吗?

"你为什么不到森林里去?或者去耕地?海上不是有很多葱绿的岛屿吗?

"我蔑视你的蔑视;如果你是警告我,——你为什么不警告你自己呢?

"我的轻蔑和警告之鸟只能从爱之中飞出:却不是从泥坑之中!——

"人称你是我的猴子,你,满嘴涎沫的痴子啊:可是,我要把你称为我的咕咕叫的猪——由于咕咕乱叫,你把我的痴愚礼赞也破坏了[1]。

"使你发出咕咕乱叫的原因,首先是什么呢?是没有人十分奉承你——因此你就坐到这堆垃圾之旁,你就有理由咕咕乱叫,发许多牢骚,——

"——你就有理由进行种种报复!你的报复,你这无用的痴子啊,就是你的全部涎沫,我把你看穿了!

"可是,你的痴人说梦伤害了我,尽管你说得很恰当!如果查拉图斯特拉的话,甚至于说得恰当百倍:你还会把我的话——应用得不恰当[2]!"

查拉图斯特拉如是说罢;他望望那座大城市,叹了一口气[3],沉默了许久。最后,他这样说道:

我也讨厌这座大城市[4],不仅讨厌这个痴子。无论哪里,什么也不能改善,什么也不能使它恶化。

可悲啊,这座大城市!——我愿我已能看到它在其中烧毁的火柱!

因为这样的火柱[5]必须在堂堂的正午之前出现。可是,正午有它的定时和它自己的气数。——

你这痴子啊,我要把这句教言送给你作为临别赠言:不能再喜爱它的地方,就应当——走开!——

查拉图斯特拉如是说罢,就从痴子和大城市旁边走开了。

---

1. 查拉图斯特拉原来对进行嘲讽的痴子是赞许的,却被痴子弄糊涂了。
2. 追随者的学嘴学舌反而伤害真正的意义。
3. 《新约·路加福音》19:41:"耶稣……看见城,就为它哀哭。"(又译"耶稣……一望见城,就哭吊它"。)
4. 《旧约·约拿书》4:11:"对尼尼微这座大城,其中有十二万多不能分辨自己左右手的人,且有许多牲畜,我就不该怜惜他们吗?"
5. 《旧约·出埃及记》13:21:"日间,耶和华在云柱中领他们的路;夜间,在火柱中光照他们,使他们日夜都可以行走。"

背教者[1]

1

唉，在这片草地上，不久以前还是碧绿生青，五光十色；而今一切都已凋谢，变成灰色！我曾从这里采过多少希望之蜜，带回到我的蜂房里去啊！

那些年轻人的心，已经全都变老了——甚至并没有变老！只是疲惫、庸俗、贪图安逸——他们宣称"我们又恢复虔诚的信仰了"。

就在不久以前，我还看到他们在清晨迈着坚强的脚步跑出去；可是现在，他们的认识之脚跑累了，他们也不承认他们的勇敢的朝气了！

确实，他们之中有好些人曾像舞蹈者一样举起他们的脚，我的智慧向他们送去赞许的微笑：——可是他们改变了想法。我恰好看到他们弯腰曲背——向着十字架爬去。

他们以前像扑火的飞蛾和追求自由的年轻的诗人。稍微年纪大些，稍微冷些：他们就已经变成蒙昧者、背后叽咕者、孵火炉者。

他们意气沮丧，是由于孤独像一条巨鲸把我吞下肚子里去[2]吗？或者是由于他们的耳朵久久地想听到我的声音、我的喇叭吹响、我的传令的叫声而终于徒然梦想吗？

——唉！在他们之中，心里有着长久的勇气和豪气的，总是少数；也只有这种少数人，精神方面具有耐性。而其余的人都是胆小鬼。

---

1. 查拉图斯特拉在归途中获悉他的弟子们背离他的教言，恢复对基督教的信仰。他在此章中说明他的反基督教的态度。

2. 先知约拿违反上帝的命令，不去尼尼微宣道，却乘船去他施。遇到海上风浪大作，他被船民们抛在海中。耶和华安排一条大鱼（鲸）吞了约拿，他在鱼腹中三日三夜。参看《旧约·约拿书》1：17。

其余的人：永远是大多数，平凡、多余、过多的多数——他们全都是胆小鬼！——

跟我同一类的人，也会碰上跟我同一类的经验：因此，他的最初的同路人必定是尸体和丑角[1]。

可是，他碰到的第二种同路人——他们会自称是他的信徒：活生生的群众，有许多爱，许多傻气，许多不长胡子[2]的崇拜。

在人类之中跟我同一类的人，不应把自己的心交给这种信徒；识得人性之无恒和怯懦的人，不该相信这种春光和多姿多彩的草原！

如果他们能有别法，他们就会想法去做。半途而废破坏了整体。树叶枯萎了——有什么可悲叹的哩！

让它们落下来飘去吧，哦，查拉图斯特拉，不要悲叹！最好在叶子中间刮起瑟瑟的大风，——

——在这些树叶中间吹起，哦，查拉图斯特拉：让一切枯萎的东西更快地离开你飞散！——

2

"我们又恢复虔诚的信仰了。"——这些背叛者如是自认；可是他们中的有些人还是过于胆小，不敢这样自认。

我看着他们的眼睛——我面对着他们的脸和他们羞红的面颊说：你们又成为恢复做祷告的人了！

---

1. 参看第一部《查拉图斯特拉的前言》第6、7、8各节。
2. 不长胡子意为不成熟。我国也有俗语说：嘴上无毛，办事不牢。

可是做祷告也是一种耻辱啊!并不是对一切人都如此,而是对于你和我,对于头脑里还有良知的人。对于你,做祷告乃是一种耻辱!

你很清楚:你心中有个胆小的魔鬼,他爱两手合掌,爱袖手旁观、无所事事,爱这样优游度日——是这个胆小的魔鬼劝告你:"有一位上帝!"

可是因此你就属于怕光的一类,看到光,永远不能安心;现在你必须每天把头深深地埋在黑夜的迷雾之中!

真的,你选择的时辰很恰当:因为正好是夜啼鸟全部飞出来的时辰。适合一切怕光族的时辰到了,夜晚和休息的时辰到了,尽管他们并不——"休息"。

我听到,我闻到:他们成群结队出去狩猎的时刻到了[1],虽不是去进行群鬼狩猎[2],而是去进行温顺的、疲疲沓沓的、用鼻子闻闻的悄悄行走者和悄悄祷告者的狩猎,——

——去进行捕捉充满感情的胆小怕事者的鼠类的狩猎:一切心理的捕鼠器现在又被安放好了!只要我把窗帘揭起,就有一只夜蛾[3]从里面飞了出来。

它一定跟另一只夜蛾一同蹲在那里吧?因为我到处嗅到暗藏的小团体;哪里有小房间,哪里就有新的祷告兄弟和祷告兄弟的气氛。

他们在漫长的夜晚一起聚坐着说:"让我们再变成小孩子一样唱'亲爱的上帝'!"——他们的嘴和胃都被虔诚的制造糖果者搞坏了。

或者他们在漫长的夜晚注视一只狡猾的守候的十字蜘蛛[4],它向别

---

1. 人心颓废的现代,正好是基督教宣传的大好时机。
2. 德国神话中在主显节之夜由魔王带领的群鬼的狩猎。
3. 在社会和思想的角落里,到处都潜藏着阴暗的基督教精神。
4. 十字蜘蛛是蜘蛛的一种,背上有十字的记号。暗指基督教教士。

的蜘蛛进行精明的说教，它教导说："十字架下面是结网的好地方！"

或者他们整天拿着钓竿坐在泥沼旁[1]，自认为高深；可是对在无鱼的地方钓鱼的人，我甚至还不说他浅薄哩！

或者他们跟一位歌曲诗人学习虔诚快乐地弹奏竖琴，而那位诗人却爱弹奏竖琴去挑逗年轻女人的心[2]——因为他对老女人和她们的称赞已经厌烦了。

或者他们跟一位博学的半狂人学习畏惧，那位半狂人在黑暗的房间等待神灵[3]出现——而他自己的神志却逃之夭夭了！

或者他们在聆听一位呼噜咕噜吹口哨的老流浪汉跟悲风学来的悲调；现在他根据世风吹着口哨，以悲哀的调子进行悲哀的说教。

他们之中有几个人甚至成了更夫：现在他们会吹号角，在夜间巡行，唤醒久已沉睡的老话题[4]。

昨夜我在院墙边听到关于老话题的五则交谈：都是从这些年老、悲伤、干巴巴的更夫口中传出的。

"他做爸，带孩子不够格：人家的爸比他带得好！"——

"他太老了！他已经完全不再照顾他的孩子了。"——另一个更夫这样回答说。

"他到底有孩子吗？如果他自己不来证明，没有人能够证明！我早就想叫他彻底来证明一次。"

"证明？好像他曾经证明过什么！要他证明，是很难的；他认为重要的是人们相信他。"

---

1. 苦思冥想要给信仰提供理论者。
2. 用感伤的赞美歌想打动年轻女人的心的人。
3. 文字游戏：德文 Geist 有神灵、神志及其他多义。此处所说的博学的半狂人，在《格林童话》中有所记述。
4. 高呼小心火烛、唤醒已经沉睡者的更夫，比喻神学者。

"是的！是的！相信，相信他，会使他幸福。老年人都喜欢这样！我们也是这样！"——

——这两个老更夫和怕光者就这样互相交谈，并且悲哀地吹着号角：这就是昨夜在院墙边发生的事。

可是我的心笑得缩作一团而且快要破裂，不知道何去何从，坠入了膈之中。

真的，当我看到驴子喝得酩酊大醉、听到更夫如此怀疑上帝，我是笑得透不过气而且还会闷死了。

所有这一切的怀疑，不是早已过去了很久吗？谁敢再唤醒这种古老的、沉睡的、怕光的事物哩！

古老的神祇早已完结了：——真的，他们获得快乐的神祇的善终！

他们并没有"像黄昏那样渐渐暗淡地"死去——这是人们的编造！倒是：他们有一次笑死[1]！

此事是在一位神自己说出那句最不信神的话时发生的——这句话就是："只有一位神！除了我以外，你不可有别的神[2]！"——

——一位年老的吹胡子瞪眼的神，一位嫉妒心重的神，他如此冲昏头脑地忘掉了自己：——

那时，一切神祇都哈哈大笑，在座椅上摇晃着叫道："有诸位神祇，没有什么上帝，这不正是神道吗？"

有耳可听的，就应当听[3]。——

---

1. 古代希腊群神，在基督教出现时，快活地灭亡。不像瓦格纳歌剧《诸神的黄昏》中日耳曼的群神那样阴惨地灭亡。
2. 《旧约·出埃及记》20：1—3："上帝吩咐这一切的话，说：……除了我以外，你不可有别的神。"
3. 仿《圣经》用语。《新约·马太福音》11：15："有耳可听的，就应当听。"

查拉图斯特拉在他喜爱的、叫作"花斑母牛"的镇上如是说。因为从这里回到他的山洞和他的宠物那里去只有两天的路程;而他的心由于不久就要回家一直在感到高兴。

还乡[1]

哦,孤独啊!你,我的故乡孤独啊!我在野蛮的异乡过野蛮的生活,待得太久了,现在回到你这里,止不住我的眼泪!

现在,你只用手指点着我,像做母亲的点着我,现在你只向我微笑,像做母亲的微笑着,现在你只说:"从前像狂风一样从我这里刮走的,那是谁啊?——

"——那是谁?他在临走时说:我在孤独身边待得太久了,竟使我忘掉了沉默[2]!现在你一定把它学会了吧?

"哦,查拉图斯特拉,一切我都知道:你在众多的人中间,比从前在我身边时,更加孤零零[3],你这独个儿一人!

"孤零零是一回事,孤独又是一回事:这个——现在你学懂了!你在世人当中将永远是个野性难驯的外人:

"——即使他们喜爱你,你还是个野性难驯的外人:因为首要的是,他们要获得体谅[4]!

"而在此处,你是到了自己的家里;在这里,你可以把一切都说出来,把一切道理都倒出来,在这里,任何秘密的、执拗的感情,

---

1. 查拉图斯特拉回到山上的山洞里,赞美孤独,痛骂山下的人类社会。
2. 参看第二部《拿着镜子的小孩》:"我皈依孤独已经太久了:因此我忘掉了缄默。"
3. 你在世人中间时,感到跟任何人不投缘,无法开展工作,陷于绝望的状态。
4. 世人的交往,常常是做交易,获取回报,难以真正地推心置腹。

都不用觉得难为情。

"在这里,万物都表示亲热地听你讲话,奉承你:因为它们想骑在你的背上驰骋。在这里,你骑在每个比喻的背上驰向每一条真理。

"在这里,你可以直言无隐地跟万物说话:确实,有人跟万物——坦率地说话,在它们耳朵里,就像听到赞美!

"可是,孤零零却是另一回事。因为,你是否还记得,哦,查拉图斯特拉?那时,你的禽鸟在你的上空啼叫,你站在森林里,迟疑不决,往何处去?不知道,在你的旁边躺着一具尸体:——

"——那时,你说道:但愿我的动物给我领路!我看出,在世人中间比在动物中间更危险[1]:——这就是孤零零!

"你还记得吗,哦,查拉图斯特拉?那时你坐在你的岛上,把酒泉向一只只空桶里倒进去,分别倒进去,给口渴的人们斟酒和分发:

"——直到最后你独自焦渴地坐在醉汉们中间,每夜在悲叹'受取不是比施与更为有福吗?盗窃不是比受取还更为有福吗?'[2]——这就是孤零零!

"你还记得吗,哦,查拉图斯特拉?当你的最寂静的时刻到来,把你从你自身里赶走,当它用恶意的低语说:'说吧,打破吧[3]!'——

"——当它使你对你的一切期待和沉默感到厌烦,使你的谦虚的勇气丧失勇气[4]:这就是孤零零!"

哦,孤独啊!你,我的故乡孤独啊!你跟我说话的声音是多么快乐而温柔!

---

1. 第一部《查拉图斯特拉的前言》第10节。
2. 第二部《夜歌》:"盗窃一定比受取还要幸福。"
3. 第二部《最寂静的时刻》:"把你的话说出来,打破一切吧!"
4. 第二部《最寂静的时刻》:"我等待更合适的人;我根本没有资格在他的面前打破一切……我看你还不够谦虚。"

我们彼此不提出什么问题，也不发什么牢骚，我们通过敞开的大门互相敞开胸怀行走。

因为在你身边，一切都是敞开的、明朗的；在这里，连时刻也以较轻快的脚步奔跑。因此，时间在黑暗中，比在光明中，压得更加沉重。

在这里，一切实存之语言和语言的话匣都向我打开：在这里，一切实存都想变成语言，在这里，一切转变都要向我学习说话[1]。

而在山下的世间——一切说话都是徒然[2]！那边，忘却和离开乃是无上的智慧：这个——我现在学懂了！

在世人那里，要理解一切，必须把握住一切。可是，我的双手太干净，不屑这样做了。

我甚至不愿跟他们共同呼吸；唉，我在他们的喧嚣和令人恶心的气息之中生活得很久了！

哦，我四周的充满至福的寂静啊！哦，我四周的清香啊！哦，这种寂静是怎样从深胸之中获取纯净的呼气啊！哦，它是怎样在倾听，这种充满至福的寂静！

可是，在山下的世间——一切都在说话，一切都被置若罔闻。尽管人们摇铃宣传他们的智慧：市场上的小商人却会用铜钱的叮当之声加以掩盖。

在他们那里，一切都在说话，却不再有人会理解。一切都落进水里，却不再有什么落进深深的井底。

---

1. 一切事物之存在及其变化发展（werden）都要由我说出的语言找到它的表现。因为它的真相，我是看得明明白白的。尼采在《看这个人》中的《查拉图斯特拉如是说》引用了这一段，并说"这就是从灵感获得的我的体验"。
2. 第一部《查拉图斯特拉的前言》第5节："他们不理解我的话，我这张嘴跟他们的耳朵是对不上的。"

在他们那里，一切都在说话，却不再有什么做得好，做到底。一切都在咯咯啼叫，可是有谁还想静静地伏在窠里孵蛋？

在他们那里，一切都在说话，一切都被说服。昨天对于时间本身和它的牙齿还是非常坚硬的，今天已被切碎、咬碎，挂在今天的人们嘴边。

在他们那里，一切都在说话，一切都被泄露。从前被称为深奥灵魂的秘密和隐私的，今天都被街头吹鼓手和别的游手好闲者大肆宣扬。

哦，人类，你真奇妙！你，阴暗街巷里的喧嚣！现在你又远离在我的身后了——我的最大的危险远离在我的身后了！

我的最大的危险总是在于体谅和同情；一切世人都想被人体谅和容忍。

少吐露真实，以笨拙的手和痴情的心，满嘴同情的小小的谎言——我就是一向如此生活在世人中间。

我进行伪装，置身在他们中间，有心错认我自己[1]，让我吃得消他们，并且乐愿劝说我自己："你这痴子，你不认识世人！"

生活在世人中间，却把对世人所弄懂的一切忘掉：一切世人拥有太多的前景——远瞻远寻的眼光在那里又有何用！

当他们不理解我时：我这个痴子，体谅他们，甚于体谅我自己：我惯于对自己严格，而且常常为这种体谅对我自己进行报复。

被有毒的苍蝇叮伤，叮得百孔千疮，像被恶毒的水滴滴穿的石头[2]，我就这样置身在他们中间，还劝说我自己："一切卑贱者对他的

---

1. 第二部《处世之道》："我自己也要装扮起来，坐在你们中间——使我看不出你们和我自己的本来面目。"

2. 第一部《市场的苍蝇》："你不是石头，可是你已被许多雨点滴穿了……我看到你被有毒的苍蝇折磨得精疲力竭，我看到你身上有百孔千疮在流血。"

卑贱是没有责任的！"

特别是那些自命为"善人"之辈，我发觉他们乃是最毒的苍蝇：他们毫无恶意地叮咬人，他们毫无恶意地撒谎：他们怎能对我——公正呢！

生活在善人中间的人，同情教他说谎。同情给一切自由的灵魂制造沉闷的空气。因为善人的愚蠢是深不可测的。

不暴露我自己和我的财富——这一点我在山下世人那里学会了：因为我发觉每个人的精神还很贫乏。这就是我的同情的谎言，我跟每个人接触时，知道。

——我从每个人身上看出、嗅出，他们的精神怎样才算足够、怎样才算过多！

他们的倔强的贤人：我称他们为贤人，而不说倔强——我如此学会了含糊其词。他们的掘墓人[1]：我称他们为研究家和实验家——我如此学会了混淆其词。

掘墓人患上挖出来的疾病。在古老的废墟之下藏着有毒的瘴气。人们不可搅动泥坑。人们应当住在山上。

我用充满至福的鼻孔，又呼吸到山上的自由！最后，我的鼻子从一切世人的气味中被解放出来。

凛冽的寒风，像发泡的葡萄酒，刺得我发痒，我的灵魂打起喷嚏——打起喷嚏而高高兴兴地对自己说：祝你健康[2]！

查拉图斯特拉如是说。

---

1. 尼采在《历史对于人生的利弊》中说过，有历史知识的人，由于消遣的知识的蓄积，对生命力创造力带来损害。不可埋头于这种意义的历史知识。

2. 西方民俗：对打喷嚏者常说一句吉利话"祝你健康"或 God bless you（据考证：在古代黑死病流行时，病人打喷嚏，乃是将死的症状）。我国也有此民俗，《两般秋雨盦随笔》："俗凡小儿女喷嚏，呼'千岁'及'大吉'。"在今日的上海，小孩打喷嚏时，大人连忙急呼："一百岁！"

三件恶行[1]

1

在梦中,今天我在清晨的残梦中站在一座山岬上——远离世界的山岬[2]上,拿着一只天平称称世界。

哦,曙光向我走来得太早了:她红光焕发,照醒了我,这位嫉妒心重者!她总是嫉妒我的晨梦辉煌。[3]

这个世界,对于有时间者[4]是可以测量的,对于善于称量者是可以称量的,对于有强健翅膀者是可以飞到的,对于神授的善于夹碎胡桃壳者是可以解谜的[5]:我在梦中发现的世界就是如此:——

我的梦,一条大胆的帆船,一半是船,一半是飓风,像蝴蝶一样沉默无声,急躁得像鹰隼:它今天怎么会有耐心和余暇来称量世界哩!

是我的智慧,那嘲笑一切"无限的世界"的、欢笑的、清醒的、白昼之智慧秘密地对我的梦说的吗?因为它说:"凡是力所存在之处,也就有数担任支配者:数具有更大的力。[6]"

我的梦是多么确信地观看这个有限的世界:不好新奇,也不好古;不畏惧,也不乞求:——

---

1. 查拉图斯特拉在梦中站在山岬上手执天平称量世界。对一向被称作三件恶行,即肉欲、统治欲、自私自利做出新的估价。
2. 热那亚附近菲诺港(Portofino)的山岬。
3. 梦醒了。理智的批判的反省打破了他的梦。白昼常被比喻为呆板的合理的精神。
4. 有时间者:指立足于现实世界,旨在向上发展而坚持活下去的人。
5. 在时间空间之中大胆地把握住事物的中核(胡桃)的人才领悟到世界是可以认识的。
6. 世界之力是有限的(能量守恒定律)。因此,在宇宙中,同一事物永远回归。

——就像一只丰满的苹果呈现在我的手里,一只成熟的金苹果,有着清凉柔滑、天鹅绒一般的皮——世界就是这样呈现在我的面前:——

——就像一棵树向我打招呼,它伸展着广袤的枝干,具有坚强的意志,弯下身来供疲倦的行人当作靠背或是踏脚板:世界就是这样竖立在我的山岬上面:——

——就像一双纤纤素手给我捧来一只宝盒,打开宝盒足使羞怯、爱慕的眼睛大喜过望:今天,世界就是这样呈现在我的面前:——

——它不是足以把世人的爱吓跑的不可解的谜,也不是足以使世人的智慧进入休眠的解答——世人如此说它坏话的这个世界,今天在我看来乃是人类的好东西!

我是多么感谢我的晨梦,使我今天在清晨称一称这个世界!这场安慰我心的梦,它作为人类的好东西向我来临!

为了在白天做梦中所做的同样的事,学会和模仿晨梦的最得意的佳作:我现在要把三件最坏的事放在天平上按常情好好地权衡一下。

教人祝福的人也教人诅咒[1]:在世界上最受人诅咒的三件事是什么呢?我要把它们放在天平上。

肉欲,统治欲,自私自利:这三者直到现在是最受人诅咒,声名狼藉而致谬种流传——这三者,我要按常情好好地权衡一下。

好吧!这里是我的山岬,那边是大海:海涛滚滚地向我卷来,披头散发,奉承献媚,它是我钟爱的忠实而年老的酷似百头[2]獒犬的怪物。

---

1. 教人祝福人性的基督教也教人诅咒以下三种恶行。
2. 百头指海的浪头。

好吧！我要在这波涛滚滚的大海上拿好天平：我还要选择一位证人来旁观——我选你，我喜爱的你这位香气浓烈、宽大如盖的隐士古树！——

现在将跨过一座什么桥梁走向未来[1]？高高者由于什么强制屈就低下者[2]？是什么命令最高者再——向上生长[3]？

现在天平趋于平衡而静止：我把三个重大的问题放进一个托盘，另一个托盘则载着三个重大的答案。

2

肉欲：对一切身着忏悔服的轻视肉体者乃是他们的刺和木桩[4]，一切背后世界论者则把肉欲诅咒为"俗世"：因为肉欲嘲笑和愚弄一切乱说和瞎说的教师。

肉欲：对流氓无赖乃是慢慢烧烤的火，他们会被火烧焦；对一切被虫蛀的木料、一切发出恶臭的破烂衣服，肉欲乃是常备的炽热、冒热气的火炉。

肉欲：对自由的心是纯洁的、不受拘束的，它是地上乐园的幸福，是一切未来对现在的洋溢的感谢之情。

肉欲：只有对于萎靡不振者是甘美的毒液，而对于具有雄狮意志者却是大大的强心剂和崇敬的珍惜的酒中之酒。

---

1. 肉欲的问题。肉欲比普通被称为善的禁欲，藏有较多的未来。它会生孩子，因而产生未来。

2. 统治欲的问题。

3. 自私自利的问题。

4. 木桩：原文为 Pfahl，中世纪的死刑，用木桩将罪犯刺死。此词又有 Schand-pfahl 耻辱柱之意。而 ein Pfahl im Fleische（《新约·哥林多后书》12：7）则译为肉中之刺。

肉欲：对较高的幸福和至高的希望乃是大大幸福的比喻，因为对于多数男女，肉欲是约定结婚的，而且所约定的，还有比结婚更重要的东西[1]，——

——对于比一般男女还要互不了解的许多结婚男女：——对这样的男女之间是怎样地互不了解，谁又能完全搞得清楚哩！

肉欲：——可是我要在我的思想周围，也还要在我的语言周围扎上篱笆[2]，以免猪猡和头脑发热者闯进我的乐园。——

统治欲：最冷酷的铁石心肠者的灼热的鞭子；最残酷者为自己留存的酷刑；熊熊燃烧的火刑柴堆上的阴森的火焰。

统治欲：叮在最爱虚荣的民众身上的恶毒的牛虻；一切捉摸不定的道德的嘲笑者；骑着每匹骏马和一切骄矜的驰驱者[3]。

统治欲：把一切腐朽、空洞的东西打碎和砸烂的地震；对粉饰的坟墓[4]轰轰隆隆地进行惩罚的破坏者；带着预先备好答案的闪光的问号。

统治欲：世人在它的眼前匍匐爬行、低头弯腰、辛辛苦苦，变得比蛇和猪还要卑贱——直到最终从他们之中发出极大的藐视的叫声[5]——。

统治欲：它是教育出极大的藐视之可怕的教师，它当着许多城市和国家的面说"你们滚开！"。——直到这些城市和国家自己大声叫道："我滚！"[6]

---

1. 不仅是单单男女二人的结合，还有旨在要求人类的向上、迈向超人的更高的目的。
2. 在这方面我要保持沉默。
3. 鞭挞和嘲笑最爱虚荣的民众和浅薄的道德观念，而自己则高傲地驰骋向前。
4. 《新约·马太福音》23：27："你们这些假冒为善的文士和法利赛人有祸了！因为你们好像粉饰（用石灰刷白）的坟墓，外面好看，里面却装满了死人的骨头和一切的污秽。"
5. 被统治欲迷住，就听其指使，什么卑劣的事都干。但超过了限度，也会使人的内部起一种反抗，唤醒人的尊严。
6. 甚至否定现实的国家制度，这样，从它的内部也发出否定自己的呼声。

统治欲：它也极具诱惑地升向纯洁者、孤独者，并进而升上自我满足的高处，像那种把红色的至福诱惑地描画在人间天堂上的爱一样发出炽热的光[1]。

统治欲：如果高高者降格以求权力，谁还称之为病的欲望哩！真的，在这种降格的欲望上面毫不存在什么病的衰弱[2]。

但愿孤独的高处不会永远在孤独之中自我满足：高山会俯临低谷，高山的风会吹到低处：——

哦，谁能给这种渴望找到恰当的洗礼名和显示其美德的命名哩！"赠予的美德"——查拉图斯特拉以前曾这样称呼这种难以命名者。

还有一件事也是发生在那时——真的，那是第一次发生的事！——他的教言把自私自利称颂为至福，从强力的灵魂中涌出的完好、健康的自私自利：——[3]

——高贵的肉体就属于这种强力的灵魂，美丽的、扬扬得意的、令人悦目的肉体，在它周围的任何事物都化为反映出它的影像的镜子：

——柔软的、使人无话可说的肉体，这个舞蹈者，自我享乐的灵魂就是他的象征和精髓。这种肉体和灵魂的自我享乐自称为"美德"。

这种自我享乐用判断好与坏的教言防护自己，就像用神圣的树林防护圣域；又用表示自己的幸福的各种名称把一切可藐视者从自己身边赶走。

他从自己身边赶走一切胆小怕事者；他说：胆小怕事，这就是

---

[1]. 孤独的哲人等也会抱有统治欲。这时，他们在空中写上承诺人类幸福的大字。

[2]. 从高处降到下面的世人中间，教育他们，使他们得以提高。

[3]. 第一部《赠予的道德》第1节："我把这种利己主义称为健全的和神圣的。"

坏事！他认为总是担忧者、叹气者、抱怨者，还有贪图小利者都是可藐视的。

他也藐视一切唉声叹气的智慧：因为，真的，也有在黑暗中开花的智慧，黑夜阴影生出的智慧；它经常叹息："凡事都是虚空[1]！"

他认为羞怯的不信任是微不足道的，还有任何只要誓言而不要眼色和握手[2]的人也是微不足道的；还有一切过分不信任的智慧，因为这种情况乃是胆小的灵魂的本性。

他认为更加微不足道的乃是很快就讨人喜欢者、像狗一样立即仰卧下来者、低三下四者；也有低三下四的、像狗一样的、虔诚的、很快就讨人喜欢的智慧。

使他完全厌恶而感到恶心的乃是从不想进行抵抗的人、吞下含毒的唾液和恶意的眼光的人、过分忍耐的人、一切都能忍受的人、对一切都满足的人：因为这都是奴隶根性。

不管是面对神祇或神祇的脚踢，还是面对世人和愚蠢的世俗见解表现出奴颜婢膝的屈从，对于这一切的奴隶根性，都要受到这种至福的自私自利的唾弃。

他称之为坏的乃是那一切：垂头丧气和卑躬屈膝者，局促不安地眨眼睛、受压抑的心以及用胆怯的阔嘴唇亲吻的那种虚伪的俯首听命的作风。

他称之为冒充智慧的乃是奴隶、老头、倦怠者所开的一切玩笑；特别是完全恶劣的、狂妄的、诙谐过头的教士之愚蠢！

而这些冒充贤智者，也就是一切教士、厌倦人世者以及具有女性化和奴性的灵魂的人——哦，他们玩的把戏，从古以来，是怎样

1.《旧约·传道书》1：2。

2. 决心和行动。

扭曲了自私自利啊!

人们扭曲了自私自利,偏偏还成为美德,而且称之为美德!于是所有这些厌倦人世的胆小鬼和十字蜘蛛[1]都有正当理由来自求——"无私"。

可是在所有这些人的面前,现在降临了白天、转变、审判之剑、伟大的正午:于是一切都要显露出来[2]!

把自我说成健全而神圣、把自私自利说成至福的人,真的,他也会说出他这位预言者所知道的事:"瞧啊,它来了,它临近了,伟大的正午!"

查拉图斯特拉如是说。

重压之魔[3]

1

我的舌头——是人民大众的喉舌:我说的话,在有着丝状柔毛的兔子们的耳中是太粗糙和率直了,对一切满肚子墨水的墨鱼和摇笔杆的狐狸,我的话就更加有异样之感了[4]。

我的手——是傻瓜的手:一切桌子和墙壁以及供傻瓜装饰、让

---

1. 十字蜘蛛指基督教教士。见《背教者》第2节。
2.《新约·马太福音》10:26:"因为掩盖的事,没有不露出来的;隐藏的事,没有不被人知道的。"
3. 重压之魔:此处主要指他律的伦理思想,查拉图斯特拉对此说明自主的精神的高扬。重压之魔给人带来沉重,妨碍一切生活的自由活动,他是查拉图斯特拉的宿敌。
4. 我的话不是对文雅的人们(安哥拉兔)说的,而对摇笔杆的人们又会给他们奇异之感。

傻瓜涂抹的地方都糟糕了[1]。

我的脚——是马脚：在野外纵横驰驱，越过木石一切障碍，像发疯一样体尝一切快跑的乐趣。

我的胃——也许是一只老鹰的胃吧？因为它最爱吃羔羊的肉。可是不管怎样，它肯定是一只飞禽的胃。

我吃的是单纯的、少数的东西，总是做着奋飞的架势，急不可耐地想要飞去——现在，这就是我的生性：这怎能说不是有点飞禽的本性哩！

特别是，我是重压之魔的敌视者，这就是飞禽之本性：确实是重压之魔的死敌，不共戴天之敌、宿敌！哦，我的敌意，哪里没有飞翔过、飞迷过哩！

关于此事，我已能唱一首歌——而且想要唱：即使我独居在空屋之中不得不唱给我自己的耳朵听。

当然也有些其他的歌手，要等到满堂坐满了听众，才使他们一展柔和的歌喉，做出能说会道的手势，露出善于表现的眼光，涌出活泼的心情——我可不像他们。

2

有一天，教人飞行的人，将会移开所有的界石；由于他，所有的界石将飞向空中，失去意义，他将给大地取一个新名字——叫作"轻轻"[2]。

---

1. 我所写的，把一向认为善的东西都破坏了。
2. 教导精神的飞跃的人，把一切道德的标准加以转换，给世界和生命赋予轻快优雅的情趣。

鸵鸟比最快的马跑得还要快，可是它也会把头沉重地钻进重重的大地里去；还不会飞的人也是如此[1]。

他称大地和人生是沉重的；重压之魔就想要这样！可是谁想要变得身轻如鸟，他就必须自爱——这是我的教言。

当然不是用病夫和病弱者的爱：因为这种人的自爱也是有臭味的！

人必须学会自爱——我如此教导——用一种完好的、健康的爱：这样才能自我坚持下去，不会游离于自身之外，到处漂泊。

这种到处漂泊被称为"对邻人之爱"：直至今日，人们最常用这句话来进行诓骗和伪装，特别是那些感到人世对他是一种沉重的压力的人。

确实，学会自爱，并不是为今天和明天制定的戒律。这倒是一切本领中最精致、最巧妙、最高超、最坚韧的本领。

因为自己的一切所有物都由它的拥有者好好保藏，不让他人染指；而埋在地下的一切宝藏也是由藏宝者最后发掘的——这就是重压之魔所要做的工作。

差不多在摇篮时期，我们就已经被授予沉重的教言和价值："善"和"恶"——就是这种人生赠礼的名称。由于这种赠礼，我们才被容许生存在世间。

为此才让小孩子到自己身边来，以便及早防止他们自爱：这就是重压之魔所要做的工作。

我们——我们把授予我们的重荷忠诚地扛在困苦的肩上越过崎岖的山！如果我们冒出汗来，人们就对我们说："是啊，人生的担子

---

1. 比凡庸者具有较大的精神自由者还不会飞。这种人会被向来的反生命的教义绊倒。

是难挑的！"

可是世人只是难挑他自己这副担子！这是由于他在自己的肩上扛着太多他人的东西。他像骆驼一样跪下来，让人给他装上很多的重负。

特别是内心怀有敬畏之念的、刚强的、忍辱负重的人：他肩负着太多他人的沉重的教言和价值——现在他觉得人生是一片沙漠[1]！

确实！有许多自己的东西也难以承载！世人内心里有许多东西就像牡蛎一样，就是说，引起恶心、又湿又滑、难以捉摸[2]——，

——因此必须由带有珍贵装饰的珍贵的外壳代为说项。可是人也必须学会这一套本领：具有外壳、美丽的外表、聪明的视若无睹[3]。

再说，世人所有的许多东西常是靠不住的：许多外壳既寒碜，又可怜，太像一个单单的外壳了。许多隐而不露的善意和能力从不为人所知；最可口的珍馐找不到美食家品尝[4]！

女人，最出色的女人，她们知道这些，稍许肥一点，稍许瘦一点——哦，多少命运就系在这稍许上面啊！

人是难以被发现的，发现自己更是最难；精神常常说些有关灵魂的谎话。这就是重压之魔所要做的工作。

但是说"这是我的善，这是我的恶"这句话的人，他就是发现了自己的人：他以此言使那些说"大家皆善，大家皆恶"的鼹鼠和矮子哑口无言了。

确实，我不喜欢这种称一切都好、称这个世界是完全最好的世

---

1. 一心向上的精神，遵奉最初受教的他律道德，而为这种负担所苦。
2. 不仅有来自外部的负担，就是精神自体的内部，也有许多隐藏的、自己不知道的弱点。
3. 为了让自己拥有自信，向上者具有自己的实质以上的外表，而不过分赤裸地观看自己。
4. 单靠外表，不能判断其真价。

界的人。我把这种人叫作对一切都满足的人。

对一切都满足,就是什么都会尝:这不是至高无上的口味!我尊重那些学会说"我"、说"是"、说"不"的固执、挑剔的舌头和胃。

可是什么都咀嚼和消化——这是一种正宗的猪猡本性!一直在说咿——呀[1]的——这是只有驴子和具有驴子头脑的人才会学好这一套。

深黄和火红[2]:这合乎我的趣味——它把血掺进一切颜色里。可是把自己的房子粉刷得很白的人,他就向我暴露出他的粉刷得很白的灵魂。

有人喜爱木乃伊,有人喜爱鬼;这两者都同样是血和肉的敌视者——哦,这两者跟我的趣味多么背道而驰!因为我爱血。

我不愿居住和逗留在人人都爱吐唾沫和吐痰的地方:我的口味是这样——情愿住在窃贼和做伪证者的中间。没有人把金钱挂在嘴上。

可是使我更加反感的乃是一切舔唾液者[3];这是我发现的最令人反感的衣冠禽兽[4],我把他们叫作寄生虫:他们不想去爱,却靠爱过日子。

要么做凶猛的野兽,要么做凶恶的驯兽者[5],只有一种选择的人,我都称他们为不幸者,我不会跟这种人一起搭棚[6]居住。

---

1. 咿——呀:原文为 I-a,即德文 Ja,意为"是呀",形容驴子的叫声。
2. 南欧的房子主要是漆成黄色和红色(那不勒斯、庞贝),北欧的房子则以白色为基调。北欧人的精神缺乏热情。
3. 阿谀奉承者,拍马屁者。汉语中说:舔屁股,舔痈。
4. 衣冠禽兽:原文为 Tier von Mensch(人中之兽)。
5. 对寄生虫之人进行监视、强迫者,如官吏、政治家。
6. 《新约·马太福音》17:4:"我就在这里搭三座棚:一座为你,一座为摩西,一座为以利亚。"

还有那些必须永远在等待的人,我也称他们为不幸者——他们不合我的口味:一切收税者、小商人、国王以及其他的土地和店铺的看守者。

确实,我也学过等待,学得很彻底——不过只是等待我自己。我首先学过站立、行走、奔跑、跳跃、攀登和舞蹈。

可是,这是我的教导:有一天想要学飞的人,他必须首先学习站立、行走、奔跑、攀登和舞蹈——人不能一飞就能学会飞行。

我学习利用绳梯攀登上许多窗子,使用敏捷的腿脚爬上高高的桅杆;坐在认识的高高的桅杆上,在我看来,乃是不小的幸福,——

——如同小小的火焰闪耀在高高的桅杆上面:虽然是小小的火光,对于遭到风吹浪打的船夫和碰到船只失事的人却是大大的安慰!

通过各种各样的道路和方法,我抵达我的真理之境:我并不是靠一架梯子爬到高处,让我的眼睛在那里能纵目览眺我的远方。

我不愿意经常向人问路——这跟我的趣味背道而驰!我情愿去问道路本身而进行探路。

我的全部行程就是试探和寻问——确实,人们也必须学习给这种寻问找一个答案!而这——就是我的兴味所在[1]:

——不好,也不坏,却是我的兴味,我对它不用再害臊,也不用再隐瞒。

"这——就是我现在的道路——你们的道路在哪里?"我就是这样对向我"问路"的人所做的回答。因为道路——本来是没有的!

---

1. 甘冒艰难,凭自己的力探求真理,不靠他人的命令,这就是我的自发的兴味。

查拉图斯特拉如是说。

古老的法版和新的法版[1]

1

我坐在这里等待,四周放着一些古老的破碎的法版,也有些写好一半的新的法版。我的时辰何时来到呢?

——我的下降和没落的时辰:因为我还要到世人中间去走一次。

我等着它:因为首先必须有预兆出现,表明那就是我的时辰——这预兆就是伴有一群鸽子的欢笑的狮子[2]。

在这个空当里,我就像一个有闲空的人,对我自己说话。没有人对我讲什么新的东西:因此我就跟自己谈我自己。——

2

当我走到世人那里时[3],我看到他们都处于古老的自负状态:大家都自以为早就知道,对人来说,什么是善,什么是恶。

一切关于道德的议论,在他们看来,都是陈旧而令人厌烦的事;想要睡得好的人,在临睡之前,都要谈谈"善"和"恶"。

1.《旧约·出埃及记》31:18:"耶和华在西奈山和摩西说完了话,就把两块法版交给他,是上帝用指头写的石版。"法版(原文 Tafel=Gesetz tafel,英译 Tablets of the Law)又称约版,版上刻有十诫,永远作为西奈盟约的证据。本章主题是对旧道德(古老的法版)的批判,对新道德(新的法版)的提示。

2. 参看第四部《预兆》中这种预兆的出现。

3. 第一部《查拉图斯特拉的前言》以下所述:查拉图斯特拉从山上下降走到世人那里。

当我教导说：什么是善，什么是恶，现在还无人知道——除了创造者！我打搅他们的睡意了。

——而所谓创造者，乃是创造人类的目标，给大地赋予它的意义和它的未来的人：只有这种人才能创造出善的和恶的事物。

我教他们推翻只有那种古老的自负踞坐的古老的讲座；我教他们嘲笑他们的伟大的道德大师、圣人、诗人和救世主。

我教他们嘲笑他们阴郁的贤者，以及一切像乌黑的稻草人坐在生命树上发出警告的人。

我坐在他们的墓冢大道之旁，甚至靠近腐尸和兀鹰[1]——我嘲笑他们的一切过去及其腐朽倒塌的辉煌。

真的，我像劝人忏悔的说教者和痴子一样，对他们的一切伟大和渺小大喊怒叫——他们的至善是多么渺小！他们的极恶是多么渺小！——我如此嘲笑。

我的聪慧的憧憬从我的内心里如此大叫大笑，它是在山上诞生的，真是一种粗野的智慧！——我那唰唰地扑着翅膀的大大的憧憬。

我的憧憬常常在大笑声中带我远走高飞：于是我像一支箭一样战栗，在陶醉于阳光的大喜之中飞去。

——我飞到任何美梦从未梦见过的遥远的将来，比任何造型美术家所梦想的还要炎热的南国：飞到羞于披挂任何衣着的群神裸体跳舞的地方[2]：——

——如上所述，我用比喻说话，像诗人一样一瘸一拐，结结巴

---

[1]. 墓冢大道：罗马的阿皮阿大街的联想。有着光荣的过去的残骸。腐尸：过去的残滓。兀鹰：啄食过去腐尸的玩弄历史知识的人们。

[2]. 我识得人间的旧道德，觉得厌恶和嘲笑，但一转眼之间，我的憧憬、幻想、意欲却把我引到如下的新的境地。

巴：真的，我还不得不当个诗人，真使我惭愧[1]！——

在那里，一切变转，依我看来，都是群神的舞蹈和群神的一时高兴，而世界则从一切束缚中被解放出来，恢复自己本来的面目：——

——好像是许多神永远在互相逃避和寻找，好像是许多神互相对立、互相交换意见、互相和好的至福之境地：——

那里，一切时间，在我看来，乃是对瞬间的愉快的嘲笑[2]，那里，必然就是自由本身，它跟自由之刺快乐地游戏：——

那里，我也又发现了我的古老的魔鬼或大敌，就是重压之魔，以及他所创作的一切：强迫、规章、必要、结果、目的、意志以及善和恶：——

因为，跳起舞来，不是必须有踏在它上面、从它身上舞过去的东西存在吗？为了轻捷者和最轻捷者，不是必须有鼹鼠和沉重的侏儒[3]存在吗？——

3

那里，我也在路上拾到"超人"这个字眼，以及人乃是必须被克服的东西这个命题。

——我也悟到，人乃是一座桥梁，并不是目的[4]：他庆幸自己的正

---

1. 这种事物不能用呆板的论理叙述，只有当个诗人，用比喻说出。
2. 一切的瞬间都要永远回归，因此，把瞬间单单当作瞬间思考，乃是愚蠢，乃是对瞬间的嘲笑。
3. 第三部《幻影和谜》："不管他骑在我肩上，那个半侏儒，半鼹鼠。"
4. 第一部《查拉图斯特拉的前言》第4节："人之所以伟大，乃在于他是桥梁而不是目的。"

午和黄昏,把它当作通往新的黎明的道路[1]:

——还有查拉图斯特拉关于伟大的正午的谈话,以及另外我高悬在人们头顶上的东西,它就像第二道紫红色的晚霞[2]。

真的,我也让他们看到新的夜晚和新的星辰;在云和昼夜上面,我张起欢笑,就像五彩的天幕[3]。

我把我的创作和追求全都教给他们:人们视为残缺不全、哑谜和可怕的偶然的东西,我把它们收集起来,合成一体[4],——

——作为创作者、解谜者和拯救者,我教他们参与创造未来,把过去的一切——,进行创造和拯救。

把人间的过去加以拯救,把"过去是如此"的一切加以改造,直到意志说:"我过去是想要这样的[5]!以后我还想要这样——"

——我对他们把此事称为拯救,我教他们只有此事可称为拯救[6]。——

现在我等待我的拯救——,我最后一次走到世人那里去。

因为我想要再一次走到世人那里去:我想要在他们中间没落,我想要在临死[7]时把我最丰富的赠礼送给他们!

---

1. 第一部《赠予的道德》第3节:"人……把他走向黄昏的道路当作他自己的最高希望来庆祝:因为这是迈向新的黎明的道路。"

2. 第二道是与现实的晚霞相对而言,即精神的晚霞。晚霞中含有没落的悲哀和对未来的期望。

3. 第二部《预言者》:"你使我们看到新的星辰和新的夜之壮观;确实,你把生命(亦作大笑)本身张开在我们的头上,像张开着五彩的天幕。"

4. 第二部《拯救》:"把这些残缺不全、哑谜和可怕的偶然收集起来,合成一体。"

5. 第二部《拯救》:"拯救过去,把一切'过去是如此'变为'我要它如此的!'——这个我才称之为拯救!"

6. 宗教上所说的拯救是毫无意义的胡说。

7. 尼采曾打过腹稿,描述查拉图斯特拉的死亡。只要有人做他的目标的后继者,他甘愿死去。(参看第一部《自愿的死》)

这是我从太阳那里学来的,当它沉落时,这个过于富裕者,从它取之不尽的财富之中取出黄金撒进海里。

——就这样,使得最贫穷的渔夫也使用黄金的桨划船[1]!因为我从前曾见过这个光景,在观看时,我的眼泪流个不止——

查拉图斯特拉也想没落,像太阳那样:现在他坐在这里等待,在他的四周放着古老的摔碎的法版[2],还有新的法版——写好了一半的法版。

4

瞧,这里有一块新的法版:可是跟我一起把它带往谷中、带进血肉的心[3]里去的我的弟兄们在哪里呢?——

我对最遥远者的大大的爱如是要求:不要体谅你的邻人!人是一种必须被克服的东西。

说起克服,有各种各样的道路和方式:请你瞧瞧!可是只有一个丑角会想:"人也是能被跳越过去的[4]。"

就是在你的邻人们中间,你也要克服自己:这是你可以为你自己夺取的权利,你却不可以让人给予你[5]!

凡是你所做的事,没有人能对你再做一下。瞧,不存在什么因

---

1. 日落景象的美丽的比喻。
2. 《旧约·出埃及记》32:19:"摩西……便发烈怒,把两块版扔在山下摔碎了。"
3. 《旧约·以西结书》11:19:"我必赐给他们另一颗心……拿走他们铁石的心,给他们换上一颗血肉的心。"
4. 跳越是性急而采用暴力的。第一部《查拉图斯特拉的前言》第6节:丑角"大叫一声,跳到挡路者(第一个表演走钢丝者)的前头",后者"一脚踏了空……跌落到地上"。
5. 采取一切有价值的行动的权利,要靠自力去获得。

果报应。

凡是不能命令自己的人,他就该服从[1]。能命令自己的人倒也不少,可是服从自己的,却少得多。

5

拥有高尚灵魂的人存有这样的愿望:他们不想白白地获得任何东西,至少是生命。

贱民出身者,他们愿意白白地活着;可是我们其他人,生命已把它自己给予了我们的人——我们常常想,我们以什么做出最好的回报!

真的,这是一句高尚的话,它这样说:"生命答应给我们的东西,我们要对生命将这种答应——保住[2]!"

没有奉献出什么可供享乐,就不可想要享乐。而且——人不可想要享乐[3]!

因为享乐和无辜是最怕难为情者:两者都不愿被人追求。人们应当自然拥有它们——,可是人们更应追求罪过和痛苦!——

6

哦,我的弟兄们,谁是头胎儿子,就常被献作牺牲,可是现在,

---

1. 第二部《超越自己》:"不能听命于自己者,就要受命于他人。"
2. 生命答应给我们欢乐和创造。我们不可漫不经心地等待,应当努力使其实现。
3. 人不可贪图享受,要为人民的幸福尽力,使其实现后,方可自己享受。亦即先天下之忧而忧,后天下之乐而乐的高尚态度。

我们都是头胎儿子[1]。

我们都在秘密的牺牲祭坛上流血，我们全都为了祭奠古代的偶像而被烧烤[2]。

我们的精英都还年轻：看到我们，那些老馋鬼就馋涎欲滴。我们的肉很嫩，我们的皮不过是像羔羊的皮——我们怎能不引起古老的偶像的祭司们馋涎欲滴哩！

古老的偶像的祭司，他还住在我们的心中[3]，他把我们的精英烤作美餐。唉，我的弟兄们，头胎儿子怎能不做牺牲哩！

可是，我们这种人就愿意这样；我爱那些不愿保全自己的人[4]。我以我的全部的爱爱那些走向没落的人：因为他们去到另一个世界。——

7

要真实——能做到这点的人很少！能做到的人，他又不愿意做到！尤其是善人们最不能做到。

哦，这些善人！善人们从不说真话[5]；从这个意义上来说，为善就是精神上的一种疾病。

这些善人，他们让步，他们顺从，他们的心境是人云亦云，他们的根本是唯命是从：可是听从他人的人，却不听从自己的本心！

1.《旧约·出埃及记》13：2："以色列中凡头生的，无论是人是牲畜，都是我的，要分别为圣归我。"而我们，乃是揭示新的价值的新时代的头胎儿子、先驱者。
2. 我们这些新的道德的前线上的战士，遭受旧道德的祭司的屠宰。
3. 在我们自己的内心里也有古老的价值观以及跟古老的立场有关联的要素。古老的东西如此根深蒂固，抱有新的价值观的先驱者不得不当牺牲品。
4.《新约·马太福音》16：25："凡为我丧掉生命的，必得着生命。"
5. 因为要顺应周围的人，所以隐瞒自己的观点。

凡是被善人称为坏事的，必须凑到一起，以便产生一种真理：哦，我的弟兄们，你们是否坏得足以产生这种真理？

大胆的冒险，长久的不信任，残酷的否定，厌恶，杀进生气勃勃的人生[1]——这些凑在一起，是多么难得！可是从这些种子里面却会——生出真理！

直到如今，一切知识都是跟内疚手拉着手一起成长的！[2]打碎吧，你们这些认识者，打碎那些古老的法版吧！

8

如果水中有梁[3]，如果河上架起桥，装上栏杆：这时再说"万物流转"[4]这句话，就不会有人相信。

就是笨蛋也会反对。"怎么？"笨蛋说，"万物流转？河流上不是有桥和栏杆吗？

"河流上面的一切都是固定不动的，一切事物的价值、桥、概念、一切'善'与'恶'：这一切都是固定不动的！"——

可是，当严冬，这个河流的驯兽者来到时：就是最机智的人也怀抱起不信任了；真的，不仅是笨蛋会这样说："万物不应该是——

---

1. 第二部《著名的哲人》："精神就是杀进自己生命中的生命：它通过自己的痛苦增加自己的知晓（认识）。"

2. 由于自己违背一般的惯习和思维方法，感到内疚。可是正由于这种分歧，会产生出真正的认识。

3. 德国谚语，Wasser hat keine Balken，水中无梁或海上无桥，容易淹死，即君子不履危之意。

4. 万物流转（Alles ist im Fluß）：在某个时代，某个民族，当固有的道德体系被确立时，如果说在这体系之下流行的、作为其母胎的伦理观念本身原来是可变的，就无人相信了。

静止的吗[1]？"

"根本上万物都是静止的"——，这是恰当的冬季明训，对干枯季节说的好话，对于冬眠者和蹲在火炉边的人乃是很好的安慰。

"根本上万物都是静止的"——；可是对这句话持反对意见的却是春季的暖风[2]。

春季的暖风是一头公牛[3]，不耕田的公牛——一头狂暴的公牛，一个破坏者，它用愤怒的角撞破坚冰！而冰块——又冲坏桥梁！

哦，我的弟兄们，如今不是一切都在流动之中吗？一切桥和栏杆不是都掉进水里了吗？谁还坚持什么"善"和"恶"呢？

"可悲啊！可喜啊！春季的暖风吹起了！"——哦，我的弟兄们，你们就到街上去这样宣讲吧[4]！

9

有一种古老的妄想，叫作善和恶。直到现在，这个妄想的轮子总是绕着预言家和占星家转动[5]。

从前，人们相信预言家和占星家：因此人们相信"一切都是命运注定：你应当，因为你必须！"。

随后，人们又不信任一切预言家和占星家：因此人们相信"一切

---

1. 道德的权威之确立走过头时，就出现一切价值评估的停止——严冬——不生产的冻结状态。
2. 春天到来，吹起东风，化解冰冻。就像来了旧道德的破坏者，一切价值转换就开始了。
3. 本书第二部《崇高的人们》："我愿看到他像白色的公牛……拉着犁头前进。"牛是力与美的化身。
4. 《圣经》用语。《新约·路加福音》10：10—11："你们就到街上去，说……"
5. 伦理思想，自古以来，它的根干就是厌世主义和观念的理想主义。

都是自由：你可以，因为你想要[1]！"。

哦，我的弟兄们，关于星和未来，直到现在，只是被人妄想出来的，并非真为人所知[2]：因此善与恶，直到现在，也只是出于妄想，并非真为人所知！

10

"你不可偷盗！你不可杀人[3]！"——从前，人们把这些话称为神圣的；在它面前屈膝低头，脱下鞋子。

可是我问你们：世上还有比这些神圣的话更高明的偷盗者和杀人者吗[4]？

在一切生命自身之中，不是也有——偷盗和杀戮吗？如果这样的话被称为神圣，那么，真理本身不是也遭到——扼杀了吗？

还有，把那些跟一切生命相抵触和劝人结束生命的东西称为神圣，这岂不是教人死亡吗[5]？——哦，我的弟兄们，打碎，打碎这些古老的法版吧！

---

1. 不久，现实的实证时代到来，人们高唱意志的自由。
2. 宿命论和自由意志论皆属谬误。他们对人间精神和世界秩序，全不知其人类向上的这种理想和永远回归的实相。
3.《旧约·出埃及记》20：13—15："不可杀人……不可偷盗。"这是上帝在西奈山上通过摩西颁布的十诫（十条诫命）中的两条。
4. 基督教的道德背反生命的本质、否定生命。
5. 参看第一部《死亡的说教者》。

11

我对过去的一切表示怜悯[1],是由于我看到:过去的一切都被转交——

——转交给以后来到的每个世代的宽容、精神和发疯的想法,他们把过去的一切重新解释为自己的桥梁[2]。

一个大大的暴君,一个精明的怪物可能会来,凭自己的好恶压迫和强制一切过去:直到过去成为他的桥梁、先兆、传令官和报晓雄鸡。

但也有另一种危险,我的另一种怜悯——贱民出身者,他的记忆只可追溯到他的祖父——到他祖父这一代,时间就停止了[3]。

这样一来,一切的过去都被丢弃了:因为也会有这么一天,贱民当了主子,一切时间就会在浅水里淹没了。

因此,哦,我的弟兄们,需要有一种新的高贵者[4],他们是一切贱民和一切暴君的反抗者,在新的法版上新写着"高贵"这个词。

因为,为了出现高贵者阶层,需要有很多的高贵者和各种各样的高贵者!或者,正如我以前用比喻所说的那样:"有诸位神祇,没有什么上帝,这正是神道![5]"

---

1. 历史的过去的真相难以弄清,因为它被后人任意歪曲。

2. 后世的有权势者,对过去的历史,各取所需地利用,加以改写。

3. 凡庸的人们对过去的记忆最多不过是追溯到祖父一代,再上去的以前的历史都被遗忘而埋没了。

4. 人类的贵重的历史的记忆,或被残暴者歪曲,或被凡庸者遗忘,因此希望有新的高贵者(精神贵族)保存人类的尊贵。

5. 参看《背教者》章末。

12

哦，我的弟兄们，我要任你们、指点你们做新的高贵者[1]：你们将成为未来之生育者和播种者——

——当然，不是做一个你们可以像小商人用钱买来的那种贵族：因为凡是有市价的一切，都是没有多少价值的。

今后，使你们获得荣誉的，不是由于你们从何处来，而是由于你们往何处去！想要超越你们自己前进的你们的意志和健步——将成为你们的新的荣誉！

当然，并不是由于你们曾侍奉过一位王侯——王侯还算得什么！——或者曾当过什么既存者的堡垒，使既存者立得更牢固！

并不是由于你们这一代在宫廷里变得恭恭敬敬[2]，你们学会了像彩色的火烈鸟[3]一样，长久地站立在浅水池中。

——因为能站立，乃是廷臣的一种功劳；所有的廷臣都认为，被允许坐下——乃是属于死后的巨大幸福！——

也不是由于他们称为神圣的圣灵把你们的祖先领到我并不赞颂的上帝所许之地[4]：因为在那里生长着一切树木中最恶劣的树木，十字架，——在那个地方没有什么值得赞颂的！——

——确实，不管这位"圣灵"把他的骑士们领到哪里，在这批队

---

1. 高贵者原文为 Adel，此词亦有贵族之意，但不是封建社会世袭的贵族，而是如前页注中所说的精神贵族。人们常指责尼采的贵族主义，盖由于对此词的误会。为了避免误会，似以译为高尚者或高尚人士为宜。

2. 原文 an Höfen höfisch wurden：文字游戏。

3. 火烈鸟亦称红鹤、红鹳，披着红、白色羽衣，腿很长。比喻站立在宫廷上的朝臣。

4. 上帝许给亚伯拉罕的地方，即迦南，亦称福地，想望之乡。此处又作文字游戏：in gelobte Länder führte, die ich nicht lobe，前一个 gelobte（geloben）意为发誓、许诺，后一个 lobe（loben）意为称赞。

伍的前头先行的总是些——山羊、鹅[1]、脑子错乱的家伙！——

哦，我的弟兄们，你们这些高贵的人不应后顾，而应向前看！你们应当是从一切父辈和祖先的国土里被放逐出来的人！

你们应当爱你们孩子的国家：让这种爱成为你们的新的高贵品质——这个国家尚未被发现，存在于最遥远的海上！我教你们扬帆去寻找，寻找！

你们是你们祖先的孩子，你们要在你们的孩子身上对此事加以补救：你们应当如此解救一切的过去！我把这块新的法版放在你们的头顶上！

13

"为什么活着？万事都是虚空[2]！活着——就是打空无麦粒的麦秸[3]；活着——就是烧伤自己，却得不到温暖。"——

这种古代的胡言乱语，仍旧被当作"智慧"；可是由于它古老而发霉味，因此就更受尊重。发霉也变成高贵了。——

孩子们可以这样说：他们怕火，因为火灼伤过他们！在古代的智慧书[4]中有许多幼稚的想法。

---

1. 山羊、鹅都是呆头呆脑的动物。队伍指十字军，在他的前头先行的都是些狂信者、脑子发热的人。
2.《旧约·传道书》1：2："凡事都是虚空。"
3. 德国成语，比喻徒劳无功。
4.《旧约》中的《传道书》和《箴言》《雅歌》等都被称为智慧书，以称颂并传扬智慧为主题的经书。

一向"打麦秸"[1]的人,他怎么可以毁谤打麦秸哩!对这样的傻瓜必须笼住他的嘴!这种人坐到食桌旁,什么都不带[2],连好胃口都不带——现在他们却毁谤说"万事都是虚空!"。

可是,哦,我的弟兄们,好好地吃喝一下,确实不是什么虚空的本领!给我打碎,打碎这些永不快乐者的法版吧!

14

"在洁净的人,凡物都洁净。[3]"——民众如此说。可是我要对你们说:在猪看来,凡物都变成猪!

因此那些狂信之徒,连心也低沉下去的低头者[4]就如此说教:"世界本身是一个污秽不堪的巨大怪物。"

因为,这些人全都是具有不洁净的精神的人;尤其是那些得不到安宁和休息的人,除非他们从背后观看世界——就是背后世界论者[5]!

我要当面对他们直说,尽管我说的话有些不中听:世界在这一

---

1. 打麦秸(Stroh drischt)在我国的《圣经》译本中译作踹谷或打场。《旧约·申命记》25:4:"牛在场上踹谷的时候,不可笼住它的嘴。"天主教译本译作:"牛在打场的时候,不可笼住它的嘴。"《旧约·弥迦书》4:13:"锡安的民哪,起来踹谷吧!"天主教译本译作:"熙雍女子,起来打场吧!"

2.《新约·路加福音》10:3—7:"你们去吧!……不要带钱囊,不要带口袋……吃喝他们所供给的。"

3.《新约·提多书》1:15:"在洁净的人,凡物都洁净;在污秽不信的人,什么都不洁净。"

4. 低头者原文为 Kopfhänger,意为垂头丧气者,但此词尚有另一意义,即虔诚的信徒(Betbruder)或伪信者、伪善者。此句意为不仅是向上帝低下头,连心也低沉下去,亦即心里没有真正的勇气的人。

5. 与第一部《背后世界论者》相呼应。

点上跟人一样，有它的背后的屁股[1]——这一点倒是真实的！

世界上有许多污秽的东西：这一点倒是真实的！可是却不能因此就说世界是一个污秽不堪的巨大怪物！

世界上有许多东西散发出恶臭，但其中也含有智慧：恶心本身会创造出翅膀和预感到泉水的力量[2]！

最好的人也还有些令人恶心之处：最好的人也还有些必须被克服之处！——

哦，我的弟兄们，世界上有许多污秽的东西，但其中也含有许多智慧！——

15

我听到虔诚的背后世界论者对他们自己的良心说出这样的箴言；确实，并无恶意和虚伪——尽管世界上再没有什么更加虚伪、更加令人恼火的了。

"这个世界就让它这样好了！一个指头也不要伸出来去反对它！"

"谁要把百姓绞死、刺死、杀死、剁碎，就让他去干好了：一个指头也不要伸出来去反对他！百姓们倒由此学会遁世弃俗[3]。"

"而你自己的理性——你应当自行把它勒死、掐死：因为它是这个俗世的理性[4]。——由此，你自己就学会遁世弃俗。"——

---

1. 文字游戏：德语 hinter 意为背后，而 Hintere、Hintern 则意为屁股。因此前句从背后（von hinten）就变成"从屁股"的意义了。
2. 第二部《贱民》："我的恶心本身为我创造了翅膀和预感到泉水的力量吗？确实，我必须飞上最高处，让我再找到快乐之泉！" 恶心感会成为令人向上的机缘。
3. 现世的一切丑恶，一概不去管它，人们由此可以学会厌弃人世。
4. 理性也是为现世、俗世服务的，应将其抛弃。

——打碎,给我打碎,哦,我的弟兄们,这些虔诚者的古老的法版!拆穿这些诽谤世界者的箴言!

16

"学得多的人,忘掉一切强烈的欲望。"——今天,在一切黑暗的街上,人人都窃窃私议这个话题。

"智慧使人厌倦,一切都不——值得;你不应当存有什么欲望!"——我看到,连公开的市场上也挂着这块新的法版。

给我打碎,哦,我的弟兄们,也给我打碎这块新的法版!是厌倦世界者、死亡的说教者、监狱管理者把它挂出来的:因为,瞧啊,这也是劝人当奴隶的说教[1]!——

他们的学习方法很拙劣,最好的事不学,一切都学得太早,学得太快:吃法也不好,因此吃伤了胃,——

——就是说,他们的精神是受伤害的胃,它劝人死掉!因为,确实,我的弟兄们,精神就是一种胃[2]!

人生是快乐之泉,可是对于那种借受伤害的胃,产生忧愁之父说话的人,在他看来,所有的泉都被投过毒。

认识:对于具有狮子意志的人乃是快乐!可是变得疲倦的人,只"受他人意志指使"[3],一切浪潮就将他戏弄。

弱者的本性总是如此:他们在自己的路上丧失自我。最后,他

---

1. 此处特指叔本华的厌世的说教。
2. 精神是肉体的一个器官。第一部《轻视肉体者》:"你称之为精神的你的小理性也是你的肉体的工具。"
3. 成为他人和外界的意欲的对象,因此不具有对他人和外界的积极的认识欲。

们的疲倦还要发问:"我们为什么总在走个不停!一切不都是一样!"

他们觉得中听的,乃是这样的说教:"一切都不值得!你不应当存有什么欲望!"可是这是劝人当奴隶的说教。

哦,我的弟兄们,查拉图斯特拉像一阵清新的大风向一切走得疲倦的人吹来:他会使许多鼻子打喷嚏[1]!

我的自由的呼吸也会透过大墙吹进监狱里,吹向被监禁在里面的囚徒!

意愿使人获得解放[2]:因为意愿就是创造:我如是教导。你们应当学习创造!

你们也应当先跟我学习这学习之道,很好的学习方法!——有耳可听的,就应当听!

17

船停在这里——乘上船,也许可以驶往大大的虚无之境。——可是谁愿意乘上这条"也许"之船呢[3]?

你们当中,没有人想要乘上这条死亡之船!那么,你们怎么会想要做厌倦世界者呢?

厌倦世界者!可是你们连这个大地都没有离开啊!我发现你们依然贪恋大地,还念念不忘自己的厌世之情!

你们的嘴唇耷拉下来,不是没有道理的——对大地的小小愿望

---

1. 打喷嚏是健康和精神好的标志。参看第三部《还乡》章末。

2. 第二部《在幸福的岛屿上》:"愿望使人获得解放:这就是关于意志和自由的真正的教义。"

3. 厌世主义者应当彻底贯彻他们的主张,但他们害怕其结果会陷入可怕的虚无,所以也并不豁出命干。

还挂在嘴唇上面[1]！在眼睛里——不是还飘浮着难忘大地之快乐的一朵云彩吗？

在大地上有许多很好的发明，有些是有用的，有些是令人愉快的：由于这个，大地是使人喜爱的[2]。

大地上有各种很好的发明，它就像女人的乳房：有用，同时又使人愉快。

可是你们厌倦大地者！你们这些大地的懒汉！应当用鞭子抽抽你们！应当用鞭子抽打，使你们腿脚重新灵活起来。

因为：如果你们不是被大地厌恶的病人和未老先衰的家伙，那就是狡猾的懒虫或是鬼鬼祟祟的偷嘴的馋猫。如果你们不想再快乐地行走，那么你们就应当——离开人世！

不应当想做一个医治不好病人的医生：查拉图斯特拉如是教导——所以你们应当离开人世！

可是要结束生命，比作一首新的诗，需要更大的勇气，一切医生和诗人全都知道[3]。——

18

哦，我的弟兄们，有的法版是由极度疲劳造出来的[4]，有的法版是

---

1. 厌倦世界者无精打采，嘴唇耷拉下来，这毋宁是由于现世欲。

2. 本来，在大地上充满许多人的创造物，是令人喜爱的。

3. 对于诗人，写冗长的诗较易，要加以适当的剪裁，把可以删削的舍弃掉，则较难。对于医生，要把治不好的病人完全回绝掉，也是难事。所以你们也尽力延续你们的余命，不肯去死。

4. 并非由于没有气力，而是由于努力的结果，感到极度疲劳者，也就是勇敢者在半路上疲于战斗，受到挫折时而陷于意气消沉。

由腐败的懒惰造出来的：虽然它们所说的相同，它们却希望听取者有不同的理解。——

瞧此处这个憔悴的人！他跟他的目标只有一拃的距离，可是由于疲劳却固执地躺在此处尘埃之中：这个勇敢的人！

由于疲劳，他看着道路、大地、目标和自己打呵欠：他不愿再多走一步，——这个勇敢的人！

现在，灼热的太阳照在他身上，野狗来舐他的汗：可是他固执地躺在这里，情愿憔悴而死掉：——

——跟目标只有一拃的距离，却情愿憔悴而死掉！真的，你们还得拉住他的头发把他拖进他的天国[1]——这个英雄！

你们还是让他躺在他躺着的地方为好，等到睡神，这个安慰者降临到他身旁，送来清凉的淅沥淅沥的雨[2]：

让他躺着，躺到他自己醒来——直到他自己把一切疲劳和疲劳借他做出的教训全都取消！

我的弟兄们，你们只须从他的身旁赶走那些偷偷走过来的懒狗和一切成群飞来的苍蝇：——

——一切被称为"有教养者"的成群的苍蝇，那些吸一切英雄的汗——吸得津津有味的家伙！——

19

我在我的四周画上圆圈和神圣的界线[3]；登上越来越高的山，跟我

---

1. 他的理想的目的地。
2. 让他休息，给他恢复的充分时间。
3. 我对我的登山同伴加以限定。

一同登山者就越来越少:我由越加神圣的群山构成一条山脉[1]。——

不管你们要跟我登到哪里,哦,我的弟兄们,要留神,不要让一个寄生虫跟你们一同攀登!

寄生虫:它就是爬行的柔软的蛆,它要靠你们的生病受伤的角落养肥自己[2]。

这是它的本领,它推测得出登山者们在哪里会感到疲劳:它在你们的烦闷和不满之中、在你们的脆弱的难为情之中筑它的令人讨厌的窠。

在强者的虚弱之处,在高贵者的最温良之处——它就钻进那里筑它的令人讨厌的窠:寄生虫寄居在伟大者患有小伤的角落。

在存在者之中,何者为最高的一类,何者为最低的一类?寄生虫就是最低的一类;可是最高的一类的人,却养活最多的寄生虫。

因为拥有最长的梯子而能下降到最深处的这种灵魂[3],最多的寄生虫怎会不想寄生在他的身上呢?

——能在自己的内心中奔跑、游荡、漫步得最远的广大无边的灵魂;由于兴之所至而闯进偶然之中的最必然的灵魂[4]:——

——钻进发展过程之中的现存的灵魂[5];想要满足意愿和渴望的拥有者的灵魂[6]:——

---

1. 由少数被精选者组成小团体。
2. 把具有伟大的精神和高贵的精神的人们当作寄主,发现他们的弱点,就当作食饵。
3.《旧约·创世记》28:12:雅各"梦见一个梯子立在地上,梯子的头顶着天,有上帝的使者在梯子上,上去下来"。
4. 由自己的意志肯定世界的一切,居于自己的内在的必然性之中,同时,要试试自己的能力,闯进超出世界的合理的必然性的偶然之中跟偶然戏耍。
5. 既已存在而又不忘成长发展。
6. 虽已拥有,但不满足,还继续保持各种意愿和渴望。

——逃避开自己,又在画出的极大的圆圈里赶上自己的灵魂[1];听愚蠢用最甜蜜的语言劝说的最聪明的灵魂[2]:——

——最喜爱自己,而在心中一切事物都有顺流和逆流、落潮和涨潮的灵魂[3]:——哦,这种最高的灵魂怎会没有最坏的寄生虫来寄生呢?

20

哦,我的弟兄们,我果真残忍吗?可是我说:倒下的,应当再推它一把!

今天的一切——倒的倒,塌的塌:谁想加以保留!可是我——我还要推它一把!

你们可知道石头滚到陡峭的深谷里去的快乐吗?——当今的这些人:瞧他们,他们怎样滚到我的深谷里去!

我是献给较好的演奏者们的序曲[4],哦,我的弟兄们!一个榜样!照我的榜样做吧!

你们不教他飞翔的人,就教他——快一点坠落吧!——

---

1. 不安居于自己的世界,吸收自己以外的许多要素,而又再回到自己的本来。
2. 智者却反而爱好逸出常轨的愚蠢。第一部《查拉图斯特拉的前言》第1节:"我愿意赠送和分发,直到世人中的智者再度乐其愚。"
3. 爱自己而对万物的转变也寄予关心,并加以包容。
4. 我对现代的攻击,不过是对即将到来的更大的破坏的序曲(前奏)。

21

我爱勇敢的人们：可是做一个老练的剑士还不够——还必须知道对什么人挥剑！

能按住自己的急性子而走开去：以便保存自己的实力，对付更值得较量的敌手，这种事常要有更大的勇气！

你们只应当有可憎恨的敌手，而不应当有可轻视的敌手：你们必须以你们的敌手自豪：我以前已经教导过了。[1]

为了对付更值得较量的敌手，哦，我的朋友们，你们应当保存自己的实力：因此你们必须从许多人身边走开，——

——特别是从许多贱民身边走开，他们在你们耳边刺刺不休地大谈什么民众和民族[2]。

别让他们的赞成与反对污了你们的眼睛！其中有许多是与非：注视一下，就使人生气。

注视一下，砍他一下——都是一码事[3]：因此，还是走开，走进森林里[4]，放下你的剑，让它睡觉吧！

走你们的路吧！让民众和民族走他们的路！——当然是黑暗之路[5]，在那条路上，连一线希望的闪电之光也看不到！

在一切还在发光的只有——商人手里的黄金的地方，就让商人去统治吧[6]！现在再也不是君王的时代：今天自称为民众者，不配有

---

1. 参看第一部《战斗与战士》："你们只可以有让你们憎恨的敌手……"
2. 大谈民众的，是社会的、阶级的斗争；大谈民族的，是帝国主义的政治家。
3. 拿这种人做对手，没有进行认真的斗争的价值。
4. 第一部《市场的苍蝇》："森林和岩石懂得跟你一起保持高尚的沉默。"
5. 因为那里只受功利的精神支配。
6. 第三部《走开》："谋事在王侯，可是成事在商人！"

君王。

瞧吧，现在的这些各国国民是怎样像商人一样行事：他们从一切垃圾中捡起最微薄的小利[1]！

他们互相伺机守候，他们互相攫取对方的东西——他们称之为"睦邻友好"。哦，怎不令人缅怀那个幸福的遥远的时代[2]，那时，一个民族自称："我要做其他民族的——统治者！"

因为，我的弟兄们：最优秀者应当统治，最优秀者也想要统治！与此教言相异的地方，那里——就缺少最优秀者。

22

如果他们——不劳而获得面包，哀哉！他们还会为求得什么而叫嚷哩！他们谋生——就是他们正当的消遣解闷；他们应当过劳苦的生活[3]！

他们是从事劫掠的猛兽[4]：在他们的"劳动"之中——也存在着劫掠，在他们的"收入"之中——也存在着骗取！因此他们应当过劳苦的生活！

因此，他们应当成为更好的猛兽[5]，更出色，更聪明，更像人一样：因为，人乃是最高级的猛兽。

人已经从一切动物身上夺取了它们的优点：这就造成，在一切

---

1. 在现代，无论是民众还是支配者都堕落了。
2. 希腊的各个城邦。他们毫不隐瞒什么权力意志和名誉心。
3. 辛苦的劳动对民众是必要的。在他们看来，劳动就是为了不正视人生的真实而活下去的消磨时间的方法。
4. 不择手段地想要获得。
5. 他们应当成为高级意义上的猛兽。

动物之中，人过着最劳苦的生活。

只有禽鸟还超出人类之上[1]。如果人再学会飞翔，唉！他的劫掠欲将飞到——什么高处！

23

我如此寄希望于男性和女性：前者有作战的本事，后者有生孩子的本事，可是两者都有用头[2]和脚跳舞的本事。

没有跳过一次舞的日子，算是我们白白虚度了！没有带来一阵哄堂大笑的一切真理，我们全称之为虚假！

24

你们的结婚：当心，不要是一种不合适的结合！你们决定得太快：因此，结果造成——婚姻破裂[3]！

婚姻破裂还胜于委曲求全的婚姻、欺骗的婚姻！——一位妇女对我如是说："我确实是破坏了婚姻，可是，最初是婚姻破坏了——我！"

我常常发现反目的夫妇乃是最不好的报复心重的人：他们不再是独往独来的单身者，他们要让全世界的人为此付出代价。

为此，我希望诚实的人互相说："我们相爱了：让我们看看，我

---

1. 第三部《重压之魔》："我……总是做着奋飞的架势……想要飞去……这就是我的生性。"
2. 用头跳舞即头手倒立的姿势。头手倒立乃是重压之否定。
3. 婚姻破裂：原文 Ehebrechen 本义为通奸。此段有些字是在玩弄文字游戏，其妙趣不可能译为他国语。

们相爱,是否会信守不渝!或者我们的承诺会不会是看错?[1]"

——"给我们一段试婚的期限,让我们看看,我们是否适合正式结婚!两个人永远相伴在一起,这可是一件大事啊!"

我如此劝告一切诚实的人;如果我不这样劝说,那么我对超人以及一切后来者的爱,又算是什么哩!

你们的繁殖不仅要继续下去,而且要向上提高——为了这一点,哦,我的弟兄们,但愿婚姻之花园帮你们的忙[2]!

25

精通古代的泉源的人,瞧,他到最后就会探求未来之泉,探求新的泉源[3]。——

哦,我的弟兄们,不久的将来,就会有新的民族兴起,就会有新的泉水哗哗地流进新的深渊。

因为地震——掩埋了许多泉水,造成许多人的焦渴:可是地震也揭示出许多内在的力量和秘密[4]。

地震显露出新的泉源。在古代民族的地震之中涌现出新的流泉。

这时,有人叫道:"瞧啊,这里有供许多口渴者饮用的泉水,有为许多渴望者提供安慰的一颗心,有为许多工具提供发明的一种意

---

1. 承诺原文 Versprechen,看错(做错、弄错)原文 Versehen,看看(注意、注视)原文 Zusehen。应当努力使爱情继续下去,如不可能,就率直地承认是一种过失(疏忽)。

2. 第一部《孩子和结婚》:"你不应当单单把你的种传下去,而要让你传的种高于你!在这一方面,结婚的花园对你大有裨益!"

3. 深知过去许多道德观的泉源的人,他一定知道古代的泉源已不适用于今日,他会去探求新的道德。

4. 例如像战争那样的大变动,使许多旧道德灭绝,却揭示出民族所具有的许多未知的力量。

志。"——在他的周围就聚拢一群人:就是许多试验者。

谁能发号施令,谁当服从——就在该处进行试验[1]!唉,进行了多么长久的探求、建议、失误、学习和新的试验!

人类社会——就是一种试验,我如是教导——一种长期的探求:可是他们探求发号施令者!——

——一种试验,哦,我的弟兄们!不是什么"契约[2]"!驳倒,给我驳倒这些软心肠和半吊子人物的这种言论吧!

26

哦,我的弟兄们!在哪些人的身上存在着威胁全人类未来的最大危险?不是在善人和义人的身上吗?——

——他们这样说,心里也这样感到:"我们已经知道什么是善和正义,我们也已具备;可叹那些还在寻求善和正义的人[3]!"

不管恶人能造成什么伤害:善人造成的伤害乃是最有害的伤害!

不管诽谤世界者能造成什么伤害:善人造成的伤害乃是最有害的伤害。

哦,我的弟兄们,曾经有人[4]看透了善人和义人的心,他当时说道:"他们是法利赛人。"但人们不理解他说的话。

善人和义人,他们本人也不能理解他:他们的精神已被囚禁在

---

1. 就这样,在这种新的道德观念之下,经过长期试验之后,决定出统治者和被统治者。
2. 卢梭的《社会契约论》认为,国家只应该是自由的人民所订立的社会契约的产物。
3. 道德已经确立,不需另求新的道德。
4. 基督。法利赛人,意为隔离者,原是犹太教内的一个派别,宣传墨守传统礼仪,主张与异己者严格隔离。福音书中称他们为伪君子、伪善者。

他们的好良心之中。善人的愚蠢乃是深不可测的聪明。

可是,这是真实情况:善人必然是法利赛人——他们别无选择!

善人必然要把发现自己的美德的人钉在十字架上!这也是真实情况!

可是,发现他们的本土,发现善人和义人的本土、内心和世界的第二个人[1],乃是问这句话的人:"他们最恨的是什么人?"

他们最恨创造者:打破法版和古老的价值观的打破者——他们称之为犯罪者。

因为善人——他们不能创造:他们永远是结尾之开头[2]——

——他们把那种在新的法版上写下新的价值观的人钉在十字架上,他们为了自己而牺牲未来——他们把一切人类的未来钉在十字架上!

善人——他们永远是结尾之开头。——

27

哦,我的弟兄们,你们也理解这个字眼的意义吗?就是我以前所说的"末等人[3]"?

在哪些人的身上存在着威胁全人类未来的最大危险?不是在善人和义人的身上吗?

搞垮,给我搞垮这些善人和义人吧!——哦,我的弟兄们,你们也理解这句话吗?

---

1. 查拉图斯特拉·尼采。
2. 颓废的开始。结尾(终末期)由他们开始。
3. 参看第一部《查拉图斯特拉的前言》第5节。

28

你们要从我身边逃走吗？你们大吃一惊吗？你们听了这句话浑身发抖吗？

哦，我的弟兄们，当我命你们搞垮善人、打碎善人们的法版时：我才把人类装载到船上驶向他们的茫茫大海。

现在，人类才面临大大的惊恐、大大的四面张望、大大的病痛、大大的恶心呕吐、大大的海上晕船。

善人教给你们的是虚妄的海岸和虚妄的安全；你们是在善人的谎言里出生[1]而接受庇护的。一切都受到善人们的彻底欺骗和歪曲。

可是，发现"人类"这片大陆的人，他也发现了"人类未来"这片大陆。现在，你们当做我的航海者[2]，勇敢的坚忍的航海者！

及时地挺直身子开步走吧，哦，我的弟兄们，学会挺直身子走吧！海上风浪大作：许多人想要你们帮他们重新振作起来。

海上风浪大作：一切都在海中[3]。好吧！来吧！你们这些老海员之心！

父祖之国算得了什么！我们的舵要驶向那里，驶往我们的子孙之国[4]！驶往那里去，我们的伟大的渴望掀起巨浪，比大海的风浪还要激荡！——

1.《旧约·诗篇》51：5："我是在罪孽里生的。"

2. 航海者（水手，海员）比作进行大胆的冒险而去探求真理的人。见第三部《幻影和谜》章。

3. 一切都在流转之中生成［万物流转（Alles ist im Fluß）］，此处讲航海，故改为"一切都在海中"（Alles ist im Meere）。

4. 第二部《文化之国》："我只爱我的孩子们的国土，在遥远的海上，尚未被发现之国。"

29

"为什么这样坚硬!"——有一天,厨房里的煤炭对金刚石说,"难道我们不是近亲[1]吗?"——

为什么这样软?哦,我的弟兄们,我这样问你们:难道你们不是——我的弟兄吗?

为什么这样软,这样让步而俯首听命呢?为什么在你们的心中有这样多的对自己否定和拒绝呢?在你们的眼神里,为什么有这样少的对命运之抱怨呢?

如果你们不愿掌握自己的命运、不愿做强硬的人:你们怎能跟我一起——获得胜利呢?

如果你们的坚硬不愿闪闪发光、分离和切断:你们怎能有一天跟我共同——创造呢?

因为创造者是坚硬的。把你们的手印按在将来的千年上面,像按在蜡上面,你们必须把此事当作你们的万幸,——

——把你们的万幸留在千年的意志上面,像刻在青铜上面——不,它比青铜还坚硬,比青铜还高贵。只有最高贵的,才是完全坚硬的。

这块新的法版,哦,我的弟兄们,我放在你们的头顶上:坚硬起来吧!——

---

1. 金刚石的化学元素为碳(C),跟煤炭为同素异形体,故称为近亲。

30[1]

哦，我的意志！你，一切困厄的转折，你，我的必然[2]！别让我满足于一切小小的胜利吧！

你，我的灵魂的安排，我把你称为命运！你在我的内部！你在我的上面[3]！保护我，留着我迎接一个伟大的命运吧！

我的意志啊，为了你的最后，请保留下你的最后的伟大吧——让你在你的胜利之中仍保持强硬[4]！唉，谁不败在自己的胜利之时哩！

唉，谁的眼睛没有在这种陶醉于胜利的昏昏沉沉之中变得模糊起来哩！谁的脚没有在胜利之时变得踉踉跄跄而忘记——站起来哩！——

——但愿有一天我准备成熟，迎接伟大的正午：准备成熟，就像灼热的青铜、孕育闪电的乌云、膨胀的奶牛乳房：——

——为我自己和我的最深藏的意志做好准备去迎接：像一张弓渴望它的箭，像一支箭渴望它的星[5]：——

——一颗星，准备成熟去迎接它的正午的星，被烧得通红，被

---

1. 本节叙说命运与意志的合一。必然（Notwendigkeit）同时也是困厄的转折（Wende der Not），燃烧着胜利与破灭的狂喜。

2. 第一部《赠予的道德》："当你们只是一个单独意志的意欲者，而把这一切的困难的转折称为对你们是必然的：这时就是你们的道德的起点。"意志并不被动地为困厄所苦，而是积极地将它肯定而承担，使它发生转折，并且使这种偶然的困厄，进而由意欲化为必然。此时，发挥意志的自由，跟受意志支配的必然就成为同一的东西。

3. 我的意志，负着永远回归的宿命，以无限深度藏在我的内心，而又超出我的个体。在上面也可解释为高高在上的天命。

4. 不陶醉于小小的胜利，而志在获得最后的胜利。

5. 弓少不了箭，箭少不了星，箭就是意欲，星就是目标、理想。

射穿的星，被毁灭的太阳之箭射得乐不可支的星[1]：——

——它就是太阳本身，准备在胜利中毁灭的、一个强硬的太阳意志！

哦，意志，一切困厄之转折，你，我的必然！留着我迎接一个伟大的胜利吧！——

查拉图斯特拉如是说。

康复者[2]

1

一天早晨，回到山洞以后不久，查拉图斯特拉像疯子一样从床上跳起身来，发出可怕的声音大叫大喊，他做出的那种样子，就像还有另一个人躺在床上不肯起来；查拉图斯特拉发出如此的声音，使得他的宠物大吃一惊，来到他的身边，还使得其他一切动物都从查拉图斯特拉的山洞附近的洞穴和藏身的角落里溜出来，根据它们天生的脚和翅膀的不同类别，有的飞，有的扑动翅膀，有的爬，有的跳。而查拉图斯特拉却说出这番话来：

起来吧，深邃的思想啊，从我的深处出来吧！我是你的雄鸡和破晓[3]，睡不醒的懒虫[4]啊：起来！起来！我的声音应当已把你叫

---

1. 我的理想将被完成。像被太阳毁灭的星会再生，获得新的力量，我也将拥有更大的理想，我的努力将被无限地扩大和高扬。
2. 查拉图斯特拉苦于永远回归之思想的最后的难点而致神志不清。他的宠物，为他歌唱世界的美丽花园，劝他用歌唱治愈灵魂。
3. 第三部《变小的道德》第3节："我是我自己的先驱，冲破黑暗小路的我自己的报晓鸡鸣。"
4. 在我的心底做窠，难以清楚地自觉，使我苦恼的思想。

醒了!

把你耳门上的锁启开吧:听着!因为我要听听你的声音!起来!起来!这里的雷声,足以使坟墓也会听到了!

从你的眼睛上擦掉睡意和一切的愚昧和昏盲吧!也用你的眼睛听听:我的声音也能治好天生的盲人。

你一醒来,就应当永远醒着。把曾祖母们从睡眠中唤醒,为了又叫她们——继续睡下去[1],这不是我的做法!

你在动、伸展四肢、喉咙里呼噜呼噜响?起来!起来!喉咙里不要呼噜呼噜响——你要跟我说话!查拉图斯特拉,我这个无神论者,在叫你!

我,查拉图斯特拉,生命的代言人,痛苦的代言人,循环的代言人——我在叫你[2],我的深邃的思想啊!

我真高兴!你来了——我听到你的声音了!我的深渊开口说话了,我把我最后的深处翻到光天化日之下了!

我真高兴!来吧!伸出手来吧——哈!放开手吧!哈哈!——恶心,恶心,恶心——我好可怜啊[3]!

2

可是,查拉图斯特拉刚说完这番话,他就跌倒下来,像死人一样,而且像死人一样躺了很久。可是当他神志清醒过来时,他

---

1. 瓦格纳歌剧《西格弗里德》第三幕第一场。
2. 我爱生命,爱痛苦,预感到伴随一切痛苦的生命循环而来。你指永远回归的思想。
3. 按照永远回归的原理,世界的丑恶的另一面也要永远不变地循环而来。想到这点,查拉图斯特拉就失去神志了。

面色发白，全身发抖，依旧躺着，很久不想吃、不想喝。这种情况延续了七天；可是他的宠物日夜不离开他的身边，除了那只老鹰，它要飞出去觅取食物。它把觅来的、掠夺来的东西都放在查拉图斯特拉的床上；因此，到最后，查拉图斯特拉竟被包围在黄的和红的浆果、葡萄、野蔷薇果、有香味的野菜和松球当中了。而在他的脚边，放着两只羔羊，这是他的鹰好不容易从牧人那里掠夺来的。

最后，过了七天，查拉图斯特拉从床上坐起身来，拿起一颗野蔷薇果，闻了一闻，觉得它的香味很合自己的口味。这时，他的宠物认为跟他说话的时刻来到了。

"哦，查拉图斯特拉，"它们说道，"现在你已经躺了七天，眼睛张不开：你终究不想再站起来吗？

"走出你的山洞：世界像一座花园在恭候你的光临。风儿飘着要来接你的浓香；所有的小河都想跟在你的身后流去。

"万物都在想念你，因为你独自一人躺了七天，——走出你的山洞！万物都想做你的医生给你治病！

"也许你获得一种新的认识，一种辛酸而沉痛的认识？你躺着，像一块发酵的生面团，你的灵魂发酵而膨胀，漫出它所有的边缘了。——"

——哦，我的宠物，查拉图斯特拉回答说，就这样聊下去，让我听听！你们的闲聊使我神清气爽：哪里有闲聊，哪里的世界，对于我，就像花园一样。

有言语和声音，多么令人喜爱：言语和声音不是架在永远分离者之间的长虹和假桥吗？

对于每个灵魂，都有一个不同的世界；对于每个灵魂，每个另外的灵魂就是一个背后世界[1]。

在最相似者之间，外表最容易骗人；因为最小的裂缝是最难架桥沟通的[2]。

对于我——怎么会有一种外在之我呢？没有什么外在！可是在听到一切声音时，我们就把它遗忘：我们遗忘了，这是多么可喜啊！

任何事物不都是给了它们名称和声音，让人由于这种事物感到神清气爽吗？说话真是大大的蠢事：人们借说话在万物上面舞蹈。

一切言谈和一切声音的骗人，是多么可喜啊！我们的爱，伴着声音在彩虹上面舞蹈。——

——"哦，查拉图斯特拉，"宠物听罢，就说道，"对于像我们这样思考的人，是万物自己在舞蹈：它们过来，伸出手，笑啊，逃啊——随后又回来。

"一切走开了，一切又回来：存在之轮永远转动。一切死去，一切又开花，存在之年岁永远在跑。

"一切破了，一切又被重新接合起来；存在之同样的房子永远被再建。大家分手了，大家又重新相会；存在的圆环永远忠实于自己。

"存在开始于每一个瞬间；彼处之球围绕着每一个此处旋转。到处都有中心。永远之路是曲折的。"——

——哦，你们，爱开玩笑的小丑和手摇风琴！查拉图斯特拉又微笑着回答说，在那七天之间所必须完成的事[3]，你们知道得多么

---

1. 这里的背后世界，不同于背后世界论者所说的背后世界。而是说他人的精神的世界，其他的世界像是窥看不到的。

2. 参看第二部《夜歌》："最小的鸿沟乃是最不容易逾越的。"

3. 七天里被创造的天地之秘密，即永远回归。

清楚：——

——那个怪物是怎样爬进我的喉咙[1]，闷得我气都透不过来！可是我咬下它的头，把它吐掉。

而你们——你们已将此事编成一首手摇风琴歌曲吗？可是我现在躺在这里，那一番咬下、吐掉，还使我觉得很累，那一番自我拯救，还使我觉得大病未愈。

你们就冷眼旁观这一切吗？哦，我的宠物，你们也很残忍？你们想要看着我的极大的痛苦，像人们所做的那样？因为人乃是最残忍的动物。

悲剧、斗牛、钉上十字架，直到如今，都成了人在世上爱看的乐事；当人们想出了地狱，瞧，地狱就是他们的世间的天堂[2]。

当大人物发出大叫时——：小人物就急忙跑过去；满怀喜悦地伸出了舌头。可是他却称之为他的"同情"。[3]

小人物，尤其是诗人——他是多么激烈地用言辞控诉生命！听他说吧，可是不要漏听在一切控诉中的潜藏的快乐[4]！

这种控诉生命者：生命只要眨眼，就把他压倒。"你爱我吗？"厚脸的生命说，"稍许等一下，我还没有时间理你哩[5]。"

人对自己也是最残忍的动物；对一切自称"罪人""背上十字架

---

1. 参看第三部《幻影和谜》："我看到一个年轻的牧人……他的嘴里悬吊着一条粗大的黑蛇。"
2. 地狱是人所空想出来的，地狱之苦使人获得快感，因此地狱不啻成为人类的间天堂，发泄世人残忍的快乐。
3. 小人物对大人物的痛苦表示同情，实际是幸灾乐祸。
4. 厌世的诗人们渴望生命，但由于其欲望得不到满足，故相反地对生命进行谴责。
5. 这种人就像男人追求女人，如果女人对他没有意思，说出"没有时间"的托词，他就对生命（人生）产生绝望的情绪。

者"和"忏悔者"的人，不要漏听他们在悲叹和控诉中潜藏的快感[1]！

而我本人——我就此想做对人类的控诉者吗？唉，我的宠物，我至今所学到的只是：人要臻于至善，必须先做到至恶[2]，——

——人的一切至恶，乃是人的无上的力量，对于最高的创造者，就是最坚硬的石头[3]；人必须变得更善和更恶：——

并非由于我被绑在这种十字架上，才使我知道：人是恶的——而是由于我大叫出以前还无人叫出过的话语：

"唉，人之至恶竟如此渺小！人之至善竟如此渺小！"

对人的极大厌恶——它掐住我，爬进我的喉咙：就是预言者预言过的那句话："一切都是一样，毫不值得，知识扼杀人。"

一道长长的暮光，在我面前一瘸一拐地走来，这是一种累得要命、醉得要死的悲伤，它打着呵欠说话。

"你所厌倦的世人，渺小的世人，永远回归。"——我的悲伤如此打着呵欠，拖着脚，睡不着觉。

在我看来，人类-大地变成洞穴，它的胸部凹陷进去，一切有生命者，在我看来，都化为人类-腐尸、骸骨和腐朽的过去。

我的叹息坐在一切世人的坟墓上，再也站不起来；我的叹息和疑问日夜不停地发出蛤蟆似的鸣叫、喉咙哽住、烦闷、诉苦：

——"唉，世人永远回归！小人物永远回归！"

从前我曾见过最伟大的人和最渺小的人，看到两者赤裸裸的原形：他们太相似了——就是最伟大的人也是太人性了[4]！

---

1. 宗教的苦行，实际是由于残忍的自我虐待产生快感。
2. 前文讲世人的各种残忍性，现在讲到自己，我的残忍性：为了达到人类向上的目的，恶——严酷是必要的。
3. 足以成为优秀雕刻家的素材的坚硬石头。
4. 第二部《教士们》："我见过……就是最伟大的人也是——太人性了！"

最伟大的人也太渺小！——这就是我对世人的厌恶所在！最渺小的人也永远回归！——这就引起我对一切存在的厌恶[1]！

唉，恶心！恶心！恶心！——查拉图斯特拉如是说着，叹息着、战栗着；因为他想起他的病。可是这时，他的宠物不让他再说下去。

"不要再说下去了，你这位康复者！"——他的宠物回答说，"还是走出去吧，外面的世界像一座花园在等候你。

"走到蔷薇、蜜蜂和成群的鸽子[2]那里去吧！尤其是走到鸣禽那里去：跟它们学学歌唱。

"因为歌唱适合于康复者；健康者才可以说话。即使健康者想要唱歌，他要唱的歌也跟康复者要唱的大不相同。"

——"哦，你们，爱开玩笑的小丑和手摇风琴，还是闭嘴吧！"——查拉图斯特拉对他的宠物微笑着回答说，"在七天之中我为自己想出了什么安慰之法，你们知道得多么清楚啊！

"我必须再歌唱——我为自己想出了这个安慰方法和这种康复的办法：你们也想根据此事再作一首手摇风琴歌曲吗？"

——"不要说下去了，"他的宠物再次回答说，"你这位康复者，倒不如让你为自己先准备一把竖琴，一把新的竖琴！

"因为，看起来，哦，查拉图斯特拉！需要有新的竖琴才配得上你的新歌。

"唱吧，高歌长啸吧，哦，查拉图斯特拉，用新的歌治愈你的灵魂[3]：让你担负起你的伟大的命运，还从未有人担负过的这种命运！

---

1. 跟"人乃是必须被克服的东西"相矛盾。永远回归跟倡言人类向上的超人思想在论理上相矛盾。

2. 蔷薇象征爱，蜜蜂象征劳动，鸽子象征轻快的智慧。

3. 由命运决定要他当永远回归的宣传者的人，在伟大的正午时刻说出最后的真理而破灭之前，先要由新的歌治愈他的灵魂，因此在以后《另一曲舞蹈之歌》中唱出永远回归之歌。

"因为你的宠物知道得很清楚,哦,查拉图斯特拉,你是什么人,而且必当做什么人:瞧,你是永远回归的教师——,如今,这就是你的命运!

"你必当做第一个讲这种道理的人——这伟大的命运怎能不成为你的最大的危险和疾病哩!

"瞧,我们知道你教的是什么:一切事物永远回归,我们也包括在内,我们已存在过无数次了,一切事物也跟我们一起存在过。

"你教导说,有一种转生的伟大之年,一种伟大之年的巨怪:它必当像漏沙计时器一样永远重新翻转过来,以便重新漏下和漏完:——

"——因此,这些年份,事无巨细,全都是相同的,因此我们自己在这种伟大之年里,事无巨细,也总是相同的。

"如果你现在想死,哦,查拉图斯特拉:瞧,我们也知道,你会怎样对你自己说——可是你的宠物请求你,现在还不要死!

"你会毫无畏惧地说话,而且反会极乐得透口气:因为你会摆脱掉极大的困苦和郁闷,你这最坚忍的人!——

"你将会说:'现在我死去而消灭,在一瞬之间化为乌有。灵魂不是不灭的,像肉体一样。

"'可是我被扯在其中的诸因之结是回归的——它将把我再创造出来!我本身就属于永远回归的诸因之一。

"'我将跟这个太阳,跟这个大地,跟这只鹰,跟这条蛇一起回来——并不是回到一个新的人生或是更美好的人生或是相类似的人生:

"'——我将永远回到这同样的、同一个人生,不管是在最大的还是最小的方面,让我再宣讲一切事物之永远回归。

"'——让我再宣讲大地和世人的伟大的正午,让我再对世人告知超人的讯息。

"'我说我该说的话,也因我的话而心碎:我的永远的命运要我如此——做一个宣告者而灭亡!

"'现在,走向没落者为自己祝福的时刻到了[1]。如此——查拉图斯特拉的没落告终了。'"——

两个宠物说罢,就默不作声地等待查拉图斯特拉对它们说些什么;可是查拉图斯特拉却没有听到它们已经沉默。相反,他依旧静静地躺着,闭紧眼睛,像在睡觉一样,尽管他并没有入睡:因为他正在跟他的灵魂交谈。可是蛇和鹰看到他如此默不作声,尊重他四周围的高度沉寂,小心翼翼地离开了。

伟大的渴望[2]

哦,我的灵魂啊,我教你说"将来"和"从前",也说"今天"[3],教你跳你的圆舞,跳过此处、彼处和那处。

哦,我的灵魂啊,我把你从一切角落里解救出来,掸掉你身上的灰尘、蜘蛛[4]和昏暗。

哦,我的灵魂啊,我洗掉你身上的小小的耻辱和角落里的道德,劝你赤身裸体地站在太阳的眼睛之前。

---

1. 查拉图斯特拉向世人宣讲永远回归,他的使命已完成,为自己的没落祝福。
2. 本章为查拉图斯特拉跟自己的灵魂的对话。他把一切都给了自己的灵魂,可是灵魂由于过度充盈而感到不胜其苦。
3. 从永远回归的立场来说,今天是过去的回归,也要向未来回归,三者之间并无区别。
4. 第三部《日出之前》:"纯净的天空!……没有永恒的理性蜘蛛和蜘蛛网。"

我用名叫"精神"[1]的暴风吹过你的浪涛汹涌的海上：吹散一切浮云[2]，我甚至扼杀名叫"罪过"的扼杀者[3]。

哦，我的灵魂啊，我给你像暴风一样说不行的权利。像晴空一样说行的权利[4]：你像光一样静立着，现在你穿过否定的暴风前进。

哦，我的灵魂啊，我把处理创造物和非创造物[5]的自由交还给你：谁知道对未来事物的快乐，像你知道的那样呢？

哦，我的灵魂啊，我教给你藐视，不是像虫蛀一样慢慢来的藐视，而是大大地显示喜爱的藐视，这种藐视，它最藐视的，就是它最喜爱的。

哦，我的灵魂啊，我教给你如是说服，让你把理由本身也说服得站到你这边来[6]：就像太阳把大海也说服得涌向它的高处[7]。

哦，我的灵魂啊，我从你身上去掉一切服从、卑躬屈膝和称颂上主；我给你本身取名为"困厄之转折[8]"和"命运"。

哦，我的灵魂啊，我送给你若干新的名字和各色各样的玩具[9]，我

---

1. 灵魂是天生的生命、天生的心，精神是自觉的内部之力，在此处特别是意志力。两者是查拉图斯特拉的两面，但结果是同一的。

2. 第三部《日出之前》："我讨厌浮云……它们抢走你和我，我们共有的一切——巨大无垠的肯定和祝福。"

3. 罪过即宗教的罪责观。古老的宗教的立场，以所谓"罪过"的概念扼杀生命。

4. 自主地说行与不行的权利。

5. 非创造物即不待创造、本来就有的，如神、圣灵、圣言等。但在此外，并无深意，不过是说出创造物，就顺口说出来的俏皮话。

6. 理由或根据（Gründe）。灵魂（意志力）担任主宰，使论理的或因果律的论据都从属于自己，为自己自由所用。

7. 太阳使海水蒸发，把它引向自己。或由其引力把海面引升向自己。

8. 第三部《古老的法版和新的法版》第30节。

9. 第二部《有道德的人》："海浪会给他们送来新的玩具，而且把新的五彩贝壳倒在他们的面前！"

称你为"命运"、"包括之包括"[1]、"时间之脐带"[2]和"天蓝色的钟形玻璃罩"[3]。

哦，我的灵魂啊，我把一切智慧给了你的土壤饮用，智慧的一切新酒以及记不清的陈年烈酒[4]。

哦，我的灵魂啊，我把一切阳光、一切黑夜、一切沉默和一切憧憬倾注到你的身上——于是你就像葡萄树一样生长起来。

哦，我的灵魂啊，如今你过分丰茂地沉甸甸地站在这里，一棵长满膨胀的乳房和累累的成熟的金葡萄的葡萄树：——

——你受到你的幸福的重压，由于过分丰茂而等待，又对你的等待感到羞惭。

哦，我的灵魂啊，现在哪里也没有一个灵魂，比你更充满了爱、更博大、更有包容力的了！还有哪里能看到未来和过去比在你这里更加接近在一起呢？

哦，我的灵魂啊，我把一切都给你了，为了你，我已两手空空——而现在！现在你微笑着，充满忧伤地对我说："我们当中，哪一方应当表示感谢呢？——

"——接受者收下了，赠予者岂不该对接受者表示感谢吗？赠予岂不是出于必要的吗？接受岂不是——出于怜悯吗？"

哦，我的灵魂啊，我理解你的忧伤的微笑：你的过度丰富本身现在伸出了渴望之手！

---

1. 广大的包括，最广大无边的灵魂（第三部《古老的法版和新的法版》第19节）。
2. 时间的经过的中心点。灵魂常总括过去、现在和未来。
3. 照世界的原样肯定世界，就像蓝天一样将它罩住（第三部《日出之前》）。
4. 指跟尼采的思想相通的、苏格拉底以前的希腊思想，如赫拉克利特、恩培多克勒等。

你的充实眺望着澎湃的大海的那边,寻求着[1],等待着;过度充实的渴望,从你的微笑的眼睛天国里窥望。

确实,哦,我的灵魂啊!有谁看到你的微笑不会泪眼盈盈呢?看到你的微笑中的过度善良,连天使也会化为泪人了。

你的善良和过度善良,乃是不愿叹息,不愿哭泣:可是,哦,我的灵魂啊,你的微笑却渴望眼泪,你的颤抖的嘴却渴望啜泣。[2]

"一切哭泣不都是一种叹息?一切叹息不都是一种控诉?"你这样对你自己说,因此,哦,我的灵魂啊,你情愿微笑,而不愿倾倒出你的苦痛。

——在夺眶而出的眼泪中倾倒出你那由于充实而造成的一切苦痛,像葡萄树急迫盼望采摘葡萄者拿着剪刀前来收获的那种苦痛!

可是如果你不愿哭泣,不愿通过哭泣来减轻你那紫红色的忧伤,那么,你就必须歌唱,哦,我的灵魂啊!——瞧,我自己也在微笑,我,向你做出这样的预告:

——歌唱,唱起激越的狂歌,直到一切大海平静下来,倾听你的渴望,——

——直到平静的充满渴望的海上漂来小船,这金色的奇迹,在它的金色四周,跳着善的、恶的、一切奇异的东西:[3]——

——还有许多大大小小的动物以及一切长着轻捷而奇异的脚、能在紫罗兰色的海路上行走的动物,——

——走近这个金色的奇迹,这条随意漂泊的小船,走近小船的

---

1. 大海指人类。过度充实的灵魂要寻找接受者。
2. 灵魂过度充实,却无法赠予,找不到接受者,所以很孤独。可是却不愿叹息,只是微笑。实际是想哭。因为叹息是对人生采取否定的态度。
3. 充满渴望的海——等待拯救的万有之物、人类。金色的小船——永远回归的思想。在小船四周的种种生物——由永远回归的思想获得拯救的一切事物。

主人[1]：他可是采摘葡萄者，手拿着金刚石的剪刀等候着，——

——他就是你的伟大的解救者，哦，我的灵魂啊，他没有名字[2]——只有未来之歌才会发现他的名字！确实，你的呼吸已经散发出未来之歌的香气了，——

——你已在发烧而做梦，你已在焦渴地酣饮一切深沉的、哗哗响的安慰之泉，你的忧伤已经休憩在未来之歌的极乐之中！——

哦，我的灵魂啊，现在我把一切都给你了，也包括我最后剩下的东西，由于你，我已两手空空：——我叫你歌唱，瞧，这就是我最后剩下的东西！

我叫你歌唱，现在说吧，说吧：我们当中，现在谁应当——表示感谢？——可是，最好还是：为我唱吧，唱吧，哦，我的灵魂啊！让我表示感谢！——

查拉图斯特拉如是说。

另一曲舞蹈之歌[3]

1

"最近我凝视你的眼睛，哦，生命啊：我看到黄金在你的夜色昏暗的眼睛里闪闪发光[4]，——我的心由于这种快乐而停止跳动了：

---

1. 小船的主人：把灵魂的过度充实转化为实用的人，亦即超人。随意漂泊的小船：随意原文 freiwillig，直译为自由意志的。
2. 实为查拉图斯特拉。他不愿自报姓名，故自称没有名字（无名氏）。但未来之歌会发现他的名字。
3. 第二部《舞蹈之歌》的对应篇。查拉图斯特拉受生命的魅惑，执着于生命，但由于一种认识而要抛弃生命，他将此事告知生命，准备死灭。这一认识即生命之回归。
4. 生命的秘密，在夜间具有更多的深度。

"——我看到一条金色的小船在夜色昏暗的水面上闪闪发光,一条下沉、浸在水里而又露出来招手示意的、金色的、摇荡不定的小船[1]!

"你对我那痴迷于舞蹈的双脚瞥了一眼,欢笑的、若有所问的、使人要融化的、摇摇荡荡的一瞥[2]:

"只要你用小手敲打两次响板[3]——我的舞迷的脚就已经摇晃起来。——

"我的脚后跟抬了起来,我的脚趾聆听着,想理解你:舞蹈者的耳朵却是长在——他的脚趾上[4]!

"我向你跳过去:你见我跳,就向后逃避;你那飞遁的头发的舌头就向我咝咝地吐了出来[5]!

"我逃开你和你的蛇:这时你已转过半个身体站着,眼睛里充满热望。

"你用歪斜的眼光——教我走弯曲的路,在弯曲的路上,我的脚学会了诡计多端[6]!

"我怕你走近我,我喜爱你离开我;你的逃遁诱惑我,你的寻求使我停下来——我苦恼,可是为了你,什么苦恼我不愿忍受哩!

"你的冷酷激动人心,你的憎恨诱惑人心,你的逃遁缚住人心,你的嘲讽——感动人心:

---

1. 在生命的眼中,我看到在混沌的宇宙的变易之中显露着永远回归的真理。
2. 把生命看作魅惑自己的魔女。
3. 联想到歌剧《卡门》? 尼采很喜爱这部歌剧。
4. 给舞蹈(脚趾)和音乐(耳朵)的关系所做的似乎是超现实的形象化图像。
5. 激烈地追向生命时,生命露出可怕的恐怖形象,头发吐出蛇的舌头。希腊神话中的魔女墨杜萨头上无发,却缠绕着许多条蛇。
6. 生命像一个卖俏的女人,用诡计诱惑人。

"——谁不恨你,你这位大大的束缚者、纠缠者、诱惑者、探求者、发现者!谁不喜爱你,你这位无辜的、着急的、像疾风似的、有着儿童眼睛的罪人啊!

"你这位典型的难以控制者,现在要把我牵到哪里?你这个可爱的忘恩负义的野孩子,现在又弃我而逃跑了!

"我跟在你的后面舞蹈,我也追随着你的隐约的足迹。你在哪里?向我伸出你的手!或者单单伸一根手指也行!

"这里有好多山洞和灌木丛[1]:我们会迷路!——停下!站着别动!你没看到猫头鹰和蝙蝠唰唰地飞过吗?

"你这猫头鹰啊!你这蝙蝠啊!你想逗弄我吗?我们在哪里?你这样号叫和狂吠,是跟狗[2]学来的吧。

"你妩媚地向我龇牙咧嘴,露出白色的小牙齿,你凶狠的眼光从卷曲的鬣毛中间向我射来!

"这是越过种种障碍的舞蹈:我是猎人——你愿做我的猎犬还是做我的羚羊逃跑呢?

"现在,到我身边来!快点,你这凶恶的跳跃者!现在跳上去!再跳过去!——唉!我自己在跳时跌下来了[3]!

"哦,你这高兴得忘乎所以者,瞧我躺在这里,求你可怜我!我真想跟你一起——走比较舒适的路[4]!

"——穿过幽静的、杂花盛开的丛林中的甜爱之路!或者沿着那边的湖岸:湖中有金色的鱼在游泳、舞蹈!

---

1. 过分深究生命,我有时在阴惨的抽象的形而上学的世界里迷途。这里栖息着猫头鹰(智慧女神雅典娜的宠物)和吸人血的蝙蝠。
2. 参看第三部《幻影和谜》第2节所描述的狗叫。
3. 在邪路上追赶生命,我累得跌倒了。
4. 我愿在比较舒适的境地快乐地捕捉生命。

"你现在很累了吗?那边有羊群和晚霞:听着牧人的笛声去睡一下,不是很舒服吗?

"你是非常疲倦了吗?我背你去,你只要把手臂垂下!你如果口渴——我倒有些饮料,可是你的嘴不想喝[1]!

"——哦,这条该诅咒的灵活而敏捷的蛇,这个滑溜溜的魔女!你到哪里去了?可是我感觉到由你的手在我脸上留下的两块斑点和红色的污渍[2]!

"老是做你的像羊一样笨的牧羊人,我真是厌倦够了!你这个魔女,直到现在,我总是为你歌唱,现在你该对我叫喊!

"你应该按照我的鞭子的节拍舞蹈而叫喊!我可没有忘记鞭子吧?——没有[3]!"——

2

于是生命如此回答我,一面塞住她的娇小的耳朵:

"哦,查拉图斯特拉!不要用你的鞭子拍得如此吓人!你很清楚:噪声会杀害思想——我刚才正好产生如此温存的思想。

"我们俩乃是既不为善也不作恶者。在善与恶的彼岸,我们发现我们的岛和我们的绿油油的草地——只有我们两个人!因此我们一定要彼此和睦相处!

"尽管我们不是从心底里相爱——既然不是从心底里相爱,难道

---

[1] 生命常爱于处于粗暴的流动奔腾之中,对于和平享乐的提案不愿接受。

[2] 生命又逃开,在查拉图斯特拉的脸上抹上小丑的印记。

[3] 生命是女人,我一直受她的诱惑追她,和着她的响板舞蹈,现在要让她和着我的鞭子的节拍舞蹈。参看第一部《年老的和年轻的女人》:"你到女人那里去?别忘带你的鞭子!"

就必须相恨吗?

"我喜爱你,有时太喜爱你,这是你知道的:喜爱的理由乃是我羡慕你的智慧[1]。啊,智慧,这个发疯的老笨婆!

"如果有一天你的智慧离开你,唉!那么我的爱也会很快离开你[2]。"——

于是生命沉思默想地向身后看看,又向四周看看,然后轻轻地说道:"哦,查拉图斯特拉,你对我不够忠实!

"你早已不像你自己所说的那样深深地爱我了;我知道,你打算很快就离开我[3]!

"有一只古老的重重的自鸣钟:在夜间,它的声音一直传到你的山洞上面[4]:——

"——你在半夜一听到这只钟报时,你就在一响和十二响之间想到——

"——你想到,哦,查拉图斯特拉,我知道,你打算很快就离开我!"——

"是的,"我踌躇着回答说,"可是你也知道——"我对着她那埋进蓬乱的、黄色的、愚蠢的发丛中的耳朵说了几句话[5]。

"你知道此事[6]?哦,查拉图斯特拉,此事无人知道。——"

---

1. 生命之爱查拉图斯特拉,乃是由于有了一个否定生命的知性、认识的竞争对手。智慧也被看作一个女性。查拉图斯特拉爱生命,也爱智慧。参看第二部《舞蹈之歌》。
2. 查拉图斯特拉非常喜爱永远回归的认识,在他把这个真理吐露完毕时,他也将死去(生命之回归)。
3. 舍弃生命而宣告真理。
4. 在深夜十二点,你听到时钟的声音,听到永远回归的最高智慧的响声,你会想就此死去。
5. 他说的是:在我宣告这最高智慧的瞬间,我将死去。这最高智慧所教导的是:一切都要回归,我们一度分别,还要相会,我对生命之爱如是要求。
6. 生命的回答。

我们面面相觑，眺望着刚被清凉的暮色笼罩的碧绿的草地，不由相对哭泣。——可是在那时，我更加觉得生命之可爱，超过以前我的一切智慧。——

查拉图斯特拉如是说。

3[1]

一！

人啊！你要注意听！

二！

深深的午夜在说什么？

三！

"我睡过，我睡过——，"

四！

"我从深深的梦中觉醒：——"

五！

"世界很深，"

六！

"比白昼想象的更深[2]。"

七！

"世界的痛苦很深[3]——，"

---

1. 夜半钟声敲响十二次宣告的永远回归之歌。第三部的主导旋律。以下的一、二、三数字，为敲响的次数，即第一响、第二响……
2. 世界人生的实相是黑暗而非合理的，比理智的思索所能到达之处更加深刻。
3. 持此类观点的例如叔本华、佛陀、基督。

八!

"快乐——比心中的忧伤更深:"

九!

"痛苦说:消逝吧!"

十!

"可是一切快乐要求永恒[1]——,"

十一!

"——要求深深、深深的永恒!"

十二!

七个印[2]

(或:同意和阿门之歌)

1

如果我是一个预言者[3],充满那个预言者的精神,这种精神遨游在

---

1. 厌世思想要求世界人生的终止,而快乐的肯定的意欲则要求一切事物的永远回归,要求现实存在具有无限的深度。

2.《新约·启示录》5:1—2:"我看见坐宝座的右手中有书卷,里外都写着字,用七印封严了。我又看见一位大力的天使大声宣传说:'有谁配展开那书卷,揭开那七印呢?'"本章有意识地分为七节,每节七段,每节中重复最后三段。主要叙述把自己体会到的七种至福,用七印封严,对永远(永远回归之生命)发出爱的誓言,决心使受到绝对肯定的生命永远化,而至福就这样在现世实现。《新约·启示录》中用七印封严之书是藏着世界最深奥的神秘之书。《新约·启示录》为书信体裁,收信人为小亚细亚的七个教会。七在该书内为象征数字,表示圆满,因此七个教会表示全教会。

3.《新约·哥林多前书》13:2:"我若有先知讲道之能,也明白各样的奥秘、各样的知识。"先知即预言者。此处的预言者指人类未到达的真理的告知者。

两片大海之间的高高的轭状山脊上,——

在过去和未来之间像浓云一样遨游着,——对闷热的低地和一切死不了又活不了的疲倦者抱着敌视的态度:

在这种精神的黑暗的胸中,准备好发出闪电和解救之光,孕育着说是呀、笑对是呀的闪电,准备好充当预言者的电光:——

——这样的怀孕者倒是幸福的!确实,想要有一天点燃未来之光的人,必须长期做浓重的雷云飘悬在山顶上面!——

哦,我怎能不热烈向往永远、向往指环中的结婚指环——那回归之圆环[1]呢?

我从未遇到我要她给我生孩子的女人,除了这个女人,我爱的女人:因为我爱你,永远[2]啊!

因为我爱你,永远啊!

2

每当我的愤怒曾经打开坟墓[3],移动界石[4],打碎古老的法版,让它滚到峻峭的深谷:

每当我的嘲讽曾经吹散腐朽的言辞,我的到来就像扫除十字蜘蛛[5]的扫帚,吹进古老而有霉味的墓室的扫荡之风:

---

1. 在我的精神充实而成熟时,要求生命的永远回归,乃是我的不可避免的必然。

2. 由于爱永远,寻求永远,才生出永远回归的思想,其根本动机是对在无神世界中的永远之爱。由这种爱生出叫作"充实的生命"的孩子。

3. 把过去的种种遗产当作毫无价值而加以践踏。第二部《坟墓之歌》里,我的意志:"你对于我,依然是一切坟墓的破坏者。"

4. 第三部《重压之魔》:"有一天,教人飞行的人,将会移开所有的界石。"

5. 指基督教教士。参看第三部《背教者》。

每当我曾快乐地坐在埋葬古代神祇的地方，在古老的诽谤世界者的纪念碑旁祝福世界、热爱世界：——

——因为我甚至会喜爱教堂和各位神祇的坟墓，只要天空张着纯洁的眼睛透过它们的破穿的屋顶向里面窥望；我喜欢像杂草和红罂粟一样坐在崩塌的教堂上面[1]——

哦，我怎能不热烈向往永远、向往指环中的结婚指环——那回归之圆环呢？

我从未遇到我要她给我生孩子的女人，除了这个女人，我爱的女人：因为我爱你，永远啊！

因为我爱你，永远啊！

3

每逢从具有创造力的气息中向我吹来一阵气息，从那强迫偶然跳星星圆舞的上天的必然的气息[2]中向我吹来一阵气息：

每逢我发出大笑，仿效那具有创造力的闪电的大笑，在那闪电的后面跟着来的是隆隆地发牢骚却又俯首听命的行动之长长的雷鸣[3]：

每逢我在大地、群神的赌桌上跟群神一起掷骰子赌博[4]，弄得大地

---

1. 把希腊的神殿改造成基督教教堂的遗迹。第二部《教士们》："只有当这种建筑物倒塌，纯洁的苍天再透过崩坏的屋顶往下瞧，望着断壁残垣边的草和红罂粟花——那时，我才想把我的心再转向到这种上帝的圣堂。"
2. 由意志力把偶然转化为对我的必然。对偶然也积极地加以肯定，看作我的意志的必然的产物。参看第三部《变小的道德》第3节之"我在我的锅子里烹煮一切偶然"译注。
3. 首先有快活的创造的意志，随后跟着磨磨蹭蹭的行动。
4. 意志的必然跟世界的偶然做掷骰子游戏，尽管世界抛出怎样厉害的偶然，依旧毫无畏惧。参看第三部《日出之前》："你是供神的骰子和掷骰子赌徒使用的神桌！"

发生地震[1]、破裂、喷出火流：——

——因为大地是群神的桌子，它因创造出的新名词和群神掷骰子而发抖：——

哦，我怎能不热烈向往永远、向往指环中的结婚指环——那回归之圆环呢？

我从未遇到我要她给我生孩子的女人，除了这个女人，我爱的女人：因为我爱你，永远啊！

因为我爱你，永远啊！

4

每逢我从那把万物好好配合在一起、起着泡沫的美味混合液壶中饮上一大口时：[2]

每当我的手把最远者注入最近者之中，把火注入精神之中，把快乐注入痛苦之中，把至恶注入至善之中：[3]

如果我自己是使万物在混合液壶中得以配合得很好的、那种溶媒之盐的一粒[4]：——

——因为有一种能把善与恶结合起来的盐；而至恶也有充当最后起泡沫的刺激品的价值[5]：——

---

1. 第三部《古老的法版和新的法版》第25节："地震——掩埋了许多泉水，造成许多人的焦渴；可是地震也揭示出许多内在的力量和秘密。"
2. 打破善与恶、苦与乐等等的区别，依原样体尝芬芳的世界。
3. 肯定一切的存在，把相反的东西也结合在一起。
4. 我自己就是在做这种混合时的不可缺的媒体。
5. 从善恶的彼岸观之，恶也是生命的本来的动力之一，它也可以促使生命越来越有生气。亦即否定的东西，也可以转而起积极的相反相成的作用（坏事变成好事）。根据这个见解，我就肯定世界的一切，克服卑小者也永远回归引起的恶心感。

哦，我怎能不热烈向往永远、向往指环中的结婚指环——那回归之圆环呢？

我从未遇到我要她给我生孩子的女人，除了这个女人，我爱的女人：因为我爱你，永远啊！

因为我爱你，永远啊！

5

每逢我喜爱大海[1]以及大海一类的东西，特别是当它愤怒地跟我反对时，我最最喜爱它：

每逢我心中萌发出探求的快乐，要扬帆起航去探求尚未被发现的事物，每逢在我的快乐中存在有航海者的快乐：[2]

每逢我的快乐发出大叫："海岸消失了——现在最后的锁链从我身上掉落了——

"——无边无际的一片汪洋在我周围咆哮，空间和时间远远地闪着光芒，好吧！来吧！亲密的心！"

哦，我怎能不热烈向往永远、向往指环中的结婚指环——那回归之圆环呢？

我从未遇到我要她给我生孩子的女人，除了这个女人，我爱的女人：因为我爱你，永远啊！

因为我爱你，永远啊！

---

1. 大海具有无限的广阔，无限的可能性。大海亦指人类，参看第三部《伟大的渴望》："充满渴望的海上漂来小船。"
2. 第三部《幻影和谜》："你们这些大胆的探求者、尝试者，巧妙地扬帆而在可怕的大海上驾船的人。"

6

当我的美德是舞蹈者的美德,当我常常用双脚在金色和绿宝色的喜悦[1]中跳跃时:

当我的恶意是自由自在地在蔷薇花坡和百合花篱中间欢笑的恶意时:[2]

——因为在欢笑之中,一切的恶都并列在一起,可是由于它们自己的永恒的幸福而被敕封圣号、宣告赦免[3]:——

如果一切沉重者变轻,一切身体变成舞蹈者,一切精神化为飞鸟[4],这些是我的阿耳法和敖默加[5]:确实,这是我的阿耳法和敖默加!——

哦,我怎能不热烈向往永远、向往指环中的结婚指环——那回归之圆环呢?

我从未遇到我要她给我生孩子的女人,除了这个女人,我爱的女人:因为我爱你,永远啊!

因为我爱你,永远啊!

7

如果我在我的上空张起静静的天空,鼓起我自己的翅膀在我自

---

1. 闪着金色的阳光的碧空之下。
2. 恶意中有快活的笑,它的本质,跟蔷薇、百合花的明朗、快活、和平相通。
3. 欢笑的恶意,是没有坏心的恶意,它是无罪的。
4. 第三部《重压之魔》:"我……总是……想要飞去……这能说不是有点飞禽的本性哩!"
5.《新约·启示录》1:8:"我是'阿耳法'和'敖默加'。"这是希腊文字母的首字和末字。意为我是元始,我是终末。

己的天空里飞翔[1]:

如果我在深深的光明远处嬉戏地游泳,我的自由加上了飞鸟的智慧:——

——可是飞鸟的智慧如是说:"瞧,没有什么上,没有什么下!把你自己抛向四周,向前抛,向后抛,你这个轻捷者!唱吧!别再说话!

"——一切话语岂不是为沉重者制造出的吗?在轻捷者看来,所有的话语不都是谎言嘛!唱吧!别再说话!"

哦,我怎能不热烈向往永远、向往指环中的结婚指环——那回归之圆环呢?

我从未遇到我要她给我生孩子的女人,除了这个女人,我爱的女人:因为我爱你,永远啊!

因为我爱你,永远啊!

---

1. 把自己当作世界,把世界当作自己,在其中轻快而自在地飞翔。第三部《日出之前》:"我头上的天空,……把我自己投入你的高空之中——这就是我的深湛!"

第四部[1]

1. 尼采将第四部称为最终部,又称之为《查拉图斯特拉的诱惑——中间剧》,并考虑制作第五、第六部,但未能实现。第四部中,尼采碰到八位非凡的人,即高人,对他们的努力感到同情。可是,同情虽然一向被认为具有最高价值的道德,却是他自己的弱点,到最后,他终于克服了同情。

ALSO SPRACH

ZARATHUSTRA

高高兴兴去战斗，去赴宴，不做忧郁的人，不做梦想的人。

唉，世界上哪里还有比同情者所做的蠢事更蠢的呢？世界上还有什么比同情者的蠢事为害更大呢？

一切有爱心者，如果没有达到超过同情的高度，那真是不幸！

魔鬼曾对我说："上帝也有他的地狱：就是对世人的爱。"

最近我听到魔鬼说这句话："上帝死掉了；上帝死于他对世人的同情。"——

《查拉图斯特拉如是说》第二部《同情者》

蜂蜜供品[1]

——就这样，又有许多岁月在查拉图斯特拉的灵魂上面流逝，他对此未加介意；可是他的头发变白了。有一天，他坐在山洞之前的一块石头上默然远眺，——从那里可以看到大海和一些弯曲的绝壁——，这时，他的宠物们在他的四周若有所思地兜来兜去，最后站到他的面前。

"哦，查拉图斯特拉，"它们说道，"你一定是在盼望着你的幸福吧？"——"幸福算得了什么！"他回道，"我已很久不再想追求幸福，我追求的是我的事业。"——"哦，查拉图斯特拉，"宠物们又说道，"你说此言，就像你是一位拥有太多的幸福的人。你不是躺在

---

[1] 蜂蜜原来是琐罗亚斯德教在庆祝收获节时奉献的供品，见于希罗多德的著作中。本章叙述查拉图斯特拉要用自己灵魂成熟的幸福做诱饵去钓人类大鱼。

天蓝色的幸福湖畔吗？"——"爱开玩笑的家伙，"查拉图斯特拉微笑着回道，"你们的比喻选得多巧妙！可是，你们也知道，我的幸福是沉重的，不像流动的水波：它紧压着我，不肯离开我，像熔化的柏油。"——

宠物们于是又若有所思地在他的四周兜来兜去，随后又站到他的面前。"哦，查拉图斯特拉，"它们说道，"就因为如此，你自己变得越来越发黄发黑，尽管你的头发看上去又白又像亚麻色？瞧，你坐在你的柏油之中了！"——"你们说什么，我的宠物们，"查拉图斯特拉说着，笑了起来，"真的，当我说柏油时，我是在诽谤了。我现在的情况，就像一切结熟了的果实一样。我的血管里有蜜，它使我的血更加黏稠，使我的灵魂更加安静。"——"理当如此，哦，查拉图斯特拉，"宠物们回说，挤到他身边，"可是你今天不想登上高山吗？空气很清新，眺望世界，再没有比今天更好的日子了。"——"是的，我的宠物，"他回答道，"你们的建议很好，正中下怀：今天我要登上一座高山！可是请注意，到那边，要给我准备些蜜带去，黄的、白的、优质的、新鲜的蜂房里的金色的蜜。因为，要知道，我要去那里献上蜂蜜供品。"——

可是，当查拉图斯特拉到达山顶时，他把陪他同去的宠物打发回家，觉得他现在是独自一人——他于是从心坎里笑了出来，环顾四周，如是说道：

我说上供和蜂蜜供品，不过是摆噱头，确实，这倒是一件有益的傻事！在这里的山上，比起面对着隐居者的山洞和隐居者的家畜，我一定可以更加自由地说话了。

上什么供！我把赠送给我的都挥霍掉，我是有着千手的挥霍者：我怎能还把这——称为上供！

我想要蜜，不过是想要诱饵和甜味的糖浆和黏胶，这种东西，甚至是咆哮的熊和奇异的、喃喃鸣叫的、凶恶的禽鸟也为之垂涎：

——我想要的是猎户们和渔夫们所必需的最好的诱饵。因为，尽管世界像是一片阴暗的动物森林和一切粗野的猎人的游乐园，而在我看来，倒不如说是更像一片深不可测的丰富的大海。

——充满多姿多彩的鱼虾的大海，就是神灵们也会渴望到这座海边去当个渔夫和撒网者：世界就是这样富于大大小小的奇珍！

特别是人类的世界，人类的大海——我现在向它投出我的黄金钓竿，并且说：张开吧，你这人类的深渊！

张开吧，把你的鱼和闪光的虾抛给我！今天我以我的最优质的诱饵引诱最奇妙的人类大鱼！

——我要把我的幸福本身投向一切遥远的去处，投向东方、南方和西方之间，看看是否有许多人类大鱼会拖住我的幸福之饵活蹦乱跳[1]。

直到他们，吞吃了我的尖锐而隐藏的钓钩，不得不上来到达我的山顶，这些最多姿多彩的深海鱼到了在专钓人类的渔夫之中最险恶的渔夫手里。

因为，从根本上，从一开始，我就是这种渔夫，拖啊，拖过来，拖上来，拖起来，一个养育者、培育者和教育者，我曾经并非徒劳地规劝过自己："成为本来的你吧！"

因此，世人现在可以到我上面来：因为我还等待着下山时刻的到来的预兆；现在我还没有下去走进世人中间，但我必当下山。

因此我在这里等待，狡诈而嘲讽地待在高山上，既不是无耐性者，也不是能忍耐者，不如说是个连忍耐也忘掉的人——因为他不

---

[1] 我用我灵魂之成熟的幸福做香饵去钓人类大鱼。试看是否有人被我肯定的乐天说吸引，来到我的山上。由此引出以后八位高人的出现。

再"忍耐"下去[1]。

因为我的命运给了我时间：它大概把我忘了？要不然，就是坐在一块大石头背后的荫处捉苍蝇[2]？

确实，我要因此感谢它，我的永远的命运，它没有唆使我、逼迫我，却让我有时间来胡闹和恶作剧：因此，我今天登上这座高山来捉鱼。

可曾有人到高山上捉过鱼吗？虽然我在这里的高处想干的事，乃是一件蠢举：却比我在那边山下为了等待而变得一本正经、变得脸色发青要好得多——

——为了等得不耐烦而成为一个目空一切、气得直打呼哧的人，成为从群山上刮来的神圣的呼啸的暴风，成为一个无法忍耐的人，他向山谷下面喊叫："听我说，否则，我要拿上帝的鞭子鞭打你们！"

并不是这种原因使我对这些暴怒者感到生气：我觉得他们十足地好笑！他们一定是忍无可忍了，这些吵闹不堪的大鼓，它们今天不发言，就永远没有发言的机会！

可是，我和我的命运——我们不对今天发言，也不对永远不来的日子发言：我们一定有发言的耐心、时间和超时间。因为，它总有一天会来到，不会过而不留。

是什么总有一天一定会来而不会过而不留？是我们的伟大的哈查尔[3]，它是我们的伟大而遥远的人类王国，一千年的查拉图斯特拉

---

1. 摒弃"忍耐"这种卑俗的道德。

2. 我的命运忘记我的使命，拘泥于其他的琐事。

3. 哈查尔：Hazar，古波斯语 hazâra（千），意为千年时间、千年王国。所有的预言者都各自拥有他支配的千年时间或千年王国。千年王国在基督教中称 Millennium，千禧年，认为在世界末日来临之前，基督将亲自为王治理一千年。这期间，魔鬼被捆锁，福音将顺利传遍世界。参看《新约·启示录》20：3 以下。

王国——

这种"遥远"可能会怎样遥远？这跟我有什么关系！可是，我的确信并没有为此减少——，我的双脚在这个大地上站得很稳。

——在一片永远的大地上，在坚硬的原始岩石上，在这最高最硬的原始山脉上，所有的风都向这山脉吹来，好像它是气候的分界线[1]，问它这是何处？从何处来？向何处去？

在这里笑吧，笑吧，我的明朗的、健康的恶意！从高山上抛下你的闪光的嘲讽大笑！用你的闪光把最美的人类大鱼[2]给我引诱上来！

在所有的海里凡是属于我的，在万物之中凡是属于我自体的[3]——都把它给我钓上来，把它给我引诱上来：我等着它，在一切捕鱼者之中最阴险的我。

抛出去，抛出去，我的钓钩！到里面去，到下面去，我的幸福之香饵！滴下你的最甜的甘露，我的内心之蜜！刺进，我的钓钩，一切黑色忧郁的肚子里[4]！

望出去，望出去，我的眼睛！哦，有多少大海在我的四周，何等曙色渐开的人类未来！在我的上空——何等玫瑰红色的宁静！何等拨开云雾的沉默！

---

1. 高山等处对气象有很大影响，不啻是气象的分歧点。所有的风吹到该处，询问自己的位置、由来、今后的方向，高山给予指点和决定。同样，历史的一切要素，都由查拉图斯特拉这座高山给它们定向。

2.《新约·马太福音》4：19："耶稣对他们说：'来跟从我！我要叫你们得人如得鱼一样。'"（亦译为："他就对他们说：'来，跟从我！我要使你们成为渔人的渔夫。'"）

3. 原文 mein An-und-für-mich in allen Dingen：戏拟哲学家用语 an-sich, an-und-für sich 本身，本来，Das Ding an sich 自在之物，物自体（康德）。

4. 以我快乐的乐天观刺激他们的厌世观，把他们拉到我的跟前。

求救的叫声[1]

第二天,查拉图斯特拉又坐在他的山洞前的石头上,而他的宠物却到外面世界上奔波,要把新的食物带回家——还有新的蜜:因为,以前的蜜,已被查拉图斯特拉花得一滴不剩了。可是,当他这样坐着,手里拿着一根拐杖,在地上描画他的身体的影子,一面在沉思默想,真的!并非在想他自己和他的影子——这时,他突然吓了一大跳:因为他看到在他的影子旁边还有另一个影子。他急忙回头一看,站起身来,瞧,一位预言者[2]站在他的身边,就是他曾经邀请他同桌吃喝的那人,大疲劳的宣布者,他教导说:"一切都是同样的,干什么都不值得,世界毫无意义;知识使人闷死。"可是,多时不见,他的面容改变了不少;当查拉图斯特拉向他的眼睛里望去时,又不由胆战心惊起来:有这么多的不祥的预告和灰色的电光掠过他的脸上[3]。

这位预言者,察觉到查拉图斯特拉的心事,就伸手擦自己的脸,好像要把脸上的这些东西擦掉一样;查拉图斯特拉也依样擦了一下脸。当双方在沉默中镇定下来,提起了精神,他们就互相握手,表示要重修旧好。

"欢迎光临,"查拉图斯特拉说道,"你这位大疲劳的预言者,你从前跟我同桌用餐,做我的宾客,不会是徒劳无功。今天也来跟

---

1. 由查拉图斯特拉的蜜诱来了最初的高人,即预言者、厌世主义者。他声称要诱惑查拉图斯特拉走上罪恶的道路(同情)。这时,远远地传来高人求救的叫声,查拉图斯特拉要去寻找求救者,这就走向同情的第一步。本章展开悲观者和乐观者之间的一番对话。

2. 参看第二部《预言者》章。此人是否定生命者,但由于他的认识,还超出一般愚昧的大众。

3. 这个预言者的来访乃是不祥的预兆,他此来是要引诱查拉图斯特拉走上最后的罪恶(同情)。

我一同吃喝,请不要责怪,跟你同桌用餐的乃是一个快活的老头子[1]!"——"一个快活的老头子?"预言者摇摇头回道,"可是不管你是谁或者想做什么人,哦,查拉图斯特拉,你在这里的山上已经待了很久——不一会儿,你的小船就会不再停在陆地上了[2]!"——"我算是待在陆地上吗?"查拉图斯特拉笑着问道。"你山头四周的波涛,"预言者回道,"在不断地上涨,那些大大的困苦和忧伤的波涛:它们马上也会把你的小船举起,把你带走。"——查拉图斯特拉听到此言,默不作声,感到惊奇。——"你还没有听到什么?"预言者继续说道,"不是有汹涌澎湃的声响从海底里涌上来吗?"——查拉图斯特拉又默不作声地倾听:随即他听到一阵长长的叫声,好些山谷互相把这种叫声抛掷出去,激起回响,一处一处地传开,因为没有一座山谷愿意将这种叫声保留下来:它听起来是如此不祥。

"你这个糟糕的宣布者,"查拉图斯特拉终于说道,"这是求救的叫声,一个人的叫声;也许是从一片黑茫茫的海上[3]传来的。可是人家的苦难跟我有什么关系!为我保留的我的最后的罪恶,你也许知道它叫作什么?"

——"同情!"预言者满怀高兴地回答,并且高举起双手——"哦,查拉图斯特拉,我来,就是要把你引诱到你的最后的罪恶道路上去!"

他刚说罢这番话,又传来那阵叫声,比以前更长、更可怕,而且也更加靠近。"你听到吗?你听到吗?哦,查拉图斯特拉?"预言

---

1. 我并不是跟你相同的悲观主义者。

2. 怀着各种郁闷的高人就要来到,把你暂时平稳的幸福淹没到他们的人世痛苦之中。

3. 苦恼的世界。他们说话的时间是在上午,不是黑夜,海上并不黑暗。德文的 schwarz 除黑色外,也有忧伤之意。

者叫道,"叫声是针对你发出的,它在叫你:来吧,来吧,来吧,时候到了,紧要的时候到了[1]!"——

查拉图斯特拉听罢,默不作声,他被弄糊涂了,惊慌得不知所措;最后,他像一个自己拿不定主意的人问道:"在那边叫我的,是谁呢?"

"可是你肯定是知道的,"预言者语气激动地回道,"你为什么瞒你自己呢?向你叫喊的,乃是高人[2]!"

"高人?"查拉图斯特拉吓了一大跳[3],叫道,"他要干什么?他要干什么?那位高人!他来这里要干什么?"——他不由出了一身冷汗。

可是,预言者看到查拉图斯特拉害怕的样子,并不回话,却只管向着深海那边听着,听着。可是,好长时间听不到那边的叫声,他回眸一看,见到查拉图斯特拉站着发抖。

"哦,查拉图斯特拉,"他用悲伤的声音说道,"你不要站在这里,像个被幸福搞得晕头转向的人[4]:你必须跳舞,以免跌倒!

"可是,即使你要在我面前跳舞,使出浑身解数大跳特跳,也不会有人对我说:'看呀,最后一个快活的人在这里跳舞!'

"要在这里找他这样一个快活人,来到这座山上真是白费劲了:他只会看到许多山洞和深藏在山后的山洞[5],隐遁者的藏身处,可是看不到幸福的矿井、藏宝的库房和新的幸福的金矿脉。

---

1. 查拉图斯特拉在要宣布他的永远回归时这样叫过。预言者现在模仿他的口气,反其意而用之。
2. 高人(der höhere Mensch):跟超人、末等人对应的新造语。这种人具有非凡的天赋,努力向上攀登,最后却陷于绝望。也就是比普通人高一些的人。
3. 查拉图斯特拉自己还不能克服自己最大的弱点,预感到要受同情的诱惑,故觉得害怕。
4. 前文中查拉图斯特拉曾自诩为一个快活的老头子。
5. 无上的逃避处。

"幸福——在这种藏身者和隐遁者栖息之处,怎么会找到幸福!难道我必须到遥远的、被遗忘的海洋之间,到那些幸福岛上去寻找最后的幸福吗?

"可是,一切都是同样的,干什么都不值得,寻求都没有用,根本不存在什么幸福岛!"——

预言者这样叹息;而查拉图斯特拉,随着这最后的叹息,又变得明朗而确信,就像一个从深坑之中走到光亮处的人。"不是!不是!三重的不是!"他用强有力的声音叫着,并抚弄他的胡子——"此事我比你清楚!幸福岛还是有的!别说这些吧,你这个唉声叹气的披麻衣的人[1]!

"正午前的雨云[2]啊,不要再噼噼啪啪地唠叨这些了!我不是已经站在这里像狗一样被你的忧伤淋湿了吗?

"现在我要抖抖身子,离开你,让我身上干起来:你不必为此感到奇怪!你认为我对你不够恭敬?可是这里就是我的宫禁[3]。

"至于说到你的高人:好吧!我立即到那边的森林里去找他:他的叫声是从那边传来的。也许有一头凶恶的野兽在那边纠缠他。

"他在我的领域之内:在这个范围里,他不应当受到伤害!确实,在我这里,有许多凶恶的野兽[4]。"——

说完这些话,查拉图斯特拉转身要走。于是预言者说道:"哦,查拉图斯特拉,你是个坏蛋!

---

1. 原文 Trauersack:Trauer 意为悲伤、丧服、居丧,sack 意为麻袋、麻布,忏悔者或居丧者穿的粗麻布衣。《旧约·以斯帖记》4:1:"末底改……就撕裂衣服,穿麻衣……痛痛哀号。"(穿麻衣亦译"披上苦衣"。)

2. 二人说话时是在上午,还没有到查拉图斯特拉惯说的"伟大的正午",所以讽刺对方为正午前的雨云。

3. 文字游戏:"不够恭敬"原文为 unhöflich,"宫禁"原文为 Hof(宫廷、庭院)。

4. 查拉图斯特拉的领域还不是太太平平的、所谓善的世界。

"我已经知道:你想摆脱我!你情愿跑到森林里去追捕凶恶的野兽[1]!

"可是这对你有什么好处?到了晚上,你又要跟我碰头[2]:我会坐在你的山洞里面,像一块大木头一样沉重而耐心地——等着你!"

"就让它这样吧!"查拉图斯特拉一面继续走,一面回头叫着,"凡是我山洞里属于我的东西,也都属于你,我的宾朋!

"可是,如果你在山洞里看到蜂蜜,好吧!那就尽管把它舐光,你这个咆哮的熊,让你的灵魂变得甜甜蜜蜜!因为,在晚上,我们俩要高高兴兴。

"——高高兴兴,而且庆幸这个白天已经告终!你自己应当伴着我的歌跳舞,就像我的会跳舞的熊。

"你对此不大相信?你摇摇头?好吧!来吧!老狗熊!可是我也——是一位预言者。"

查拉图斯特拉如是说。

跟君王们对话[3]

1

查拉图斯特拉在他的山林之中走了不到一小时,在半路上突然

---

1. 不肯仔细研究我的严密的厌世观,情愿关在自己的世界里,只把自己关心的问题作为对象,树立自己的乐天观。
2. 不管你多么嘴硬,到了人生的黄昏,也要出现悲观的心情。——晚上要到查拉图斯特拉的山洞里去参加晚餐。
3. 两位君王倦于统治者的地位,要来寻找比自己更优胜的人。他们也是高人。尼采通过他二人之口,对权力阶级做出讽刺的批评。

看到奇怪的一行。正好在他要走下去的路上，走来两位君王，头戴王冠，腰系紫带，色彩斑斓，仿佛火烈鸟一样：在他们前头，赶着一匹驮着行李的驴子。"这两位君王到我的领域里来要干什么？"查拉图斯特拉惊奇地对自己的心说道，随即急忙到丛林后面躲藏起来。可是，当两位君王一直走到他的附近，他像一个自言自语者一样，压低了声音说道："奇怪！奇怪！这怎么能互相协调呢？我看到两位君王——却只有一匹驴子[1]！"

这时，两位君王停下来，微微一笑，向着声音所来自的地方望去，随后彼此面面相觑。"这种事在我们中间也想到的，"右首的君王说道，"不过没有说出口。"

左首的君王却耸耸肩回道：

"可能是个牧羊人。或者是个在岩石和树林中间住了太久的隐士。也就是说，没有社交生活，也就有失礼仪了。"

"礼仪？"另一位君王愤慨而抱怨地反驳道，"我们要躲避开的，到底是什么呢？不就是'良好的礼仪'？我们的'上流社会'？

"真的，与其跟我们那些镀金的、虚伪的、过分涂脂抹粉的群氓生活在一起，倒不如跟隐士和牧羊人厮混——尽管那些群氓早就自称为'上流社会'。

"——尽管他们早就自称为'贵族'。可是在他们那里，一切都是虚伪和腐朽，尤其是他们的血液[2]，由于古老的恶疾和更糟的江湖郎中。

"今天，我觉得更好、最可爱的还是健康的农民，粗野、狡黠、

---

1. 驴子代表民众。一个民众却有两个君王。讽刺德国一个民族由许多王公统治。海涅诗《三月以后的米息尔》："他完全受着／三十四位君主的保护。"

2. 血统的腐败。顺便攻击被吸收进贵族社会的医师。

顽强、坚忍:这是今天最高贵的种族。

"今天,农民是最优良的;农民种族应当做主人!可是现在却是群氓的王国——我不再受骗。群氓,乃是大杂烩。

"群氓-大杂烩:其中一切都是杂牌军、圣徒和骗子,贵族大地主和犹太人,诺亚方舟里的每样动物[1]。

"良好的礼仪!在我们那里,一切都是虚伪和腐朽。没有人懂得尊敬他人:正由于如此,我们才逃出来的。他们都是甜蜜得使人讨厌的纠缠不休的狗,他们用棕榈叶给自己装金。

"而我们君王自己也变得弄虚作假,披着祖先们的古老的褪色的豪华外衣,佩戴着为那些最愚蠢、最狡猾的家伙以及今天一切以权谋私、进行肮脏交易的那些人所颁发的勋章,这种恶心弄得我气都透不过来。

"我们并不是第一等人——却不得不担着第一等人的名义:对这种欺骗行为,我们总算厌倦而感到恶心了。

"我们逃离了那些流氓,所有那些大喊大叫的家伙、摇笔杆的青蝇、小商人的臭味、野心的拼搏、污浊的气息——:跟那些流氓混在一起,真讨厌。

"——真讨厌,跟那些担着第一等人名义的流氓混在一起!唉,恶心!恶心!恶心!我们君王还有什么价值!"——

"你的老毛病又发作了,"这时,左首的君王说道,"你的恶心又发作了,我可怜的兄弟。可是你知道,有人在偷听我们说话哩。"

竖起耳朵、张大眼睛、倾听这些说话的查拉图斯特拉,立即从他的藏身处跳了出来,走近两位君王,开始说道:

1.《旧约·创世记》7:7—9:挪亚(诺亚)"进入方舟,躲避洪水。洁净的畜类和不洁净的畜类……到挪亚那里进入方舟"。

"偷听你们谈话、爱听你们谈话的人,两位君王啊,名叫查拉图斯特拉。

"我是查拉图斯特拉,我曾经说过:君王还有什么价值![1]请原谅我,当你们互相说:'我们君王有什么价值!'我听了很是高兴。

"但此地是我的王国,我的领土:你们在我的国土里想要寻找什么?可是,你们在路上也许看到我要寻找的:也就是说,高人。"

两位君王听到此言,就各自捶胸,异口同声地说:"我们被认出来了!

"你用语言之剑刺穿我们心中最浓的黑暗。你发现了我们的困厄,因为,瞧啊!我们正是走在要去寻找高人的路上——

"——寻找比我们更高的人:尽管我们是君王。我们给他带去这匹驴子。因为,最高的人也应当做大地上的最高的主君。

"大地上的掌权者竟然也不是第一等的人,在所有的世人命运之中,再没有比这更苛酷的不幸了。于是,一切都变得虚假、扭曲、可怕。

"如果他们竟然是最下等的人,而且与其说是人,不如说是畜生:那么,群氓的价值就逐步上升:到最后,群氓的美德就竟然会说:'瞧,唯有我是美德!'"——

"我刚刚听到的是什么闻所未闻的话?"查拉图斯特拉回道,"君王们竟有这样的智慧!我高兴极了,真的,我真想即兴赋诗:——

"——即使不是一首使人人中听的诗。很久以来,我已忘记考虑到长耳公[2]的事了。好吧!来吧!"

(这时,想不到的是,驴子也开口说话了:它怀着恶意,可是却

---

[1]. 第三部《古老的法版和新的法版》第12节。

[2]. 长耳公指驴子,亦即一般大众。

清清楚楚地说出了咿——呀[1]。)

> 从前——我想,那是纪元元年——
> 女巫不饮先醉地发出预言:
> "唉,世风不正!
> 堕落!世人从未堕落得如此深!
> 罗马沦为妓院,沦为卖笑人[2],
> 罗马皇帝沦为畜生[3],连上帝——也成为犹太人[4]!"

2

两位君王很欣赏查拉图斯特拉的这首诗;可是,右首的那位君王却说道:"哦,查拉图斯特拉,我们出来看到你,真是好得很!

"因为,你的敌人把你映在他们镜子里的像给我们看过:在镜子里你露出魔鬼的嘴脸冷笑着:因此我们很怕你。

"可是这起什么作用!你总是用你的箴言刺我们的耳朵和心。我们终于说:他的面貌如何,有什么关系!

"我们一定要听他讲,他教导我们:'你们应当爱好和平,把和平当作新的战斗的手段,应当爱好短期的和平,甚于爱好长期的和平!'

---

1. 驴子发出肯定的"是呀"的鸣叫,乃是反语。这匹驴子后来成了基督教的讽刺画,参看第四部《觉醒》。
2. 罗马帝国末期的堕落状态。《旧约·以赛亚书》1:21:"可叹忠信的城变为妓女。"
3. 罗马帝尼禄,荒淫无道,弑母杀妻,又杀死老师塞涅卡。
4. 耶稣是犹太人。讽刺宗教和政权、金权容易结合在一起。古代罗马的君主道德之所以堕落,其原因被认为是基督教的出现。

"从未有人说过这样富于战斗精神的话:'什么是善?能勇敢就是善。正当的战斗使任何事物神圣化。'

"哦,查拉图斯特拉,听到这种话,我们祖先的血就在我们的身体里搅动[1]:就像春天的声音传向古老的葡萄酒桶。

"当利剑像红色花纹的蛇[2]一样乱砍乱击时,我们的祖先才感到生存的意义;他们觉得一切和平的太阳都是软弱无力和温暾,而长久的和平使他们感到耻辱。

"我们的祖先,当他们看到闪闪发亮的干燥的剑挂在墙壁上时,是怎样地叹气啊!他们像剑一样渴望战斗。因为一把剑想要饮血,为这样欲望而闪闪发光。"——

——当这两位君王如此热衷地喋喋不休,谈论他们祖先的幸福感时,查拉图斯特拉颇有点想嘲笑他们的热心:因为他看到在他面前的两位,显然是非常温和的君王,有着古老的优雅的神情。可是他控制住自己。"好吧!"他说道,"那边的一条路,通往查拉图斯特拉的山洞,今天要度过一个漫长的夜晚!现在,那一阵求救的叫声唤我赶快离开你们到那边去。

"如果君王愿意到我的山洞里坐着等候,那真是它的荣幸:可是,当然,你们得等很久!

"好啦!这有什么妨碍!今天学习等待,还有什么地方比在宫廷里等待更好呢?君王们所保留的美德——今天不就是:能够等待吗?"

查拉图斯特拉如是说。

---

1. 日耳曼君王的祖先是古代剽悍的维京族。
2. 剑上沾满鲜血。

蚂蟥[1]

查拉图斯特拉沉思地向前向山下走,穿过森林,沿着沼泽地走过去;可是,像每个思考难题的人所碰到的那样,他突然踏着一个人。瞧,一下子有一声惨叫、两声咒骂、二十句侮辱的脏话喷洒到他的脸上:因此,他在惊吓之下举起手杖,对那个被践踏的人更加使劲地打去。可是他立即恢复理智,他的心嘲笑他刚才所做的蠢事。

"对不起,"他对那个愤怒得爬起来,坐下的被踏着的人说道,"对不起,首先听我讲个比喻吧。

"一个梦想着遥远事物的漂泊的旅人,在寂静的路上,不留神踩着一只躺在阳光下睡觉的狗:

"——双方跳起来,互相斥责,这两个吓得要死的家伙,就像遇到死敌一样:我们之间的情况就是如此。

"可是!可是——只由于差了一点点,他们本可以互相关爱,这只狗和这位孤独者!他们双方可都是——孤独者[2]!"

——"不管你是谁,"被踩者仍然愤怒地说道,"你不仅用你的脚,而且用你的比喻伤害我!

"瞧,难道我是一只狗吗[3]?"——说着,那个坐着的人就站起来,把他赤裸的手臂从沼泽中抽出来。因为,起初他是伸直四肢躺在地上,隐匿着看不出来,就像埋伏在那里伺机捕捉沼泽动物的人。

---

1. 查拉图斯特拉在山路上行走,接着碰到的是一位有良心的学究,他埋头于极其狭隘的专门领域,寻求严密而正确的知识。蚂蟥,又译水蛭,在水田、湖沼中常见,吸食人、畜的血液。医学上用于给人吸血治病。
2. 我这个创造者,你这个追求精神的彻底、有良心的人,我们都是孤独者,要遍历艰难道路的人。我在大胆的创造之路上,偶然伤害了你的狭隘的论理的彻底,不要这样生气。
3. 我是拥有崇高的精神的人。我是为了良心来作践自己。

"可是，你是干什么的人哩！"查拉图斯特拉吃惊地叫道，因为，他看到有许多血从他赤裸的手臂上滴下来[1]——"你碰到什么意外了？你这不幸的人，是凶恶的动物咬了你？"

依然怒气未消的流血者笑了。"这与你何干！"他说着，就想走开。"我的家就在这里，这里是我的领域[2]。谁要问，就问吧：可是，对一个粗野的人，我是很难回答的。"

"你错了，"查拉图斯特拉怜悯地说，把他挽留下来，"你错了：你在这里，不是在你的家里，而是在我的国土里，我不让任何人在我的国土里受到伤害。

"你要叫我什么，尽管叫吧——我应该是什么人，就是什么人。我自己叫我为查拉图斯特拉。

"好吧！那边往上去的路通到查拉图斯特拉的山洞：走过去不远，——你愿意不愿意到我那里去养伤？

"不幸的人，你的日子过得很苦了：先是有动物咬你，随后——又有人踩了你！"——

可是当这位被踩过的人听到查拉图斯特拉的名字时，他的态度改变过来了。"真碰到怪事！"他叫道，"活在这个世界上有谁关心我，除了一个人，就是查拉图斯特拉和那一个动物，靠吸血过日子的蚂蟥[3]？

"因为蚂蟥，我像渔夫一样躺在这个沼泽边上，我伸出去的手臂已经被咬过十次，现在还有更出色的蚂蟥咬我，吸我的血，就是查拉图斯特拉本人！

---

1. 由于自我虐待而受伤。
2. 我在此专心探究我的问题。
3. 消耗生命力，解决人生的难题。

"哦,幸运!哦,惊喜!把我引诱到这片沼地来的那一天真值得赞美!也要赞美至今还活着的、最高最有生命力的放血器,赞美伟大的有良心的蚂蟥查拉图斯特拉[1]!"——

被踩者如是说;查拉图斯特拉很欣赏他说的一番话和他那种文雅、充满畏敬的样子。"你是谁?"他问道,并且向他伸出手去,"在我们之间还有许多尚待阐明和弄清爽的事情:可是,我想,现在已经开云见日了。"

"我是认真对待精神事业的人[2],"被追问者回道,"对待精神事业,很难有人比我钻得更严、更紧、更顽强,除了我向他学习的查拉图斯特拉本人。

"一知半解得许多,倒不如一无所知!与其听他人意见做个贤者,不如独当一面而自行负责做个愚人!我——是个寻根问底、彻底钻研的人:

"——根底的大小,有什么关系?它叫沼泽,或者叫天空,又有什么关系?巴掌大的根底于我已足够:只要它真正是根底和基础[3]!

"——巴掌大的根底:人可以站在它上面。在真正的求知良心里,没有什么大小之分。"

"那么,你也许对蚂蟥颇有研究了?"查拉图斯特拉问道,"你对蚂蟥做了彻底深入的钻研了,你这位有良心的人?"

"哦,查拉图斯特拉,"被踩过的人回道,"这可会是一件非比寻常的事,我何敢做这种冒险!

---

1. 蚂蟥是活的放血器。查拉图斯特拉则吸出良心的恶血。

2. 我是凭良心对待精神事业的人(精神的有良心者),也就是毫不妥协,不容许有一点点论理的飞跃,追求彻底的认识的人。

3. 治学的认识的出发点,不论怎样琐碎都行。

323

"不过,我对蚂蟥比较专门而有点研究的,乃是蚂蟥的脑子:——这是我的世界[1]!

"这也是一个世界!可是请原谅,我在这里自高自大,自我吹嘘,因为在这里无人可跟我相比。因此我说'我在这里是在家里'[2]。

"我已花了多久的时间钻研这个东西,就是蚂蟥的脑子,因此,滑溜溜的真理再也不会从这里滑掉,这里就是我的王国。

"——因此,我抛撇开其他的一切,因此,其他的一切对我都无所谓;在我的知识的近旁存放着我的漆黑的无知[3]。

"我的精神的良心要求我只知其一,而对其他一切一无所知:凡是精神的一知半解、凡是如堕五里雾中的、凡是迟疑未决的、凡是痴迷妄想的,我都感到恶心。

"在我的诚实终止的地方,我就视而不见,而且愿意视而不见。可是在我想要知道的地方,我也想要诚实不欺,也就是说想要顽强、严厉、紧密、苛刻、不讲情面。

"由于你从前说过,哦,查拉图斯特拉:'精神就是杀进自己生命中的生命'[4],这就引导我而且诱惑我听从你的教诲。真的,我用我自己的血增加了我自己的知识!"

——"眼见为实,一看便知。"查拉图斯特拉插嘴说道。因为,从有良心者的赤裸的手臂上还有血继续流下来。由于有十只蚂蟥在它上面咬过。

"哦,你这奇怪的朋友,我亲眼所见的,就是你自己,使我获得

---

1. 研究蚂蟥的全体较难。对它的一部分的脑髓做特殊研究,乃是我的研究范围。

2. 原文 hier bin ich heim,也就是"我搞的范围"或内行、行家之意。

3. 专门以外的事一无所知。

4. 参看第二部《著名的哲人》:"精神就是杀进自己生命中的生命:它通过自己的痛苦增加自己的知晓(认识)。"

多少教益！我也许不能把所有的话全都灌到你的严格的耳朵里[1]！

"好吧！我们就在这里分手！可是，我很乐愿再跟你碰头。向那里走上去，有一条路通往我的山洞：今晚在那里你将成为我的贵宾！

"查拉图斯特拉的脚踩过你，我也乐愿给你的身体一点补偿：此事我将好好考虑。可是现在，求救的叫声唤我赶快离开你。"

查拉图斯特拉如是说。

魔术师[2]

1

当查拉图斯特拉绕过一座岩石转弯时，他看到在同一条路上，在他下面不远之处，有一个人挥舞着手足，像一个躁狂症患者，最后肚子朝下，摔倒在地。"且住！"查拉图斯特拉对他的内心说道，"那边的人肯定就是高人，那一阵凄惨的求救的叫声是从他嘴里发出的，——我要看看他是否有救。"可是，当他奔到那个人摔倒的地方，他看到一个浑身发抖的老人在瞪眼看着，眼睛发直；不管查拉图斯特拉怎样使劲拉他、要让他站起来，总是不行。而这个不幸者好像也没有觉察到有人在他身边；相反，却总是露出激动人心的样子环顾四周，就像一个被全世界人抛弃的孤独的人。可是最后，经过无

---

1. 对方对于事物采取过分严密的研究态度，缺少全局观，因此，不能把所有的话都对他讲。对于对方的狭隘的认识存有怜悯的心情。
2. 查拉图斯特拉在山路上碰到的第三位是性恶的高人，常用他的做作眩惑人的精神的演戏者。可是他厌倦了不断的扮演和做戏，进而憧憬伟大和纯粹。这个魔术师的身上有瓦格纳的影子。

数次颤抖、痉挛和折腾之后,他开始发出如下的悲叹歌声[1]:

> 谁还给我温暖,谁还爱我?
> 把暖热的手伸向我!
> 把暖心的炭火钵给我!
> 伸开四肢躺倒,瑟瑟发抖,
> 像被人暖其双脚的半死人,
> 唉,被无名的高烧烧得发抖,
> 被冰一样的严霜利箭刺得打哆嗦,
> 被你追赶,思想啊[2]!
> 无可称名者!蒙面者!恐怖者!
> 你,躲在云后的猎手!
> 被你的电光击倒,
> 在黑暗中窥视我的、你这嘲笑的眼睛:
> ——我这样躺着,
> 弯着身体,蜷缩着,饱受
> 一切永远的痛苦的折磨,
> 被你
> 射中,最残忍的猎手,
> 你这不认识的——神[3]!

---

1. 魔术师之歌:作为孤独者对孤独的痛苦歌咏之诗,但也可视为查拉图斯特拉·尼采苦于在自己心中酝酿的未知的思想而作的自身的抒情。本诗又被收入《狄俄倪索斯颂歌》,题名《阿里阿德涅的悲叹》。
2. 受绝对的寒冷侵袭,使我跟人世间隔离的异常的思想,也就是绝对的孤独感。
3. 指狄俄索斯。

刺得更深些!

再刺一次!

刺伤、刺伤这颗心!

用钝箭刺我的

这种折磨是什么意思?

你为何又在看、

用着看不厌世人的痛苦、

幸灾乐祸的如电的神目?

你不想杀人、

只是折磨、折磨?

为什么——折磨我,

你这幸灾乐祸的不认识的神?——

哈哈!你偷偷走了过来?

在这样的半夜里

你要干什么?说吧!

你逼我,压迫我——

哈!已经太靠近了!

走开!走开!

你听到我呼吸,

你偷听我的心跳,

你这个嫉妒者——

可是你嫉妒什么?

走开!走开!要梯子干什么?

你要进来,

爬进我心里,

爬进、爬进我的

最秘密的思想里?

无耻之徒!不相识者——小偷!

你想偷到什么?

你想偷听到什么?

你想靠折磨捞到什么,

你这折磨者!

你——刽子手-煞神!

难道要我,像狗一样,

在你面前打滚?

尽心地、怀着忘我的热情

向你——摇尾乞怜[1]?

白操心!继续刺吧,

最残酷的刺!不,

我不是狗——我只是你的猎物[2],

最残酷的猎手!

我是你的最高傲的俘虏,

你这躲在云后的强盗[3]!

你总得说呀!

你要我拿出什么,拦路抢劫者?

---

1. 要我对这种思想屈服?
2. 我不是这种折磨我的思想的追踪者,而是受这种思想的袭击,被它追捕的猎物。
3. 难以看到它的原形的残酷者。

你这电光中的藏身者,不认识者!说呀,

你要什么,不认识的——神?——

怎么?赎金[1]?

你要多少赎金?

多讨一点吧——我的高傲奉劝你!

简单点说吧——我的另一种高傲奉劝你!

哈哈!

我——你要我?要我?

我——整个的我[2]?……

哈哈!

你折磨我,你是个傻子,

把我的高傲折磨得干干净净?

给我爱吧[3]——谁还给我温暖?

谁还爱我?——把温暖的手伸向我,

把暖心的炭火钵给我,

我这最孤独的人,

给我冰[4],唉!七层的坚冰

教我甚至对敌人,

---

1. 强盗要索赎金。折磨我的思想,为了把我从痛苦中释放,也对我提出要求?
2. 要我全心全意对这种思想献身?
3. 如果要求我献身,就应给我爱和热情,使我能克服这种痛苦。
4. 再给我坚忍的毅力,寻求敌手的毅力。

敌人，也要渴望，

给吧，把你，

最残酷的敌人，

把你——交托给我[1]！——

去了！

他自己也逃跑了[2]，

我的最后剩下的唯一的伙伴，

我的大敌，

我的不认识者，

我的刽子手－煞神！——

——别走！回来，

带回你的一切折磨！

哦，回到一切孤独者之中

剩下的最后一人这里！

我所有的眼泪

形成泪河向你流去！

我心中的余火——

为你熊熊燃烧！

哦，回来，

我的不认识的神！我的痛苦！

---

1. 我现在反而觉得有一种要把危险的未知的思想加以征服的勇气。
2. 可是，看起来要来抓住我的思想却又逃走，捕捉不住我了。

我最后剩下的——幸福![1]

2

——可是，这当儿，查拉图斯特拉再也克制不住，拿起他的手杖[2]，使尽全力打这个哀叹者。"停下来！"他压抑住愤怒，笑着向他叫道，"停下来，你这个演员！你这个制造假币者！你这个彻头彻尾的骗子！我很了解你！

"我愿给你暖暖脚，你这个恶劣的魔术师，我很擅长给像你这样的人——加把火教训教训你[3]！"

——"住手吧，"老人说着，从地上跳起来，"别再打了，哦，查拉图斯特拉！我这样做，不过是演戏而已！

"这种事属于我的演技；我给你做这种预演，是要考考你的本事！真的，你已把我看透了！

"可是你也——给我做了关于你的不小的试演，你很严厉，你这位贤明的查拉图斯特拉！你用你的'真实'使劲打得很严厉，你的棍棒迫使我说出——这种真话！"

——"不要说恭维话，"查拉图斯特拉依旧很激动，露出凶狠的眼光回道，"你这个彻头彻尾的演员！你是虚伪的：干吗还谈什么——真话！

"你这个孔雀中的孔雀，你这虚荣之海[4]，你在我的面前演什么戏，

---

1. 老魔术师要使查拉图斯特拉回顾从前的心境，试探他，把他诱到同情的路上来。
2. 拿手杖打魔术师，他就要逃跑，脚就暖和起来了。
3. 德文 einheizen，意为给人生火取暖，也有训斥人之意。
4. 参看第二部《诗人》："他们也从大海那里学到虚荣心：大海不是孔雀中的孔雀吗？"亦即有像大海那样多量的虚荣心。

你这个恶劣的魔术师,你做出这种样子哀叹,我还相信什么人?"

"精神的忏悔者[1],"老人说道,"我演的就是——他:这个名词是你自己从前发明的——

"——就是到最后让自己的精神违抗自己的诗人和魔术师,由于自己的不好的知识和不安的良心而一变为冻僵了的人。

"你就承认吧,哦,查拉图斯特拉,等到你识破我的演技和谎言,需要有长久的时间!当你用双手捧住我的头时,你相信我的困厄——

"——我听到你哀叹'人们太不爱他了,太不爱他了!'。我竟然如此欺骗你,我的恶意在我的内心里真为此高兴。"

"你也许欺骗过比我精细的人,"查拉图斯特拉严厉地说道,"我对欺骗人的人不存戒心[2],我不必小心谨慎:这是我的命运对我的要求。

"但你——必须欺骗:就我所认识你的程度而言!你必须总是让人猜不透,一句话有两个、三个、四个、五个含义!就是你现在对我坦白的,我也很久地觉得不够真,又不够假。

"你这恶劣的制造伪币者,你怎会改得了!当你在医生面前脱下衣服时,你也会给你的病来一番化妆。

"因此,刚才在我的面前,你说'我这样做,不过是演戏而已!'你也是在化妆。但其中也有认真之处,你也有点是个精神的忏悔者[3]!

"我猜得出你的花头:你会对一切人施行魔术,使他们着魔,可是你对自己却不说假话,不搞诡计——你对你自己不搞魔术!

"作为你的唯一的真实,你收获到成为你一己所有的乃是恶心。

---

1. 精神的忏悔者(精神的赎罪者,精神的苦行僧):参看第二部《崇高的人们》。
2. 参看第二部《处世之道》:"我让自己受骗,为了不对骗人者存戒心……我必须放弃警戒心,这是支配我的命运的天意。"
3. 你虽是个常常装模作样的精神的演戏者,但你的心里还抱有追求真理者的痛苦。

你所说的话没有一句是真的,只有你的嘴,也就是说:粘在你嘴上的恶心[1]。"——

——"你到底是什么人!"老魔术师这时用倔强不屈的声音叫道,"谁敢对我如此说话,我这位在当今世界上活着的最伟大的人物[2]?"——有一道绿色的电光从他的眼睛里射向查拉图斯特拉。可是他立刻改变了态度,忧伤地说道:

"哦,查拉图斯特拉,我累了,我的演技使我感到恶心,我不是伟大的人物,我干吗假装哩!可是你很了解——我在追求伟大!

"我想扮演一个伟大人物,并且说服许多人相信:可是说这种谎话不是我力所能及。我的谎话被拆穿了。

"哦,查拉图斯特拉,我说的一切都是谎话;可是我被拆穿了——拆穿倒是真实的!"——

"这是你的荣幸,"查拉图斯特拉黯然神伤地说道,低头向旁边看去,"你追求伟大,这是你的荣幸,但也暴露你自己。你并不伟大。

"你这个恶劣的老魔术师,你对你自己觉得很累,并且说出'我并不伟大',这就是我所以尊敬你的、你的最好和最正直之处。

"由此一事我把你尊敬为一位精神的忏悔者:即使不过是一瞬间,但就在这一瞬间你是——真实的。

"可是请问,你在我的森林和岩石间寻找什么?当你挡住我的去路时,你要试探我什么?——

"——你试探我什么呢?"——

查拉图斯特拉如是说,他的眼睛炯炯发光。老魔术师沉默了一

---

1. 对自己的厌倦。由于这点,他也被加入高人之列。

2. 这句大话显示出瓦格纳自负的态度,但随即话锋一转,做出自我批判,也显露出他的高人的智力。

会儿，于是说道："我试探你？我——只是寻找。

"哦，查拉图斯特拉，我寻找一个真实的人，正派的人，单纯的人，不模棱两可的人，一切都诚实可靠的人，一个智慧之大器[1]，一个认识的圣人，一个伟大的人物！

"你难道不知道，哦，查拉图斯特拉？我寻找查拉图斯特拉。"

——这时，在二人之间出现了长久的沉默；而查拉图斯特拉却深深地陷入自我沉思，因此他闭上眼睛[2]。可是随后，他的心思又回到他的交谈对手身上，他握住老魔术师的手，彬彬有礼而又心怀叵测地说道：

"好吧！那边的一条路上去，通到查拉图斯特拉的山洞。你在那里可以找到你要找的人。

"去问我的宠物、我的鹰和蛇，向它们求教：它们会帮你寻找。可是我的山洞很大[3]。

"就我自己而言，当然——我还没有见到过伟大人物。什么是伟大的，对这方面，今天最精明者的眼睛也显得粗笨。今天乃是群氓的天下。

"我已见过许多伸开双手自吹自擂的人，民众都叫道：'瞧，这一位伟大人物！'可是一切风箱[4]有什么用！最后总要走气。

"一只青蛙鼓起肚子，鼓得太久，终于把肚子胀破[5]：因为气跑出来了。

---

1. 大器：原文 Gefäß 器皿，也指人的血管（英：vessel）。《新约·使徒行传》9：15："他是我所拣选的器皿，要在外邦人和君王并以色列人面前宣扬我的名。"又见《新约·罗马书》9：24："这些器皿就是……被天主所宠召的人。"
2. 思量魔术师所说的话，哪里是要诱惑他发出同情的做戏，哪里是说的真话。
3. 我拥抱的世界很广大。
4. 大众是给伟大人物吹风打气的风箱。可是被吹风的人，由于过分膨胀，也会漏风走气。
5.《拉封丹寓言》的《青蛙力争同牛一样大》——青蛙想要胀得跟牛一样大，把气一鼓再鼓，终于胀破了肚皮。亦见古罗马寓言作家费德鲁斯的《寓言集》。

刺破一个浮夸者膨胀的肚子,我称之为愉快的消遣。孩子们[1],来听吧!

"今天是群氓的天下:谁还知道什么是伟大,什么是渺小!谁能幸运地找到伟大!只有傻子:傻子运道好。

"你寻找伟大人物,你这奇怪的傻子?谁教你这样做?今天是适逢其时吗[2]?哦,你这恶劣的探求者,为什么——你来试探我?"——

查拉图斯特拉如是说,心中获得安慰,笑着继续走他的路。

失业[3]

可是,离开魔术师不久之后,查拉图斯特拉又看到有人坐在他要走过去的道路旁边,就是一个穿黑衣的高个子男人,有一张瘦瘦的苍白的面孔:此人使他感到非常不高兴。"糟糕,"他对自己心里说道,"这里坐着蒙面的忧伤的人,我看他像是神父之流:他们这种人到我的国土里来要干什么?

"怎么!我刚刚逃脱那个魔术师,又要迎面碰到另一个江湖术士,——

"——某个行按手礼[4]的巫师,靠上帝恩宠混饭的神秘的施行奇迹者,涂过圣油[5]的现世诽谤者,让魔鬼把他抓去吧!

---

1. 孩子们用复数,指瓦格纳一类的演戏者是不懂得真正严肃事物的、像孩子们一样的人。
2. 在现代要探求伟大人物是无意义的,你把探求的方向搞错了。你说寻找伟大人物,实际是做戏,要诱惑我去同情。在这里也讽刺了纠缠于伟大的观念的老魔术师的虚荣心。
3. 查拉图斯特拉在路上碰到的、由于上帝之死而失业的最后的教皇。在与教皇的谈话中流露出对上帝的批评和反基督教精神。
4. 基督教教会的宗教仪式之一。主教为教徒施行坚振或为神职人员授予神职时,把手按在领受者头上,念诵规定文句以成礼。
5. 基督教宗教仪式。给人体涂抹圣油(橄榄油之类),例如在授以神职时、在举行坚振礼时。

"可是魔鬼从不待在他该待的地方：总是来得太迟，这个该死的畸形足[1]的矮鬼！"——

查拉图斯特拉心里忍不住这样咒骂，他把脸扭过去不看着他，想从这个黑衣人身边溜过去：可是，瞧，事与愿违。因为，就在这同一瞬间，那个坐着的人已经看到了他；并非像碰到一件意外的侥幸事情，他跳起身，向查拉图斯特拉走来。

"不管你是什么人，你这位漫游者啊，"他说道，"请帮帮一个迷路的人，一个寻找人的人，一个老人，他在这里很容易受到伤害！

"这里的世界对我很陌生，很偏僻，我也听到野兽吼叫[2]；能保护我的人已不再有了。

"我寻找最后剩下的虔诚的人，一位圣徒和隐修者，他独自一人隐居在他的森林里，今天全世界人都知道的事，他还闻所未闻[3]。"

"今天全世界人都知道的是什么呢？"查拉图斯特拉问道，"也许是此事，就是全世界人以前曾经信仰他的那位古老的上帝已经不在世了？"

"你说对了，"那位老人伤心地回答道，"我在这位古老的上帝身边供职，一直待到他最后的时刻。

"可是现在我失业了，没有了主人，但并无自由，除了在回忆之中，也不再有片刻的快乐。

"因此我登上这座山，让我最后再举行一次庆典活动，适合一位以前的教皇和教父身份的庆典，因为，你要知道，我是最后的教

---

1. 魔鬼有一只脚为马蹄足或山羊足。
2. 查拉图斯特拉的世界是容许野兽存在的世界。
3. 第一部《查拉图斯特拉的前言》中的白发圣人，他隐居在森林里，不知道上帝死掉了。

皇！——我要举行一次虔诚的回忆和礼拜仪式的庆典[1]。

"可是现在连他也死了，那位最虔诚的人，森林中的圣人，他经常唱诗念经赞美他的上帝。

"当我找到他的茅庵时，我再也看不到他本人——可是里面却有两只狼为他的死亡嚎叫——因为一切动物都喜爱他[2]。于是我离开那里。

"难道我就这样到这座山林里白走一番吗？于是我下定决心，要寻找另外一个人，一切不信上帝者之中的最虔诚的人[3]——，我要找查拉图斯特拉！"

老人如是说着，并用锐利的眼光凝视站在他面前的人；可是查拉图斯特拉却握住老教皇的手，久久地望着他，赞叹不已。

"你这位尊贵的人啊，瞧，"他随即说道，"你的手多么美而长！这是一向给人颁发祝福者的手。而现在却紧握你寻找的人，就是我，查拉图斯特拉。

"我就是不信神的查拉图斯特拉，我说过：可有比我更加不信神的人[4]？如有，我很高兴向他求教。"——

查拉图斯特拉如是说时，他的眼光钻通了老教皇的思想和内心的想法。最后，老教皇说道：

"最爱他[5]、对他最痴迷的人，现在也格外失去他了——：

---

1. 我到此处山上来是为了跟那位老圣人一起举行庆典，回忆过去的信仰，恢复过去的礼拜仪式。
2. 他的信仰是很纯粹的。狼是自由精神的动物，也对他表示敬意。
3. 在现代，真正的宗教性出现于反宗教之徒的中间。查拉图斯特拉不否定生命，拥有对生命的畏敬。
4. 我不是如你所说的不信神的人，而是否定神的人。
5. "他"指神，即上帝。失去上帝，因为上帝死掉了。

"——瞧,在我们两人之中,我现在肯定比你更无神[1]了吧?可是谁能高兴得起来哩!"——

——"你在他身边供职,一直待到最后,"查拉图斯特拉经过深深的沉默之后沉思地问道,"你知道,他是怎么死的?听人说,他是被同情扼死的,这是真的吗?

"——他看到那人[2]被钉在十字架上,再也忍不住,他对世人的爱就成为他的地狱,最后就造成他的死亡?"——

可是老教皇并没有回话,而是带着痛苦和阴郁的表情胆怯地转眼望着一边。

"让他走去吧。"查拉图斯特拉沉思了很久以后说,这时他继续直对着老人的眼睛望着。

"让他走去吧,他已经走了。尽管你对这位死者,背地里只说好话[3],这也是你的光荣,但你也像我一样知道得很清楚,他是什么人;知道他走的是奇怪的道路。"

"在三只眼睛之下说句私房话[4],"老教皇(因为他瞎了一只眼)高兴地说道,"在神的事情方面,我比查拉图斯特拉本人要清楚——合该如此。

"我的爱为他服务多年,我的意志紧跟着他的全部意志。一个忠心的仆人知道主人的一切,也知道他的主人私自瞒着的许多事情。

---

1. 这里的"无神"不是无神论,而是失去神(上帝),因为上帝死掉了,所以高兴不起来,而你是杀死上帝的人,所以你很高兴。
2. 基督。
3. 拉丁文有一句名言:de mortuis nil nisi bonum(对死者只说他的好话)。
4. 德文成语 unter vier Augen gesprochen:在四只眼睛之下(你我二人之间)说句私房话。尼采戏改为三只眼睛,因为教皇瞎了一只眼睛。说教皇瞎了一只眼,象征他囿于旧的宗教的偏见,又当着没有信仰的人自由地说出上帝的私事。

"他是一位好隐瞒的神,充满了隐私。真的,连生儿子也是偷偷摸摸地干的。在他的信仰的门上写着通奸[1]。

"称颂他为爱之神的人,对于爱本身没有想得够高。这位神不是也想做审判者吗?可是爱人者是远离报答和报复之外去爱的。

"这位来自东方的神,当他年轻时,他很严酷,复仇心很强[2],他为自己建立了地狱,以博得他所钟爱者的欢心[3]。

"可是最后,他变得老迈、温和、脆弱、富有同情心,像个父亲,更像个祖父,尤其像个摇摇晃晃的老祖母。

"那时,他干瘪得坐在壁炉角落里,为他衰弱无力的双腿而烦恼,对人世感到乏味,对意愿感到厌倦,某一天,由于同情心太大,竟致透不过气来闷死了[4]。"——

"你这位老教皇啊,"这时,查拉图斯特拉插嘴说道,"这是你亲眼看到的吗?可能是这样走掉的:这样走法,而且也可能是其他的走法。神们死亡,总是有很多的死法[5]。

"可是,好吧!不管怎样——他总是走掉了!他不合我的眼耳的趣味[6],我不想在背后说他的坏话了。

"我喜爱一切明察秋毫、说话诚实的人。可是他——你一定知道,你这位老神父啊,他有些像你一样的本性,神父的本性——他说起

---

1. 马利亚婚前从圣灵怀孕。嫁给约瑟后,未跟丈夫同房,却生了耶稣。尼采《新约》诗:"在卷头却是有关上帝通奸的叙述。"

2. 犹太之神耶和华在《旧约》中复仇心很强。

3. 对信仰者让他上天国,博得其欢心;对不信仰者,让他下地狱。

4. 犹太教、原始基督教、中世纪的信仰,还有强烈的意愿,而现代的基督教却变得衰弱无力。

5. 上帝死亡的原因,有各种各样的情况,归根结底,是由于信仰者的各种各样的态度(怀疑、否定、不相信)而起。

6. 基督教不合乎我的根本的要求,也就是我的肉体的趣味。

话来是有多种含义的[1]。

"他也说不清楚。这位爱发脾气者干吗因为我们不理解他而生我们的气哩!可是他为什么不说得更明晰一些呢?

"如果问题出在我们耳朵上面,他为什么给予我们听不懂他的意思的耳朵?如果我们的耳朵里有泥沙[2],好吧!是谁把泥沙塞进去的呢?

"这个没有满师的陶工[3],做出了太多的次品!可是他拿他的壶和制成品出气,只是由于他没有把它们做得好——这是对良好趣味所犯的罪过。

"在信仰中也有良好趣味:它最后说:这样的神去他的吧!最好没有神,最好依靠自己来掌握自己的命运,最好是一个傻瓜,最好自己做一位神!"

——"我听到什么!"这时,老教皇竖起耳朵听着说道,"哦,查拉图斯特拉,你如此不信神,比你自己所认为的更虔诚!你的心中有一位神[4],使你改宗无神论。

"使你不再信仰一位神的,不就是你的虔诚本身吗?你的大大的诚实也将会把你领到善恶的彼岸!

"瞧,给你保留着什么呢?你有眼睛、手和嘴,这是永久以前注定好去给他人祝福的[5]。人们不能单用手祝福。

"尽管你已想做一个最不信神的人,可是在你身旁,我闻到长远

---

1. 上帝之弱体化,是由于他的性格和说话有多种含义,暧昧不明。
2. 上帝用地上的尘土造人。如果我们的耳朵里有泥沙,这是上帝的疏忽。
3. 上帝用泥土造人,故称他陶工。《新约·罗马书》9:21:"窑匠(又译陶工)难道没有权柄从一团泥里拿一块作成贵重的器皿,又拿一块作成卑贱的器皿吗?"
4. 生命之神狄俄倪索斯。尼采是生命最终的意义的探究者,所以是一种绝对的探求者,跟宗教性有亲近性。这句评语,作为尼采的自我批评,正好抓住要害。
5. 查拉图斯特拉不以基督教的上帝和彼岸,而以超人和永远回归为人类祝福。他用眼睛看、用手行动、用嘴说这个真理。

祝福的暗暗的焚香香气：使我又喜又悲[1]。

"哦，查拉图斯特拉，让我到你家做客，只过一夜！现在在这世界上再没有什么地方比跟你在一起更使我快乐了！"——

"阿门！就这样办吧！"查拉图斯特拉大为惊异地说道，"那边上去的路，就通往查拉图斯特拉的山洞。

"我真想亲自领你前去，你这位年高德劭的人，因为我喜爱一切虔诚的人。可是现在，一阵求救的呼声唤我赶快跟你分手。

"在我的领域以内，不能让任何人受到伤害；我的山洞是个良港。我最高兴让每个忧伤的人重新到坚实的土地上站稳脚跟。

"可是谁能从你的肩上卸下你的忧郁呢？我是无力办到。真的，我们要等待很久，直到有人[2]再把你的神唤醒。

"因为，这位古老的神已不在人世了：他是完全死掉了。"——

查拉图斯特拉如是说。

极丑的人[3]

——查拉图斯特拉的脚又在山上和森林间奔走不歇，他的眼睛找来找去，可是，没有一处能看到他想看到的人，就是那个受到极大痛苦而发出求救叫声的人。可是在整个路上他心里感到快乐而充满谢意。"今天一开始多不顺当，"他说道，"可是后来却送我好事作为补偿！我碰到多么珍奇的谈话对手！

---

1. 喜的是：看到查拉图斯特拉的说教是出于对人类的爱、为人类祝福。悲的是：查拉图斯特拉跟教皇的上帝不相容，而教皇的上帝也跟查拉图斯特拉不相容。
2. 超人。查拉图斯特拉是超人的前驱者和宣告者。
3. 查拉图斯特拉在路上碰到的第五位是极丑的人，他是上帝创造之不完美的例证。但是丑陋并不是弱小，而且是可以自己克服的。

"现在我要把他们的说话进行长时间的咀嚼,就像咀嚼优良的谷粒一样;我的牙齿要把它们磨得小、嚼得细,直到它们像奶一样流到我的灵魂里!"——

但是当道路再转过一座岩石时,景色突然改观,查拉图斯特拉进入一个死亡之国。这里耸立着黑色和红色的绝壁:没有草,没有树,没有鸟儿的叫声。因为这是一个山谷,一切动物,连猛兽也避之唯恐不及;只有一种又丑、又粗的绿蛇,到年老时,到这里来死去。因此牧人们把这座山谷叫作:蛇死谷。

可是查拉图斯特拉沉浸于黑暗的回忆之中,因为他觉得已有过一次曾置身在这座谷中。许多沉重的回忆压在他的心上:因此,他走得很慢,越来越慢,最后立停下来。可是,随后,当他睁大眼睛时,他看到有什么东西坐在路旁,形状像人,又不大像人,是一个难以名状的东西。亲眼看到这样的东西,查拉图斯特拉突然间感到极大的羞愧[1]:脸一直红到他的白发旁边,他背转眼睛,举起脚想要离开这个不祥的地方。可是这时,死寂的荒地却发出了声音:因为,从地下传来一阵咕噜咕噜、呼噜呼噜之声,就像夜间水流过堵塞的水道时发出的咕噜咕噜、呼噜呼噜之声;最后它成为人的声音,人的说话——它如是说道:

"查拉图斯特拉!查拉图斯特拉!解答我的谜!说吧,说吧!对目击者的报复是什么[2]?

"我骗你回来,这里有很滑的冰!当心,当心,不要让你的高傲

---

1. 羞愧与同情的关系参看第二部《同情者》。
2. 我要使看到我的人羞死。我要对创造我的上帝进行报复,因为一切被创造物中的丑陋和不完美,都是创造者的过错。

在这里折断你的腿[1]!

"你自以为聪明,高傲的查拉图斯特拉!那就来解这个谜,你这个坚硬的胡桃夹子——这个谜,就是我!那就说吧:我是谁!"

——可是,当查拉图斯特拉听了这番话时,——你认为他的心里起了什么变化?他不胜同情[2];他突然倒了下去,就像一棵橡树,在长时间对伐树者进行抵抗之后——突然,沉重地倒下,连那些想砍倒它的人都感到吃惊。可是他又已从地上站起来,他的面孔变得很严肃。

"我很了解你,"他发出洪钟似的声音说道,"你是杀上帝的凶手[3]!让我走吧。

"你无法忍受见到过你的人——经常而且完全看透了你的人,你这个最丑的人!你对这种目击者进行报复!"

查拉图斯特拉如是说着,就想走开;可是那个难以名状者却抓住他的衣袍的一只角,又开始咕噜咕噜地想找话说。"别走!"最后,他说——

"——别走!不要离开!我猜到,是什么斧头[4]把你砍倒在地:恭喜你,哦,查拉图斯特拉,你又站起来了!

"我很清楚,你猜得出,杀他的人——就是杀上帝的凶手是什么心态。别走!坐到我的身边来,不会叫你白坐的。

"不找你,我要找谁呢?别走,坐下!可是,不要看我[5]!这样,

---

1. 你这样大摇大摆、高傲地走过来,会滑倒而伤了腿脚。这个目击者也含有创造者的意思。
2. 看到人性的丑恶觉得同情。受这种同情的诱惑而致滑倒。
3. 你以为自己的丑陋是上帝创造的不完美,而否定上帝的存在。
4. 同情。但你又能克服同情,感到羞愧,所以又能站起来。
5. 凝视我,就是没有羞愧感。感到羞愧,就是尊重我的丑陋。

尊重——我的丑陋！

"他们迫害我：现在，你是我的最后的避难所。他们的迫害，并非带着憎恶，并非带着不快——哦，对于这样的迫害，我要嘲笑它，并且感到自豪而高兴！

"从来一切成功不都是归属于饱受迫害者[1]？饱受迫害者很容易教人追随——因为迫害者已经——追随在后！可是，是他们的同情——

"——是他们的同情，使我逃避开他们，逃到你这里。哦，查拉图斯特拉，保护我吧，你是我的最后的避难所，你是猜出我的唯一的人：

"——你猜出杀他的人是什么心态。别走！如果你要走，你这没有耐性的人：不要走我来的路，这条路不好走。

"你对我生气，因为我跟你已经啰啰唆唆得太久？因为我已经劝过你？可是，要知道，我就是最丑的人，

"——我也有最大最重的脚。我走过的路，路就坏了。我把所有的路都踩死了，踩坏了[2]。

"可是，你从我身旁走过去，闷声不响；你脸红，我看得清楚：由此我认清你是查拉图斯特拉。

"其他什么人会用眼色和说话把他的施舍、他的同情扔给我。可是对此——我又不是乞丐，如何能接受，而你却看透了这点——

"——我太富了[3]，如何能接受，富于伟大的东西，富于可怕的东西，富于最丑的东西，富于最难以名状的东西！你的羞愧，哦，查

---

1. 为人类做出伟大成果的人，几乎常是受迫害的人。

2. 我走过的路，充满世人的同情，我必须加以抵制。所以这条路不好走。我要使一切认出我的人，由于他们对我的同情而羞死。

3. 我是极丑的人，但不是颓废的弱者，我有许多趋向积极性的可能性，我拒绝同情。

拉图斯特拉,乃是我的荣幸!

"我好不容易从那一大群同情者之中逃了出来——让我找到今天教导我们'同情是缠人的'这句话的唯一的人——就是你,哦,查拉图斯特拉!

"——不管是神的同情,不管是人的同情:同情是不知羞愧的。不想助人可能比快步上前帮忙的那种美德更高尚。

"可是今天,同情却被一切渺小之人称为美德本身——他们对于伟大的不幸、伟大的丑陋、伟大的失败毫不崇敬。

"我超越过这一切人纵目望去,就像一只狗超越过密密麻麻的羊群的背上望去。它们都是小小的、有着柔软的毛、心地善良的、灰色的群体。

"就像一只苍鹭,扭转了头,无视浅浅的池塘,放眼远望;我也无视拥拥挤挤的灰色小浪、意志与灵魂,放眼远望。

"很久以来,人们都同意这些小人物的意见:因此到最后,人们也把权力交给他们——如今他们都教我们说:只有小人物称之为善的才是善。

"今天所谓的真理,就是说教者[1]所说的真理,他本身就是出身于这些小人物中间,这位奇妙的圣人和小人物的代言人,他证明自己说'我——就是真理'。

"这个不谦逊者已经很长时期使那些小人物趾高气扬、自命不凡——他,当他教人说'我——就是真理',他就教了不小的错误。

"对这样一个不谦逊者,可曾有人做过更客气的回答?——可是你,哦,查拉图斯特拉,你从他身边走过去,却说:'不是!不是!

---

1. 指耶稣。《新约·约翰福音》14:6:"耶稣说:'我就是道路、真理、生命……'"

三次不是!'

"你对他的错误发出警告,你是对同情发出警告的第一个人——不是对一切人,也不是对任何人,而是对你自己和跟你同类的人发出警告。

"你看到大大受苦者的羞愧而自感羞愧;真的,当你说:'一大片乌云从同情那里降下来,人们啊,你们要当心[1]!'

"——当你教导'一切创造者都是严酷的,一切伟大的爱都超过他们的同情':哦,查拉图斯特拉,我觉得你是多么善于预知天气的变兆[2]!

"可是你自己——也要对你的同情提高警惕!因为有许多人已经上路前来找你,许多受苦者、怀疑者、绝望者、溺水者、受冻者[3]——

"你对于我,我也要提醒你。你猜出了我的最善、最恶的谜,就是我本人和我所行的。我知道把你砍倒的斧头。

"可是他——必须死去:他以看到一切的眼睛观看——他看到世人的深底,看到一切世人隐瞒的耻辱和丑陋。

"他的同情不知羞愧:他爬到我的最肮脏的角落。这个最好奇的人,最过于纠缠不休的人,最过于同情的人必须死去[4]。

"他总是看我:我要对这样一个目击者进行报复——否则,我不

---

1. 参看第二部《同情者》:"对同情要有警惕性:还会有沉重的乌云从同情儿降临到世人的头上!"乌云指产生倦怠和无力感的不吉的云。同情会使人丧失向上的意欲和希望,招致文明的柔弱化。

2. 参看第二部《同情者》:"一切伟大的爱超过同情""一切创造者都是严酷的"。由于查拉图斯特拉说有乌云降临,所以说他预知天气的变兆。

3. 小心你的同情,以免受到许多贱民的打扰。

4. 上帝看到人性的一切缺陷,他不反思作为创造者的责任,而以同情敷衍塞责,因此他已丧失上帝的资格,所以必须死去,这也是上帝之死的诸原因之一。

想活下去[1]。

"看到过一切的上帝,也看到过世人的上帝:这位上帝必须死去!让这样的目击者活着,世人无法忍受。"

最丑的人如是说。可是查拉图斯特拉站起身来准备要走:因为他感到冷得彻骨。

"你这位不可名状的人,"他说道,"你警告我,要当心你走的路。为了感谢你,我向你称道我的路。瞧,往那边上去,通往查拉图斯特拉的山洞。

"我的山洞又大又深,有许多隐避处;最想隐匿的人可以在那里找到他的藏身之处。

"就在山洞的近旁,有成百的潜伏所和暗道,可供爬行的、飞舞的、跳跃的动物们栖息。

"你这个自己放逐自己的被放逐者啊,你不想再住在世人和世人的同情之中吗?好吧,那就照我的样子办吧!你也向我学习吧;只有实行者才学得会。

"首先跟我的宠物谈谈!它们是最高傲的动物和最聪明的动物——它们会成为我们二人的真正的顾问!"——

查拉图斯特拉如是说,就开始上路,比以前更加耽于沉思,脚步也更加放慢:因为他有许多话要问自己,却不容易知道作答。

"人是多么可怜!"他心中在想,"多么丑陋,多么呼噜呼噜地喘鸣,多么充满隐瞒的羞愧!

"有人对我说,世人很爱自己:唉,这种自爱定当很大!其中含有多少对自己的轻蔑!

---

[1] 我以我的丑陋,作为否定上帝的证据。

"此人也爱自己，正如他轻蔑自己一样——我看他是一个大大的爱者，又是一个大大的轻蔑者[1]。

"我还没有见过有什么人比他更深地轻蔑自己：这也就是高超。唉，也许他就是我听到其叫声的那个高人吧？

"我喜爱大大的轻蔑者。可是，人应当是被克服的某种东西。"——

自愿的乞丐[2]

查拉图斯特拉离开了最丑的人，觉得很冷，又感到孤独：因为有许多凉意和孤独感渗透了他的心，所以他的四肢也变得冷起来了。可是，他继续前行，上上下下，时而经过碧绿的牧场，可是也走过荒凉的多石地带，那里也许是以前一条急躁的山溪把它当作河床睡过觉的：这时他心里突然又觉得较为温暖和亲切起来。

"我可是碰到什么事了？"他问问自己，"有什么温暖的、生气勃勃的东西使我神清气爽，这东西一定在我的附近。

"我已经不大孤独了；不知道的伙伴和弟兄们在我的四周游荡，他们的温暖的气息触动我的灵魂。"

可是，当他向四周张望，要给他的孤独寻找安慰时：瞧，却看到一群母牛聚集在山丘上站在一起；走近母牛，它们的气味使他心

---

[1] 这个极丑的人，他爱自己，轻蔑现在的自己，力争成为更好的自己。人的自我轻蔑，跟自爱是表里一致的。这样，他已向自我克服前进了一步。

[2] 查拉图斯特拉在路上碰到的第六位是厌恶时代的腐败而向母牛学习的高人。他滥用赠予的美德，现在以有限的种类的人作为对手进行说教，并向他们的美德学习。他的心是纯粹的，但不是为创造而奋斗的勇者。这个自愿的乞丐影射在山上垂训的耶稣（《新约·马太福音》5—7）。

里感到温暖[1]。可是,这些母牛似乎在热心倾听一个说教者讲话,并不注意走过来的人。可是,当查拉图斯特拉完全走到它们身旁时,他听得清清楚楚,从母牛们当中传出一个人说话的声音;而且看到那些母牛全都把头转向着那个说话的人。

查拉图斯特拉于是热心地奔上去,把那些动物驱散,因为他害怕会有人在这里受到伤害,而母牛们的同情是难以帮他解决的。可是,在这一点上,他弄错了;因为,瞧啊,那里有一个人坐在地上,似乎在对动物们讲话,叫它们不要害怕他,他是一个和蔼的人,山上垂训者[2],从他的眼中流露出对于慈爱的说教。"你在这里寻求什么?"查拉图斯特拉诧异地叫道。

"我寻求什么?"他回道,"跟你寻求的同样,你这个捣乱者!就是说,我寻求的是世上的幸福[3]。

"可是,为此我要向这些母牛学习。因为,你知道,我已花费了半个上午劝说它们,它们正想给我答复。你为何来打扰它们?

"我们若不回转,变成母牛的样式,断不得进天国[4]。因为我们应当向它们学会一件事:反刍[5]。

"真的,人若赚得全世界,却不学习这一件事,反刍,有什么益处呢[6]? 他会摆脱不了他的忧伤。

---

1. 母牛是温柔的基督教信徒的比喻。现在查拉图斯特拉的心受到同情的诱惑,所以它的气味使他的心感到温暖。
2. 在山上对母牛说教,比喻山上垂训者耶稣。《新约·马太福音》5:1—2:"耶稣……就上了山……门徒到他跟前来。他就开口教训他们,说……"
3. 我跟你同样,要在地上建设王国。
4.《新约·马太福音》18:3:"你们若不回转,变成小孩子的样式,断不得进天国。"
5. 对小小的消极的道德进行反复的省察。参看第一部《道德的讲座》:"我像母牛反刍一样颇有耐心地反思自问。"亦即不求其多,只将少量的体验和智慧仔细咀嚼,这就是幸福。
6.《新约·马太福音》16:26:"人若赚得全世界,赔上自己的生命,有什么益处呢?"

"——他的大大的忧伤：可是今天叫作恶心。今天，谁的心、嘴和眼不都是充满恶心呢？你也如此！你也如此！可是，你来看看这些母牛！"——

这位山上垂训者如是说，并把他自己的眼光转向查拉图斯特拉——因为直到现在他的爱心都是挂在母牛身上——：这时他却改变了。"我跟他谈话的人是谁？"他惊愕地叫道，并从地上跳起身来。

"这是没有恶心的人，这是查拉图斯特拉本人，把大大的恶心克服了的人，这就是查拉图斯特拉本人的眼、嘴和心。"

他如是说着，就吻他的交谈对方的手，眼中噙着泪花，他的表情就像一个人，意想不到地从天上给他掉下贵重的礼品和珠宝。可是，那些母牛却看着这一切而不胜惊奇。

"别谈我的事吧，你这个奇怪的人！可爱的人！"查拉图斯特拉说着，不接受对方的情谊，"先对我谈谈你自己吧！你不是那位自愿的乞丐，曾经把一大笔财富抛弃掉[1]，——

"——以他自己的财富和做个富翁为可耻而逃到最贫穷者那里去，把他的丰裕富足和他的心送给他们的人吗？可是那些穷人不接受他。"

"可是他们不接受我，"自愿的乞丐说道，"你知道得很清楚。所以到最后，我就走向动物，走向这些母牛。[2]"

"那么你就会知道，"查拉图斯特拉打断了对方的说话，"恰当的给予比恰当的接受是如何更难，而善于给予乃是一种技术，慈爱之最后的最巧妙的一级技术。"

---

1. 你滥用"赠予的美德"，犯了方向错误。你不是为了人类向上而赠予，你却赠予世人中的最下等的人。这个乞丐属于圣方济各类型的人物。

2. 我只对少数特殊的柔弱的人说教。

"尤其是在今天，"自愿的乞丐回道，"因为今天，一切卑贱者都起来造反，令人厌恶，而且以他们自己的方式，就是群氓的方式飞扬跋扈。

"因为，你知道，这样的时刻已经到来，大大的、恶劣的、长长的、慢慢的群氓和奴隶造反的时刻：势头在不断扩大！

"现在，一切慈善和小小的施舍都使卑贱者激怒，过于富裕者要小心！

"今天，谁要是像大肚子的瓶而却从太细的瓶颈里一滴一滴地滴水——人们在今天就爱把他的瓶颈敲断。

"淫乱的贪欲、愤愤的嫉妒、怨恨的复仇心、群氓的倨傲：这一切都跳到我的面前。穷人是有福了[1]，这已不再真实。天国是母牛们的。"

"天国为什么不是富人们的？"查拉图斯特拉试探地问道，同时阻拦那些亲切地嗅着和蔼的人的母牛。

"你为什么试探我？"后者回答道，"你比我知道得更清楚。谁把我赶到最贫穷者那边去的，哦，查拉图斯特拉？不是由于对我们的最富者感到恶心吗？

"——对那些财富的囚犯，他们以冷眼和淫荡的思想，从任何垃圾里捡起他们的利益，对那些臭气冲天的流氓，

"——对那些镀金制假的群氓，他们的祖先是扒手或是吃腐尸的禽鸟或是捡破烂的人，这些人的老婆百依百顺，荒淫放荡，丢三落四，——可以说，她们跟婊子没有两样——

"在上者是群氓，在下者是群氓！今天还谈什么'贫'与'富'！

1.《新约·路加福音》6：20："你们贫穷的人有福了，因为上帝的国是你们的。"但是现代社会的穷人是贱民，所以我避开他们，来到少数软弱无力的人中间。

我已忘掉其区别——因此我逃开他们,越走越远,直到我来到这些母牛身边。"

这位和蔼的人如是说,一面说,一面气喘而冒汗:使得那些母牛又惊奇不已。可是,当他说得如此激烈时,查拉图斯特拉却总是微笑地望着他的脸,而且默默地摇头。

"山上垂训者啊,当你使用这种激烈的语言时,你是强暴自己了。你的嘴,你的眼睛,都是不能适合这种激烈的。

"我想,还有你的胃也是吃不消的:所有这种愤怒、憎恶、激昂,都是它受不了的。你的胃要求比较柔软的东西:你并不是吃肉的人。

"在我看来,你倒像是吃素的人,吃草根的人。也许你会嚼谷粒。可是,你肯定厌恶肉食的享受,爱好吃蜜。"

"你猜中了,"和蔼的乞丐怀着轻松的心情回道,"我喜欢蜜,我也嚼谷粒,因为我寻找口感好而且使呼吸清纯的东西:

"——我也寻找需要长时间食用的东西,适合温和的懒汉和游手好闲者的吃上一天的工作。

"这些母牛,对于此道,当然已经精通得达到登峰造极的地步了:它们发明了反刍和躺在阳光里晒太阳。它们也戒绝会使心脏扩大的一切沉重的思想。"

——"好吧!"查拉图斯特拉说道,"你也应当看看我的宠物,我的鹰和我的蛇——像它们这样的动物,在今天的世界上是没有的了。

"瞧,那边是通往我的山洞的路:今夜去做它们的宾客。跟我的动物谈谈动物的幸福,——

"——直到我本人回来。因为现在有求救的呼声唤我赶快离你们前去。你在我的洞里也会看到新的蜜,新鲜冰凉的从蜂房里采来的金色的蜜：去吃吧！

"可是现在立即离开你的那些母牛吧，你这个奇怪的人！可爱的人！尽管你有点舍不得。因为它们是你的最热心的朋友和教师！"——

"——除了一位我更加喜爱的朋友，"和蔼的乞丐回答道，"你本人是个好人，比一头母牛更好，哦，查拉图斯特拉！"

"去吧，去吧！你这个很坏的奉承者！"查拉图斯特拉怀着恶意地叫道，"你为什么用这种赞美和奉承之蜜来使我扫兴呢？"

"去吧，离开我吧！"他又一次叫道，而且向和蔼的乞丐挥起手杖：可是乞丐却匆匆逃掉了。

影子[1]

可是，那个自愿的乞丐刚刚逃走，查拉图斯特拉又陷于孤独之中，这时他听到身后有新的声音叫道："停下来！查拉图斯特拉！等一等！是我，哦，查拉图斯特拉，我，你的影子！"可是查拉图斯特拉没有等，因为在他的山中竟有如此众多的人熙来攘往，使他突然感到讨厌，"我的孤独往哪里去了？"他叫道。

"真的，这对我太过分了；这座山拥拥挤挤，我的国不属于这个世界了，我需要新的山。

"我的影子在叫我？我的影子算得了什么！让他跟在我后面跑吧！我——要摆脱他逃走。"

---

[1] 查拉图斯特拉在路上碰到的最后一位是紧跟在他身后的追随者，他是现代文化人的写照。不是自发的真理探求者，疲于奔波，失去目标。但由于具有自由精神，也被列入高人。

查拉图斯特拉如是对他的内心说，继续奔跑。可是，他背后的影子还是紧跟着他：因此，立刻有三个奔跑者一个接着一个，也就是说，为首者是自愿的乞丐，其次是查拉图斯特拉，第三个，就是最后一个，是他的影子。他们这样奔跑了不久，查拉图斯特拉意识到他的愚蠢，他突然把一切烦恼和厌恶都抛到九霄云外了。

"怎么！"他说道，"最可笑的事情不是一向都出现在我们年老的隐士们和圣人们身上吗？

"真的，我的愚蠢在山中长高了！现在我听到六条老傻瓜的脚一个接着一个嘚嘚地奔跑！

"可是，查拉图斯特拉真有必要害怕一个影子吗？我想，他毕竟比我有着更长的脚啊。"

查拉图斯特拉如是说着，眼睛和内脏都在发笑，随即停下来，急忙转身往后看——瞧，他这一转身，几乎把他的跟随者影子撞倒在地上：这个影子是如此紧紧地跟着他的脚后跟，而且又如此虚弱[1]。因为，当他用眼睛打量这个影子时，他吓了一大跳，就像看到一个突然出现的幽灵：这个跟随者看上去是如此单薄、黝黑、空洞和老朽。

"你是谁？"查拉图斯特拉性急地问道，"你到这里干什么？你为何自称为我的影子？我不喜欢你。"

"原谅我，"影子回道，"我就是你的影子；如果你不喜欢我，好吧，哦，查拉图斯特拉！在这一点上我倒赞美你和你的良好趣味。

"我是个流浪人，已经跟在你的脚后跟后面走了很久：永远在路上，可是没有目的地，也没有家：因此，我真的跟永远流浪的犹太

---

1. 影子是他的追随者，一碰到转折点，就要跌倒。

人[1]相差无几,除了我并不永远,也不是犹太人。

"怎么?我必须永远在路上行走吗?被任何一阵风吹得团团转,不安定地被赶着走去吗?地球啊,对我来说,你是太圆了[2]!

"我已在任何表面上[3]停下过,像疲倦的尘埃一样在镜子和窗玻璃上睡过觉:众生都从我身上取去影子[4],而不给予我什么,因此我变得很单薄——我几乎像一个影子。

"可是,查拉图斯特拉啊,我已跟在你身后奔波得极久了,虽然我躲在你后面,但我是你最好的影子:凡是你坐过的地方,我也坐过。

"我跟你走过最远、最冷的世界[5],就像自愿在冬天积雪的屋顶上走着的幽灵。

"我力求跟你一起走进任何最糟最远的禁区:如果我有什么长处的话,那就是我对任何禁令都不害怕。

"跟你在一起,我打破我的内心曾经尊敬的一切,我打倒一切界石和偶像,我跟着最有危险的愿望走——真的,我曾一度不顾任何犯罪。

"跟你在一起,我忘掉对语言、价值和伟大的名字的信任。如果魔鬼脱了一层皮,他的名字不也就脱落掉吗?因为名字也就是外表的皮。魔鬼本身也许就是——皮[6]。

---

1. 传说中的鞋匠亚哈随鲁,在耶稣背着十字架走往刑场时,不让他在门口休息,反加以嘲骂,被罚在世间永远流浪。
2. 我不得不永远流浪,到处都没有我踏脚休息的地方。只能一路滑过去。
3. 停留在各种思想的表面上。
4. 追赶任何的思潮和现象,消耗掉我的精力。
5. 抽象的形而上学的世界,怀疑、否定、冷酷的世界,思考世界的极地。
6. 向来被看作恶的东西,如果它的实体得到正确的认识,就不会说它是恶。恶不过是被偏见包着的称呼。世人所说的恶,从其实体观之,不过是外表的皮而已。

"'没有什么可称为真正的,一切都是可以允许的'[1]:我如是对自己说。我跳进最冷的水中,头和心一齐进去。唉,为此我是多么常常地像红螃蟹一样一丝不挂地站在那里!

"唉,我的一切善、一切羞耻,对于善人的一切信仰都到哪里去了!唉,我从前所拥有的虚假的天真,善人和他们的高贵的谎言的天真都到哪里去了[2]!

"真的,我是过于经常地紧跟在真理的脚后面:这时,真理就会踢着我的头。有时我想说谎,瞧!这时我才撞上——真理。

"太多的事情明明白白地摆在我面前:现在我对什么都不再关心。我所爱的已无一存在——我怎能还爱我自己呢?

"'我感到有兴趣,就活下去,否则就完全不活下去':这是我所要的,也是至圣之人所要的。可是,唉!我怎会还有——兴趣呢?

"我还有——目的地吗?我的帆船要向那边驶去的港口吗?

"还有好风向吗?唉,只有知道驶往何处去的人,才知道什么风向是好的,是他的顺风。

"留给我的还有什么?一颗疲累而狂妄的心;一个不安定的意志;扑扑的翅膀;一根折断的脊梁骨。

"这种对于我的故乡的寻找:哦,查拉图斯特拉,你知道得很清楚,这种寻找是我的不幸,它把我累垮。

"何处是——我的故乡?我打听而寻找,我寻找过,却没有找到它。哦,永远的到处可寻,哦,永远的无处可寻,哦,永远的——

---

[1] 因为道德是相对的。

[2] 我把从小受教育的正统的道德观都抛弃了。这里所列举的,都是日常的善良的社会所具有的信仰、传统和惯习。生活在其中的人,不把谎言当谎言,反而当作高尚的思想,天真地说出口。

徒劳!"

影子如是说,查拉图斯特拉听罢,面带愁容。"你是我的影子!"最后,他忧伤地说道。

"你的危险真不小,你这位自由的精神和流浪者!你有过一个不幸的白天:注意别让再来一个更不幸的夜晚!

"对于像你这样不安定的人,最后会觉得待在监牢里倒是大幸。你可曾见过被囚禁的罪犯的睡觉样子?他们睡得安稳,他们享受他们的新的安全感。

"当心,不要到最后再让一个褊狭的信念逮住你,一个严酷无情的妄想!因为,从现在起会有任何一种褊狭而坚定的思想诱惑你和试探你。

"你失去了目标:可怜,你对这种损失将怎样付之一笑而克服你的痛苦呢?你也就此——失去你该走的道路了!

"你这个可怜的流浪者、漫游者,你这倦飞的蝴蝶!你今晚不想有个休息的住处吗?那就上山到我的山洞里去!

"那边上去就是通往我的山洞的道路。现在我要赶快再跟你分手。我好像已被一个影子似的东西缠住。

"我想独自前往,好让我的周围再明亮起来。因为我还得高高兴兴地跑腿走很长的路哩。不过到晚上会在我的洞中——一起跳舞!"——

查拉图斯特拉如是说。

正午[1]

——查拉图斯特拉继续奔波,没有再看到任何人,只是独自一人,看到的总是只有自己,他体尝孤独的滋味,向好的方面着想,——这样过了几小时。可是,到了正午时分,当太阳正好照在查拉图斯特拉的头上时,他走过一棵弯曲而多节疤的老树,这棵树被一棵葡萄树的丰富的爱拥抱着,树干已被遮蔽得看不清楚:一串串密集的黄色的葡萄房从那里高悬着,正好迎面对着这位行路人。这时,他颇想解决小小的一点口渴,去摘下一串葡萄;可是,当他已经伸出手时,他又突然想到一些更重要的其他事情:也就是:在这完全正午的时刻,在这棵老树的旁边躺下身来睡他一觉。

查拉图斯特拉就照此行事;他一躺到地上,躺到各色草花的静寂和神秘之中,他就已经忘掉小小的口渴而入睡。因为,正如查拉图斯特拉的箴言所说:有一件事比另一件更需要[2]。只是他的眼睛睁着[3]——因为它们毫不厌倦地看着而且赞叹那棵老树和葡萄藤对老树的爱慕。可是,查拉图斯特拉在睡梦中对他的内心如是说道:

"安静!安静!世界不是正好变得完美了吗?我却发生了何事?

"就像一阵和风,看它不到,在平滑的海面上跳舞,很轻,轻如羽毛:就像这样——睡魔在我的身体上跳舞。

"他不闭上我的眼睛,他让我的灵魂清醒。他很轻,真的!轻如

---

1. 查拉图斯特拉在山路上行走,寻找发出求救呼声的高人,但未找到。不久,正午到了,他在预感到世界之完成的幸福情绪中午睡,在幻想中暂时欣慰于天地自我融合的、泛神的境地。

2.《新约·路加福音》10:41:"你为许多的事思虑烦扰,但是不可少的只有一件。"较之焦心的渴望,为了成熟而准备休息是必要的。本处所说的更需要的大事就是睡觉。

3. 以下的幻想是在半醒半睡的状态中开始的。

羽毛。

"他劝说我,我不知道如何是好!他用柔媚的手在我的内部轻轻地拍我,他逼我听从。是的,他逼我听从,使我的灵魂伸直身子:——

"——她是怎样伸长了身子躺着,精疲力竭啊,我的奇妙的灵魂!正好在这正午时刻,到了她的第七天[1]的晚上吗?她是在很好的、成熟的事物之间已经幸运地走得太久了吗?

"她长长地伸直了身子,伸长——更伸长!她静静地躺着,我的奇妙的灵魂。她已经体尝过太多的好东西,这种黄金的悲哀压迫着她,她苦得撇着嘴。

"——像一条驶进极安静的港湾的船——它现在靠近陆地,长久的旅途和不安定的海搞得它很累。陆地不是更靠得住吗?

"——像一条驶进极安静的港湾的船——它现在靠近陆地,只要一只蜘蛛从陆地上把它的丝拉送过来就够了。不需要更粗的缆绳。

"就像这样一条疲倦的船停在最安静的港湾里:我现在也是这样靠近大地休息,忠实地,信赖地,等待着,以最细的丝跟大地连接着。

"哦,幸福!哦,幸福!你想不想歌唱,哦,我的灵魂?你躺在草地上。可是现在是最神秘最庄严的时刻,没有一个牧童吹他的牧笛[2]。

"当心!炎热的正午在草地上睡觉。不要歌唱!安静!世界很

1.《旧约·创世记》2:1—2:"天地万物都造齐了。到第七日,上帝……就……歇了他一切的工,安息了。"

2. 害怕吵醒牧神潘的午睡。牧神潘有时离群索居,谁破坏他的安宁,他就使人感到失魂落魄的恐惧(英语 panic:恐慌,惊慌)。歌德的 Novelle:"古代人说,牧神潘在正午时睡觉,为了不吵醒他,整个自然都屏住气息。"现在查拉图斯特拉也像牧神潘一样在睡觉。

完美。

"不要歌唱,你这草上的鸟儿,哦,我的灵魂!连耳语也不行!瞧啊——安静!年老的正午在睡觉[1],他在扇动嘴唇:他不是正在吸啜一滴幸福的甘露——

"——古老的棕色的一滴金色的幸福甘露,金色的葡萄酒?有什么东西掠过他的脸上,他的幸福在笑。是一位神——在这样地笑。安静!——

"——'要达到幸福,不管是怎样细小的事物就足以达到幸福!'我以前曾经说过,并且认为我聪明。可是,这是一种冒渎:现在我弄清楚这点。聪明的傻子说得更高明。

"正是最细小的事,最微末的,最轻的,一条蜥蜴的窸窣声响,一丝气息,一声嘘,眼睛一瞥——最细小的可以创造出一种最高的幸福。安静!

"——我出了什么事:听!时间飞逝过去了吗?我不是掉下来了吗?我不是掉进——听!永远的井里[2]了吗?

"——我出什么事?安静!是什么刺进我的——哎哟——心里[3]?刺进心里!哦,破裂吧,破裂吧,心脏,在这样的幸福之后,在这样的一刺之后!

"——怎么?世界不是刚刚变得完美了吗?浑圆而成熟?哦,那金色的圆环——它飞向何处去?我要跟在它后面追赶!赶快!

"安静——"(这时,查拉图斯特拉伸直了身子,感到他在睡觉。)

---

1. 把正午比作牧神潘。
2. 我超越现世,仿佛融合在永远之中。
3. 幸福的刺痛。对永远回归思想的共感与喜悦。

"起来吧!"他对自己说道,"你这个睡懒觉的人!你这个中午睡懒觉的人!好吧,来吧,你这个老骨头!时间到了,时间过了,你们还有一大段路要走哩——

"现在你们睡够了,多么长久?半个永恒!好吧,现在来吧,我的老交情的心!在这样大睡之后,你要多久才能——醒透?"

(可是这时他又入睡了,他的灵魂反驳他、反抗他,又躺卧下去。)——"别管我吧[1]!安静!世界不是刚刚变得完美了吗?哦,那金色的圆球!"——

"起来,"查拉图斯特拉说道,"你这小小的窃贼,你这懒骨头!怎么?依旧在伸直身子,打呵欠,叹息,往深井里掉下去?

"你到底是谁?哦,我的灵魂!"(这时,他大吃一惊,因为有一道阳光从天而降,直射到他的脸上。)

"哦,我头上的苍天,"他叹息着说,挺直地坐起来,"你在看着我?你在听我的奇妙的灵魂说话?

"你什么时候吸啜降落到世上一切万物上面的露滴——你什么时候来吸啜我这奇妙的灵魂[2]——

"——什么时候,永恒之井啊!你这快活、可怕的正午之深渊!你什么时候把我的灵魂吸回到你的里面去?"

查拉图斯特拉如是说,并从老树旁边的睡觉处站了起来,仿佛从一种异样的醉态之中醒来一样:瞧,太阳依旧照临在他的头顶上空。可是,人们从这一点上可以有理由推断出查拉图斯特拉当时并没有睡得很久[3]。

---

1. 灵魂的回话。
2. 永远的世界什么时候吞下一切的生命,我的灵魂也回归到其中?
3. 查拉图斯特拉的睡眠,跟这段时间以内的他的思想,超过物理的时间。

欢迎会[1]

一直到午后很晚，经过长久的徒劳的寻找和奔波之后，查拉图斯特拉才回到他的山洞。可是，当他面对着山洞站下，距离不超过二十步远时，一件意想不到的事，现在发生了：他重又听到那阵大大的求救叫声。真令人吃惊！这次，叫声是从他自己的山洞里发出来的。可是，这是一种很长的、多种多样的、奇怪的叫声，查拉图斯特拉很清楚地辨别出，它是由许多声音合在一起，尽管从远处听来，它可能像是从一张唯一的嘴里叫出来的。

查拉图斯特拉于是奔向他的山洞，瞧！在这段音乐节目之后，还有什么表演节目在等待着他！因为他在白天里碰到的那些人全都一起坐在里面了：右首的君王和左首的君王、老魔术师、教皇、自愿的乞丐、影子、精神的有良心者、悲哀的预言者和驴子；那个极丑的人却戴上一顶王冠、系上两条紫色腰带——因为他像一切极丑的人那样，爱好打扮得漂亮。而在这一伙忧伤的朋友当中，站着查拉图斯特拉的鹰，竖起羽毛，急躁不安，因为它要回答许多问题，而这些问题却是它的高傲所无法作答的；而那条聪明的蛇却缠绕在它的脖子上。

查拉图斯特拉看到这一切，大为惊奇；随后，他却怀着和蔼可亲的好奇心，对每个个别的宾客进行调查，看出他们的灵魂，这又使他惊奇不已。而在此时，那些聚在一起的人都从座位上站起身来，恭恭敬敬地等待查拉图斯特拉讲话。查拉图斯特拉却如是说道：

"你们这些绝望者！你们各位奇异的人！我听到的，就是你们的

---

1. 查拉图斯特拉在山路上碰到的一切人，现在都聚集在他的山洞里。他们都是他寻找的高人。他欢迎他们。但他们并不是他要等待的人，他等待的是比他们更高的人——超人。

求救叫声吗？现在我也知道，到哪里去寻找那位，就是我今天白白寻找了一番的：高人——：

"——在我自己的山洞里就坐着那位，高人！可是，我为何要惊奇！我不是用蜂蜜供品和我的幸福之狡猾的囮子[1]呼叫把他引诱到我这里来的吗？

"可是，我看，你们聚在一起，有点不合适，你们这些发出求救叫声的人，当你们一起坐在这里时，不是使彼此心里不舒服吗？首先，必须有另一个人前来，

"——一个使你们重新笑起来的人，一个善良的快活的小丑，一个舞蹈者、吹牛者[2]和野孩子，任何一个老傻瓜[3]：——你们认为如何？

"你们这些绝望者，请原谅我当着你们的面说这些无聊的废话，确实，对你们这样的宾客很不合适！可是你们猜不到是什么使我的心如此放纵：——

"——这是由于你们本身，由于看到你们的样子，请原谅我！因为，看到一位绝望的人，人人都勇敢起来。鼓励一位绝望的人——人人都觉得自己能力胜任。

"——你们给了我这种力量——一件很好的礼物，我的高贵的宾客们！一件由客人带来的正当的礼物！好吧，我也要向你们呈上我的礼品，请不要生气。

---

1. 用已捉到的鸟把同类鸟引来，这种起引诱作用的鸟叫囮子。
2. 这里的原文为 Wind und Wildfang，各译本中均译作"一阵风"，但也似可理解为 Windfang und Wildfang，Windfang=Windbeutel，意为吹牛者、大言不惭者、豪言壮语者、自吹自擂者。
3. 我是充满快活、轻快的生命力的人，旧道德的破坏者，我来是要将你们从阴郁的绝望之中解放出来。

"这里是我的王国、我的领域:可是,凡是属于我的,在今晚今夜,也都是你们的。我的宠物要来招待你们:我的山洞就是你们的休息场所!

"住在我的家宅里,任何人都不应当绝望,在我的区域以内,我保护任何人不受野兽伤害:这是我给你们提供的第一件礼品:安全[1]!

"而第二件乃是:我的小指。你们先握住它,那就再握整个的手[2],好吧!再加上我的心!欢迎光临此地,欢迎,我的宾友们!"

查拉图斯特拉怀着友爱和恶意笑着,如是说道。在这番欢迎辞之后,他的宾客们又鞠了一下躬,然后恭恭敬敬地默不作声;可是那位右首的君王却代表大家致答词。

"哦,查拉图斯特拉,你这样向我们呈出你的手和欢迎辞,我们认出你是真正的查拉图斯特拉。你在我们的面前自卑了;差不多有损于我们的敬意——:

"——可是有谁能像你这样屈尊自卑呢?此事鼓舞了我们自己,使我们的眼睛和心感到神清气爽。

"单单看到此事,我们就情愿攀登上比这座山更高的山。因为我们是作为爱好猎奇者而来的,我们要看看能使昏花的眼睛明亮起来的东西。

"瞧,我们发出的一切求救叫声已经过去了。我们的感觉和内心已豁然开朗、怡然自得了。差一点点:我们的心情就变得放肆起

---

1. 既然进入我的世界,就不让你们受到虚无、绝望的侵犯。
2. 德文成语:给他一根小指,他就要你的整只手,比喻得寸进尺。此处反其意而用之:我给你一寸,你就获得一尺。我给你们指导,如果你们把握住其中之一,我就会把一切都交给你们,表示衷心欢迎之意。

来了。

"哦,查拉图斯特拉,地上生长的任何东西没有比一个又高又强的意志更加喜人的:它是地上最美的植物。有一棵这样的树,就使全部风景生气勃勃。

"哦,查拉图斯特拉,像你一样生长起来的人,我要把他比作伞松:高大、沉默、坚强、孤立,最好最柔韧的木材,壮丽,——

"——而到最后,伸出强有力的绿枝,圈起它的统治领域,向风和雷雨以及一向栖息在高山上者提出激烈的问题,

"——又更加激烈地回答问题,真是个指挥者,常胜者:哦,有谁不要登上这座高山来看看这样的植物呢?

"在这里看到你的树,哦,查拉图斯特拉,阴郁的人,未获成功的人也会感到精神振作,看到你,不安定的人也会有了自信,定下心来。

"确实,今天有许多眼睛都向着你的山和树;一种大大的憧憬已经开始,许多人都学会了打听:查拉图斯特拉是谁?

"你曾把你的歌和蜂蜜滴到他们耳中的那些人:所有躲藏起来的人,单独隐居的人,双双隐居的人,都突然对他们的内心说:

"'查拉图斯特拉还活着吗?除非我们一定跟查拉图斯特拉一起活着,活着就不再有什么意义,一切都是一样,一切都是空的!'

"'他已预告了这么久,为什么还不来?'许多人这样发问,'是孤独把他吞掉了?还是也许我们应该亲自到他那里去?'

"现在的情况是,孤独本身已变得熟软而破裂,就像坟墓那样裂开,再也不能保存住墓中的尸体。到处都看到复活者[1]。

---

1. 人人的孤独都成熟透了,裂了开来,把包裹在其中的人们弹了出来,他们都朝你这里走来找你。坟墓是由人们的新生(复活)而起的联想,并且联想到耶稣的复活。《新约·马太福音》27:52—53:"坟墓自开,许多长眠的圣者的身体复活了。在耶稣复活后,他们由坟墓出来,进入圣城,发显给许多人。"

"现在在你的高山四周,波浪已汹涌得越来越高,哦,查拉图斯特拉。不管你的山顶有多高,许多波浪一定会升到你那里去;你的船再也不能久停在干燥的土地上了。

"我们绝望之人现在来到你的山洞而且已经不再绝望:这只是一种象征和预兆,说明比我们更高的高人们已经走在路上,要来拜访你了——

"——因为他本人正走在路上,要来拜访你,就是在世人之中、神的最后的幸存者,也就是:怀着大渴望、大恶心、大厌恶的一切世人,

"——一切不愿再活下去的人,除非他们学会再抱有希望——除非他们从你,哦,查拉图斯特拉,学到了伟大的希望!"

右首的君王如是说,他抓住查拉图斯特拉的手,要去吻它;可是查拉图斯特拉拒绝接受他的尊敬,大吃一惊地退后,默然无语而且突然间,就像逃到很远的地方一样骋其遐思。可是一会儿之后,他的心又回到客人们中间,他用澄明、审视的眼光望着他们说道:

"我的客人们,你们这些高人,我要用德语明确地对你们说。我在这座山中等待的并不是你们。"

"用德语明确地[1]?愿上帝见怜!"这时,左首的君王旁白说道,"看得出,他不了解德国人,这位来自东方的贤人[2]!

"不过,他的意思是'用德语粗鲁地'——好吧!这还不是目前最不愉快的趣味[3]!"

---

1. 德文中的 deutsch 有两种不同的意思,如 auf deutsch, mit Jmdm.deutsch reden,意为明确、坦率地说。但此词又指德国人的负面的特性:粗鲁、笨拙。故左首君王有此曲解。

2. 查拉图斯特拉是波斯人。

3. 德国人坦率露骨地说话,在今天这个柔弱的时代,并不是坏事。现代德国事物的一般趣味还更加低级。

"确实,你们可能全都是高人,"查拉图斯特拉继续说道,"可是对我来说——你们都不够高、不够强。

"对于我,也就是说:对于在我心中沉默不语,但不会总是沉默不语的这种毫不留情的脾气来说。即使你们都是我的下属,但还不是我的右手。

"因为一个靠病弱的脚站立的人,像你们这样,不管他知道或是佯装不知道,他特别想受到照顾。

"可是我对我的手臂和脚并不照顾,我对我的战士们并不照顾[1],你们怎么能适宜于我的战斗呢?

"跟你们一起战斗,还会使我的任何胜利都要泡汤。你们当中的许多人,只要他一听到我的战鼓咚咚敲响,他就会昏倒。

"还有,我看你们也不够漂亮[2],出身不够高贵[3]。对于我的教导,需要有纯净平滑的镜子;在你们的表面上,我自己的肖像也要映得走样了。

"有许多重担、许多回忆压在你们的肩上;许多丑陋的侏儒蜷缩在你们的角落里。在你们的内心里也有躲藏着的贱民。

"尽管你们是高级和较高的族类:但你们身心的许多部分存在着弯曲和畸形。世界上没有任何铁匠能替我将你们敲直和矫正。

"你们只是桥梁:但愿更高的人踏在你们身上走过去!你们具有阶梯的意义:不要怪怨从你们身上拾级而上、爬到他的高层的人!

"有一天也许会由你们的种子给我生长出真正的儿子和完美的后

---

1. 第一部《战斗与战士》:"我不照顾你们……我的战友们!"
2. 第二部《崇高的人们》:"崇高的人,有一天你也应当变得美丽。"高人们当中还有"极丑的人"。
3. 第四部《跟君王们对话》:"尽管他们早就自称为'贵族'。可是在他们那里,一切都是虚伪和腐朽。"

继者：可是那样的日子还很远。你们本人不是继承我的遗产和名字的人。

"我在这里的山上等待的不是你们，我不能跟你们一起，最后一次下山。你们的到来只不过是预兆，表示更高的人已经走在半路上要来拜访我，——

"——你们不是怀着大渴望、大恶心、大厌恶的人，不是你们称之为神的幸存者的人。

"——不是！不是！三遍不是！我在这里山上等待的是另外其他的人，没有他们，我不愿举步离开这里，

"——我等待更高的人，更强的人，更坚信胜利的人，更快活的人，肉体和灵魂都被造得方方正正的这种人：大笑的狮子一定会来！

"哦，我的宾朋们，你们这些奇妙的人——关于我的孩子们，你们还没有听到什么？还没有听到他们已经走在半路上要来拜访我？

"跟我谈谈我的园子，我的幸福岛[1]，我的新的漂亮的种族——你们为什么不跟我谈谈这些？

"我从你们的厚爱所企盼的宾客带来的礼品就是要你们跟我谈谈我的孩子们。有了他们，我是富有的，为了他们，我从前是贫穷的，我有什么没有施与出去呢？

"——我有什么没有施与出去，就为了拥有这一样：这些孩子，这些生气勃勃的栽培植物，我的意志和我的最高希望的这些生命之树！"

查拉图斯特拉如是说，说到半当中又突然停止：因为他的憧憬

---

1. 园子和幸福岛是站在查拉图斯特拉培育子孙的立场上说的。你们（高人们）所谈的只是你们的绝望和摆脱绝望的问题，却不把人类全体的向上问题放在心里。

向他袭来，他的心激动得不由闭上眼睛和嘴。他的宾客们也全都默不作声，惊慌失措地静静地站着；只有那位老预言家用双手和表情做出表示。

晚餐[1]

因为在这个当儿预言者打断了查拉图斯特拉和他的客人们的交谈：他挤上前去，就像一个等不及的人，抓住查拉图斯特拉的手叫道："可是查拉图斯特拉！

"有一件事比另一件更需要[2]，这是你自己说的：好吧，现在有一件事对于我比其他一切事更需要。

"说一句正及时的话：你不是请我来吃饭的吗？这里有许多远道而来的人，你总不会用空言来敷衍我们吧？

"还有，你对于一切事情已经想得太多，什么冻死、淹死、闷死以及其他的肉体困苦状态：但是没有人想到我的困苦状态，就是饿得要死的困苦——"

（预言者如是说；可是当查拉图斯特拉的宠物听到此言，都吓得跑开了。因为它们看到它们在白天带回来的东西，都不够塞饱预言者一个人的肚子。）

"还要包括渴死，"预言者继续说，"虽然我在这里已听到淙淙

---

1. 戏拟耶稣被钉十字架前夕和十二使徒举行的最后晚餐。查拉图斯特拉也和他的众位宾客（高人）举行晚餐。耶稣在最后晚餐时拿起饼和葡萄汁祝祷后分给门徒，说："这是我的身体和血。"在本章中预言者也要求供应葡萄酒和面包。本章为全书中最富于幽默感的一章。

2. 参看第四部《正午》："有一件事比另一件更需要。"该处指睡觉。此处指喝葡萄酒和吃饱肚子。

的流水声音,就像智慧的语言,也就是说滔滔不绝,毫无倦意:但我——要的是葡萄酒!

"不是每个人都像查拉图斯特拉这样,是个天生的喝水者[1]。对于疲劳和憔悴的人,水也没有用处:我们应当喝葡萄酒——只有它才能给我们一下子复原和马上的健康!"

趁着预言者想喝葡萄酒的当儿,一向沉默的左首的君王获得一次发言的机会。"关于葡萄酒,"他说道,"我们已办妥了,我和我的兄长,右首的君王:我们备好足够的葡萄酒——一匹驴子全驮的是酒。因此缺少的只是面包。"

"面包吗?"查拉图斯特拉笑着回答道,"隐士们没有的正是面包。可是人活着,不是单靠面包[2],而且也靠善良的羔羊的肉,我倒有两匹羔羊:

"——我们要赶快把它们宰掉,加点紫苏[3],烧得好吃点:我很爱吃。草根和树果也有的是,对于任何美食家也足够了;此外还有需要打开的胡桃和别的谜团。

"这样,我们希望不久就会做出一顿美餐。可是,想要跟我们共进晚餐的人,也都得动手,君王们也不例外。因为,在查拉图斯特拉这里,君王也要当厨子。"

这个提议获得大家由衷的赞成,只有那个自愿的乞丐反对吃肉、喝酒和使用香料。

"现在听听这位美食家查拉图斯特拉所讲的话吧!"他开玩笑

---

1. 尼采不喝酒。
2. 《新约·马太福音》4:4:"他(耶稣)回答说:'经上记载:"人生活不只靠饼,而也靠天主口中所发的一切言语。"'"
3. 紫苏,又称洋苏,为鼠尾草属植物。旧时也有将此词(Salbei)译为藿香、薄荷、荆芥者。

地说道,"我们来到这座高山上的山洞里,就是为了吃上这一顿美餐吗?

"现在我确实了解他曾经教导我们的那句话了:'小小的贫困是值得赞美的[1]!'以及为什么他要把乞丐都赶跑[2]。"

"高兴起来吧,"查拉图斯特拉回答他,"像我这样。按照你的习惯吧,你这位优秀的人,嚼你的谷粒,喝你的水,赞扬你的菜肴:只要它们使你快乐!

"我只是作为属于我的那些人的准则,我不是作为一切人的准则。可是,属于我的人,就必须有强健的骨头和轻捷的脚,——

"——高高兴兴去战斗,去赴宴,不做忧郁的人,不做梦想的人,准备应付至难之事就像去赴宴一样,要健康而完好。

"最好的一切属于我的下属和我;如果不给我们,我们就夺取:最好的食物,最纯净的天空,最强的思想,最漂亮的女人[3]!"——

查拉图斯特拉如是说;可是右首的君王回答道:"真稀奇!可曾有人从一位贤人的口中听到过这样明智的说话?

"真的,一位贤人,除了是贤人以外,还如此聪明而不是一匹驴子,确是最稀奇的事。"

右首的君王如是说,非常惊奇;可是,驴子却对他的话恶意地报以咿——呀的鸣叫。而这就是那场长长的宴会的开始,在史书中称之为"晚餐"。在这场宴会上所谈的,除了高人以外,别无其他话题。

---

1. 参看第一部《新的偶像》:"小小的贫困是值得赞美的!"
2. 第二部《同情者》:"乞丐们,应被完全清除!"
3. 反禁欲的强者的态度,跟乞丐的禁欲主义相反。

高人 [1]

1

当我第一次走向世人时,我干了隐士的蠢事,大大的蠢事:我置身在市场上。

当我对一切人说话时,等于没有对什么人说话。可是每天晚上,只有走钢丝者和尸体跟我做伴[2];我自己也差不多是一具尸体。

可是,随着新的早晨来临,一种新的真理也出现在我的面前:这时,我学会了说:"市场、群氓、群氓的吵吵闹闹和群氓的长耳朵跟我有什么相干!"

众位高人,此事要向我学习:在市场上没有人相信高人。如果你们要在那里说话,好吧!可是群氓会眨眨眼睛说:"我们大家一律平等。"

"众位高人,"——群氓这样眨眨眼睛——"没有什么高人,我们大家一律平等,人就是人,在上帝面前——我们一律平等!"

在上帝面前!——可是现在这位上帝死掉了。但在群氓面前,我们不愿平等。众位高人,离开市场而去吧!

2

在上帝面前!——可是现在这位上帝死掉了!众位高人,这位

---

1. 有关高人的说教的汇总。
2. 第一部《查拉图斯特拉的前言》前6节以下。

上帝曾是你们的最大的危险。

自从他躺进了坟墓，你们才又得以复活。只有现在，伟大的正午才开始来到，只有现在，高人们才成为——主上！

你们明白了这句话吗，哦，我的弟兄们？你们感到惊讶：你们的心脏眩晕了？这里，深渊对你们张开了大口吗？这里，地狱之犬向你们狂吠了吗？

好吧！来吧！众位高人！只有现在，人类未来的大山才出现阵痛[1]。上帝死掉了：我们现在希望——超人万岁。

3

最担心的人们今天在问："人如何得以保存？"可是，查拉图斯特拉却是第一个唯一的人要问："人如何才被克服？"

我心目中只有超人，他是我所关心的第一位和唯一的人——不是世人，不是邻人，不是最贫困的人，不是最受苦的人，不是最善良的人。——

哦，我的弟兄们，我对世人能发出爱心的，乃是由于他是一种过渡和一种没落[2]。在你们身上也有许多使我喜爱和希望之处。

众位高人，你们懂得蔑视，这就使我抱有希望。因为，大大的蔑视者就是大大的尊敬者[3]。

---

1. 德文成语：大山阵痛（临盆），生了个老鼠。斯巴达王阿革西拉俄斯带兵援助埃及，法老见他身材矮小，说道："大山怀孕了，宙斯很吃惊，但大山生了个老鼠。"后者回道："你把我当作老鼠，但总有一天，你会把我看成狮子的。"此处戏用此成语，希望人类未来的大山生出超人。

2. 第一部《查拉图斯特拉的前言》第4节："人之所以可爱，乃在于他是过渡和没落。"

3. 第一部《查拉图斯特拉的前言》第4节："我爱那些大大的蔑视者，因为他们是大大的尊敬者。"因为尊敬伟大，故蔑视渺小，他们是崇高价值的崇拜者。

你们陷于绝望,这一点是值得大可尊敬的。因为你们没有学会听天由命,你们没有学会小聪明。

因为现在小人物成为主人:他们全都宣传听天由命、谦虚、聪明、勤勉、考虑以及诸如此类的小小的美德。

凡是女人气的、从奴隶根性特别是从群氓大杂烩发生的:这些,现在都想要成为一切世人命运之主——哦,恶心!恶心!恶心!

此事问了又问,不知疲倦:"人如何可以保存得最好、最长久、最舒适?"以便——让他们成为今天的主人。

给我克服这些今天的主人,哦,我的弟兄们——这些小人物:他们是威胁超人的最大的危险!

众位高人,给我克服这些小小的美德,这些小聪明,这些沙粒一样的考虑,蚂蚁一样的蠢动,可怜的舒适,"大多数人的幸福[1]"——!

与其听天由命,倒不如绝望。确实,众位高人,由于你们今天不知道如何生活,所以我爱你们!正因如此,你们生活得——最好!

4

你们有勇气吗,哦,我的弟兄们?你们胆大吗?不是在证人面前的勇气,而是任何神也不再正视他们的那种隐士的勇气、鹰的勇气?

---

[1]. 英国哲学家、功利主义理论的创始人边沁认为社会行动的根本原理应该是谋求"最大多数人的最大幸福"。

冷酷的人，像骡子一样的人，盲人，醉鬼[1]，我不说他们胆大。胆大的人乃是知道恐惧，却能克服恐惧的人；看到深渊，却能昂然傲视的人。

看到深渊，却以鹰的眼光看它的人，——以鹰的利爪抓住深渊的人：这种人才有勇气。

5

"人性本恶[2]。"——一切大贤如是说，以安慰我。啊，如果在今天，此话还是真实不虚，那就好了！因为，恶是世人的无上的力量[3]。

"世人必须变得更善和更恶[4]。"——这是我的教言。为了达到超人的至善，至恶是必要的。

对于那位面向小人物的说教者[5]，他由于世人的罪而苦恼，并且担当世人的罪[6]，这可能是好事。可是我却把大大的罪看成我的大大的安慰而欣喜。

不过，这句话不是对长耳[7]说的。不是每句话都适合于每一张嘴。这是微妙而遥远的东西，羊脚爪应当是抓它不住的。

---

1. 自私自利者，愚钝者，盲目者，一时的激动者。
2. 第三部《古老的法版和新的法版》第22节："他们是从事劫掠的猛兽。"
3. 第三部《康复者》第2节："人的一切至恶，乃是人的无上的力量。"
4. 第三部《康复者》第2节："人必须变得更善和更恶。"
5. 耶稣。
6.《旧约·以赛亚书》53：12："他却担当多人的罪。"耶稣说教的罪，相当于查拉图斯特拉常说的恶。
7. 驴耳——愚众之耳。

6

众位高人,你们以为我在这里是要把你们做糟了的事加以纠正吗?

或者以为我在今后要让你们这些受苦者睡得更舒服些吗?或者要给你们这些不定心者、迷途者、爬错山者指点新的、更容易行走的步行小路吗?

不是!不是!三遍不是!你们这种人之中,应当有越来越多、越来越善良的人走向灭亡——因为你们的路应当走得越来越险恶,越来越艰难。只有这种人——

——只有住在闪电能击中他、击碎他的高处的人才能生长:高得足以接近闪电!

我的心思和我的憧憬向着少数的、长久的、遥远的事物:你们的小小的、许多的、短期的苦难跟我何干!

我看你们受苦得还不够!因为你们是因你们自己受苦受难,你们还没有因世人受苦受难[1]。你们如有异议,那就是说谎!你们全都没受过我受过的苦。——

7

闪电不再伤害我,我还觉得不满足。我不想用避雷针把它引开:它应当学会为我——工作。——

我的智慧已经很久地像云一样聚集,它将越来越静默,越来

---

1. 高人跟查拉图斯特拉相异之处,即在此句。这是查拉图斯特拉精神的精髓。

黑暗。有一天应当发出闪电的智慧都是如此。——

我不想做今天这些世人的光[1]，也不愿被称为光。他们——我要使他们眼睛发花。我的智慧之闪电啊！把他们的眼睛挖出来！

8

不要想做超过你们的能力的事：想做超过自己能力的事的人，有着恶劣的弄虚作假。

特别是当他们想做伟大事业的时候！因为他们会唤起对于伟大事业的不信任[2]，这些巧妙的伪币制造者和戏子：——

——直到最后，他们自己欺骗自己，斜着眼睛偷看，露出粉饰过的蛀洞，他们以夸张的语言、挂招牌的美德、上光的骗人的事业进行遮羞。

对这种事要好好地当心，众位高人！因为在今天，我看没有什么比诚实更为可贵和稀罕的了。

今天不是群氓的天下吗？可是群氓不知道什么是伟大，什么是渺小，什么是正直，什么是诚实：他们无辜地歪曲，他们总是说谎。

9

今天要抱着大大的不信任感，众位高人，你们这些有勇气的人！你们这些襟怀坦荡的人！不要说出你们的理由！因为今天是群氓的

1.《新约·约翰福音》8：12："耶稣又对众人说：'我是世界的光。……'"
2.能力不够的人一插手，伟大事业本身的价值和可能性就会受人怀疑。

天下。

群氓曾经毫无理由地相信的事,谁能毫无理由地将它——推翻呢?

在广场上用手势可以使人深信。可是理由却使群氓不信任。

如果在广场上真理一度获胜,那就抱着大大的不信任感问你们自己:"是什么强力的谬见为真理斗争呢?"

对学者们也要当心! 他们憎恶你们:因为他们是不生产的! 他们有着冷酷的干瘪的眼睛,在他们面前,任何鸟儿都脱落掉羽毛躺在地上[1]。

这样的人以自己不说谎炫耀自己:可是无力说谎跟爱好真理还有很大的距离。你们要当心!

脱离发烧还远不是认识! 我不相信冷却的心灵。不能说谎的人,也不知道什么是真理。

10

如果你要登上高处,就用你自己的脚吧! 不要让他人把你背上去,也不要骑在他人的背上和头上[2]!

可是,你跨上马背了吗? 你现在急急忙忙地骑马向你的目标奔驰过去吗? 好吧,我的朋友! 可是你的跛足也跟你一起骑在马上奔驰!

当你到达目的地,当你跳下马时:就在你的高山上,你这位高

---

1. 学者的眼睛,由于分析,夺去一切对象的生命和美。
2. 不要借助他人的执行力和思考力。

人啊——你还会绊倒!

11

你们这些创造者,你们这些高人!人们只能为自己的孩子怀孕。

什么事都不要受人蒙骗,被人说服!你们的邻人到底是什么人呢?即使你们"为邻人"尽力——你们也不会为他创造出什么!

把这个"为了"给我忘掉吧,你们这些创造者:恰恰是你们的创造美德要求你们不要借口"为了""由于""因为"干任何事情。你们应当塞住耳朵不听这些骗人的平凡的话。

"为了邻人"只是小人物的美德:也就是所说的什么"互相照顾"和"互相帮忙"——他们不具有你们所抱的自私自利的权利和力量。

你们这些创造者,在你们的自私自利中有着怀孕者的谨慎和预见!还没有人能用眼睛看到的那个果实:由你们的全部的爱将它保护、爱护和养育。

在你们全部的爱所在之处,在你们的孩子身边,那里也有你们的全部美德存在!你们的事业,你们的意志,就是你们的邻人:不要让任何骗人的价值说服你们!

12

你们这些创造者,你们这些高人!不得不生孩子的人,她就生病了;可是,生过以后,她就不洁净。

去问问女人:生孩子并不是为了快乐。痛苦使母鸡和诗人咯咯啼叫[1]。

你们这些创造者,你们身上有许多不洁净。这使得你们不得不当母亲。

一个新生儿:哦,有多少新的脏东西也随之而来到世界上!走到一边去!生过孩子,应当把灵魂洗干净[2]!

13

不要做超过你们的实力的有德之士!不要要求你们干任何不可能的事!

踏着你们祖先的德性已经留下的脚印走去吧[3]!不是你们祖先的意志跟你们一同攀登的路,你们怎能想高高地登上去呢?

要做长子的人,当心不要也做末代子孙[4]!在你们的祖先有缺德之处,你们不要想在其中找到有什么具有圣人的意义。

一个人的祖先爱好女人、烈酒和野猪肉,如果他要求自己保持贞洁,那怎么行呢?

这岂不是一个傻念头!真的,我想,对于这种人,如果他是一个,或者两个,或者三个女人的丈夫[5],那可就太傻了。

---

1. 钱锺书《诗可以怨》:"尼采曾把母鸡下蛋的啼叫和诗人的歌唱相提并论,说都是'痛苦使然'(Der Schmerz macht Huhner und Dichter gackern)。这个家常而生动的比拟也恰恰符合中国文艺传统里一个流行的意见:苦痛比快乐更能产生诗歌,好诗主要是不愉快、烦恼或'穷愁'的表现和发泄。"
2. 将创造比作伴有痛苦和不洁物的生孩子。创造时,精神疲劳困苦,常有精神污物的副产物,应加以洗干净,恢复精神的健康。
3. 特别是你的性的道德性,你的祖先的影响很大。要超出祖先的道德性乃是至难之事。
4. 要做长子(良好的继承人),不可做种族的最末一代。
5. 像东方的一夫多妻者那样的人,要奉行禁欲,保持贞洁,那可是傻事。

如果他建立修道院，在院门上写着"通往圣人之路"——我可要说：干什么！这是一件新的蠢事！

他为自己建立了一座监牢和避难所：对他倒很合宜！可是我不相信。

人们带进孤独里去的东西，会在孤独之中成长，内心之兽[1]也是如此。因此，对于大多数人，不宜劝他过孤独的生活。

在大地上，直到现在，可曾有过比沙漠中的圣徒更加不洁净的吗？在他们四周出没的不仅有魔鬼——还有猪猡[2]。

14

恐惧、羞愧、拙劣，像一只老虎，没有跳成功：就像这样，你们这些高人啊，我常看到你们偷偷地走向一边：掷骰子输掉了[3]。

可是，你们掷骰子赌博的人，这有什么关系！你们没有学好赌博和嘲笑之道，没有学会应当怎样赌博和嘲笑[4]！我们不是经常坐在进行赌博和嘲笑的一张大桌子旁边吗？

如果你们干的大事失败了，是否可以说你们自己——失败了？如果你们自己失败了，是否可以说——人类失败了？可是，如果人类失败了：好吧！来吧！

---

1. 参看以下的《学问》章。
2. 在孤独之中，肉欲及心中的各种杂念将会萌生。圣徒传说中其例甚多。具有代表性的是"圣安东尼的诱惑"（福楼拜的小说，格吕内瓦尔德的绘画）。他在尼罗河和红海之间的沙漠地带隐居四十五年，受到魔鬼的诱惑。后成为家畜和猪饲养者的主保圣人。
3. 人生在世就像面对着很大的赌台一样。你们要干大事，失败了，就意气沮丧。
4. 嘲笑：不得不面对胜败。

15

素质越高的人，做事做成功者越少。这里，你们这些高人啊，你们不是全都——失败了吗？

满怀信心吧，这有什么关系！可能的事还有许多哩！学会嘲笑你们自己吧，人们应当嘲笑！

你们一半失败，一半成功，这有什么奇怪，你们这些一半垮掉的人！在你们的心中不是推推挤挤着——人类的未来吗？

人类的至远、至深、像星星一样至高，那种巨大的力量：不是在你的壶中相互碰撞得冒起泡沫吗？

许多的壶碰碎了，有什么奇怪！学会嘲笑你们自己吧，人们应当嘲笑！众位高人啊，哦，可能的事还有许多哩！

真的，已经有多少办成功的事！在这个大地上，小小的、出色的、完美的、办成功的事是多么丰富！

将小小的、出色的、完美的事放在你们的周围吧，众位高人！它们的金色的成熟治好人心。完美的事教人抱着希望。

16

在这个大地上，至今最大的罪恶是什么？不是说此言的那个人？他说过："你们现今欢笑的是有祸的[1]！"

是他自己在这个大地上没有找到可以让人欢笑的理由吗？如果是

1.《新约·路加福音》6：25："(耶稣对门徒说：)你们现今饱饫的是有祸的，因为你们将要饥饿。你们现今欢笑的是有祸的，因为你们将要哀恸哭泣。"(《山中圣训：真福与真祸》)耶稣传播的厌世观，他把现世看作流泪谷。

这样，这只是由于他不善于寻找。一个小孩子也会在这里找到理由。

他——爱得不够：否则他就会也爱我们，这些欢笑的人！可是他憎恨我们，嘲笑我们，他预示我们要哀号切齿[1]。

人不能爱，就应当立即诅咒吗？此事——依我看来，乃是一种不良的趣味。可是他这样做了，这位绝对者[2]。他是出身于群氓中的人。

他只是自己爱得不够：否则，他就不会因人们不爱他而生气。一切伟大的爱并不要求他人的爱——他的爱有更多的要求[3]。

避开这样的一切绝对者！这种人是一种可怜的有病的族类，一种群氓的族类：他们怀着恶意观看人生，他们对这个大地露出邪恶的眼光。

避开这样的一切绝对者！他们有着沉重的脚和沉闷的心——他们不懂得怎样跳舞，大地对于这样的人怎会轻松！

17[4]

一切良好的事物都是绕着弯路走近它们的目标。它们像拱起背部的猫，对临近的幸福发出呜呜的叫声——一切良好的事物都发出欢笑[5]。

1.《新约·马太福音》8：12："惟有本国的子民，竟被赶到外边黑暗里去，在那里必要哀哭切齿了。"基督教的另一方面是敌意和诅咒。
2. 像专制君主那样要求有绝对的命令权者。
3. 例如，要求对方的成长和向上。
4. 基督教的道德把悲哀和受苦当作神圣，而查拉图斯特拉则把生命的欢乐当作神圣。
5. 从游戏的精神方面进行观察。跟功利的、直线的目的追求有所不同。在欢笑中可以干出好事来。

从一个人的步伐可以看出他是否已经走上他自己的道路:看看我怎样走路!可是,走近自己的目标的人,他就跳起舞来。

真的,我没有成为直立雕像,我也没有像一根柱子,呆板的无感觉的石头柱子竖在这里;我喜欢快步飞跑。

虽然在大地上也有沼泽和浓厚的痛苦的事情:捷足的人却会越过泥浆,并且像在擦得光滑的溜冰场上跳舞。

我的弟兄们,昂起你们的胸膛吧,高些!更高些!也不要忘记你们的脚!也提起你们的脚吧,你们这些出色的舞蹈者,如果你们也会头手倒立,那就更好了[1]!

18

这顶欢笑者的王冠啊,这顶玫瑰花环的王冠啊:我自己给自己戴上这顶王冠[2],我自己给我的欢笑祝圣。今天我还没有看到任何其他人有干此事的足够的魄力。

舞蹈者查拉图斯特拉,用翅膀招呼的轻捷者查拉图斯特拉,招呼所有的禽鸟做好准备、决心飞翔者,一个陶醉于幸福的放浪者:

预言者查拉图斯特拉,欢笑的预言者查拉图斯特拉,不是脾气急躁的人,也不是绝对者,他爱好跳跃和横跳;我自己给自己戴上这顶王冠!

---

1. 头手倒立乃是重压之否定。第三部《古老的法版和新的法版》第23节:男性和女性"两者都有用头和脚跳舞的本事"。

2. 与耶稣在临刑前戴荆冠(《新约·马太福音》27:29"又用荆棘编了一个茨冠,戴在他头上")相对应,查拉图斯特拉却欢笑地戴上一顶玫瑰王冠。"我自己给自己戴上这顶王冠"影射拿破仑自己加冕称帝,不求助于教皇。

19

我的弟兄们，昂起你们的胸膛吧，高些！更高些！也不要忘记你们的脚！也提起你们的脚吧，你们这些出色的舞蹈者，如果你们也会头手倒立，那就更好了！

也有些即使在幸福之中还显得笨重的动物，也有从生出来就是腿脚笨拙者。他像一头大象，拼命要做头手倒立的动作，那种拼命的样子真有点奇妙。

但是，面对幸福而显得傻里傻气，比面对不幸而显得傻里傻气还要略胜一筹，笨拙地舞蹈总胜于一瘸一拐地行走。因此，把我的智慧学去吧：就是最坏的事物也有两个良好的反面[1]。

——就是最坏的事物也有良好的舞蹈之脚：因此，跟我学习吧，众位高人啊，好好站稳你们的脚！

因此，停止宣扬你们的闷闷不乐，忘掉一切群氓的哀伤吧！哦，在我看来，今天群氓的滑稽角色还是何等可悲！而今天却是群氓的天下。

20

像从山洞里猛吹出来的风那样吧；它想和着自己的笛声舞蹈，听凭自己的心意行事，大海在它的足迹所过之处颤抖而跳跃。

---

1. 没有绝对的不幸。如能达观，在不幸之中也可以舞蹈。"两个良好的反面"的两个，可能指舞蹈时的双腿。

它给驴子添翼[1],它给母狮子挤奶[2],赞美这种大好的、奔放不羁的精神吧,它像一阵飓风一样向一切的现今和一切的群氓卷了过来,——

——它厌恶蓟草头[3]和满脑子胡思乱想者,厌恶一切枯叶和杂草:赞美这种粗野的、大好的、自由的飓风精神,它在泥沼和忧伤之地上舞蹈,就像在牧草地上舞蹈一样。

它憎恨瘦弱的群氓畜生和一切没有教养的阴郁的家伙:赞美这一切自由精神之精神,它是欢笑的飓风,它把灰沙吹进一切悲观主义者、生烂疮者的眼睛里!

众位高人啊,你们最差劲的乃是:你们全都没有学会舞蹈,人是应当舞蹈的——你们没有学会超越自己的舞蹈!你们失败了,这有什么关系!

有多少事还是可能做到的!因此,学会超越你们自己的欢笑吧!昂起你们的胸膛,你们出色的舞蹈者,高些!更高些!也不要忘记痛快地欢笑!

这顶欢笑者的王冠啊,这顶玫瑰花环的王冠啊:你们,我的弟兄们,我把这顶王冠抛给你们!我给欢笑祝圣;众位高人啊,跟我学会——欢笑吧!

---

1. 它使最愚笨者奋起。

2. 它从最危险处汲取甘露。

3. 歌德诗《普罗密修斯》:"宙斯,去把你的天空布满云雾,而且像敲掉蓟草头的儿童一样,对橡树和山顶逞威风吧——"莪相之诗《忒摩拉》中曾说芬伽尔的枪不是儿童用来敲掉蓟草花的棍棒。

忧郁之歌[1]

1

当查拉图斯特拉说这番话时,他站在他的山洞门口的近旁,可是,说完了最后的话,他就脱离他的宾客,暂时溜到了外边。

"哦,我四周的清纯的气味啊!"他叫道,"哦,我四周的至福的寂静啊!可是,我的宠物们到哪里去了?来吧,来吧,我的鹰和我的蛇!

"告诉我,我的宠物们:这些高人也许是全部——嗅觉不灵吗?哦,我四周的清纯的气味!现在我才知道,我才感觉到,我是怎样喜爱你们,我的宠物们。"

——查拉图斯特拉又说了一遍:"我喜爱你们,我的宠物们!"可是,当他说这句话时,鹰和蛇挤到他身边,仰望着他。他们三个就这样静静地待在一起,闻着、啜吸着良好的空气。因为这里外边的空气比高人们那里的空气要好得多。

2

可是,查拉图斯特拉刚离开他的山洞,老魔术师就站起身来,狡猾地向四边张望,说道:"他走出去了!

"现在,众位高人——我像他一样用这个称赞和奉承的名字迎

---

[1]. 查拉图斯特拉厌倦高人们的气氛,走出洞外。随后老魔术师发挥他的演技本领,唤出欺骗和迷惑的恶灵,高唱忧郁之歌,宣扬探究真理的努力,结果只会归于空虚的幻影。魔术师利用此歌诱惑大家趋向厌世主义。

合你们——我的欺骗和魔术的恶灵、我的忧郁的魔鬼已经向我袭击过来,

"——他跟这位查拉图斯特拉乃是根本的对头[1]:原谅他吧!现在他想要在你们面前表演魔术,他正好获得他的大好时机;我跟这个恶灵再怎样角斗也无用。

"对你们大家,不管你们用什么言辞给自己授予荣耀,不管你们自称为什么'自由精神[2]',或者'诚实的人[3]',或者'精神的忏悔者',或者'被解放的人[4]',或者'伟大的憧憬者[5]'——

"——对你们大家,你们像我一样苦于大大的恶心,你们的古老的上帝死掉了,还没有任何新的上帝躺在摇篮和褓褓里面,——我的恶灵和魔术恶魔对你们大家都是抱有好感的[6]。

"我认识你们,众位高人啊,我认识他——我也认识这个妖魔,我违反我的意志喜爱上他,这个查拉图斯特拉:在我看来,他本人常常像一副好看的圣徒面具,

"——像一出新的奇怪的假面化装舞会[7],我的恶灵、这个忧郁的魔鬼喜爱上它——我喜爱查拉图斯特拉,我常常想,就是我的恶灵的缘故。——

"可是,他已经向我袭击过来,强迫我,这个忧郁的精灵,这个

---

1. 重压之魔。
2. 两位君王。
3. 精神的有良心者。
4. 教皇。
5. 极丑的人。
6. 重压之魔想要钻进在绝望之中发出求救叫声的高人们的内心缝隙。
7. 由于查拉图斯特拉常表现出忧郁的心情,而他的思想根底上又存有大大的怀疑,所以魔术师把他看作自己的同类,他那种要求快活的欢笑,只是装样子而已。

黄昏朦胧的魔鬼;而且,真的,众位高人啊,他渴望[1]——

"——睁开眼睛看吧!——他渴望,赤身裸体地走来,他是男是女,我还不知道[2]:可是,他来了,他强迫我,唉!打开你们的感官吧!

"白昼消沉了,现在黄昏[3]向一切万物,也向最佳的事物走来;听吧,看吧,众位高人啊,这个黄昏忧郁的精灵,是男是女,到底是什么魔鬼!"

老魔术师如是说,狡猾地环顾四周,随即抓起他的竖琴。

3

在清澄的大气中,

当安慰之露

已经降到大地上,

看不见,也听不出——

因为安慰者露珠像一切

温柔的安慰者一样穿着软鞋——:

那时你想起,你想起,热烈的心啊,

从前你曾怎样渴望,

焦灼而疲倦地渴望

天上的泪珠和露珠,

那时在发黄的草径上,

---

1. 他想诱惑我们。
2. 瓦格纳使用一切感觉的手法诱惑人陷入厌世的情绪。
3. 瓦格纳歌剧《诸神的黄昏》。

怀着恶意的夕阳的眼光,

幸灾乐祸、刺目的太阳的灼热眼光,

不是穿过黑沉沉的树林射到你的周围?

"真理的求婚者[1]?是你?"——它这样嘲笑[2]——

"不!只是一个诗人[3]!

一头狡猾、掠夺、悄悄潜行的野兽,

它不得不说谎,

不得不故意、存心说谎:

渴望猎获物,

戴着各色的假面,

对自己也戴着假面,

把自己也当作猎捕的对象——

这——是真理的求婚者?

不!只是丑角!只是诗人!

只是东拉西扯,借丑角假面喋喋不休地乱嚷,

在谎言的悬桥上走来走去,

在连接虚幻的上天

和虚幻的大地的

七色彩虹[4]上面

逛来逛去,荡来荡去,——

---

1. 原文 Freier,意为求婚者,或追求者。因真理 Wahrheit 为阴性名词,故有求婚者之意。
2. 人类难以到达的最高的认识(夕阳的眼光)嘲笑我:无论你向真理怎样追求献爱,你都不会获得爱的回报。
3. 参看第二部《诗人》:"可是诗人们说谎太多。"
4. 玩弄各种漂亮的辞藻,说得天花乱坠,其实只是小丑诗人的呓语。

只是丑角!只是诗人!

这——是真理的求婚者?

并不静默、呆板、光滑、冷酷,

变成一尊像,

神的柱像[1],

也不放在神庙之前

当一位神的门卫:

不!倒是敌视这种真理立像,

在任何荒野里比在神庙前更得其所哉,

充满猫儿的任性,

从每扇窗子里,

很快!跳进任何偶然之中[2],

嗅嗅每一座原始森林[3],

狂热地、渴望地嗅着,

让你在原始森林里,

在毛色斑斓的猛兽之中,

像罪犯般顽健地、花哨漂亮地奔跑,

舐着贪婪的兽唇,

狂喜地嘲笑,狂喜地凶相毕露,狂喜地杀气腾腾,

---

1. 真正追求真理者,就该像保护神殿(真理的殿堂)的柱像一样,不如此,只是思想的冒险而已。参看第四部《高人》第17节:"我没有成为直立雕像,我也没有像一根柱子,呆板的无感觉的石头柱子竖在这里;我喜欢快步飞跑。"极言真理的把握者,并不受唯一的合理的体系所束缚,也不遵奉神学的观念。

2. 奔放地,飞跃地。由一种自负感,指向一切偶然的支配。参看第三部《变小的道德》第3节:"我是查拉图斯特拉,无神论者:我在我的锅子里烹煮一切偶然。"

3. 人迹未至的思想的领域。

劫夺,悄悄潜行,满嘴谎言地奔跑:——

或者像老鹰,良久、
良久地凝视着深谷,
它自己的深谷:——
哦,它们是怎样向下面、
向低处、向里面、
盘旋到越来越深的深处!——
然后,
突然间,一直线地,
抖动翅膀,
向羔羊们扑去,
猛扑下去,饿火中烧,
垂涎那些羔羊,
恼恨一切羔羊魂[1],
极端恼恨那些露出
绵羊的、羔羊的眼光、卷毛的、
含有羔羊绵羊温情的灰溜溜的生灵!

就这样,
像老鹰一样,像豹子一样,
就是诗人的渴望,
藏在无数假面下的你的渴望,

---

[1] 真理的把握者具有征服的精神,对一切奴隶劣根性感到气恼。

你这丑角,你这诗人[1]!

你把人看作羊,
也把上帝看作羊——:
撕碎人中的上帝,
就像撕碎人中的羊,
一面撕碎,一面欢笑[2]——

这,这就是你的至福!
豹子和老鹰的至福!
诗人和丑角的至福!"——

在清澄的大气中,
当月亮镰刀已经在
紫红色霞光之间苍白地、
嫉妒地潜行着;
——它憎恨白昼,
一步一步、诡秘地
向蔷薇吊床[3]上
割去,直到它们坠落、
苍白地向夜幕坠落下去:——

---

1. 你渴望这种充满野性的生命力的真理,但在实际上却没有这种魄力。这首歌虽由魔术师歌唱,但仍然是尼采的自嘲之作。
2. 你在世人和神的当中都发现有奴性存在,你想加以克服而达到快乐欢笑的至福,但这仍然不过是你的诗人的自我满足。
3. 晚霞的美丽,生命的欢乐。月亮的镰刀把晚霞割去,使天空变得黑暗而沉落。

我自己也曾这样坠落过、

从我的真理妄想之中[1],

从我的白昼憧憬之中[2],

对白昼感到厌倦,对光感到伤痛,

——向下、向暮色、向阴影坠落过,

被一个真理

灼伤而苦于渴望:

——你还记得,你可记得,热烈的心啊,

那时你是怎样渴望?——

情愿让我被

一切真理放逐[3],

只是丑角!

只是诗人!

学问[4]

魔术师如是歌唱;所有在座的人都不知不觉地像鸟儿一样坠入他那狡诈而忧郁的快乐之网里。只有精神的有良心者没有入他彀中:他立即从魔术师手里把竖琴夺过来,叫道:"空气!让新鲜空气进来吧!让查拉图斯特拉进来吧!你把这座山洞弄得闷热而毒气弥漫,

---

1. 失去能获得真理的希望。

2. 失去充满自信的、积极的探求精神。

3. 既然被一个真理灼伤,感到厌倦和伤痛,那倒不如放弃对一切真理的追求。

4. 老魔术师的忧郁之歌,迷惑住在座的那些高人,只有精神的有良心者起来反对,他是从事学问、追求冷静的科学的真理的人。他阐释人类长期的古老的恐惧感,最后趋于纯净、精神化、智力化,即今天所谓的学问。而查拉图斯特拉则说勇气乃是人类的有史以前的全部,引起全场叫好。

你这邪恶的老魔术师!

"你这个巧妙的骗子,你把人诱惑到未知的欲望的大森林[1]。让你这样的人来大谈特谈其真理,真是可悲啊!

"对于这样的魔术师竟然放松警惕的一切自由思想家,真是可悲啊!他们的自由丢失了:你教导他们,诱惑他们回到牢房[2]里去,——

"——你这个忧郁的老魔鬼,从你的悲歌里面,听到一种诱鸟入网的哨子声音,你就像那种用贞洁之赞歌暗暗地唤人耽迷肉欲的家伙!"

有良心的人如是说;而老魔术师却环顾四周,玩味自己的胜利,为此把有良心的人给他造成的烦恼咽到肚子里去。"安静点!"他用谦虚的语调说道,"良好的歌声要求获得良好的响应;在良好的歌声之后应当有良久的沉默。

"在座的众位高人都这样做了。可是你,对我唱的歌,也许不大了解?在你的心中缺少魔术精神[3]。"

"你在夸奖我,"有良心的人回答道,"你把我看成跟你不同的人,好吧!可是,你们这些其他人,我看到什么?你们全都睁着色眯眯的眼睛坐在那里——:

"你们这些自由的灵魂,你们的自由哪里去了?我看,你们差不多就像看久了跳着淫猥舞蹈的裸体少女的人们:你们的灵魂也在跳起来了!

"在你们的内部,一定有着更多的恶灵,就是魔术师所说的他自

1.《忧郁之歌》中,"情愿让我被一切真理放逐"的欲望和伴随而来的心中的混乱。大森林原文为 Wildnissen,又有荒漠、混乱之意。

2. 绝望、否定等。

3. 只是枯燥无味的论理精神,缺少诗的精神(艺术)。

己的魔术欺骗的恶灵——我们必当是不相同的人。

"真的,在查拉图斯特拉回到他的山洞里来之前,我们在一起谈得够多、想得够多了,让我知道:我们是不相同的人。

"就是在这里山上,你们和我,我们也在寻求不同的东西。因为我寻求确实可靠,所以我来找查拉图斯特拉。因为在一切都动摇,所有的大地都震撼的今天——

"——他还是最坚固的高塔和意志。而你们,当我注视你们所使的眼色,我几乎认为,你们倒是在寻求不确实,

"——倒是在寻求战栗、危险和地震。你们渴望,我几乎认为是如此,请原谅我的推测,众位高人——

"——你们渴望使我最害怕的那种最差最危险的生活方式,渴望过野兽的生活,渴望前往森林、山洞、险峻的高山和弯弯曲曲的深谷[1]。

"最中你们心意的,并不是领你们脱离危险的人,而是引你们误入歧途的那些骗子。可是,如果说你们确实抱有这种渴望,我仍然认为是不可能的。

"因为恐惧感——乃是人类遗传下来的根本感情;恐惧感可以说明一切,包括原罪和传统道德[2]。我的道德观也是由恐惧感中产生的,它就叫作:学问。

"因为对野兽的恐惧感——它是人类最长久地培养出来的,包括人类在自身中隐藏着而感到恐惧的兽类——查拉图斯特拉称它为'内心之兽[3]'。

---

1. 千言万语,总而言之,乃是不具有确实性的非合理性。
2. 传统道德,原文为 Erbtugend,与原罪 Erbsünde 相对而言,即人类从原始时具有的道德。
3. 内心之兽: das innere Vieh,见《高人》第13节。原始人对野兽怀有恐惧。其后,人类对自己内心中的本能的冲动的念头也怀有恐惧,这种恐惧就成为一切智性的认识、道德的制约。

"这种长期的古老的恐惧感,最后趋于纯净,被灵化[1],精神化——到今天,我想,它就被叫作:学问。"——

有良心的人如是说;可是查拉图斯特拉,他刚刚回到山洞,听到最后一部分说话,猜出其中的意义,就拿手里的一把玫瑰花向有良心的人投去,对他所说的"真理"发出大笑。"怎么!"他叫道,"我刚才听到了什么?真的,我想,你是个痴子,要不然,我是个痴子:我要立即把你的'真理'倒转过来。

"因为恐惧心——乃是我们的例外情况。可是勇气、冒险以及对未确定之事、对无人敢做之事的乐趣——特别是勇气,我看,乃是人类的有史以前的全部。

"人们对那些最勇猛的野兽,妒忌它们的一切长处而且加以夺取:这样他们才成为——人。

"这种勇气,最后趋于纯净,精神化,智性化,这种具有老鹰翅膀和蛇的智慧的人的勇气:它,我想,就是今天所谓的——[2]"

"查拉图斯特拉!"所有在座的人都像异口同声地叫了起来,并且爆发出一阵大笑;可是从他们中间仿佛升起一团沉重的乌云[3]。连魔术师也笑起来,小心机智地说道:"好啦!我的恶灵逃跑了!

"当我说,他是一个骗子,一个说谎和骗人的恶灵时,我不是警告你们要对他提高警惕吗?

"特别是当他赤身裸体地出现时。可是,对他的诡计,我有什么

---

1. 灵化 geistlich 跟精神化 geistig 相对比使用,亦可称为宗教化。恐惧被神格化,在民俗学方面具有多数的现象。此二词亦有译为精神化和智力化者,英译作 spiritual, intellectual。

2. 查拉图斯特拉教导的新的教义,即快活的知识。

3. 由于查拉图斯特拉的出现,重压之魔像烟一样离去,忧郁也烟消云散,大家的心情却轻松起来。

办法! 难道是我把他和世界创造出来的吗[1]?

"好啦! 让我们再好好快活起来吧! 尽管查拉图斯特拉已经在怒目相视——瞧他! 他在生我的气[2]——:

"——在夜幕降临之前,他还会再喜欢我、称赞我,他不干这种傻事[3],日子就过不下去。

"他——爱他的仇敌:在我见到的一切人当中,还没有像他这样精于此道的。可是他却为此向朋友们——报复[4]!"

老魔术师如是说,高人们都对他鼓掌:因此,查拉图斯特拉走来走去,怀着恶意和爱跟他的朋友们握手——就像要对大家纠正什么并且请求原谅。可是当他走到他的山洞门口时,瞧,他又已经想去吸吸外边的新鲜空气、看看他的宠物——他真想溜出去。

在沙漠的女儿们中间[5]

1

"不要走开!"自称为查拉图斯特拉的影子的漂泊者说道,"请留在我们这里,否则,以前的那种郁闷的忧伤又会来侵袭我们。

---

1. 重压之魔以感觉的诱惑使我们陷于吸鸦片似的陶醉状态,我又不是上帝,把他创造出来,并不是我的责任。
2. 因为我唱出重压之魔的歌进行诱惑。
3. 查拉图斯特拉为了实现自己,需要有跟他自己相反的人,因此爱他憎恨的仇敌。
4. 爱他的仇敌,就对自己喜爱的朋友严格要求。魔术师说这句话,把他自己放进查拉图斯特拉的朋友之中,可谓巧言令色。
5. 查拉图斯特拉想走出山洞,透透空气,自称为查拉图斯特拉的影子的人,唤他留下,唱起他自己体验过的沙漠之歌,也就是他在非洲沙漠的少女中间体验的充满生气的热带风光以及他不得不放弃的作为欧洲人的道德的拘泥。这首歌中含有尼采对欧洲的偏见的批判以及他对东方的向往。

"那位老魔术师已经使尽鬼蜮伎俩招待我们,瞧吧,那边善良而虔诚的教皇眼中含着泪水,又已经乘船驶往忧郁的海上去了。

"这里的两位君王也许还会在我们面前装出和颜悦色:因为他们对这种玩意儿,比今天在座的我们任何人学得更好!可是,如果没有人看见,我打赌,他们搞的那种恶作剧又会开始——

"——移动的云层、阴湿的忧郁、乌云密布的天空、被盗的太阳群、呼啸的秋风等等的恶作剧!

"——我们的呼号和大喊救命的恶作剧:留在我们这里吧,哦,查拉图斯特拉!这里有想要说出的许多隐藏的痛苦,有许多黄昏,许多云,许多阴湿的空气!

"你曾飨我们以强壮的男性食品和有力的箴言:请不要容许软弱的女性精神作为正餐后的甜食再来侵袭我们!

"只有你使你周围的空气变得强健而清澄!我在大地上几曾见到过像你的山洞中那样良好的空气?

"我见过许多地方,我的鼻子善于检验、鉴定各种空气:而在你身旁,我的鼻孔体会到最大的快感!

"除非——除非——哦,请允许我做一次往昔的回忆吧!请允许我唱一首往昔的正餐后甜食之歌吧,这是我从前在沙漠的女儿们中间所作的:——

"——因为在她们身边有着同样良好、爽朗的东方的空气;在那里,我跟多云的、阴湿的、忧郁的古老欧洲离得最远[1]!

"那时,我喜爱上这样的东方少女和异地的蔚蓝的天国,天空里没有任何浮云和任何思想悬挂着。

---

1. 东方的沙漠之国,明朗干燥,充满新鲜的原始的野性。

"你们不会相信,当她们不跳舞时,是怎样乖乖地坐在那里,深远地[1],但没有思考,像小小的秘密,像系着缎带的闷葫芦,像正餐后的甜食胡桃。

"真是五花八门和异样!可是没有云雾:让人猜不透的谜:那时,为了取悦于这些少女,我编了一首正餐后甜食的赞歌。"

这位漂泊者的影子如是说:没等到有人回话,他已经拿起老魔术师的竖琴,交叉着双腿,沉着而精明地环顾四周:——却用鼻孔慢慢地疑惑地吸入空气,就像一个来到新的国土上闻闻新的异国空气的人。随后他用一种号叫似的音调唱了起来。

2[2]

沙漠在扩展:心怀沙漠者,有祸了[3]!

——哈!庄严!
真个是庄严!
隆重的开始[4]!
非洲式的庄严!

---

1. 东方的人就是生命的现象本身,不像欧洲人受到自我意识、过度反省的污染,反而显示出生命的深远。
2. 本诗赞美东方的生命的大自然。但本诗的作者却背负着欧洲的重压之魔。
3. "有祸了"是《圣经》中的常用语。如《新约·马太福音》11:21:"哥拉汛哪,你有祸了!"本诗歌唱的乃是沙漠附近的绿洲。此处所说的沙漠是指跟西欧精神完全不同的精神风土的全体,如强烈的太阳、明朗、干燥、没有分裂性的统一、无为、不生产、附近的绿洲等等。"有祸了"是反语的说法,指这种憧憬沙漠的感情:明明是西欧人,内心里却藏有这些沙漠的要素,这些要素在扩展,怎不使作为来自欧洲的人感到不入时宜而发出感叹哩!
4. 指本诗开始的第一行"沙漠在扩展……"。

称得上狮子的威风[1],

要不然,就像呼号道德的猿猴[2]——

——可是这不关你们的事,

你们最可爱的女友,

我,一个欧洲人,

第一次被允许

坐在你们的脚边,

坐在椰子树下。细拉[3]。

真是奇怪!

我如今坐在这里,

跟沙漠靠近,却已经

又跟沙漠距离很远,

一点也不感到荒凉:

因为,我被这片

小小的绿洲吞进去了——:

——它正打着呵欠、

张开它可爱的嘴,

一切小嘴中最香的嘴:

我于是掉了进去,

掉下去,又通过那里——掉到你们中间,

---

1. 莎剧《仲夏夜之梦》第五幕第一场。
2. 以非洲沙漠为主题,本想唱出像狮子一样的堂堂的调子,但细察之,只跟侈谈道德的吼猴(欧洲人自己)相称而已。
3. 细拉(Sela):《旧约·诗篇》中附于一小节后的希伯来语的音乐记号,意义不明,大约是咏唱时指明休止的用语。天主教译本中译作"休止"。

你们,最可爱的女友!细拉!

祝福,祝福那条鲸鱼[1],

如果它是这样厚待

它的客人!——你们可懂得

我的博学的比喻?

祝福它的肚子,

如果它是

如此可爱的绿洲肚子

像这片绿洲一样:可是我怀疑,

——因为我来自欧洲[2],

欧洲比任何

半老的妻子更多疑。

愿上帝把欧洲纠正过来吧!

阿门!

如今我坐在这里,

在这小小的绿洲里面,

像枣椰子一样,

棕黄,甜透,充满金汁,

渴望少女的圆嘴[3],

---

1. 联想到《旧约·约拿书》中被鲸鱼吞入腹中的先知约拿。他在鱼腹中三日三夜,后被吐出。
2. 欧洲的智性常富于怀疑。
3. 渴望少女吃它。

可是更渴望像少女一般的

冰凉、雪白、锐利的

门牙：因为一切热烈的枣椰子的心

都热切地渴望这些牙齿。细拉。

我躺在这里，

跟上述的南方果实

相似，极其相似，四周有

小小的飞虫

嗅着，嬉戏着，

还有跟飞虫相似的更小、

更愚蠢、更罪恶的

愿望和念头[1]，——

又有你们围着我，

你们无言的、你们充满预感的

猫咪姑娘，

杜杜和苏莱卡[2]，

——斯芬克斯般围着[3]，我在一个字里

装进许多感情

（上帝啊，请原谅我

---

1. 肉欲的愿望和其他杂念。
2. 信口说出两个东方女性的名字。杜杜即狄多，为维吉尔《埃涅阿斯之歌》（又译《埃涅阿斯纪》）中迦太基的女王，苏莱卡为歌德《东西诗集》中波斯女子的名字。但与本诗无直接关系。
3. 尼采在这里造了一个新词 umsphinxt，故请上帝原谅。斯芬克斯为希腊神话中的怪物，她常出谜语让过路行人猜，猜不出者即遭其杀害。此处把沙漠的女儿们比作充满生命之谜的少女。

403

这种亵渎语言之罪！）

——我坐在这里，闻闻最好的空气，

真像乐园的空气，

澄明轻盈的空气，有着金色条纹，

这样好的空气只有

从月亮上才会吹下来——

这是出于偶然

或是出于兴高采烈而起，

像古代诗人叙述的那样[1]?

我这个怀疑者却感到

怀疑，因为我来自

欧洲，

欧洲比任何

半老的妻子更多疑。

愿上帝把欧洲纠正过来吧！

阿门！

吸着这最好的空气，

鼻孔涨大得像杯子，

不想未来，不做回忆，

我就这样坐在这里，你们

最可爱的女友啊，

我望着椰子树，

---

1. 月亮上面举行兴高采烈的晚会，把乐园一般的空气吹了下来。此处所说的古代诗人，出典不详。

它多么像一个舞蹈女郎,

低头,弯腰,扭着屁股,

——看久了,不由人也跟着扭起来!

在我看来,它岂不是像个舞蹈女郎、

已经太久、过分长久、

老是、老是用一条腿站着[1]?

——在我看来,它似乎因此忘了

另一条腿?

至少我找不到

那只不见了的

孪生的宝贝

——就是那另一条腿——

在它那最可爱、最优美、

扇形的、飘飘闪烁的裙子

附近的神圣的所在。

是呀,你们美丽的女友啊,

如果你们肯完全相信我,我要说:

它已失去那条腿了!

已经失去了!

永远失去了!

那另一条腿!

哦,可怜那可爱的另一条腿!

它——也许待在哪里、孤零零地哀伤,

---

[1] 藏在我心中的沙漠的映象已不是洋溢着纯粹欢乐的景象,它已被我的欧洲的意识过剩所污染。作为沙漠之欢乐的象征——椰子树已变成残废。

那条孤独的腿?

也许正在害怕一只

暴怒的、金毛的

狮子猛兽[1]? 或者已经被

咬掉、啃掉——

可怜,唉!唉!被啃掉了!细拉。

哦,不要哭,

温柔的心!

不要哭,你们

枣椰子的心!乳房!

你们甘草心的

袋袋[2]!

不要再哭了[3],

苍白的杜杜!

像个男子汉吧,苏莱卡!勇敢些!勇敢些!

——或者也许在这里

应该有些

提神的、强心的东西?

一句严肃的箴言?

一句庄严的劝说?——

---

1. 金毛狮子猛兽指北欧的冥想的批判精神。南国的纯洁生命的欢乐事物受到它的破坏。
2. 这里的心、乳房等都是对沙漠女儿们的称呼。
3. 南国的纤弱的生命,听到有毁掉自己的严峻的事物,感到恐惧,所以劝她们不要悲哭,而要振作起来。

哈！出现吧，威严！

道德的威严[1]！欧洲人的威严！

吹吧，再吹吧，

道德的风箱！

哈！

再一次吼叫吧，

发出道德的吼叫吧！

作为道德的狮子

在沙漠的女儿们面前吼叫吧！

——因为道德的咆哮，

你们最可爱的少女啊，

超过一切

欧洲人的热情，欧洲人的渴望！

如今我已经站在这里，

作为欧洲人，

我非如此不可，上帝帮助我吧！

阿门[2]！

沙漠在扩展：心怀沙漠者，有祸了[3]！

---

1. 唱这首诗歌的影子，虽然受到东方精神的吸引，但是还无法脱离西欧的精神，而要发出道德的吼叫。这里显示出诗人的自嘲和反讽。

2. 马丁·路德在沃尔姆斯会议上拒绝公开悔罪时说："我站在这里，我非如此不可，上帝帮助我吧，阿门！"诗人在此模仿这句名言。对于查拉图斯特拉的影子，路德精神还是欧洲精神的最高峰。

3. 你是一个欧洲人，保留着欧洲的精神和思想，却受到沙漠的强烈魅力的吸引，沙漠的魅力在你的心中不断扩展，你就感到两者的冲突而苦闷了。

觉醒[1]

1

漂泊者影子唱完歌后,山洞里突然充满一阵喧嚷和大笑;因为聚集在一起的宾客全都同时说话,就连那匹驴子,也受到这种振奋的影响而不再沉默,因此,查拉图斯特拉对他的宾客突然感到小小的厌恶和嘲笑:尽管他对他们的快活觉得高兴。因为他认为这是他们康复的征兆。于是他就溜到洞外去跟他的宠物说话。

"现在他们的困厄到哪里去了?"他说着,深深地透了一口气,把他的小小的不愉快都抛到九霄云外了——"我看,他们在我的洞中已经忘掉他们的求救呼声!

"——尽管还没有忘记叫喊,真遗憾。"查拉图斯特拉塞住自己的耳朵,因为正好在此时,驴子的咿——呀叫声跟这些高人的欢呼声奇妙地混杂在一起。

"他们很开心,"他又开始说道,"谁知道?也许是由于他们的东道主的花费使他们很乐意;即使他们跟我学会了欢笑,但他们所学到的,却不是我的欢笑。

"可是这有什么关系!他们都是老年人:他们以他们自己的方式康复,他们以他们自己的方式欢笑,我的耳朵已经听惯了更不愉快的事物,不会感到快快不乐。

"今天是一个胜利的日子:他,重压之魔,我的不共戴天的宿敌,已经退避三舍,他逃跑了!开始时是如此不愉快而且沉重的这

---

[1] 查拉图斯特拉听到高人们在山洞里喧呼欢笑,感到高兴,认为这是他们康复的征兆。可是令人惊奇的是,他们却在对驴子举行礼拜和祈祷。

个日子，获得如此结束，这有多好！

"这一天就要结束。暮色已经降临：暮色，这位优秀的骑手，正在骑马渡海而来！这位至福者，归来者，是怎样跨在他的紫红色鞍鞯上大摇大摆！

"天空清澄地望着，世界低低地俯伏着：哦，到我这里来的你们所有的珍奇的人，跟我同住，真是三生有幸！"

查拉图斯特拉如是说。这时从山洞里又传来高人们的叫喊和笑声：他于是又开始说下去。

"他们咬住了，我的钓饵起作用了[1]，他们的大敌、重压之魔，也离开他们退避了。他们已经学会笑他们自己了：我没有听错吧？

"我的男子汉的饮食，充满精气和活力的箴言[2]，已经起作用了：真的，我给他们吃的，并不是使肠胃气胀的蔬菜！而是战士的饮食，征服者的饮食：我唤醒新的欲望。

"在他们的四肢里有了新的希望，他们的心胸舒展自如。他们找到新的语言，他们的精神很快就会自由奔放地呼吸。

"这样的饮食当然不可能给孩子们吃，也不能给充满憧憬的老老少少的女性们吃。要满足他们的肚子自有别的方式；我可不是他们的医生和教师。

"恶心已经离开这些高人而去了：好吧！这是我的胜利。在我的领域里，他们将获得安全[3]，一切傻乎乎的害臊心理将远远避开[4]，他们将把心事完全倾吐出来。

---

1. 查拉图斯特拉听到高人们向驴子礼拜祈祷，误以为他们受到他的款待，已经克服了厌世思想。
2. 《在沙漠的女儿们中间》第1节："你曾飨我们以强壮的男性食品和有力的箴言。"
3. 不会受到虚无感、绝望的侵犯。
4. 毫不害臊地如实地倾吐自己的心事。

"他们倾吐出自己的心事,良辰又回到他们身边,他们庆祝而反刍[1]——他们充满感谢之情。

"他们充满感谢之情——我把这看作最好的兆头。不久,他们将策划一次庆祝大会,为他们的往日的欢乐建立纪念碑。

"他们是康复者!"查拉图斯特拉高兴地对自己的内心如是说,并且向远处望去;他的宠物却向他挤了过来,对他的幸福和沉默表示敬意。

2

可是查拉图斯特拉的耳朵突然感到大吃一惊:因为本来充满喧哗和笑声的山洞一下子变得死一般静寂;——而他的鼻子闻到一种芳馨的焚香的烟气,好像在焚烧松球。

"怎么回事?他们在干什么?"他自问着,偷偷地溜到山洞入口处,以便能看到他的客人而不被人发觉。可是奇哉怪也!他亲眼看到的却是什么景象啊!

"他们又全都变得虔诚起来了[2],他们在祈祷,他们发狂了!"——他说着,惊奇得不得了。真的!所有这一切高人,两位君王、失业的教皇、邪恶的魔术师、自愿的乞丐、漂泊者影子、年老的预言者、精神的有良心者和极丑的人:他们全都像孩子和虔诚的老太婆一样跪在那里向驴子祈祷。正在此时,极丑的人喉咙里开始发出咕噜咕噜的声音,鼻子里也发出呼呼的气息,好像要说出什么难以吐露的话;可是

---

1. 他们在庆祝驴子节,回味(反刍)快乐。
2. 第三部《背教者》第1节:"我们又恢复虔诚的信仰了。"

当他真个念念有词时，瞧啊，那却是一连串虔诚的奇妙的连祷，对那匹受顶礼膜拜、香烟缭绕的驴子表示赞诵。连祷[1]的内容如下：

阿门！颂赞、荣耀、智慧、感谢、赞美、大力都归与我们的上帝，直到永永远远！[2]

——驴子却应声叫道：咿——呀[3]。

他背负我们的重担[4]，他取了奴仆的形象[5]，他由衷地忍耐，从不说否；爱上帝的人，必惩戒上帝[6]。

——驴子却应声叫道：咿——呀。

他不说话：除了对他创造的世界经常说甚好[7]：他就这样赞美他的世界。不说话，就是他的狡猾：因此很少犯错误。

——驴子却应声叫道：咿——呀。

他毫不引人注目地走遍世界。他的身体是灰色的，他的身体里面包藏着他的道德。他有灵力，却把灵力藏起来；可是人们却相信他的长耳朵。

——驴子却应声叫道：咿——呀。

他有着长耳朵，却只说甚好，从不说否，这是何等秘藏的智慧！

---

1. 僧侣和信徒互相发出的对口祈祷。
2.《新约·启示录》7：12："阿门！颂赞、荣耀、智慧、感谢、尊贵、权柄、大力都归与我们的上帝。直到永永远远。阿门！"
3. 咿——呀，即德文 Ja，是呀。
4.《旧约·诗篇》68：19："天天背负我们重担的主。"
5.《新约·腓立比书》2：6—7："他本有上帝的形象……反倒虚己，取了奴仆的形象，成为人的样式。"
6.《新约·希伯来书》12：6："因为上主惩戒他所爱的。"《旧约·箴言》13：24："真爱儿子的人，必时加以惩罚。"（此处反用《圣经》语句，驴子常受鞭打惩罚，此乃爱上帝之表示，并无恶意，故作此戏言。）
7.《旧约·创世记》1：31："上帝看着一切所造的都甚好。"

他不是照着他自己的形象[1]，也就是说，尽可能笨拙地创造世界吗？

——驴子却应声叫道：咿——呀。

你走着笔直的路和弯曲的路，我们世人认为什么是笔直或弯曲的，你毫不在意。你的领域乃是善与恶之彼岸[2]。不知道什么是纯洁无邪，这就是你的纯洁无邪。

——驴子却应声叫道：咿——呀。

瞧啊，你是怎样不踢开任何人，不踢开乞丐，也不踢开君王。你让孩子到你身边来[3]，哪怕是恶童引诱你[4]，你也单单说：咿——呀。

——驴子却应声叫道：咿——呀。

你喜爱母驴子和新鲜的无花果，你什么都吃。当你正好饥饿时，一根蓟草就使你心里发痒。这其中藏有上帝的智慧。

——驴子却应声叫道：咿——呀。

驴子节[5]

1

连祷念到了这里，查拉图斯特拉却再也不能克制自己，他甚至

1.《旧约·创世记》1：26："上帝说：'我们要照着我们的形象，按着我们的样式造人……'"

2. 不管直与曲，只要有利得或方便，就不考虑善与恶。此处善与恶之彼岸，与查拉图斯特拉的善与恶之彼岸意义不同。

3.《新约·马太福音》19：14："让小孩子到我这里来，不要禁止他们，因为在天国的，正是这样的人。"

4.《旧约·箴言》1：10："恶人若引诱你，你不可随从。"此处反用《圣经》语句。

5. 查拉图斯特拉看到高人们庆贺驴子节，感到恼火，他向他们每个人询问理由，他们分别做出诡辩的回答。看到高人们一个个喜形于色，他也不由高兴起来。

比驴子还高声地大叫咿——呀,跳到他那些发狂的宾客当中。"你们在这里干些什么,你们这些人子[1]?"他叫道,一面把祈祷的人们从地上拉起来,"可悲啊,如果有查拉图斯特拉[2]以外的任何人看到你们:

"人人都会做出判断,改信新的信仰的你们,乃是极恶的渎神者[3],或者是一切老太婆之中的最愚蠢的人!

"而你本人,你这位老教皇啊,你竟然这样把一匹驴子当作上帝来跪拜,这跟你本人的身份[4]怎么相配?"——

"哦,查拉图斯特拉,"教皇回言道,"请原谅我,可是有关上帝的事,我比你还要清楚。这样做是合理的。

"与其崇拜毫无形体的上帝,倒不如崇拜具有如此形体的上帝[5]!请考虑考虑我说的这句话,我的高贵的朋友:你马上就会猜到这句话中含有的智慧。

"说过'上帝是个灵'[6]的人——迄今为止,他在大地上跨了极大的一步,飞跃到不信宗教:这句话一说出口,在大地上是不容易再加以纠正的!

"在大地上还有可以崇拜的东西存在,听到这一点,我的老朽的心就大跳特跳。哦,查拉图斯特拉,请原谅老朽的虔诚的教皇心中

---

1. 故意地、恶意地使用宗教的说法。耶稣惯用阿拉米语的称呼自称为人子,其用意是在强调他是真正的救世主。《新约·马太福音》8:20:"人子却没有枕头的地方。"

2. 我是最否定上帝的人,看到这种愚昧的崇拜,并不惊讶。

3. 可是稍许保有旧的宗教心的人,看到你们把驴子当作上帝崇拜,真要斥责你们是渎神者了。

4. 你是天主教的绝对权威者,上帝的祭司。

5. 这不是抽象的概念,而是作为人格化的具体的显示的神。

6.《新约·约翰福音》4:24:"上帝是个灵,所以拜他的,必须用心灵和诚实拜他。"天主教译本译作:"天主是神,朝拜他的人,应当以心神以真理去朝拜他。"

的这个想法吧！"——

——"而你，"查拉图斯特拉对漂泊者影子说道，"你不是自称而且自认为自由思想家吗？却在这里搞这种偶像崇拜和神职人员的仪式吗？

"真的，你在这里所干的事，比跟你那些不正派的棕发少女所干的更糟，你这邪恶的新宗教信徒啊！"

"糟透了，"漂泊者影子回答说，"你说得有理：可是我有什么办法！古老的上帝复活了，哦，查拉图斯特拉，你要说什么，随你的便吧。

"一切责任全在极丑的人：他把上帝唤醒了。即使他说他曾把上帝杀死：但在神祇们看来，死亡总不过是一种偏见[1]。"

——"而你，"查拉图斯特拉说道，"你这邪恶的老魔术师，你干的什么！在这自由的时代，今后还会有谁相信你，如果你相信这种蠢驴的神道？

"你所干的，乃是蠢事，你这个聪明人，怎会干这种蠢事！"

"哦，查拉图斯特拉，"聪明的魔术师回道，"你说得有理，这是一件蠢事——但对我而言，也是难办得透顶哩[2]。"

——"还有你，"查拉图斯特拉对精神的有良心者说道，"把手指放在鼻子上[3]考虑考虑吧！你在这里所干的，就没有一点违背你的良心吗？你受得了这种祈祷和这些信徒焚香的烟雾，是不是你的精神

---

1. 说"上帝死掉了"，乃是过早的判断（Vorurteil：偏见，先入之见），因为上帝是要复活的。
2. 魔术师崇拜上帝，乃是要用演戏博得喝彩，并不是轻松的事（瓦格纳以前是抱有乐天思想的革命家，后来才创作充满基督教拯救思想的歌剧）。
3. 把手指放在鼻子上乃是德文成语，意为仔细考虑。

不太纯洁？"

"这里有某种东西，"有良心者把手指放在鼻子上回道，"在这种演戏之中有某种甚至使我的良心感到舒适的东西。

"也许我不可能信仰上帝：可是这一点是肯定的，我认为，以这种形姿出现的上帝，对于我是最值得信仰的。

"根据最虔诚者的证言，据说上帝是永恒的：谁有这么多的时间，就让他去花费时间。尽可能这样慢吞吞，这样蠢笨，这样做的话，这种人还会取得很大的成就。

"拥有太多的智慧的人，往往要沉迷于愚痴之中。想想你自己吧，哦，查拉图斯特拉！

"你自己——真的！你由于丰富的智慧也会成为一匹驴子的。

"一位完美的贤士不是也喜爱走最弯曲的路吗？根据我的观察，哦，查拉图斯特拉——对你的观察，就知道是如此！"

——"最后要问你，"查拉图斯特拉说着，转身向着极丑的人，他依然伏在地上，向驴子举起他的手（因为他给驴子葡萄酒喝），"说吧，你这无法形容的人，你在这里干了什么！

"我看你变样了，你眼光炯炯，崇高者的外衣裹住你的丑陋：你在干什么？

"他们说你又把上帝唤醒，这可是真的？为什么？把他杀死和处理掉，不是有正当的理由吗？

"我看你自己是被唤醒了：你在干什么？你为何转变？你为何改变信仰？说吧，你这无法形容的人！"

"哦，查拉图斯特拉，"极丑的人回答说，"你是一个坏蛋！

"他是否还活着或者复活过来或者根本死掉了，——我们两人中谁最搞得清？我问你。

"可是有一事我是清楚的,——这是我从前向你本人学到的,哦,查拉图斯特拉:谁最彻底要杀人,他会欢笑。

"'人们并非由于愤怒,而是由于欢笑杀人。'[1]——你以前曾说过。哦,查拉图斯特拉,你这隐秘的人,你这不因发怒而杀人的人,你这危险的圣人,——你是一个坏蛋!"

2

可是,查拉图斯特拉听到这番纯粹是恶意捣蛋的回话,大为惊讶,跳回到山洞入口处,向着所有的客人厉声叫道:

"哦,你们这些爱开玩笑的小丑,你们这些胡闹的家伙!你们为何在我的面前遮遮掩掩,伪装自己哩!

"你们每个人的心是怎样由于快乐和恶意而乱跳,为此,你们到最后又变得像小孩子一样,也就是说变得虔诚,——

"——你们到最后又干起小孩子的事,也就是说,祈祷,合掌,念'亲爱的上帝'!

"可是现在请离开我这座托儿所,我自己的山洞,今天在这里演够了一切儿戏。到外边去把你们热烈的放纵的孩子气和胡闹的童心清凉一下吧!

"当然:你们若不变成如同小孩一样,你们进不了那个天国[2]。"(查拉图斯特拉两手指着上天。)

"可是我们也完全不想进天国:我们已成了大人,——因此我们

---

1. 参看第一部《读和写》。我们现在兴高采烈地干这种滑稽的信仰游戏,也是笑里藏刀,为了把上帝杀死。
2.《新约·马太福音》18:3:"你们若不回转,变成小孩子的样式,断不得进天国。"

要这个地上之国。"

3

查拉图斯特拉又开始说话了。"哦,我的新朋友们,"他说道——"众位奇特的人,你们这些高人,现在你们多么讨我喜欢,——

"——自从你们变得快活起来以后!你们真是全都开花了:我认为,为了你们这样的花,搞个新的庆祝活动是必要的[1],

"——小小的大胆的胡闹,任何礼拜和驴子庆祝活动,任何年老而快活的查拉图斯特拉丑角表演,把你们的灵魂吹得明亮的狂风[2]。

"不要忘记今夜和这次驴子庆祝活动,众位高人啊!这是你们在我这里发明出来,我把它看作吉兆,——只有康复者才发明得出这种乐事!

"如果你们下次再举行这种驴子庆祝活动,为了你们如此行,也为了我如此行吧!而且为的是记念我[3]!"

查拉图斯特拉如是说。

---

1. 高人们变得快活起来,忘记从前的怀疑的悲愁,所以查拉图斯特拉觉得高兴。有了新的信仰,新的生活,搞庆祝活动是必要的。
2. 一切诙谐而足以使人心花怒放的游戏节目。
3.《新约·哥林多前书》11:25:"你们每逢喝的时候,要如此行,为的是记念我。"再举行这种庆祝活动,并不是含有宗教意义的活动,而是为了让你们强壮起来、欢笑起来,并且为了记念我,因为是我教导你们欢笑的。

醉歌[1]

1

可是,在这当儿,客人们一个跟一个走出洞外,走到清凉的沉思的黑夜之中;而查拉图斯特拉本人却领着极丑的人,拉住他的手,向他指点他的夜晚世界、又大又圆的月亮和他山洞附近的银白色的瀑布。最后,他们都默默地并排站在一起,全都是老年人,可是却都有一颗获得安慰的勇敢的心,他们暗自奇怪在大地上竟使他们感到如此舒适;可是夜之神秘越来越贴近他们的心。查拉图斯特拉又暗自想道:"哦,现在他们是多么讨我喜欢,这些高人!"——可是他不说出来,因为他尊重他们的幸福和他们的沉默。——

可是在那时却发生了一件在那惊人的漫长的一天里最惊人的事:那个极丑的人又一次,也是最后一次开始在喉咙里发出咕噜咕噜的声音、鼻子里发出呼呼的气息,当他终于念念有词时,瞧啊,从他的嘴里清清楚楚地跳出一个问题,一个很好、很深、很明晰的问题,使一切倾听者的心深为激动。

"全体朋友们,"极丑的人说道,"你们是怎么想的?碰上今天这一天——我是第一次对我活了这一辈子感到满足了。

"单独这样的证言,我觉得还不够。活在这个大地上,是值得的:跟查拉图斯特拉在一起过了一天,过了这一次庆祝活动,教会我爱这个大地。

---

[1] 在快乐的晚餐之后,高人们也向往永远,高呼:"人生啊,再来一次!"夜半钟声敲了十二响,大家唱起永远回归之歌。

"'这就是——人生?'我要对死亡说,'好吧!再来一次!'"[1]

"我的朋友们,你们是怎么想的?你们不想像我一样对死亡说:'这就是——人生?为了查拉图斯特拉,好吧!再来一次!'"——

极丑的人如是说;这时已近半夜。你们认为当时会发生何事?高人们一听到他提出的问题,他们立即意识到他们的转变和康复,并且意识到这是谁赐给他们的:于是他们急忙跑到查拉图斯特拉面前,各用各的方式向他致谢、致敬、抚爱、吻他的手:有的在笑,有的在哭。那位老预言者竟快乐得舞蹈起来;据一些记事家所述[2],如果说他当时灌满了美酒[3],实则更是灌满了美好的生命,把一切疲倦都抛开了。甚至还有人说,当时,驴子也跳起舞来了:因为极丑的人先前曾给驴子喝过酒,这并非给它白喝了。这种说法或者是真有其事,或者是另当别论;不过,在那天夜晚,即使驴子并没有真的跳舞,但在那次也一定会发生过比驴子跳舞更伟大更稀奇的事。总之,正如查拉图斯特拉常说的那句口头禅:"这有什么关系!"

2

跟极丑的人发生了这段插话以后,查拉图斯特拉像喝醉酒的人站在那里:他的目光黯淡,他的舌头滞重,他的腿摇摇晃晃。谁能猜到查拉图斯特拉的心灵上掠过什么思想?但明显地可以看出他的

---

1. 极丑的人享用了查拉图斯特拉的晚餐,精神昂扬,沉浸于幸福感之中,领悟到永远回归,获得重新享受美好的人生的勇气。

2.《圣经》常用的语调。

3.《新约·使徒行传》2:13:"他们无非是新酒灌满了。"(或译为:"他们喝醉了酒!")

精神已离开现场,向前飞行,飞到迢迢的远方,正如经上所记[1],好像飞到"高高的轭状山脊上,飞到两座大海之间,

"——在过去和未来之间,像浓云一样遨游着[2]"。可是,由于高人们过来扶住他的手臂,他也逐渐地有点恢复神志,用手推开那一群崇敬他而为他担忧的人;但他却默然无语。可是突然间他急忙转过头去,因为他似乎听到什么:于是他把手指放到嘴唇上面,说道:"来!"

顷刻间四周围变得寂静和神秘;可是从深谷中慢慢冒上来一阵钟声。查拉图斯特拉倾听着,像高人们一样;随后他又一次把手指放到嘴唇上面,再说道:"来!来!半夜临近了[3]!"——他的声音变了。可是他依然站在那里一动也不动:四周围变得更加寂静和神秘,大家都在倾听,还有驴子和查拉图斯特拉的宠物:鹰和蛇,同样地还有查拉图斯特拉的山洞和硕大阴凉的月亮以及黑夜本身。可是查拉图斯特拉第三次把手放到嘴唇上面,说道:

"来!来!来!现在我们走吧!时辰到了:让我们走向黑夜里去!"

3

众位高人,半夜临近了:我要把那口古钟对我耳朵所说的悄悄告诉你们,——

——就像那口半夜古钟对我说的那样神秘,那样可怕,那样诚

1.《圣经》常用的语调。

2. 参看第三部《七个印》第 1 节。

3. 半夜时,告知永远回归的启示临近了。

心诚意，它经历过比一个人的经历更多的事情[1]：

——它已经数过你们祖先的痛苦的心跳[2]——唉！唉！它是怎样在叹息！它是怎样在梦中欢笑[3]！在那古老的、深沉、深沉的半夜里！

静！静！现在听到许多在白天发不出的声音[4]；而现在，在阴凉的夜气之中，在你们心中一切的喧嚣声也都沉寂下来的时候，——

——现在它说话了，现在听得见了，现在它偷偷溜进每夜熬夜熬累了的灵魂里：唉！唉！它是怎样在叹息！它是怎样在梦中欢笑！

——你没有听到它是怎样神秘、可怕、诚心诚意地对你说话，这古老的、深沉、深沉的半夜？

人啊，你要注意听！

4

可悲啊！时间到何处去了？我不是掉在深井中了[5]？世界睡着了——

唉！唉！狗在吠，月亮在照着[6]。要我把我半夜里的心刚才所想的[7]告诉你们，我情愿死掉，死掉。

现在我已经死了。完结了。蜘蛛啊，你为何在我周围结网？你要喝血吗？唉！唉！下露了，时辰到了——

---

1. 人所意识到的，只是一次的今生的经历，而古钟却知道同一经历的永远回归。
2. 回归的思想背负全人类的苦恼。
3. 这种思想，一面背负全人类的苦恼，同时也传达我们本能中的快活的肯定。
4. 半夜是神秘的启示的时刻，白天是概念的思辨的时刻。
5. 参看第四部《正午》："我不是掉进——听！永远的井里了吗？"现在我跟永远融合在一起了。
6. 犬吠和月光是永远回归的情绪的暗示。
7. 可怕的永远回归的思想，以我的生死打赌的思想。

——我冷得发抖、冻得发僵的时辰到了[1],它问着,问了又问:"谁有忍受下去的勇气?

　　"——谁当做大地的主人?谁肯说,你们大大小小的河流啊,你们应当这样流下去!"

　　——时辰临近了:人啊,你高人啊,注意听吧!这句话是对听得进的耳朵说的,是对你的耳朵说的——深深的半夜在说什么?

5

　　我被带走了,我的灵魂在跳舞。白天的事业!白天的事业!谁当做大地的主人[2]?

　　月色清凉,风儿沉默。唉!唉!你们已经飞得够高吗?你们在跳舞:可是,脚并不是翅膀[3]。

　　你们出色的舞蹈家,现在一切欢乐都过去了:葡萄酒剩下渣滓,杯子都破损了,坟墓在嘟嘟囔囔。

　　你们还飞得不够高:现在坟墓在嘟嘟囔囔:"救救死者吧[4]!黑夜为何如此漫长?月光不是使我们沉醉了吗[5]?"

　　众位高人啊,救救坟墓吧,把尸体唤醒吧!唉,干吗还像蛆虫[6]

---

1. 由于我要表白的可怕的思想。
2. 查拉图斯特拉感到心情昂扬,他的灵魂由于他的事业而欣然舞蹈,他觉得他当做大地的主人。
3. 现在是半夜,要干白天的事业,力犹不足。虽由于肯定生命而舞蹈,却不能高飞。想到这点,就不由悲从中来。
4. 否定生命的悲观思想又抬头,又要让过去埋葬的思想复活。墓中的死者是倦于浮生的无力的人们,他们要求救助。
5. 在叙事诗中,常描写幽灵在月光之下骑马急行或跳舞唱歌,如毕尔格的《列诺雷》。
6. 蛀棺木的蛆虫。

慢慢钻?时辰临近了,临近了,——

——钟在呜呜响,心脏还在扑扑跳,钻木虫,这钻心之虫还在钻。唉!唉!世界很深!

6

悦耳的七弦琴[1]啊!悦耳的七弦琴啊!我爱听你的声音,你的醉醺醺的、蟾蜍似的声音——你的声音从多么悠久的往昔,多么遥远的所在传了过来,远远地从爱之水池[2]里传来!

你这口古钟,你这悦耳的七弦琴!一切苦痛都装进你的胸中,父亲的苦痛,前辈的苦痛,祖先的苦痛;你说的话变得成熟了,——

——成熟得像金秋和午后,像我的隐士的心——现在你说:世界本身也成熟了,葡萄发紫了,

——现在世界想要死了,在幸福中死了[3]。众位高人啊,你们没有闻到?一种气味暗暗冒了上来,

——永恒的香气,古老的幸福、醉人的午夜死亡之幸福。

——发出的带有蔷薇喜气的紫金葡萄酒的香气,这种幸福在歌唱:世界是深沉的,比白昼想象的更深!

---

1. 传来的午夜钟声,像七弦琴声一样悦耳,藏有许多永远回归的回想。
2. 人生的悲欢哀乐之世界,从温馨的感情出发,呼之为爱之水池。
3. 把永远回归看作时间之成熟。世界也想死去,在成熟的幸福中死去,因为永远和死是同一的。成熟=死=永远=幸福。这是形成意志之内侧的尼采的宇宙感情,诗人的尼采。参看歌德诗《天福的向往》: Stirb und werde! 歌德认为生存乃是一种在生死之间的无止境的变动,正如动植物的变形(Metamorphose)。因此死亡并不是毁灭,而是转变、转化、转生。自然哲学家奥肯也说:"个别生物的变化过程,也就是它们的破坏过程,死亡并不意味着毁灭,而只意味着变化,死亡只是向另一种生命的过渡,而不是灭绝。"

7

别管我！别管我！对于你，我是太纯洁了。不要接触我[1]！我的世界不是正好变得完美了吗？

对于你的手，我的皮肤是太纯洁了。别管我，你这愚蠢的、笨拙的、沉闷的白天！半夜不是更爽朗吗[2]？

最纯洁者应当做大地的主人，最不为人知者，最强者，半夜的灵魂，它比任何白天更爽朗，更深沉。

白天啊，你在摸索我吗？你在触摸我的幸福吗？你认为我富裕、孤独，是个藏宝窖、是个金库吗？

世界啊，你想望我吗？在你看来，我是世俗人士吗？我是宗教界人士吗？我是神职人员吗？可是，白天啊，世界啊，你们是太粗笨了，——

——拥有更灵巧的手，去抓住更深的幸福，去抓住更深的不幸，去抓住任何神道，可别来抓我：

——我的不幸、我的幸福都是深沉的，你这奇怪的白天啊，可是我并不是神，也不是神的地狱：它的痛苦很深。

8

神的痛苦更深，你这奇怪的世界啊！去抓住神的痛苦，可别来

1.《新约·约翰福音》20：17："（复活的耶稣对抹大拉的马利亚说：）不要摸我，因我还没有升上去见我的父。"拉丁文译文为"不要碰我"，意为"你不要长久地拉住我。表示敬爱，你最好去报告兄弟们，对他们说：我还没有升到父那里去，给你们遣发圣神来"。亦译为"不要紧拉我""你别拉住我不放"。表示对意识的、活动的世界的拒绝。

2. 白天——论理的、自觉的理智。深夜——陶醉的、本能的直觉。

抓我！我是什么！一把醉醺醺的悦耳的七弦琴，——

——一把半夜的七弦琴，一口发出蟾蜍叫声的钟，没有人理解它，可是它必须对聋子们说话[1]，众位高人啊！因为你们不理解我！

过去了[2]！过去了！哦，青春！哦，正午！哦，午后！现在到了日暮、夜晚和半夜，——狗在咆哮，还有风：

——难道风不是一只狗吗？它在哀叫，它在狂吠，它在咆哮。唉！唉！半夜是怎样在叹息！怎样在大笑，喉咙里怎样在呼噜呼噜，怎样在气喘吁吁[3]！

半夜，这个醉醺醺的女诗人[4]，方才是怎样清醒地说话！也许是喝了过量的酒吗？或者是清醒得过了头[5]？或者是在思前想后？

——这个古老的深沉的半夜，她是在梦中回想起她的痛苦，回想得更多的却是她的快乐[6]。因为尽管痛苦很深，而快乐：快乐比心中的忧伤更深。

9

你，葡萄树啊！你为何赞美我？我把你剪断了！我残忍，害得你流血——：你赞美我的醉醺醺的残忍是什么意思呢[7]？

---

1. 不管对任何不能理解的对手，宣告真理乃是我的使命。
2. 我一想起不被理解，又不由悲从中来。
3. 深夜想要表现它内藏的思想，感到愁闷。
4. 半夜：Mitternacht，为阴性名词，故称她为女诗人。
5. 充满狄俄倪索斯的智慧的半夜，想要尽可能论理地传达永远回归。陶醉越来越高昂，反省也越来越深。
6. 在恍惚的直觉之中，想到在永劫中充满的人间的苦恼，也想到更大的生命之欢乐。
7. 我把葡萄剪下来，被剪下的葡萄欣喜被人收获而感谢我。比喻成熟、完成的魂。

"凡是变得完美的,一切成熟者——都想要死亡!"你这样说。赞美、赞美采摘葡萄者的剪刀!可是一切未成熟者却想要活下去[1]:可悲啊!

痛苦说:"消逝吧!去吧,你这种痛苦!"可是一切受苦者却想要活下去,以便趋于成熟,怀着快乐和渴望,

——渴望更远、更高、更光明的前程。一切受苦者都如是说:"我要有后继者,我要有孩子,我不要我自己[2],"——

可是快乐却不要有后继者,不要有孩子——快乐要它自己,要永恒,要回归,要万有的永远自己同一[3]。

痛苦说:"心脏啊,破碎吧,出血吧!脚啊,走吧!翅膀啊,飞吧!痛苦啊,高处去!上面去!"好吧!来吧!哦,我的老朋友心脏:痛苦说:"消逝吧[4]!"

10

众位高人啊,你们是怎样想的?我是个预言者吗?是个梦想者吗[5]?是个醉汉吗?是个详梦者吗?是一口半夜的钟吗?

是一滴露水吗?从永恒中升起的雾气和香气吗?你们没有听到吗?

---

1. 达到完成和成熟者想要死去,想要永远回归,尚未达到这个阶段者,想要自己继续生长和延长。

2. 由于过分痛苦,不对自己的生长,却对变得更好的子孙寄托希望。

3. 沉醉于生命的快乐中者,要求永远回归。

4. 痛苦对自己的痛苦说:"痛苦啊,你消逝吧!"痛苦希望痛苦被治好,能够消逝。这种可称为不完全之痛苦移行到完全。痛苦不想要痛苦。而快乐却想要永远常驻,也就是要把痛苦转变成永远的快乐,这就是尼采的思想的最终点。

5. 你们把我当作真正的预言者,还是没有根据的梦想家?

你们没有闻到吗？我的世界刚刚变得完美。半夜也就是正午[1]，——

痛苦也就是快乐，诅咒也就是一种祝福，黑夜也就是一轮太阳——去吧，否则你们就学习认清：聪明人也就是傻瓜。

你们可曾对一种快乐肯定地说"行"吗？哦，我的朋友们，那么，你们就对所有的痛苦也肯定地说"行"吧。一切事物都是用链子连接起来，用线穿在一起，相亲相爱，——

——你们可曾对一次的事物要求它来个第二次，你们可曾说过"你使我喜欢，幸福啊！一刹那啊！一瞬间啊[2]！"？那么，你们就想要一切都会回归！

一切都重新再来，一切都永远存在，一切都用链子连接起来，用线穿在一起，相亲相爱，哦，这样，你们才喜爱世界，——

——你们这些永恒的人，请永远而且时时刻刻都喜爱这个世界：而且你们也要对痛苦说：消逝吧，但要回来！因为一切快乐都要求——永恒！

11

一切快乐都想要一切事物永远存在[3]，想要蜜，想要渣滓，想要醉醺醺的半夜，想要坟墓，想要墓畔的眼泪的安慰，想要镀金的晚霞。

——快乐有什么不想要的哩！它比一切痛苦更焦渴、更诚心、

---

1. 把两种极端的东西同一化。如果把无限的永远作为共有的分母，痛苦和快乐就变为同一了。痛苦和快乐是有关联的。现在我处于体会到永远回归的瞬间，对我来说，告知永远回归的深夜跟实现永远回归的正午是相等的。
2. 此句可跟歌德《浮士德》第二部第五幕第五场《宫中大院》中浮士德所说的"那时，让我对那一瞬间开口：停一停吧，你真美丽！"对比着参看。
3. 它对世界，不管是苦乐、善恶、丑恶、愚蠢，都全面地肯定，希望它就照原样永远存在。参看第三部《七个印》第 4 节。

427

更饥饿、更可怕、更神秘,它要自己,它咬自己[1],圆圈的意志在快乐里面进行斗争,——

——它要爱,它要憎,它富得过剩,赠予,抛掷,它乞求他人来夺取,向夺取者致谢,它喜欢被人憎恨,——

——快乐就是这样富裕,因此它渴望痛苦,渴望地狱,渴望仇恨,渴望羞辱,渴望残废,渴望世界,——因为这个世界,哦,你们确实是知道它的!

众位高人啊,快乐,不受约束的、至福的快乐,它在渴望你们——渴望你们的痛苦,你们这些一事无成者!一切永远的快乐都渴望一事无成者。

因为一切快乐都要它自己,因此它也要伤心的悲哀!哦,幸福,哦,痛苦!哦,破碎吧,心脏!众位高人啊,可要记住,快乐要求永恒,

——快乐要求一切事物永恒,要求深深、深深的永恒!

12

现在你们学会我唱的歌吗?你们弄明白它的意思吗?好吧!来吧!众位高人啊,现在就来唱我的轮唱歌!

现在你们自己来唱这首歌吧,歌题叫"再来一次",意思是"万古永恒[2]!"。众位高人啊,来唱查拉图斯特拉的轮唱歌!

人啊!你要注意听!

---

1. 像咬自己尾巴的蛇——象征永远循环的智慧。
2. 希望现世、现在的永远化,这就是永远回归说的核心。

深深的半夜在说什么?

"我睡过,我睡过——,

我从深深的梦中觉醒:——

世界很深,

比白昼想象的更深。

世界的痛苦很深——,

快乐——比心中的忧伤更深:

痛苦说:消逝吧!

可是一切快乐都要求永恒——,

——要求深深、深深的永恒!"

预兆[1]

可是在当夜过后的早晨,查拉图斯特拉从床上跳起,系上腰带,走出他的山洞,就像从阴暗的山后升起的晨曦,热烈而强壮。

"你伟大的天体啊[2],"他像从前说过的那样说道,"你这深邃的幸福眼睛,你如果没有你所照耀的人们,你有什么幸福可言哩!

"当你已经睡醒、走来、赠予、颁发,而他们仍留在卧室里:你那高傲的知耻之心会怎样愤怒哩!

"好吧!他们还在睡着,这些高人,而我已睡醒:他们不是我的

---

1. 查拉图斯特拉追求的,不是幸福,而是事业;不是深夜的陶醉之歌,而是在伟大的正午时刻走向人类中间的没落。他听到狮子吼,领悟到这就是真正的求救叫声,知道了他对高人们的同情乃是他遭遇到的最后的诱惑。由于这种预兆,他必须走向新的开始而下山,迈向他的事业。
2. 跟第一部《查拉图斯特拉的前言》对太阳的欢呼"你伟大的天体啊……"相呼应。琐罗亚斯德教除了崇拜火,也崇拜太阳、月亮和星。

真正的同道！我在这里山中等待的，不是他们。

"我想去干我的工作，走向我的白天：可是他们不知道我的早晨的预兆是什么，我的脚步声——不是唤醒他们的起身号。

"他们还在我的山洞里睡觉，他们的梦还在吟味我的大醉之歌。他们身体里还缺少聆听我说话的耳朵——听从的耳朵。"

——当太阳升起时，查拉图斯特拉对他的内心说出这番话：他于是若有所问地望着上空，因为他听到头顶上传来他的鹰的尖锐的叫声。"好吧！"他向上空叫道，"这才使我喜欢，对我也理所应当。我的宠物们醒来了，因为我已醒来。

"我的鹰醒来了，像我一样崇敬太阳。它用鹰爪攫取新的阳光。你们是我的真正的宠物；我喜爱你们。

"可是我还是缺少我的真正的人！"——

查拉图斯特拉如是说；可是意想不到的事发生了，他突然听到有无数鸟儿成群围在他的四周扑扑地飞翔——这么多翅膀的呼呼之声和在他头顶四周的拥拥挤挤的势头是如此巨大，使他不由闭上眼睛。真的，就像一片云彩降落到他的头上，一片像箭一样的云彩向新的敌人头上射下来。可是瞧啊，这是一片爱之云彩向新朋友的头上洒下来。

"我发生什么事了？"查拉图斯特拉惊奇地心中想道，慢慢地坐到他的山洞出口处的一块大石头上面。可是当他伸手向四周、上上下下抓去、阻挡住这些温和的鸟儿时，瞧，更奇怪的事发生了：因为在这时他不知不觉地抓住一丛又厚又温暖的蓬松的鬃毛；同时在他面前响起一阵咆哮——这是一阵温和而长长的狮子吼。

"预兆来了。"查拉图斯特拉说道，他的心情为之一变。实际上，当他的面前明朗起来时，一只黄色的巨兽躺在他的足下，把它的头偎依在他的膝上,亲爱得不肯离开他,就像跟旧主人重逢的一只狗。可是那些鸽子所表示的亲爱的热烈程度一点不比狮子差;每次,当一只鸽子掠过狮子的鼻子时,狮子就摇摇头,一面惊奇,一面大笑。

查拉图斯特拉对这一切只说了一句话:"我的孩子们走近了,我的孩子们。"——随后他就完全一声不响。可是他的心宽松了,从他的眼中滴下眼泪,落到他的手上。他不再关心任何事情,坐在那里,动也不动,对那些动物也不再防卫。这时,那些鸽子飞来飞去,停在他的肩上,爱抚着他的白发,不知疲倦地显露出温柔和喜悦之情。可是那只强力的狮子却总是在舐去落在查拉图斯特拉手上的眼泪,小心谨慎地吼着、呜呜地叫着。这些动物的活动情况就是这样。

这一切持续了很长的时间,或者说,很短的时间:因为,正确地说,对于这种事态,在大地上已经没有可测量的时间了——。可是,在这当儿,在查拉图斯特拉的山洞里的高人们已经醒来,互相站在一起,排成一行,以便走到查拉图斯特拉的面前问候早安:因为他们发现,在他们醒来时,查拉图斯特拉已不在他们中间。可是当他们走到山洞门口时,他们的脚步声已经先传到洞外,那头狮子猛然惊起,突然转过身来,背向着查拉图斯特拉,狂吼一声,向山洞方面跳了过去;而那些高人,当他们听到狮子吼声,全都异口同声地喊叫起来,然后慌忙后退,顷刻间消逝无踪。

而查拉图斯特拉本人,茫然自失,不知所以,他从座位上站起身来,环顾四周,惊诧不已,抚心自问,暗自沉思,顿生孤独之感。"我听到什么了?"最后他慢慢说道,"刚才出什么事了?"

他一下子就回想起来,并且立刻了解到在昨天和今天之间所发生的一切。"就是这块石头,"他抹抹胡须说道,"昨天早晨我坐在它的上面;那位预言者走到我这里来,我在这里第一次听到刚才所听到的叫喊，那求救的大叫之声。

"哦，众位高人啊，就在昨天早晨我听到那位老预言者对我预言的你们的急难，——

"——他要诱惑我、试探我如何面对你们的急难：哦，查拉图斯特拉，他对我说，我来，就是诱惑你走向你最后犯罪的道路[1]。

"走向我最后犯罪的道路？查拉图斯特拉叫道，对自己的话愤怒地大笑：还给我留有什么算我的最后犯罪呢？"

——查拉图斯特拉又一次陷于沉思，他在大石头上又坐了下来想来想去。突然间他跳起身来。——

"是同情！对高人的同情！"他叫了起来，面孔变成紫铜色，"好吧！——这——有它的定时[2]！

"我的苦恼和我的同情——这有什么关系！我到底是在追求幸福吗？我是在追求我的事业！

"好吧！狮子来了，我的孩子们走近了，查拉图斯特拉变得成熟了，我的时辰到了：——

"这是我的早晨，我的白天开始了：现在升起吧，升起吧，你伟大的正午！"——

查拉图斯特拉如是说，离开他的山洞，就像从阴暗的山后升起的晨曦，热烈而强壮。

---

1. 第四部《求救的叫声》："(预言者对查拉图斯特拉说：)我来，就是要把你引诱到你的最后的罪恶道路上去！"
2. 《旧约·传道书》3：1："凡事都有定期，天下万务都有定时。"意谓同情已经过去了。

译后记

尼采出生于基督教家庭，自幼熟读《圣经》，他这本《查拉图斯特拉如是说》又是在《圣经》的影响下写成的，所以书中大量引用了《圣经》的语句，但由于尼采是反基督教的，所以引用时，往往反其意而用之，使用了戏拟（Parodie）和反讽（Ironie）手法。我在翻译本书时，按一般惯例，所有《圣经》语句，都照抄中文本《圣经》的译语，亦即各新教教堂通用的、由圣经公会印发的《旧约全书》和《新约全书》。但由于尼采引用的为路德的译本，现在德国教会已使用另外的新译本，英美教会也采用了新译本（New International Version of the Holy Bible），又由于不同的中文译本各有不同的译法，为了更适合原意，译者也间或引用了我国天主教会的几种译本中的译语，如思高圣经学会译释的《圣经》袖珍本（1985 年 11 版，香港），徐汇总修院翻译的《新译福音初稿》（1956 年再版），天主教教区译的《新经上：四福音》（1986 年 5 月第 1 版）。

尼采著作的英译本颇多，最早有李维（Oscar Levy）编译的 18 卷《尼采文集》（1909—1913），翻译评论家认为其中也有些不可靠的译本（Comprises unreliable translations by various hands），其后有考夫曼（Walter Kaufmann）编译的《袖珍版尼采文集》（*The Portable Nietzsche*，1954）和《尼采基本作品集》（*Basic Writings of Nietzsche*，1968）。其

他还有大量单行本出版，不及备载。我手头有一本供我翻译参考用的《查拉图斯特拉如是说》英译本（企鹅丛书版，1972），是由霍林代尔（R. J. Hollingdale）翻译的，他是一位著名翻译家，但在书后附注中却屡屡慨叹原书中文字游戏之类的若干用语的妙趣都在翻译中丧失了，难以用英语表现出来。

我们的东邻，也称得上是一个翻译事业非常发达的国家。早在1921年（该国大正十年，我国民国十年）就出版了生田长江译的《尼采全集》（名为全集，实为选集），以后又出过角川文库版《尼采全集》23卷、理想社版《尼采全集》16卷。到20世纪下半叶，还出过新译的全集以及收入各种名著丛书和文库版的新译单行本。岩波文库中的一部《查拉图斯特拉如是说》译本（1970年初版，1985年第18版），译者在后记中说，他花了五年时间，在东大比较文学比较文化大学院，使用欧比埃版的该书德法对照本仔细阅读。一部已有过前人多种译本的原书，还要精读五年，加以重译，这一方面说明译者的认真敬业精神，另一方面也说明译这本书绝不是容易之事。确实，原书中除了有许多文字游戏，妙语如珠，难以移译成他国语外，还有若干晦涩难解之处，无怪乎有许多评论家要为本书做专门的诠释工作，如古斯塔夫·瑙曼的《查拉图斯特拉诠释》4卷（1899—1901），汉斯·魏歇尔特的《查拉图斯特拉诠释》（1922），A. 梅塞尔的《尼采的查拉图斯特拉注解》（1922）。此外，还有为本书做专题研究的论著，如西格弗里特·维滕斯的《尼采在〈查拉图斯特拉如是说〉中的语言艺术》等等。一个外国的翻译工作者，如何有可能广泛阅读这些汗牛充栋的文献，不用说，连借阅也无处可借啊。不过，对于一般性的读者，似乎也没有这样过多的要求。在第一次世界大战时，人们检查在前线牺牲的德国兵士的遗物，惊奇地发现，在他们随身携带的很少物品中，竟有不少人把尼采著的这本《查拉图斯特拉如是说》带到战场上去。由此可见，本书受大众欢迎的程度。但那些被驱赶到各线战场上送死的兵士，在硝烟弥漫的生死关头阅读此书时，一定也只能囫囵吞枣，无暇去咬文嚼字了。

最后，要说明的是：原书中标点符号的使用，跟我国稍有不同，如破折号的使用，引号中的句号放在引号里面等，这些，在译本中都是照原书依样画葫芦的。

2003年7月译者识于上海

© 中南博集天卷文化传媒有限公司。本书版权受法律保护。未经权利人许可，任何人不得以任何方式使用本书包括正文、插图、封面、版式等任何部分内容，违者将受到法律制裁。

图书在版编目（CIP）数据

查拉图斯特拉如是说 /（德）弗里德里希·威廉·尼采著；钱春绮译. -- 长沙：湖南文艺出版社，2024.12. -- ISBN 978-7-5726-2110-9

I.B516.47

中国国家版本馆CIP数据核字第2024C4A202号

上架建议：经典文学

CHALATUSITELA RUSHI SHUO

查拉图斯特拉如是说

著　　者：[德]弗里德里希·威廉·尼采
译　　者：钱春绮
出 版 人：陈新文
责任编辑：匡杨乐
监　　制：邢越超
策划编辑：刘　筝
特约编辑：周冬霞
营销支持：周　茜
封面设计：SUA DESIGN
版式设计：郑力珲
内文排版：百朗文化
出　　版：湖南文艺出版社
　　　　　（长沙市雨花区东二环一段 508 号　邮编：410014）
网　　址：www.hnwy.net
印　　刷：北京天宇万达印刷有限公司
经　　销：新华书店
开　　本：855 mm×1180 mm　1/32
字　　数：345 千字
印　　张：14.25
版　　次：2024 年 12 月第 1 版
印　　次：2024 年 12 月第 1 次印刷
书　　号：ISBN 978-7-5726-2110-9
定　　价：52.00 元

若有质量问题，请致电质量监督电话：010-59096394
团购电话：010-59320018